中原掌故

ZHONGYUAN ZHANGGU

主编　李庚香　王喜成　李新年

执行主编　贾文丰

河南人民出版社

图书在版编目(CIP)数据

中原掌故 / 李庚香，王喜成，李新年主编．— 郑州 ：河南人民出版社，2022. 5(2023. 3 重印)
ISBN 978-7-215-12934-4

Ⅰ. ①中… Ⅱ. ①李… ②王… ③李… Ⅲ. ①河南-地方史-掌故 Ⅳ. ①K296. 1

中国版本图书馆 CIP 数据核字(2022)第 071294 号

河南人民出版社出版发行
(地址：郑州市郑东新区祥盛街 27 号 邮政编码：450016 电话：65788053)
新华书店经销　　河南新华印刷集团有限公司印刷
开本 710 毫米×1000 毫米　1/16　印张 28.5
字数 437 千字
2022 年 5 月第 1 版　　2023 年 3 月第 2 次印刷

定价：56.00 元

《中原掌故》编委会

弘扬优秀传统文化，讲好精彩中原故事

——兼谈新时代中原学学科群建设

（代序）

李庚香

中原大地钟灵毓秀，中原文化源远流长，中原山水人杰地灵。中原居“天下”之中，得“地利”之便，被称为中华腹地。50多万年前，这里属亚热带气候，是象的栖息地。中原大地的核心区域为河南，历史上简称为“豫”，象形一人牵着一头象。《尔雅·释地篇》说：“河南曰豫州。”在禹分九州之中，豫州位于中央，故又称为“中州”“中土”。

在中原大地上，北有太行耸峙，险峻峭拔；西有秦岭东来，伏牛逶迤，蓊郁绵延；南有桐柏、大别二山横亘，蜿蜒游走。三山屏障，状若环抱，嵩山巍然居中，雄视河洛。尤其是，华北大平原的丰腴、秀美、宽广、深厚，一览无余地摆在这块神奇的土地上。

由于河南居神州腹心之地，自古以来，几乎为所有的战略家所瞩目。“当取天下之日，河南在所必争”，故有“中原逐鹿”“问鼎中原”之谓，又有“得中原者得天下”之说。而诸多兵家在所逐鹿，留下斑斑古迹；多代帝王在此建都，遗有粲粲胜景。历朝的兴衰更替，时代的风云变幻，无不在这里留下痕迹。

俯瞰远古，我们的祖先就在中原大地上繁衍生息，劳动创造。七八千年前的“裴李岗文化”，五六千年前的“仰韶文化”，四千年前的“龙山文化”，即为突出代表。传说中的“河图洛书”，被称为中华文明的源头。而背负“河图洛书”的“龙马”上岸地点，就在河南洛阳的黄河与洛河交界处。传说中的三皇五帝，几乎全在中原大地上活动。如今，在淮阳县城北的蔡河之滨，有规模宏大的“人祖”伏羲太昊陵；在新郑市西北的旷野之上，有历代相传的轩辕丘；在豫中大地西华，有娲皇故都；在黄河之滨濮阳，有颛顼、帝喾二帝陵寝；在中岳脚下登封，有禹都阳城……尤其是在安阳小屯发掘出的殷商文化，更是光彩惊人。

中原大地就像一座历史的大舞台，是由黄河携带的泥沙堆积而成的。千百年来，这里上演了一幕幕惊心动魄、威武雄壮的历史活剧：春秋争霸，战国称雄，楚汉相争，光武中兴，唐宋定都，元明际会……这些“剧目”的演出，使这里的山山水水、古道关隘、桥梁津渡、城垣山寨无不成为历史的见证，拥有一串串引人入胜的故事。比如，仅古代著名关隘，就大小而言，不计其数，曾引历代无数墨人骚客抵临凭吊，睹景抒怀。“蚁蛭何年成洛邑，战场终古暗成皋”，就是对荥阳虎牢关数千年历史的概括；“天开函谷壮关中，万古惊尘向此空”，就是对灵宝函谷关的深沉慨叹；“地展屏垣分两界，天留锁钥壮中州”，就是对义阳三关的形势咏唱……中国的八大古都，河南有其四：十三朝古都洛阳，八朝古都开封，五代古都郑州，殷代古都安阳。

在政治上，中原长期是全国政治中心。自夏朝至宋代，先后有20多个朝代、200多个帝王在这里建都，一系列重大政治事件屡屡在这里上演，人称“天子旌旗分一半，八方风雨会中州”。像夏朝的太康失国、少康中兴，商朝的太甲放逐、盘庚迁殷，周朝的管蔡之乱、周公营雒、平王东迁等，以及后来的庄王问鼎、子产改革、苏秦合纵、张仪连横，还有陈胜吴广起义、三国鼎立、孝文帝改革、范仲淹庆历新政、王安石变法等，可谓一幕幕惊心动魄。同时也涌现了一批批著名的政治家。如夏商周三代的伊尹、傅说、姜子牙，春秋战国的管仲、百里奚、商鞅、李斯，汉代的张良、陈平、晁错、贾谊，唐宋的长孙无忌、褚遂良、张说、姚崇、赵普、吕蒙正、司马光等，他们都曾经书写过崭新的历史篇章，或产生了重大的历史影响，成为彪炳史册的人物。

在军事上，中原是历史上著名的“四战”之地。明末清初著名学者顾祖禹在《读史方舆纪要》中说：“河南，古所称四战之地也。当取天下之日，河南有所必争；及天下既定，而守在河南，则岌岌焉有必亡之势矣。”如历史上最早的一次战争就发生在中原地区，即神农与斧燧之战。正是通过这次战争，神农为以后崛起奠定了基础。到了夏商周以后，中原地区的逐鹿之战日趋激烈。其中，决定王朝更替的战争有：商汤灭夏桀的鸣条之战，周武灭殷纣的牧野之战。其后，还有数不尽的著名战例，如：战国时齐魏之间的桂陵之战和马陵之战，秦灭六国之战，楚汉成皋之战，王莽与刘秀的昆阳之战，曹操与袁绍之间的官渡之战等。就连唐、宋、元、明的兴亡，皆与对中原的控制有密切关系。同时，这里也涌现了众多的军事家和著名战将。如东汉的邓禹，曹魏的司马懿，东晋的谢玄，中唐的张巡，南宋的岳飞，明代的李化龙，南明的史可法等，每一个人都闻名遐迩。

在经济上，中原沃野千里，古代非常富庶。这里很早就有了发达的农业、畜牧业和手工业。据史料记载，隋唐时的东都洛阳，宫城壮丽，市肆繁华，一派欣欣向荣景象，其繁华程度几乎可以和京城长安比肩。到北宋时，东京汴梁是当时世界上人口最多的国际性大都市。据《东京梦华录》记载，开封“以其人烟浩穰，添十数万众不加多，减之不觉少”而著名。其中坐取厚利，“资产百万者至多，十万而上者比比皆是”，由此可见其富裕程度。由于河南雄踞中原，维系八方，向为全国流通中心。商代时，商丘就以“商城”著称，是中国商业的发源地；北魏时，洛阳成为国际商贸中心之一，商贾络绎不绝，“百国千城，莫不欢附，商胡贩客，日奔塞下”，“天下难得之货咸悉在焉”。北宋时，开封人口逾百万，《清明上河图》即为其真实写照。同时也涌现了一批以经商著称的名人大家，如春秋时南阳淅川人范蠡不但长于政治军事，帮助勾践打败吴国，而且能够急流勇退，弃政从商，“三致千金”，成为闻名天下的“商圣”。到战国时，洛阳人白圭不但极善经商，而且提出了“人弃我取，人取我与”的经商原则和较为系统的经商思想，从而开创了中国商业理论的先河，也被称为另一个“商圣”。到了近代，康百万庄园更以“留余”让我们感受到了商业智慧。

中原大地还是中国古代思想、文化、教育、科技的圣地和渊薮。

从思想上说，这里是中国古代思想家的摇篮。春秋战国时，百家争鸣主要发轫并繁盛于中原大地。这里先后出现了以老子、庄子为代表的“道家”；以墨翟为代表的“墨家”；以邓析、惠施为代表的“名家”；以李悝、商鞅、韩非、李斯为代表的“法家”；以吴起、尉缭等为代表的“兵家”；以苏秦、张仪为代表的“纵横家”；以吕不韦为代表的“杂家”等。生于齐鲁大地的“儒家”孔子，其周游列国时，都是在中原大地上行走。这里留下了很多他的故事，如“子见南子”“困于陈蔡”“叶公问政”等。思想巨人名家辈出，如汉代有经学大师戴德、戴圣、贾逵、服虔；魏晋有玄学大师何晏、王弼、阮籍、向秀等“竹林七贤”；南北朝有无神论斗士范缜；唐代有著名思想家韩愈、刘禹锡；宋代有理学大师邵雍、程颢、程颐；元代有理学家许衡；明代有思想家王廷相、吕坤等，群星璀璨。

从文化上说，中华文化，釜心在中原。如中国的第一部诗歌总集《诗经》，就是在当时周朝的首都洛阳集成的；《诗经》中的十五国国风，其中有九国描写的是河南风情。在春秋战国时期，中国有两座文学高峰，一座是浪漫主义文学大师庄周，另一座是寓言大师韩非，他们的文学作品在中国古代都占有开先河的地位。之后，中原文坛一直流派纷呈，繁盛不衰。如：汉代，贾谊创立了骚体赋，张衡首开了七言诗。三国至六朝时期，阮瑀、应旸作为“建安七子”声震文坛，谢灵运成为山水诗鼻祖，谢朓成为“永明体”泰斗，庾信成为“宫体诗”巨擘，干宝创作出中国第一部笔记体志怪小说《搜神记》，锺嵘创作出中国第一部诗论专著《诗品》。到唐代，“诗圣”杜甫独步天下，“文豪”韩愈名列众家之首，刘禹锡的政治讽刺诗别开生面，李商隐的爱情诗独树一帜，“上官体”以河南人命名，“沈宋体”因河南人取号，白居易、元稹、李贺、岑参、孟郊、刘长卿等，无不造诣深厚、名扬中外。到宋元以后，这里又出现了许多著名的诗词家、戏剧家、小说家，如南宋的陈与义，元代的郑廷玉，明代的李梦阳、何景明和清代的侯方域、李绿园等。

从教育上说，东汉洛阳的太学是当时世界上最早的国立大学，它历经汉魏、两晋，长达 280 余年，太学生来自全国，最盛时达 3 万多人，太学里树立的“熹平石经”，是中国刻于石碑上最早的官定儒家经本。到唐末宋初，全国书院兴起。宋代著名的四大书院河南就有两座，即登封嵩阳书院和商丘睢阳书院（又名应天府书院）。其中，在嵩阳书院讲学的大儒有范仲淹、司马光、程颢、程颐、杨时、范纯仁等24人。此外，其他的著名书院还有邓州百花书院、辉县百泉书院、扶沟大程书院等，都产生过重大影响。如范仲淹的《岳阳楼记》就是在邓州百花书院写成的。

从科技上说，中原大地更是古代科技的故乡。如天文学方面，夏代有《夏小正》历法传世，其基本模式被以后历代王朝所沿袭，为人民的生产生活提供了极大便利。周朝时，在登封告成建成的测景台，是我国现存最早的天文台，也是世界上现存最早的观测天象的建筑之一。战国时魏国人石申写的《石氏星经》，已发现了天上五大行星的运行规律，特别是他关于120颗恒星位置的记载，是世界上最早的恒星表。东汉时张衡先后发明了"水运浑天仪"和"候风地动仪"，已能够准确测量天象与地震，这些技术比欧洲早1700多年。唐朝时天文学家僧一行不但写出了精确度极高的《大衍历》，而且还重新测量了150多颗恒星的位置，这比西方早了1000多年。在数学方面，春秋战国时的墨子及其门徒所著的《墨经》，是世界上最早的几何学著作，也是我国对世界自然科学的重大贡献。西汉时张苍整理删补的《九章算术》，为中国古代的"算经"之首，在世界上首次提出了正负数运算法则，比欧洲早了1500年左右。三国时刘徽把圆周率计算到小数点以后5位，是当时世界上最先进的算法。在医学方面，东汉的"医圣"张仲景，写成了医学巨著《伤寒杂病论》和《金匮要略》，集医学之大成，成为后世千古学习的经典；同一时代，皇甫谧创著的《针灸甲乙经》，在针灸治疗领域具有划时代的意义；到元代，名医滑寿在诊断学、临床医学和针灸学上均有重大成就，对推动中国医学发展作出了突出贡献。在工程技术方面，春秋时，楚国的孙叔敖主持修建了我国最早的渠系工程，后来韩国人郑国修建的"郑国渠"也非常著名，为秦始皇统一六国奠定了雄厚的物质基础；战国早期，我国的生铁柔化技术已经在中原大地上广泛应用，从而使铁制工具得以锻造和推广，它比欧洲早2000多年；东汉时杜诗发明的水力鼓风机——"杜诗水排"，也比欧洲早1100多年；北宋时李诫编写的《营造法式》，是中国古代最重要的建筑学著作；清代吴其浚编写的《植物名实图考》，代表了中国古代植物学发展的最高峰。此外，中国古代的“四大发明”，也都首先出现在中原地区，而后才传遍全国、走向世界的。

中原大地还是一座洋洋大观的艺术博物馆。

如石窟艺术。我国古代的艺术大师把苍莽峻峭的大山作为自己的画体，呕心沥血，匠意雕镂，创作出了一幅幅丰富多彩的不朽作品。被誉为“国之瑰宝”的洛阳龙门石窟，曾使举世皆惊。这里“都门遥相望，佳气生朝夕”，“精舍绕层阿，千龛邻峭壁”，造像达10余万尊，题记和碑刻达3600多品，佛塔40余座，成为研究我国古代历史和艺术的重要资料。此外，还有巩义石窟、偃师水泉石窟、淇县前嘴石窟、安阳灵泉寺石窟、浚县千佛洞等，均令人叹为观止。

又如汉画艺术。南阳、洛阳、郑州、商丘等地先后出土的一批汉墓，发掘出大批画像石、画像砖、画像镜以及彩绘壁画，题材广泛，内容丰富，是汉代生活的真实写照，具有很高的历史价值和艺术价值。1973年，河南省画像石碑刻拓片展览在日本举行，观众熙攘如堵，四岛为之轰动。如今，南阳建有汉画馆，精品荟萃，使得无数汉画爱好者和研究者为之三拜九叩。

又如碑刻艺术。历代帝王将相、书法大家及庶民百姓在中原大地上留下的碑刻之多，实在数不胜数。从时间上看，上自秦汉，下至民国，历代无阙；从书体上讲，篆、隶、真、行、草，无所不备；从书丹者看，历代名家巨擘，几无遗漏；从风格上看，端庄、豪放、娟秀、古朴、峻拔、险狂、柔媚，等等，应有尽有。

再如建筑艺术。中原是我国佛教发展的重要场所，寺院星罗棋布，古塔繁若星缀。白马寺向有“释源”“祖庭”之称；少林寺被誉为“中国第一名刹”；而声名远播的相国寺，更是受到历代帝王的垂青。此外，还有风穴寺、菩提寺、贤隐寺、灵山寺、净居寺、磐谷寺、白云寺，等等。其塔更多，有保存完好的我国最早的砖塔——登封嵩岳寺塔，我国最高最大的琉璃塔——开封铁塔，还有堪称天下奇观的少林寺塔林。仅明代砖塔目前河南各地尚存200多座。这些寺院、古塔，乃至难以数计的庙、祠、台、观，以其绚丽、雄健的风姿，精巧、坚固的构筑，谱写成一曲古老而又浑厚的凝固交响乐。

还有书画艺术。在书法上，如秦代李斯的小篆“古今绝妙”，汉代蔡邕创制出飞白书，刘德升成为行书之祖，锺繇成为楷书一代宗师。唐宋元明清时，中原大地亦屡有大家名世，如褚遂良、许衡、王恽、王铎、周亮工、宋荦等，其中尤以王铎书画最工，人称“神笔”。在绘画上，唐代有“画圣”吴道子、山水画大师荆浩，宋代有风俗画家张择端、人物画家武宗元等。

由以上可知，从中原到中国，从羲皇、炎黄到华夏、汉族，再到中华民族，从“中原”到“执中”到“留余”，从“鼎立中原”“逐鹿中原”，到“得中原者得天下”，无不展示了中原、中部在中国的独特地位和作用。所以人们说，“一千年文化看北京，三千年文化看西安，五千年文化看河南”。习近平总书记2019年在河南考察调研时赞叹地指出，这里“伸手一摸就是春秋文化，两脚一踩就是秦砖汉瓦”，因而要求我们要传承、创新、发展好优秀传统文化，推动中原文化繁荣兴盛。

在当前，面对中原历史文化这棵大树，我们的许多认知都还停留在枝叶层面，还缺乏对中原历史文化的知识体系、价值体系和思想体系以及话语体系的系统梳理，缺乏对“根干”的认知和“大本大源”的把握。我们认为，中原应当有学，中原必须有学，因此从2016年以来，我们就开始了对中原学的研究探索过程。通过思考认为，所谓的中原学是一个独特的学术概念，它既是源又是流，既是道又是术，既是凝聚又是辐射。其文化使命就是通过中原历史文化的创造性转化与创新性发展，讲清楚新时代中国价值、讲清楚中国式民主，讲清楚如何构建有引领力和凝聚力的社会主义意识形态，讲清楚如何构筑中华民族精神家园。研究中原学需要认识的问题包括，如何对中原子学、魏晋玄学、韩愈道学、二程理学和冯友兰新理学进行再认识；如何认识宋学与洛学、关学的关系及其在现代的重大意义；如何认识其中的“民本”思想与“中国式民主”的关系，如“得一官不荣，失一官不辱，莫道一官无用，地方全靠一官”；“吃百姓饭、穿百姓衣，莫道百姓可欺，自己也是百姓”，与“当官不为民做主，不如回家卖红薯”等传统理念，“智叟不智，愚公不愚”和“客家非客”等思想蕴藉。

目前，中原学的历史文化学科化进程已经在中原大地逐步推开。如在

2015年启动的河南优势特色学科建设工程一期中，郑州大学设立了“中原历史文化学科群”，河南大学设立了“黄河文明学科群”；在2019年确定的河南省特色骨干建设学科中，信阳师范学院设立了“炎黄学学科群”，安阳师范学院设立了“甲骨文信息处理学科群”等。按照2015年河南省教育厅印发的《河南省优势特色学科建设工程实施方案》，2017年中共中央办公厅、国务院办公厅发布的《中华优秀传统文化传承发展工程》，2018年教育部等六部委《关于实施基础学科拔尖学生培养计划2.0的意见》等文件精神，在原来已有研究成果的基础上，河南将中原历史文化学科化空间布局定为“东西南北中”五位一体：东，指河南大学建设的“黄河学学科群”；西，指应设立的“河洛学科群”；南，指信阳师范学院建设的“炎黄学学科群”；北，指安阳师范学院建设的“甲骨文信息处理学科群”；中，指郑州大学建设的“中原历史文化学科群”。然后按各个学科群的研究对象进行相关定位，并以“中原历史文化”为主脉，最后综归为中原学学科群。

因此，我们完全有理由、有责任从不同角度、不同方面，对中原文化进行梳理，进行研究，进行传播，从而弘扬好中原优秀传统文化，讲好河南故事、黄河故事、大运河故事、南水北调故事，使中原文化、中原学成为让中原更加出彩、实现中华民族伟大复兴的中国梦的强大精神力量和学理支撑。从这个意义上说，编写整理好《中原掌故》就是一项非常必要和有意义的事情，是在为推进中原学研究尽好自己的责任。同时，这本书还是“中原学研究行动计划”的重要组成部分，是“中原学文库”的开端之作，也是我们为中原学学科群建设推出的一项重要举措，希望它能在这方面充分发挥出自己独特的作用。

编写说明

本书的编写依据和原则是：

1. 本书依据《辞海》关于“掌故”的定义而选取材料，以历代故实为主，民间传说为辅，所属的朝代上自先秦，下至清末。

2. 本书每条掌故的撰写遵循以下途径：一是披阅典籍查找与所求相符者；二是穷其源流，去伪存真；三是思考其意义；四是援笔撰文；五是归类编辑。

3. 本书的每条掌故，或弘扬一种道德，或彰显一种思想，或揭示先贤行迹，或呈现一种情趣。总之，体现一定的历史价值或现实意义。

4. 本书对于每一条掌故，诸典籍或有诸说，或说法相左者，经比较后采取一说，或综合之。

5. 本书的每条掌故凡涉及人物的籍贯，则写明其所属朝代、府（郡）、县，并在“县”后，用小括号注明当今所属，或治所在今天的某处。

6. 凡涉及人物的生卒年月，均以二十五史所载进行推算。

编者

2021 年 5 月

目 录

一、人物故实

1 炎黄二帝启华夏
3 网开三面话商汤
4 伊尹厨师拜宰相
6 武丁一梦得大贤
7 相面识人说商容
8 磻溪之水隐奇人
9 武王伐纣故事多
11 三监失职武庚叛
12 郑武公使诈灭胡
12 千古称颂陶朱公
14 五羖大夫百里奚
15 功成身退说叶公
18 子张因故传“冤狱”
19 陈子禽问一得三
20 变法强秦说商鞅
22 六国相印一人佩
23 善学善教列御寇
24 千秋功过说李斯
26 《孤愤》《五蠹》叹韩非
27 圯下拾履赞张良
28 布衣封侯又拜相

30 为义相交为利攻
32 “商山四皓”保太子
33 才调无伦叹贾生
35 乐交善荐郑当时
36 杨仆移关为封侯
36 社稷之臣话汲黯
38 枹鼓不鸣董少平
40 梁习治边称典范
40 虞升卿安邦有方
41 医圣美名万古传
43 许子将独具慧眼
44 常伯槐带经耕锄
44 能敌孔明惟仲达
46 邓艾大志建奇功
47 “傅粉何郎”妄风流
48 魏晋名士话阮籍
49 貌美才颖数潘安
50 宠辱不惊阮思旷
51 名士风流说孟嘉
52 朱序淝水建大功
53 “忽嵂贼”竟成柱石
54 姚崇灭蝗不信邪
56 宋令文身怀“三绝”
57 一行聪慧参天机
60 恃才傲物萧颖士
61 张巡许远力战死
62 乱世忠臣元次山
63 弘农“三杨”天下扬

65 刘玄佐不失臣节
66 裴令智断争牛案
66 貌丑志坚桑维翰
67 大事有度张齐贤
68 “水晶灯笼”刘仲豫
69 范仲淹名满天下
71 国之辅弼有富弼
73 张方平偏爱“三苏”
75 许党“戊己四先生”
76 怒发冲冠岳鹏举
78 傅志道不辱使命
78 王述之智断冤情
79 “优老赐间”话沈鲤
80 倾城倾国有夏姬
81 桃花羞作无情死
82 邓绥宫中偏向学
84 断机之德羊子妻
84 咏絮之才谢氏女
86 母贤而有子善绩
87 代父从军花木兰
89 窦桂娘计破潘镇
90 不让须眉李侃妻
91 侠肝义胆刘青霞

二、舆地郡望

93 “四象”分野天下清
98 疏堵成败看鲧堤
99 天地之中居何处

100 五子台上故事多
102 羑里文王演周易
102 繁台千古传佳话
104 望母台传思母情
105 厄台陈蔡困孔子
105 上古封国知多少
113 封藩建卫继“三恪”
114 定鼎成周洛邑兴
115 楚河汉界鸿沟分
116 逸豫河南古今谈
118 泽薮弥望说圃田
118 风起云涌汜水城
119 刀光剑影虎牢关
121 郡县得名以阴阳
129 郡县改名因避讳
130 古地同名非同处
134 内黄、外黄与小黄
135 东汉河南有八关
135 义阳三关锁豫南
136 济水虽小列“四渎”
137 胜地涌珠号百泉
138 龙兴之地汴京城
140 中原曾有三荆州
140 宋朝河南四京城
141 伏牛山因何得名
142 响娘子泉的传说
143 中原治水有“二贾”
145 故事多多金水河

146 汝南封王二十四
147 袁谢诗礼以传家
149 四世三公汝南袁
152 累世公侯弘农杨
156 应氏以才七世显
158 江夏望族有李氏
160 “司马八达”俱扬名
163 荥阳郑氏六状元
164 河阴孔氏传文脉
166 高氏五代南平王
167 吕氏七朝为宰相
168 “桐木韩家”世簪缨
173 许进父子四尚书

三、文脉弦歌

175 《河图》《洛书》彰文明
177 仓颉造字劈鸿蒙
177 大桡观天作干支
178 老子奇逸犹如龙
180 孔子周游遍中原
183 叹染大爱惟墨翟
185 赋诗咏国郑六卿
186 解经不穷戴侍中
187 殿中无双丁孝公
188 谙熟六艺赞“科圣”
189 屈身偷学说服虔
190 行书之祖刘德升
190 楷书之祖锺元常

191 说文解字许叔重
192 旷世逸才蔡伯喈
194 妙解音律说阮咸
194 杜育《荈赋》启《茶经》
195 八斗之才谢灵运
198 范宣子穷经洁行
199 江士清仁孝笃学
199 舞阴“二范”并称奇
202 清新惟尊“庾开府”
203 范晔著史后世彰
204 江郎梦笔传佳话
206 “《文选》学”有李善传
207 崔颢题诗“诗仙”叹
208 人羡御批韩君平
210 郑虔“三绝”诗书画
211 张说雅评折文坛
213 百代画圣吴道子
214 诗圣光焰万丈长
215 刘禹锡叹牛悟理
217 香山居士多美谈
219 元微之“梁州梦契”
220 杨汝士诗压元白
221 以诗名世话李涉
223 白鹿洞主李浚之
224 诗中鬼才李长吉
225 趣话唐宋耆英会
227 父子皆得状元第
230 孙氏“大小状元家”

232　处士因诗享大名
234　宋氏兄弟“双状元”
237　安乐窝主邵康节
238　孟宗献连中四元
239　林虑三老以诗名
240　富珠哩翀独崇儒
242　官思恕以文化盗
242　归德名士结雪苑
247　耆英社里雅士会

四、道德风尚

250　关龙逢从容赴火
251　谏纣曾经有“三仁”
253　甘棠遗爱万古传
254　弘演剖腹换复国
254　史鳍尸谏感国君
255　石碏灭亲彰大义
257　子罕以不贪为宝
257　孙叔敖兴楚以仁
258　子产明察遗爱多
260　高柴树德成高贤
261　原宪甘贫不移性
262　子夏高风天下闻
263　子家以书救郑国
264　灌楚瓜以德报怨
265　“智囊”杀身为削藩
266　直不疑诬不自辩
267　刚正凛然申屠嘉

268　张苍不忘王陵恩
269　张释之跪而结袜
270　黄霸宽厚人称颂
272　“召父杜母”惠百姓
273　义不往教说孙宝
274　“大树将军”有懿行
275　疾风劲草赞王霸
275　当道卧辙留侯霸
276　茅容孝亲感名士
277　战功卓著乘折辕
278　“仇览栖鸾”德行高
280　门生故吏护忠良
281　五百里内贤人聚
283　贾彪护民享高名
284　韩仲黄辞官留驹
284　亡衣失冠说朱穆
285　不畏强御陈仲举
286　贞节先生范史云
288　人羡“二难”兄与弟
289　孝义天下真隐士
291　疾恶如风朱伯厚
292　美德懿行话张迁
292　天下至孝蔡君仲
293　毛孝先清廉化人
294　孟恭武清廉至孝
295　应詹忠孝德行高
297　褚彦回清廉高志
299　孔璋请代李邕死

300 智勇忠公娄师德
302 魏元忠爱物得志
303 世人争传元德秀
304 慎终如始杜尚书
305 吕蒙正不忘贫贱
306 钱若水巧断冤狱
307 王子正知恩图报
308 品性高远韩稚圭
310 韩亿喜宴严训子
311 司马君实独乐园
313 张孝基容人自新
314 铁铉忠烈抗燕王
315 刘公墩与“父母”情
315 磊落邦彦高克明
316 几上惟有《自警编》
317 “顾独坐”严毅清白
319 邱凤清廉盗亦敬
320 刘状元殉节亡明

五、传说典故

322 燧人钻火化腥臊
322 人文初祖伏羲氏
323 女娲炼石补苍天
324 夸父逐日堪可夸
325 愚公移山感“上帝”
327 精卫填海永不屈
328 嫦娥奔月故事奇
329 避尧禅让说许由

331 刘累驯龙隐尧山
331 玄鸟生商兴东夷
332 伯夷叔齐拒周粟
333 紫气东来圣人至
334 趣传蚁穿九曲珠
334 哀婉凄美相思树
336 鲁阳公挥戈反日
336 卢敖得道卢氏县
337 厄井双鸠拯大汉
338 刘秀饮马扳倒井
338 王乔飞凫天下传
339 萧旷弹琴遇宓妃
341 以讹传讹树成“神”
342 石“贤士”显灵“治”病
342 大雁遭难见恩义
343 长沮桀溺答子路
343 荷蓧丈人是与非
344 问鼎中原楚庄王
345 围魏救赵孙庞斗
347 庄周悟思雕陵鹊
348 庄惠濠梁快乐辩
348 郑人买履贻笑柄
349 朝三暮四说狙公
350 杞人日夜忧天倾
351 宋人守株待兔来
352 洛阳纸贵话左思
353 大雪纷飞立程门

六、奇闻轶事

355 邓析戏人自取辱
356 伍子胥与分国城
358 接舆凤歌笑孔丘
359 鸡鸣函谷走孟尝
360 因小失大堪唏嘘
361 陈女歌诗拒骚扰
362 韩娥歌哭绕三日
363 “间谍”修渠富关中
363 灌夫使酒遭杀身
365 琼厨金穴郭况家
366 锺氏兄弟性迥异
367 蔡家父女谙琴音
368 猿子拔箭邓芝叹
368 孙登长啸苏门山
369 魏晋阮氏多嗜酒
371 老妪吹篪降贼人
372 绿珠杀身为石崇
373 灵曜真君郭文举
375 立雪断臂话慧可
376 为警慎言刺子舌
377 “润笔”始自郑译来
378 刘希夷因诗丧命
379 百代文宗醉红裙
380 曙后星孤说崔曙
381 扶沟良医有“二甄”
381 陈抟大笑坠白骡
383 放荡无羁郭忠恕

384 名臣奢俭迥相异
385 作词竟得俏佳人
386 井中异狱终得解
386 苏轼不回“换羊书”
387 米芾戏回捕蝗书
388 各复故妻堪称奇
388 大盗劫掠分忠奸
389 崔铣豪饮留是非

七、习俗方物

391 三月曲水祓不祥
392 黄羊祭灶保平安
393 重阳登高避灾厄
394 阏伯台下拜火神
395 “麻胡”为何吓小儿
395 当年宝鼎今何在
398 名碑载史遍中州
414 汉柏森森昭春秋
415 汉魏石经命多舛
416 繁昌受禅台与碑
417 洛阳牡丹甲天下
421 中州自古多名砚
422 天下窑口看中州
423 汴京美酒醉八方
424 白堕春醪堪擒贼
424 天下五谷固始奇
425 甘谷菊花传美谈

427 后 记

一、人物故实

炎黄二帝启华夏

距今5000多年前，炎帝、黄帝是黄河流域的部落首领。史传炎帝成为部族首领后，“定都于陈”（今河南省淮阳县）。相传他是有熊国君少典氏之子。有熊，即河南新郑县。春秋《国语》载：“少典娶娇氏，生黄帝、炎帝。”又载：“黄帝以姬水成，炎帝以姜水成，故黄帝为姬，炎帝为姜。”又有一种说法是：少典国国妃有娇氏生炎帝，而黄帝母则是少典国君聪明美丽的次妃。“生于轩辕之丘，名曰轩辕”，轩辕即黄帝。按照这种传说，则炎帝、黄帝是同父异母兄弟。

炎帝出生后，被养于姜水之滨，故以姜为姓。炎帝是个传奇人物，史载他“牛首人身”。这当然不可信，而是当时炎帝部族以牛为图腾，故把部族首领神化了。在他率领部族东迁途中，击败了不少当时散布在长江流域的诸多弱小部落。炎帝在陈定都时，与一个叫“九黎”的部族发生了多次战斗。“九黎”部族是当时长江中游一带各部族中比较强大的一支（亦有河北涿鹿之说），首领蚩尤性格残暴。炎帝与蚩尤多次大战，力不能敌，只好由陈地败退到阪泉（今河南省扶沟县，此地有黄帝城、蚩尤三寨、蚩尤泉、定车台、黄帝泉、桥山、蚩尤坟、蚩尤血染山、土塔等遗址、遗迹。阪泉还有山西省阳曲县东北说、河北省涿鹿县东南说、山西省运城市南说等）一带安营扎寨，准备休整后再战蚩尤。而蚩尤在大胜以后，更加踌躇满志，也打算休整一段再乘胜追击，一举歼灭炎帝，然后消灭黄帝。

就在炎帝与蚩尤作战时，居住在有熊的黄帝部族已逐步发展壮大。相传他建造房屋、养蚕制丝、做衣服、造船、造车，还发明了文字。黄帝看穿了蚩尤的阴谋，就召集谋士商议对策，选定三月三日出兵，首先收复炎帝，然后再灭蚩尤。

黄帝为了和炎帝修好，先派遣使者从新郑来到阪泉，说服炎帝归顺，共同对付蚩尤。炎帝不仅没有采纳黄帝的建议，而且还准备在阪泉与黄帝大战。于是，黄帝就亲自出征，率领数十万兵马，围困阪泉。

开战后，黄帝率领“熊、罴、狼、豹、貙、虎”六部军队在阪泉之野与炎帝摆开战场，六部军队各持自己的崇拜物为标志的大旗，黄帝作为六部统帅也持一面类似“大纛”之旗，列开了阵势。首先，炎帝在黄帝没有防范的情况下，先发制人，以火围攻，使得轩辕城外经常浓烟滚滚，遮天蔽日，应龙用水熄灭火焰，黄帝率兵将炎帝赶回阪泉之谷，嘱咐手下士兵只和炎帝斗智斗勇，不伤其性命。在阪泉河谷中，竖起七面大旗，摆开了星斗七旗阵法。炎帝火战失利后，面对星斗七旗阵法，无计可施，一败涂地，躲回营内不敢挑衅。黄帝仰慕炎帝的医药和农耕技术，决心与他携手创建文明国家。他在炎帝营外摆阵练兵，千变万化的阵法层出不穷，星斗七旗阵让炎帝的士兵看得眼花缭乱，在长达3年多的操练中，各部的战斗力逐渐增强，而炎帝利用崖头作屏障，只是观望阵势。黄帝在这场战争中，经“三战然后得其志”。阪泉之战以后，黄帝、炎帝连同分别从属于他们的一些部落结成联盟，形成了超越亲属部落联盟的新型联合体的雏形，确立黄帝的领导地位，拉开了英雄时代的帷幕。为了彻底征服炎帝，黄帝又派人出营劝说炎帝归顺，与之结盟。炎帝被黄帝的举措和诚意所感动，于是就同意结盟联合，甘愿称臣，发誓不再与黄帝抗衡。

黄帝与炎帝联合，组成炎黄部落联盟，声威大震。通过阪泉之战，炎黄集团合二为一，实现了华夏民族的第一次全面大融合。

不久，炎黄部落与蚩尤部落开战，即涿鹿之战。据传说，当初黄帝与蚩尤九战九不胜，蚩尤作大雾弥漫三天三夜，黄帝之臣风后在北斗星座的启示下，发明了指南车，才冲出大雾。黄帝在困境中得到玄女的帮助，制作了80

面夔皮鼓。夔是东海中的神兽，“状如牛，苍身而无角”，“入水则必风雨，其光如日月，其声如雷”。黄帝用其皮蒙鼓，用雷兽之骨作鼓槌，“声闻五百里，以威天下”。最后决战于冀州之野。据《山海经·大荒北经》记述：“有人衣青衣，名曰黄帝女魃。蚩尤作兵伐黄帝，黄帝乃令应龙攻之冀州之野。应龙畜水，蚩尤请风伯雨师，纵大风雨。黄帝乃下天女曰魃，雨止，遂杀蚩尤。”此战斗过程反映，双方先由巫师作法，希望借助自然力征服对方，黄帝呼唤有翼的应龙畜水，以便淹没蚩尤军队，蚩尤也请风伯、雨师相助，一时风雨大作，黄帝军队再次陷入困境。危急中，黄帝请下天女女魃阻止风雨，天气突然晴霁，蚩尤军队惊诧万分，黄帝乘机指挥大军掩杀过去，取得了最后胜利。

涿鹿之战后，华夏进入了一个新的历史时期，炎黄也成为华夏族的人文始祖。自涿鹿之战后，黄帝继续对四方大事征讨，华夏族在其他氏族中的影响也随之增大。久而久之，周围许多氏族不是归顺华夏族，就是被华夏族同化。在华夏族日益发展壮大的同时，其人口也不断增多，这就是今天汉族人口众多的重要渊源。

网开三面话商汤

商汤即成汤，子姓，名履，原是夏朝方国商国的君主，在伊尹、仲虺等人的辅助下陆续灭掉邻近的葛国（今河南省宁陵县）以及夏朝的方国韦（今河南省滑县，即后来的大彭）、顾（今河南省范县）、昆吾（今河南省许昌）等，十一征而无敌于天下，成为当时的强国，而后作《汤誓》，与桀大战于鸣条（今河南省封丘东），最终灭夏。经过三千诸侯大会，汤被推举为天子，定都亳（今河南省商丘谷熟镇西南），定国号为“商”，成为商朝的开国君主。

早年，有一次成汤外出，看到野外有人四面设网且祷告说：“从天上落下的，从地里出来的，从四方来的，都进入我的网呀！”成汤听到后说：“唉，这样就把鸟兽捉尽了！除了夏桀，谁能做到这样啊！”成汤收网的三面，设置一面，又教那人祷告说："往昔蜘蛛作网，今人学习它结网。想向左的向左，想向右的向右，想向高处的向高处，想向低处的向低处。我取那违反命令的！"这便是成语"网开三面"的来历。

汉水以南的国家听到这件事，相互传着说："汤的道德施及禽兽了。"40个诸侯国于是相继归顺了他。当时，夏桀为政暴虐荒淫，诸侯昆吾氏叛乱。汤便起兵率领诸侯先伐昆吾，继之推翻夏桀的统治，建立了商朝。

成汤初即位时，天下已连续大旱七年。洛水堤岸崩裂，河流枯竭，煎沙烂石。太史官占卜后说："应当用人作牺牲向山川神灵祈祷。"成汤说："我所要做的求雨的事情，正是为了百姓。如果一定用人作牺牲祈祷，请允许我来充当那个人吧！"于是成汤沐浴斋戒，修剪头发、指甲，白马拉着没有装饰的车子，身上缠绕着白茅，以自身作为祈祷的牺牲，在桑林（今河南省荥阳市王村镇桑园村东）的旷野中，手持三足鼎，向山川神灵祈祷说："不要因为我一人不聪慧，使上帝鬼神伤害百姓的性命！"接着，以六件事自我责备道："是我的政令不当吗？是使百姓痛苦吗？是贪污受贿盛行吗？是宫室修得豪华吗？是通过宫中受宠的女子干求请托的事情盛行吗？是谗人昌盛吗？为什么干旱得这样严重呢！"成汤的话还没有说完，上天自然而然形成了云彩，继而方圆数千里下起了大雨。这年庄稼大丰收，天下百姓额手称庆，欢乐和洽。为纪念此事，成汤作桑林之乐，名叫《大濩》，又称《桑林》。

成汤网开三面，则网得一大批诸侯归附，这是一代圣王施仁心的结果。常言道："得人心者得天下。"而其桑林祷雨，对后世执政者影响颇大。

伊尹厨师拜宰相

伊尹，名挚，黄帝大臣力牧的后裔。以其母居伊水之上，而为伊姓。尹为"治理"之义，后引申为官名。

据传，伊尹母亲怀孕时，梦有神人告诉她说："石臼出水，便向东跑，不要回头看。"明日，她看石臼出水，便告诉邻居，向东跑了10里，而回顾她住的乡邑，已成为汪洋。因她违背了神人的告诫，自身便化为空心桑树。有侁氏女子采桑，得一婴儿于空桑之中，回去将婴儿献给了她的国君，国君便令厨师抚养婴儿。这便是伊尹生于空桑的故事。

伊尹长而修德、才于草庐之下，躬耕于有侁国（今河南省杞县、开封市祥符区陈留镇一带）田野，同时向养父学会了烹调技艺。他虽居简陋屋舍，志向却在天下。当时，成汤思贤若渴，梦见有人负鼎扛俎（切肉的砧板）对己而笑，醒而占卜道："鼎为和味，俎者割截，天下岂有人为吾宰者哉？"之后，成汤听说有侁国有伊尹这样的人才，便以重礼聘请，有侁国君留住伊尹而不答应。成汤于是求婚于有侁国君，有侁国君喜，便将女儿嫁给他，又将伊尹作为媵人（陪嫁人）送给女儿。伊尹也借此负鼎扛俎而为厨师，这样便有了亲近成汤的机会，于是以菜肴的滋味及其操作程序为由，来劝说成汤施行"王道"，继而向成汤阐述了上古帝王及其后"九主"的事情。所谓"九主"，即法君（用法严急的君主）、专君（专己独断、不任贤臣的君主）、授君（不能自理而政归其臣的君主）、劳君（勤劳天下的君主）、等君（定等威、均禄赏的君主）、寄君（百姓困于下，君主骄于上而离析可待的君主）、破君（轻敌致寇、国灭而死的君主）、固君（完城郭、利甲兵而不修德的君主）、3 岁社君（在襁褓而主社稷的君主）。并向成汤进一步阐述了作为天子的为政要领。成汤以为伊尹是大贤，于是祷告于宗庙，以牺牲祭之，拜伊尹为相，委以国政。

后伊尹辅助成汤打败了夏桀，建立了商朝。成汤去世后，太子太丁未立而死，于是立太丁的弟弟外丙为帝。外丙即位 3 年而死，又立外丙的弟弟中壬为帝。中壬即位 4 年而死，伊尹便立太丁的儿子太甲为帝，自己居阿衡之位，作《伊训》《肆命》《徂后》《太甲》等以训示帝。在伊尹的督促下，太甲在继位后前两年，其作为还过得去，但从第三年起就不行了，他任意地发号施令，一味享乐，暴虐百姓，朝政昏乱，又破坏汤制定的法规。伊尹虽百般规劝，他都听不进去，伊尹只好将他放逐到商汤墓地附近的桐宫（今安徽省亳州市谯城区汤陵社区），让他自己反省，自己摄政当国，史称"伊尹放太甲"。太甲在桐宫 3 年，悔过自责，伊尹又将他迎回亳都，还政于他。重新当政的太甲能修德，诸侯都归顺商王，百姓得以安宁。于此商朝多事之秋，伊尹恪尽职守，可谓功莫大焉。

武丁一梦得大贤

殷高宗武丁为太子时，深刻体会到百姓的好恶和疾苦。他即位后，考虑复兴国家，但未得到贤人辅佐。于是守亲丧，3 年不言，政事完全决定于太宰，却静默以思考治国的方策。免丧后，大臣们无不忧虑，劝谏道：“王言以出令，如不言，无所听令。”武丁便告诉群臣说：“以我治理四方，恐德才达不到，所以不言。”

后来，武丁夜梦得一贤相，名叫说。以梦中所见对照群臣百吏，都不是。于是派遣百官按梦中所见形象，到四方寻找这样的贤人。之后，在虞国、虢国之界（今河南省三门峡市西北）的傅岩，找到正在筑墙的一个人，模样很像武丁梦中人，便将其献给武丁。武丁与这人对话，果然是位圣哲。于是立他为相，总领百官，使朝夕规谏。这人也不负武丁之望，提出了诸多治国方略和良言，如“惟治乱在庶官（治乱在于众官）”，“无耻过作非（不要以过为耻而文过饰非）”，“非知之艰，行之维艰（不是懂得道理困难，而是施行道理困难）”等。自此殷衰而复兴，礼仪废而复起，国家大治。武丁遂以傅岩之“傅”赐姓于他，人称傅说。武丁在傅说的辅佐下，修政行德，天下安定，殷道复兴，在位 59 年而去世，庙号高宗。武丁在位的这段时期，便是历史学家乐道的“武丁中兴”。

事实上，武丁即位之初，殷道中衰，朝廷多有备位充数之臣而不能用，武丁当时已深知傅说贤而隐于野，但一旦举用，因出于微贱，众臣必骇怪，因此他只好托于梦寐，旁求天下，得之后置之于左右，如天所授，群臣没人敢疑。若不知其才，徒以梦取，岂不荒唐！还有，“日有所思，夜有所梦”，武丁梦得贤相，足以说明其求贤若渴。大凡治国，得贤则兴，失贤则败，此为千古不易之理。

相面识人说商容

商容，卫国（时都今河南省淇县）人。殷朝的贤者，为百姓所爱，因劝谏纣王，被纣王废黜，弃而不用。

周武王打败纣王，率军进入商朝国都朝歌，商容和殷朝百姓观看周军。见毕公（名高，周武王的异母弟弟）至，殷朝百姓说："这是我们的新君。"商容说："不是。视其为人，严肃而面带急色。此君子遇事谨慎戒惧呀！"见太公（姓吕名尚，即太公望）至，百姓说："这是我们的新君。"商容说："不是。视其为人，虎踞而鹰栖般威武，面对敌众，威怒自倍，见利即前，不顾其后。此君子面对敌众进退果断。"见周公（名旦，周文王第四子）至，百姓说："这是我们的新君。"商容说："不是。视其为人，欣喜宽容，志在除贼，这不是天子，是周的相国。"见武王（名发，周文王次子）至，百姓说："这是我们的新君。"商容说："是。圣明的人为海内讨伐恶人，见恶不怒，见善不喜，喜怒不形于色。因此知道这是我们的新君。"周的军队经过商容所住的乡间，则立乘凭轼而敬。

武王立为天子，想以商容为三公，商容推辞说："我曾经想凭借马夫以讨伐纣王而不能，是愚蠢；不争而隐居，是无勇气；愚蠢且无勇气，不可以备位于三公。"于是坚决辞让不受命。

自此，商容的名声更加彰显，人称商子。周公旦的大儿子伯禽与他的九弟康叔封朝见成王后，去拜见周公。结果是三次拜见而三次遭到抽打。康叔封脸色惊恐，对伯禽说："有位商子，是贤人。我与你拜见他。"康叔封与伯禽拜见商子，说道："某某日，我们二人朝见成王后，拜见周公，三次拜见而三次遭到抽打。这是什么原因呢？"商子说："你二人为何不相与到南山的南边观察，那里有树，名叫桥。"二人于是到南山的南边，但见桥树高耸而抬头，便返回将所见的情况告诉商子。商子说："桥树，是父道呀！"接着说："你二人为何不相与到南山的北边观察，那里有树，名叫梓。"二人于是到南山的北边，但见梓树蓬勃生长而低头，便返回将所见的情况告诉商子。商子说："梓树，是子道呀！"二人恍然大悟，第二天拜见周公，入门而小步紧走，登堂而跪下。周公抚摸着他们的头劝勉，并让他们留下吃饭，问道："拜见了哪位君子？"二人回答说："拜见了商子。"周公赞叹道："君子啊，商子！"

磻溪之水隐奇人

吕尚（？—约前1017），姜姓，吕氏，名尚，字子牙，河内郡汲县（今河南省卫辉市）人，生于商末周初。

早年的吕尚，生活困窘，为马氏女婿。老年时被妻子舍弃驱逐，生计无着落，于是在孟津（今河南省孟津县）卖水。值天大凉，改业贩面，又值大风，被风吹得一干二净。只好到棘津（黄河渡津名，位于今延津县东北）做雇工，虽想卖力气而无人使用。又到朝歌（今淇县朝歌镇）宰牛卖肉，因天热肉败而卖不出去。这时期，他无论干什么事情都与愿违。但听说西伯昌（即周文王）贤明，于是他直钩垂钓于磻溪（今陕西省宝鸡市东南），借此等待机遇。

西伯昌出来打猎，见吕尚手持钓鱼竿而蹲于茅草上，气度不凡，于是上前问他："您钓鱼快乐吧？"吕尚回答道："君子乐其志，小人乐其事。我钓鱼不快乐呀！"西伯说："那么为什么用鱼饵？"吕尚回答道："鱼求那饵，才牵那钓绳。人食于奉禄，才服从于君王。因而以饵取鱼，鱼可钓起。以奉禄取人，人可效死。以小钓钓于河，而擒获那鱼；中钓钓国，便擒获那万国诸侯。"西伯昌知道他胸有谋略，于是非常高兴地与他一起乘车回到国都，即拜他为太师。又推心置腹地告诉他说："自我太公望您久矣！"因而尊称他为太公望。这时的吕尚已年届70岁了。

及周武王灭商建立周朝后，便与吕尚结为儿女亲家，又因灭商有功，封他为齐侯。当吕尚向东赴国时，道遇一个妇人拦路哭泣，等问明情况后，才知是他的前妻马氏。这时，马氏再拜恳求合婚，吕尚见此情景，便取盆水泼在地上，令她收起来。马氏只好顺从地去收，但仅收得少量稀泥。吕尚说："你说离就离，又想改合婚，覆水定难收啊！"马氏于是羞愧而去，后悔而死。

吕尚定都于营丘（今山东省淄博市），成为周代齐国的始祖，有太公之称，俗称姜太公。周武王去世。他辅佐周成王，与执政周公旦一起，平定内乱，开疆拓土，奠定了“成康之治”的良好基础。周康王六年，吕尚去世于镐京，享年110多岁。

风云际会，贤人遇明主，方能有所作为，扬名于世。人生有顺境，也有逆境。于逆境能审时度势而不气馁，于顺境谨慎行事而不骄傲，才是真正的“大英雄”。

武王伐纣故事多

周武王元年（前1046）春天，武王将要讨伐殷纣王，向太公吕尚询问道：“我想不战而知道胜利，不占卜而知道吉利，实现这种目的有办法吗?”太公回答说：“得众人的心，以谋取无道之人，则不战而知道胜利了；以有德才的人讨伐无德才的人，则不占卜而知道吉利了。他损害百姓，我有利于百姓，虽然不是我们的百姓，可得到而驱使他们。”武王询问周公旦说：“天下人以殷王为天子，以周君为诸侯，诸侯攻打天子，战胜他有办法吗?”周公说：“攻打遵循礼仪的人为贼人，攻打遵循义的人为凶暴的人；失去他的百姓的人为匹夫；大王攻打失去百姓的人，为什么称他为天子呢?”武王说：“好!”

当初，武王派遣人去殷朝侦察，回来报告说：“邪恶奸佞的臣子胜过忠良臣子。”武王说：“不到时机。”又派遣人去，回来报告说：“有德有才的人出逃了。”武王说：“还是不到时机。”又派遣人去，回来报告说：“百姓不敢责备而怨恨了。”武王说：“嘻!”于是将此情迅速告诉太公，太公说：“刑罚太过，所以不敢责备而怨恨。他们的混乱到了。”于是武王决定起兵讨伐纣王。他在将要行兵时，使人占卜战情，结果龟板焦黑而不显兆情，蓍草立而折，筮又不吉利。又风雨暴至，折断车伞盖。太公因其形而制造曲柄伞盖，群公均有惧色。太公说：“枯骨朽蓍，不能胜过人呀!”于是烧掉龟板，扔去蓍草，率众先行，武王随从他，遍告诸侯说：“殷王有重罪，不可以不攻伐!”行军这天，以兵忌东面，而逆太岁。鱼辛进谏道：“太岁在北方，不能北征。”武王不听从，率军前行。诸侯以兵相会的战车四千乘。将渡黄河时，狂涛恶浪逆流而击，大风刮得天昏地暗，人马不能相见。武王怒目而挥之说：“我在，谁敢危害我的意志！”于是风停而波平。继之，驻扎在黄河北边，在孟津召开誓师大会，武王告诉大家说：“古人有言：‘母鸡报晓，这个家就要完了。’今商王纣惟听从妲己之言，自绝于天；疏远他的叔父兄弟，断弃他的先祖之乐而为淫声，以怡悦妇人。所以今天我只有恭敬地施行上天的惩罚。大家不要三心二意，努力啊！”

周王大军行至邢丘（今河南省温县赵堡镇东南），盾牌一折为三，天又下雨三日不停。武王恐惧，向太公问道：“难道纣不可以讨伐吗？”太公回答说：“不是这样。盾牌一折为三，军队应当一分为三。天下雨三日，是想洗涤我们的兵器。”武王说：“那么怎么办呢？”太公回答说：“爱那人连带到他屋上的乌鸦，厌恶那人憎恨他的骨头，我们将那敌人全部杀掉，不使剩余。”武王说：“哎呀！天下还没安定呢！”大军行到河内（今焦作市一带），这里的共头山崩坠。武王的七弟霍叔武害怕说：“三日而五灾至，难道不可以攻伐吗？”周公说：“剖比干而囚箕子，蜚廉、恶来主持政务，有什么不可以！”于是选择马而前进。武王的袜带开了，示意让人系好，五位武士防御于前，说：“臣所以事奉君王，不是系袜带的。”武王于是放下白旄和黄钺而系好袜带。至商郊，周军陈兵于牧野（今河南省新乡市北一带），纣王发兵70万抵御（主要是囚徒、奴隶和修建王陵的劳工）。太公吕望率百人出阵挑战，然后以战车350乘、士兵26250人、虎贲3000人向纣王奔去，纣王的军队虽然众多，但都想让武王赶快入城，没有战心，前边的士兵便掉转武器给武王开路，军队互相攻杀踩踏，有“血流漂杵”之状。武王以战车、勇士冲锋。商纣的军队四处溃散。纣王逃回城内，登上鹿台，看大势已去，便穿上他的珠玉衣，赴火自焚而死。武王拿着太白旗以指挥诸侯，诸侯都来参拜。武王也作揖相答。诸侯随武王进入商朝的都城朝歌。商朝都城的百姓都在城郊等待欢迎。于是武王让大臣告诉商朝百姓：“上天给大家赐福了！”遗商的百姓都叩头拜谢，武王也回礼答拜。自此以后，遗商问题遂定。商朝自成汤开国至纣王，共传

28王16世，计644年。

三监失职武庚叛

周武王推翻殷纣的统治后，仍不无忧虑地问太公吕尚道：“对殷朝的众士兵怎么办?”太公回答道：“收尽每个角落，杀掉所有的人，不使有漏掉的。”武王说：“不可以。”问召公奭，召公回答说：“有罪的杀掉，无罪的使他活下来。”武王说：“不可以。”又问周公旦，周公回答说：“使百姓各人安于他的住所，种他的田。不要改变旧有的或新建的，唯亲近那仁人。”武王说：“好啊!”第二天，便让人扫除街道，修饰土神庙和商纣宫殿，朝拜成汤的庙宇。

武王命周公进献殷朝的遗老，向他们询问殷朝灭亡的原因，又问众人所喜欢的、百姓所想要的是什么。遗老回答说：“想恢复盘庚的施政。”武王听从他们的，亲殷如周，视人如己。砸破战鼓，折断鼓槌，放弓断弦，露宿以示平易，解剑带笏以示没有仇人。由此，天下赞美他的道德，万民为他的行为而欢欣。

武王为了更好地管理殷朝的百姓，使天下尽快安定，于是封纣王的儿子武庚为诸侯，以续殷朝的祭祀。又将殷朝畿内500里分为3个国家：以殷朝国都朝歌以东为卫国，以朝歌以南为鄘国，以朝歌以北为邶国。因天下初定，恐武庚作乱，便命三弟管叔鲜（封于管国，都今河南省郑州市管城区）治理卫国，五弟蔡叔度（封于蔡国，都今河南省上蔡县）治理鄘国，七弟霍叔武（封于霍国，都今山西省霍州市）治理邶国。名义上是辅助武庚，治理殷朝遗民，实际上是对武庚的监管。这就是所说的“三监”。

周武王即位七年而去世，13岁的儿子成王诵即天子位，周公旦为冢宰，摄行天子事。当时管叔鲜作为周公旦的三兄，心里不平衡，多有怨气，于是串通蔡叔、霍叔两个弟弟散布流言，谤毁周公，并联合武庚叛乱。周公旦于成王二年（前1041）奉王命率军东征，成王三年（前1040）平定叛乱，诛武庚，取消封爵；杀管叔，不树不封，取消封国；终身监禁蔡叔，惟给从车七乘，流放外地。后蔡叔的儿子蔡仲有德才，周公欣赏他的为人，及蔡叔去世，便命蔡仲复国，到蔡国（都今河南省上蔡县）为诸侯；降黜霍叔为平民，夺其爵禄，三年之内不得与兄弟相列。三年之后，才改变其爵禄，复封其为霍侯。

自此，周朝相对稳定了数百年。

郑武公使诈灭胡

郑武公（？—前744），姬姓，名掘突，郑桓公姬友的儿子。郑桓公，周宣王的弟弟。公元前806年，姬友被封国于首都镐京附近，国号为郑，首都为今棫林（今陕西省华县西北一带）附近。于周幽王三年（前779），因王室将乱，与史伯相谋，将财产和部族东迁到东虢国和郐国之间，定都于今河南省新郑市。于周幽王八年（前774），任周司徒。周幽王十一年（前771），申侯联合缯、犬戎攻灭西周，郑桓公和周幽王同被杀死于骊山之下。

周平王被迫东迁洛邑。郑桓公的儿子掘突便即郑国君位，即郑武公。他为了扩大疆土，于周平王四年（前767），相继灭掉东虢国和郐国。继而，他又想攻取胡国（都今河南省漯河市郾城区境内），向南扩疆，于是便将自己的女儿嫁给胡国国君，以使他快乐。于周平王八年（前763），郑武公在朝廷向群臣说："我想用兵，哪个国家可以攻伐？"大夫关其思回答说："胡国可以攻伐。"郑武公大怒，下令将关其思杀死，临刑，告诉他说："胡国，是如兄弟的国家呀！你说攻伐它，为什么呀？"胡国君主听说这件事情后，以为郑国友好自己，于是不再防备郑国。后来，郑武公经过充分准备，看胡国非常懈怠，就找机会偷袭胡国，并攻占了它。

春秋时期，礼崩乐坏，天下大乱，正如孟子所说："春秋无义战。"其实，在整个春秋时期，郑国夹在晋、楚等大国之间，也几乎没有宁日。

千古称颂陶朱公

范蠡（约前536—约前448），字少伯，春秋末期楚国宛邑三户（今河南省淅川县西北）人。他出身贫贱，博学多才，但佯狂倜傥，与世俗不谐。

楚国大臣文种在楚平王时为宛令，他听说宛邑三户有位叫范蠡的人，与众不同，便派遣属吏前往拜访他。属吏回来说：“范蠡，是本国的狂人。生来就有此病。”文种笑道：“我听说，士有贤俊的姿貌，必有佯狂的讥讽；内怀独见的智慧，外有不智的毁谤。此本来不是你们这些人所知道的。”于是，驾车前往拜访。而范蠡见文种来到，便蹲在狗洞里学狗对着他叫。跟随文种的属吏恐文种惭愧，便用衣服遮挡住范蠡。文种说：“不要遮挡呀！我听说狗所对着叫的是人。今我到此，有圣人之气，行而求之，来到此处。且人身而狗叫，说明我是人呀！”于是下车拜见，范蠡不为礼答。之后，范蠡知道文种一定还来拜谒，便对兄嫂说：“今日有客，请借给我衣服和帽子。”不久，文种到。两人抵掌而谈，遂为莫逆之交。后二人因不满当时楚国非贵族不得入仕的黑暗政治，便一起投奔越国。

范蠡事奉越王勾践，苦身勠力，与越王勾践精心谋划20余年，最后灭掉吴国，雪洗了当年被吴国围困于会稽山的耻辱。越国的军队又向北渡过淮河，以逼近齐国、晋国，进而号令中原诸侯国，以尊崇周朝王室，称霸天下，称范蠡为上将军。

返回越国后，范蠡以为自己名气大了，是难以久留的。况且勾践的为人，可与同患难，难与处安乐，于是向勾践写了一封辞职信道：“我听说：主上有忧，作为臣子应该分忧劳累；主上受辱，臣子应该死难。昔日君王受辱于会稽山，我所以不死，是为了雪耻呀。今既已雪耻，我请求追论当年使君王受辱于会稽山的罪过！”勾践说：“我将与您分国而治理这个国家。不然，将要惩罚您了。”范蠡说：“君王所依从的是律令，我所依从的是志趣。”于是装上那轻宝珠玉，自与亲信的随从们乘船出海，前往齐国，终不返回越国。

到了齐国后，他给时任越国大夫的好友文种寄信道：“飞鸟射光了，良弓便会藏起来；狡猾的兔子猎取完了，猎狗就会被煮吃。越王这人长脖子鸟嘴，可与他共患难，不可与他共安乐。您为何还不离去呢？”文种见到此书信，便称病不上朝。有人谄毁文种将要谋反，越王就赐文种一把剑道：“您教我攻伐吴国七种计策，我用了其中三种就打败了吴国，那四种还在您处，您替我追随死去的先王试试那四种计策吧!”文种只好自杀。范蠡听说文种被赐剑自杀，叹息不已。

范蠡到了齐国，便改变姓名，自称鸱夷子皮。于是，他在海边以耕种为生，苦身戮力，父子合力置办家产。没过多久，便集聚家产数千万。齐国人听说他有才能，便任命他为相国，范蠡喟然叹道:“在家能集聚千金，任官能位至卿相，这是一个普通人最想得到的事情。长久地享受尊贵的名声不吉祥呀!”于是他送上相印，尽散自己家的财物，以分给知心的朋友和邻里乡亲，只怀着自己重要珍宝悄悄离开此地，住到陶地（今山东菏泽市定陶区)。范蠡以为陶地为天下之中，有利于经商，可以致富。于是自称陶朱公。他父子亲自耕种畜牧，囤积储存，等待时机，转卖货物，取十分之一的利润。没过多久，又累积了巨万家产，天下人无不称赞陶朱公。

范蠡三次迁徙，成名于天下，最后在陶地去世。人们赞誉他“忠以为国，智以保身，商以致富”，从而尊称他为“商圣”。

五羖大夫百里奚

百里奚，字井伯，春秋楚国宛邑（今河南省南阳市）人。一作百里傒。少年时，家庭贫穷，学习刻苦。后到虞国谋职，官至大夫。

鲁僖公五年（前655)，晋国想灭掉虞国的邻国虢国，于是向虞国赠送玉璧和宝马等，以借道过境去攻打虢国。虞国大夫宫之奇劝谏国君不能答应晋国，虞国国君贪图晋国赠送的礼物而不听。于是晋国灭掉虢国后，回师途中将虞国也灭掉了。这就是历史有名的“假道灭虢”。这样，虞国的君臣便成了晋国的俘虏，百里奚便是其中之一。

当晋国国君的女儿嫁到秦国时，百里奚作为媵人（陪嫁的奴隶）被送到秦国。百里奚怎能甘心做奴隶，于是寻找机会逃回了家乡宛邑。结果被楚国人捉住。秦穆公听说逃走的媵人百里奚是个大贤人，想以重金将他赎回，但又恐楚人更加不给，便使人对楚人说:“我的媵人百里奚逃到你们那里，请以五羖羊皮（五张黑色公羊皮）赎回他。”楚人便很爽快地答应了。这时，百里奚已经70多岁。秦穆公将百里奚从囚牢里放出，向他咨询国事。百里奚感谢道："我是亡国之臣，怎值得相问?"秦穆公说："虞君不用您，所以灭亡了国家。这不是您的罪过呀!"秦穆公坚持询问，于是二人交谈三日，秦穆公非常高兴，授给他国政，称他为"五羖大夫"。百里奚辞让说："我比不上我的朋友蹇叔。蹇叔有德有才而世人莫知。我常游困于齐国而乞食于人，蹇叔收下了我，我因而想侍奉齐君，当时无知，蹇叔劝阻我，我得脱齐难。于是到东周，周王子颓（周庄王的庶子）喜欢牛，我便以养牛拜谒他。等颓想用我时，蹇叔劝阻我，我离开他，免除了被杀灾难。侍奉虞君，蹇叔又劝阻我，我知道虞君不重用我，我实为私利禄爵而留下。再听蹇叔的话，便会逃脱作俘虏的灾难。结果没听他的话才落到此等地步，因此深知蹇叔有德有才呀!"于是，秦穆公使人奉厚币，迎蹇叔，以他为上大夫。

百里奚相秦六七年，劳不坐乘，暑不张盖，行于国中，不从车乘，不操干戈，"谋无不当，举必有功"，辅佐秦穆公倡导文明教化，实行"重施于民"的政策，内修国政，外图霸业，拓地千里，称霸西戎，秦国由此而崛起。又"三置晋国之君"，"救荆州之祸"，"发教封内，而巴人致贡；施德诸侯，而八戎来服"，使秦穆公成为春秋五霸之一，为秦国最终统一中国奠定了基础。

当初，百里奚为秦相后，一次堂上奏乐，所雇的洗衣妇自言知音，因援琴抚弦而歌《扊扅（门闩）歌》，歌道："百里奚，五羊皮，忆别时，烹伏雌，炊扊扅。今日富贵忘我为?百里奚，五羊皮，临相别时，烹乳鸡。今适富贵忘我为?百里奚，百里奚，母已死，葬南谿。坟以瓦覆，以柴舂黄藜。搤伏鸡，西入秦，五羖皮。今日富贵捐我为?"百里奚闻歌大惊，问明情况，原来是他的妻子。于是夫妇相抱而泣，而后相好如初。

百里奚去世，秦国男女无不流涕，童子不歌谣，舂者不相杵。

功成身退说叶公

沈诸梁，字子高，是楚庄王的玄孙，楚司马沈尹戌的儿子。他身矮瘦弱，行走如不胜其衣。楚昭王即位，以沈诸梁为大夫。当时，叶邑（治所在今河南省叶县南30里的旧县）在楚方城（长城）之北，地势险要，为楚国北部边疆的重镇。于是，于楚昭王十一年（前505），楚王任命他为叶邑尹。此时，楚国君已称王，其邑尹都称公，因而人们称沈诸梁为叶公。

楚平王六年（前523）时，楚太子建遭受谗言陷害，自城父（今安徽省亳州市城父镇）逃奔到宋国（都今河南省商丘市）。楚平王七年（前522），太子建又躲避宋国的华氏之乱到郑国（都今河南省新郑市）。郑国人非常善待他。他又到晋国，与晋国人谋划偷袭郑国。之后，他便请求回到郑国。郑国人待他如当初。晋国又派遣间谍与他相通，询问偷袭郑国的具体日期。楚太子建平常在他住的地方暴虐，当地的郑国人便将此事告发。郑国醒悟，捕获了晋国的间谍，于是杀了太子建。太子建的儿子叫胜，在吴国（都今江苏省苏州市）。楚国的令尹子西（楚平王的庶出大儿子，名申）想召他回国，沈诸梁劝道："我听说胜呀狡诈而邪恶，难道不是祸害吗？"子西说："我听说胜守信用而勇敢，不是不利。让他住到边境，使他守卫国家。"沈诸梁说："周仁之谓信（即密合仁道叫作守信用），率义之谓勇（即行道义叫作勇敢）。我听说胜呀喜欢实践诺言，而寻求不怕死的勇士，大概私下有复仇的想法吧！实践诺言，不是守信用。抱死的心，不是勇敢。您一定会后悔这件事呀！"子西不听从，召回胜，将他安置在楚国与吴国相交界的边境白邑（今河南省息县包信镇一带），人称白公。

楚昭王二十六年（前490），孔子自蔡到叶邑。叶公向孔子问政，孔子说："近者说，远者来。"意思是使近处的人得到恩惠而愉悦，使远方的人慕化而归附。在讨论一件关于偷窃的事情时，叶公因对孔子说："我乡里有一个直率坦白的人，他父亲偷了羊，他便告发了父亲。"孔子不认同这个做法，说："我乡里直率的人，与你所说的不同：父亲为儿子隐瞒，儿子为父亲隐瞒。直率就在这里面了。"他日，叶公向孔子的弟子问孔子是怎样的人，子路不回答。孔子听说这事，说："你为什么不说：'他为人呀，发愤忘食，乐以忘忧，不知老将至啊！'"

楚惠王六年（前483），白公胜请求攻打郑国。子西说："楚国虽然恢复了政令，但未能很好地得到控制，现在不能攻打郑国。我不会忘记这件事情。”楚惠王八年（前481），白公胜又请求攻打郑国，子西答应了他。楚国的军队还没有行动，晋国开始攻打郑国，楚国反而救了郑国，并与郑国订立了友好盟约。白公胜发怒道：“郑国人（指子西）在此，仇人不远了！”并自磨宝剑。司马子期（楚平王的儿子，名结）的儿子平看到这种情况，问道：“王孙您为何自磨剑呀？”白公胜回答道：“我以正直著名，不告诉你怎称正直呢？将要用这剑杀死你的父亲！”平将此话告诉子西，子西说：“胜如蛋卵，我羽翼覆盖着而使他成长。按照楚国用士的次第，我死后，令尹、司马非胜担任不可！”白公胜听到此话说：“令尹猖狂呀，我不杀死他，我就不是人！”子西不悔改。白公胜对他的门徒石乞说：“国王与子西、子期二卿士，用500人对付他们，就可以了。”石乞说：“不能得到这500人呀。市南有个叫熊宜僚的人，如果能够得到此人，就可以抵得上500人了。”白公胜于是让石乞与自己一起去拜见熊宜僚，将自己的想法告诉了他，并高兴地告诉他这样做的缘故。结果却遭到熊宜僚的拒绝。石乞便拔剑指着熊宜僚的咽喉，而熊宜僚承受不动，面不改色。白公胜说：“不为利益而谄媚，不为威势而畏惧，不是泄露人言以求媚的人。放了他吧！”吴国攻打楚国的慎邑（治今安徽省颍上县西北江口镇），白公胜打败了他们。他向楚王请求将获得的铠甲、兵器等战利品送到国都献纳，楚王同意了，于是白公胜趁机叛乱。楚惠王十年（前479）秋七月，白公胜在朝廷上杀了子西和子期，并劫持了楚惠王。子西用衣袖遮着脸惭愧地死去。子期说：“从前我凭勇力事奉国君，不能有始无终。”于是，他拔起一棵樟树，杀死敌人而后死去。石乞说：“烧毁仓库，杀掉惠王。不这样就不能成功。”白公胜说：“不可以。杀惠王不吉利，烧毁仓库没有了物资，拿什么来防守呢？”白公胜没有听从他的话。

叶公到蔡国（时都州来，即今安徽省下蔡县）时，楚方城以外的人都劝他说：“可以进入国都了。”叶公说：“我听说，以恶侥幸获得的人，他的贪欲没有满足的时候。物体偏重就会离败。”后听说白公胜又杀了楚国的贤大夫管仲的后裔管脩，这样才入国讨伐他。这时，白公胜想立楚平王的儿子子闾（曾五次辞王位）为楚王，子闾不答应，他就用兵器威逼。子闾说：“王孙如果能够安定楚国，扶正王室，庇护百姓，则是我的愿望，怎敢不服从呢？如果只顾私利而使王室倾覆，不顾楚国，那么我宁死也不服从！”白公胜于是杀死了子闾，带着惠王进入高府（楚国别府），令石乞看守大门。楚大夫圉公阳在宫墙上挖了一个洞，背着惠王到了他母亲昭夫人的宫中。这时，叶公也到达了北门，有人遇上他，说：“您为什么不戴头盔呢？国人都盼望着您，就像盼望慈父慈母一样。叛贼的箭如果伤了您，这是使百姓绝望呀！为什么不戴上头盔呢？”于是叶公戴上头盔前行。他又遇到一个人，说：“您为什么戴了头盔？国人盼望您就像盼望一年的好收成，天天都盼望您来。如能见到您的面容，就会安心了。百姓知道还有生的希望，就会有奋战的决心，还要宣扬您的功绩，并通告全城，但您却把脸遮上让百姓绝望，不是太过分了吗？”于是叶公脱掉了头盔往前走。他遇上箴尹固率领着部下，准备去帮助白公胜。叶公说：“如果没有子西和子期二位，楚国就不成其为国家了。背弃有德行的人去跟随叛贼，难道可以保身吗？”箴尹固听叶公说得有道理，便跟随了他。叶公派箴尹固和都城的人去攻打白公胜，一战下来，白公胜大败，逃到了山上，途穷上吊而死。他的门徒把他的尸体藏了起来。叶公活捉了石乞，追问他白公胜死的地方。石乞回答说：“我知道他死的地方，但主人令我不要说。”叶公说：“不说就煮了你！”石乞说：“这种事成功了就做卿，不成功就被煮，这本来是应有的结果，有什么妨害！”于是叶公就煮了石乞。白公胜的弟弟燕逃到了吴国頯黄氏（今安徽省宣城市境内）。于是，叶公身兼令尹、司马二职。待楚国安宁，叶公便使子西的儿子宁为令尹，使子期的儿子宽为司马，而自己又回到了叶邑，后来老于那里。他的仁义功名，传于后世而不衰。

应该说，叶公有胆识，识大体；诛白公，定楚国，易如反掌；居功而让职位，治邑治国有方，德高望重，可谓楚国社稷柱石，一代贤人。但由于当年叶公与孔子的理念和政见不合，后来孔子的弟子子张就把叶公编排了一番，所以就传下了“叶公好龙”的千年“冤案”。

子张因故传“冤狱”

子张（前503—?），颛孙氏，名师，字子张，春秋末期陈国（都今河南省周口市淮阳区）人。孔子七十二贤弟子之一，小孔子48岁。他主张“士见危致命，见得思义，祭思敬，丧思哀”（即读书人看到国家或国君危难时敢于献出生命，看到获得的财利要想到道义，祭祀要想到礼敬，亲人去世要想到哀痛），并身体力行。

子张听说鲁哀公喜欢学道义、习武勇的“士”，于是从陈国去鲁国拜见他。整整7天，鲁哀公不以礼相待，子张便愤然离去。临行，托鲁哀公的仆人给鲁哀公捎言，说：“我听说您喜欢‘士’，所以不以千里为遥远，受霜露，冒尘垢，长途奔走，不敢休息以拜见您。7天，而您不以礼相待。您喜欢‘士’，有似叶公子高好龙。叶公子高喜欢龙，衣带钩画龙，酒器上画龙，屋室的雕刻花纹里画龙。于是那龙听说而从天上下来，到叶公的住所，探头于窗户里，拖尾于厅堂上。叶公看到龙，抛弃他物而回头便跑，像丢失了魂魄，惊恐万状。这叶公不是真正的喜欢龙，喜欢的是那似龙而不是龙的东西。今天我听说您喜欢‘士’，所以不远千里以拜见您。7天，不以礼相待。您不是真正的喜欢‘士’，喜欢的是似‘士’而不是‘士’的人。《诗》说：‘中心藏之，何日忘之？’（即内心善此，又怎能忘此？）请允许我托人捎话而离开这里。”之后，子张便怅然地离开鲁国。

叶公好龙的故事，后来被汉代刘向的《新序》所收录，便广为流传开来。

陈子禽问一得三

陈亢（前512—前430），字子禽（一字子亢），春秋时陈国（都今河南省周口市淮阳区）人。

陈亢性格直爽，有疑问或迷惑处便直言相问于人。他想，老师孔子学问渊博，对自己的儿子应该有私下教育。一日，他见到孔子的儿子孔鲤（字伯鱼），便向他问道：“您应有不同的见闻吧？”孔鲤回答道：“没有。父亲曾一人站在堂上，我小步紧走而经过庭中，父亲叫我，问道：‘学《诗》了吗？’我回答说：‘没有。’父亲说：‘不学《诗》，无以言（即没有办法说话）。’我退而学习《诗》。他日，父亲又一人站在堂上，我小步紧走而经过庭中，父亲叫我，问道：‘学《礼》了吗？’我回答说：‘没有。’父亲说：‘不学《礼》，无以立（即没有办法立身）。’我退而学习《礼》。仅听到这两次教导。”

陈亢退而高兴地说：“问一而得三，闻《诗》、闻《礼》，又闻老师疏远他的儿子呀！”

在古代，或诸侯会盟，或外交使者交往，往往引用《诗》句以委婉表达意向，因而孔子以此语教育儿子。学习《礼》（指《仪礼》），品节详明而德性坚定，所以能够立身。“趋庭”“庭训”“鲤庭叨对”“问一得三”等词语，以及“诗礼传家”，均源于此则故事。其可谓影响深远。

变法强秦说商鞅

卫鞅（约前390—前338），姬姓，公孙氏，名鞅，战国时期卫国（都今河南省濮阳县）人。又称公孙鞅。他是卫国公室妾生的公子，从小便喜欢“刑名之学”（即“主张循名责实、慎赏明罚的学问”）。

成年后，卫鞅在魏国相国公叔痤家中做了中庶子。公叔痤深知卫鞅有贤能，便准备向魏王推荐他。当公叔痤得重病时，魏惠王亲自去看望他，不无忧虑地说：“公叔的病倘有不测，国家将怎么办呢？”公叔痤回答说：“我的中庶子公孙鞅，虽然年轻，却有奇才，希望王能把国政交给他掌管。”魏惠王听后默默不答。当魏惠王将要离开时，公叔痤叫退左右人向魏王说：“王如果不任用公孙鞅，就一定要杀掉他，不要让他离开国境。”魏王答应了他的要求就离去了。

这时，公叔痤立即召来公孙鞅，向他道歉说：“王刚才问我谁能够出任相国，我推荐了你。王显出不应允的神情。我才以先忠于君后考虑臣的立场，劝王说：‘如果不任用公孙鞅，就应该杀掉他。’王答应了我。你赶快走吧，否则就要被擒！”卫鞅说：“王既然不能听您的话任用我，又怎么能听您的话来杀我呢？”终于没有离开魏国。魏惠王回到宫中对随侍的人员说：“公叔痤的病很严重，真叫人伤心啊！他想要我把国政交给公孙鞅掌管，难道不是糊涂了吗？”

公叔痤死后不久，卫鞅听说秦孝公下令招求天下有才能的人，以继承秦穆公时代的霸业，向东收复失地。于是，他就西去秦国，凭借秦孝公宠臣景监的关系以求见孝公。孝公召见卫鞅，让他谈了很长时间的国家大事。孝公不时打瞌睡，听不进去。事后孝公生气地对景监说："您的宾客是个狂妄的人，怎么可以任用呢！"景监就来责备卫鞅。卫鞅说："我用'帝道'（即尧、舜治国的方法）劝说大王，他却不能领会呀！"过了5天，秦孝公又召见卫鞅。卫鞅再见孝公时，谈了更多的治国之道，可是还不中秦孝公的心意。事后孝公又责备景监，景监又责备卫鞅。卫鞅说："我用'王道'（即禹、汤、周文王、周武王的治国方法）劝说王，而他仍没有听进去。那么，请求他再召见我一次吧！"卫鞅又进见秦孝公，孝公对他很友好，可是没任用他。会见退出后，秦孝公对景监说："你的客人不错，我可以和他谈谈了。"景监告诉卫鞅，卫鞅说："我用'霸道'去说服王，他的心思是准备采纳了。如果再召见，我就知道该说些什么啦。"于是卫鞅又见到了秦孝公。秦孝公与他交谈，不知不觉地在席子上向前移动膝盖，谈了几天都不觉得厌倦。景监说："您凭什么能中我国君的心意呢？我们的国君高兴极了！"卫鞅回答说："我劝大王采用帝王治国的办法，建立夏、商、周那样的盛世，可是大王说：'时间太长了，我不能等，何况贤明的国君，谁不希望自己在位的时候名扬天下，怎么能叫我闷闷不乐地等上几十年、几百年才成就帝王大业呢？'所以，我就用富国强兵的办法劝说他，他才特别高兴。然而，这样也就不能与殷、周的德行相媲美了。"

周显王十年（前359），秦孝公任用卫（商）鞅为左庶长，以变秦国法令。卫鞅的法令拟定完备而尚未公布前，恐怕秦国的百姓不相信自己，于是竖立3丈长的木头于国都南门，招募百姓中有能将此木头搬到北门的，赏与10金。百姓觉得此事奇怪，没有人敢搬的。于是，又宣布：能搬到北门的，赏与50金。这时有一个人，从人群里出来，不由分说将这木头搬到了北门，结果当场赏给他50金。百姓见状，无不欢呼。卫鞅借此向百姓表示有令必行，不欺骗民众。由此一来，卫鞅在百姓中树立了威信，随之颁布了新的法令。

卫鞅的“南门徙木”其实是效法吴起，“徙木”为小事，但赐予重金，他是想让百姓相信，有功者必赏，有罪者必罚。商鞅治秦，所以能够令行禁止，惟其一个“信”字。商鞅赏罚未必尽当于理，而最终用来使秦国富强的则在于此。

秦孝公二十二年（前340），卫鞅率兵伐魏有功，因以於（今河南省内乡县东）、商（今陕西省商县东南）15邑封给他，号商君，史称他为商鞅。

六国相印一人佩

苏秦，字季子，战国时期东周洛阳（今河南省洛阳东）乘轩里人。兄弟5人，苏秦最小。及长，游学于鬼谷王禅门下。

学成后，外出游历多年，穷困潦倒，狼狈而回。家人都私下讥笑他不治生产而逞口舌之利，舍本逐末。苏秦喟然长叹道：“妻子不以我为丈夫，嫂子不以我为小叔，父母不以我为儿子，这都是秦国不用我的过错呀！”于是，潜心苦读，得姜太公吕望的兵书《阴符》，伏在桌上，潜心而诵读，反复揣摩其意。读书读到想打瞌睡时，便拿锥子自刺自己的大腿，鲜血流到脚跟，说：“哪里去游说君主，不能让君主拿出他的金玉宝物和锦绣衣物，让我取得卿和相的尊位的呢！”过了一整年，他将兵法揣摩透彻了，说：“这样真可以去游说当世的君主了。”

燕文公二十八年（前334），苏秦先到燕国游说燕文侯，他先从地理位置上分析了燕国与赵国的相依之势，接着批评燕国的战略错误：担忧千里之外的秦国，却不担心百里之内的赵国；最后建议燕文侯合纵赵国，结为一体。燕文侯认为苏秦之议很有道理，允诺苏秦“如果能以合纵之计维持燕国安定，愿举国相报”。于是资助苏秦车马金帛，前去游说赵国。

苏秦来到赵国游说赵肃侯。他详细分析了赵国和其他诸侯国的关系，指出赵对韩魏的战略相依关系，进而说明了自己的合纵主张：六国联合起来，共同对抗秦国，并建议赵国组建六国联盟并力抗秦，如此一来，六国一体，秦国一定不敢从函谷关出兵侵犯，赵国的霸主事业也就成功了。赵肃侯采纳了苏秦的“合纵”主张，资助他去游说各诸侯国加盟，以订立合纵盟约。

之后苏秦到了韩国，游说韩宣王。他先分析了韩国的优势，再陈述臣服秦国的弊端，最后苏秦说大王如此英明，军队又如此强悍，却甘居秦国之后，我真替大王感到羞耻！韩宣王为其说动，同意合纵。

如此等等，苏秦凭着三寸不烂之舌，以合纵先后说服韩国、魏国、齐国、楚国、燕国、赵国，从而使六国合纵而并力，苏秦也被任命为从约长（合纵联盟的联盟长），并且担任六国的国相，同时佩戴六国相印，成为一代传奇。

当初，苏秦北报赵王，行过洛阳时，车骑辎重，诸侯各国使者送他的很多，势比那做王的。周显王听说恐惧，打扫道路，使人到郊区慰劳。苏秦的弟兄、妻、嫂斜着眼睛看他而不敢仰视，侧着耳朵听他说话。苏秦笑着对他的嫂子说：“你为什么以前那么傲慢而现在这样恭敬呀？”嫂子匍匐向前，以面掩地而回答说：“因为见季子现在地位高而金子多呀。”苏秦长叹道：“我这一人之身，富有地位高则亲戚畏惧，贫穷地位低则看不起，更何况众人呢！假使我有洛阳郊区田地二顷，我岂能佩六国相印呢！”于是散千金以赐给宗族朋友。苏秦既约六国合纵，秦兵不敢东窥函谷关 15 年。

苏秦起于布衣，知耻而后发愤读书，“锥刺股”，潜心研读兵书，使六国合纵，最终实现了自己的远大抱负，其毅力，其智慧，着实令人佩服。

善学善教列御寇

列御寇，名御寇，战国时期郑国（都今河南省新郑市）圃田（今河南省郑州市白沙镇西古城村）人，道家学派著名的代表人物，著名的思想家、寓言家和文学家，世称列子。

郑穆公时，子阳为相，专任刑法。列御寇便绝迹穷巷，面有饥色。一次，有一位出使郑国的诸侯国使者了解到列御寇的情况，便告诉子阳说：“列御寇，是有道之士呀！居住在您的国家而贫困，您难道不喜欢士吗？”子阳听此语而明白，于是派遣官员装载粮食数十车前往送给列御寇。列御寇出见使者，再拜而推辞。回屋见到他的妻子，妻子望着他生气地拍着胸膛说：“我听说作为有道人的妻子和子女，都能得到悠闲安乐，今我们却有饥色。国君令使者到门而赠送您粮食，您不接受，难道这不是命啊！”列御寇笑着说：“国君不是自己了解我的呀，是听了他人的话而赠送我粮食。到那惩处我的时候，又将听人的话。这是我所以不接受的原因呀！”过了一年，郑国人杀了子阳，他的党羽都被杀死，但列御寇安然无恙。

列御寇曾经师从高士老商氏，并与荥阳名士伯高子为友，道术大进。有个尹生听说后，便跟随列子居住数月而不回家，趁机请求列子的道术，先后问了列子10次，而列子都没有告诉他，尹生便心生怨气而请求告别离去，列子也不挽留。

尹生回去数月后，心中放不下，于是又前来跟从列子。列子说：“你为什么去来得这样急呀?”尹生说：“过去我恭敬地向您请求道术，您不告诉我，心中一直有遗憾呀！现在想开了，因此又来了。”列子说：“过去我以为你通达，没想到你今天如此质朴。坐吧，告诉你我是怎样向老师学习的。自我从师学习，三年之后，心不敢考虑是非，口不敢谈利害，始得到老师老商斜眼看一下罢了。五年之后，心改考虑是非，口改谈利害，老师老商才开颜一笑。7年之后，从心中所念，改无是非，口所谈改无利害。老师老商才引我并席而坐。今你居住先生的门，还未到成熟的时候，乘风行于空中难道可以吗?”

列御寇以现身说法向尹生讲述了自己从师的经过。可见老商氏非常善教，列子也善学并善教，从而也培养了新一代高士。

列御寇一生安于贫寒，不求名利，不进官场，隐居郑地40年，潜心著述20篇，约10万字。《列子》属于早期黄老道家的一部经典著作，西汉时较盛行，西晋遭永嘉之乱，渡江后始残缺。其后经由张湛搜罗整理加以补全。现存8篇：《天瑞》《黄帝》《周穆王》《仲尼》《汤问》《力命》《杨朱》《说符》。其中《愚公移山》《杞人忧天》《两小儿辩日》《纪昌学射》等脍炙人口，家喻户晓，广为流传。

千秋功过说李斯

李斯（约前284—前208），字通古，战国时期楚国上蔡邑（今河南省上蔡县西南）人。早年为郡小吏，掌管乡内文书。他常看见办公处的厕所中有老鼠，在吃秽物，每逢有人或狗走近时，便惊慌地逃走。后来他走进粮库，发现粮库的老鼠吃的是囤积的粮食，住在大屋子里，用不着忧虑人或狗的走近而恐惧，于是不无感慨地说："一个人的贤能或不肖，譬如老鼠，在于所自处的环境呀！"于是，跟随荀卿学习帝道、王道的学问。学业完成后，李斯审时度势，便决心到西方的秦国去施展自己的才能。

李斯初到秦国，谋求为丞相吕不韦的舍人。吕不韦以他是贤才，便任用他为郎。因此得机会游说秦王嬴政，被任为客卿。秦王政十年（前237），因韩国水工郑国事件，宗室贵族纷纷建议逐客，他便上《谏逐客书》劝阻，为秦王政所采纳。不久任为廷尉。

李斯曾建议对六国采取各个击破的政策，对秦统一六国起到了很大的作用。秦统一六国后，任他为丞相。他反对分封制，主张郡县制，且焚《诗》《书》，禁私学，以加强中央集权的统治。秦始皇巡视天下，病死沙丘（位于今河北省邢台市广宗县境内）后，他经不住赵高的引诱，而与赵高合谋伪造遗诏，迫令秦始皇长子扶苏自杀，立其小儿子胡亥为二世皇帝。后为赵高所诬陷，被下到监狱。李斯在狱中再次施展自己的才华，写下了《狱中上书》，但被赵高以"囚安得上书"为由，弃去不奏。李斯临刑时，回头对他的二儿子说："我想与你再牵黄犬，一起出上蔡东门追逐狡兔，现在怎可得到这样的日子啊！"于是父子相对痛哭。李斯于秦二世二年（前208）被腰斩于咸阳，并夷灭三族。

李斯著有《仓颉》七篇（今佚，仅有出土的汉代残简传世），尤精通大篆。秦统一六国后，李斯上奏罢废不与秦国文字相合的六国文字。他将大篆省改为小篆，将其作为官用书体。据《史记·秦始皇本纪》记载，秦始皇东巡时在泰山、琅琊、之罘、碣石、会稽、峄山等处均有刻石。这些刻石以及当时的铭题钟鼎和符印，均出自李斯手笔。因而，李斯被誉为"小篆之祖"。此期的小篆，结体平稳端庄、上密下疏，线条圆浑挺健，犹如玉箸，后人称其为"玉箸篆"。唐人对李斯的小篆推崇有加。张怀瓘在《书断》卷中赞其"画如铁石，字若飞动，作楷隶之祖，为不易之法"，并将其作品列为神品。

李嗣真赞道："小篆之精，古今妙绝。秦望山及皇帝玺，犹千钧强弩，万石洪钟，岂徒学者宗匠，亦是传国遗宝。"

历史上对于李斯及"东门黄犬之叹"，人们有诸多思考。唐朝胡曾《上蔡》诗道："上蔡东门狡兔肥，李斯何事忘南归？功成不解谋身退，直待咸阳血染衣。"宋朝刘敞《李斯墓》诗道："二世三公何足论，忆牵黄犬出东门。天心忌满由来事，枉恃沙丘有旧恩。"这些诗无不表达了对李斯悲剧的遗憾和讽刺。

《孤愤》《五蠹》叹韩非

韩非（约前280—前233），战国末期韩国（都今河南省新郑市）人，出身于韩国贵族，为人正直，天资聪慧，又勤学不怠。但生性口吃，不善于言辞，而善于著述，世称韩非子。

韩非早年与李斯同拜师于当时的大儒荀卿，而李斯却认为自己的才能不及韩非。韩非爱好刑名法术的学说，其理论系统却归根于黄老之道。他眼见韩国日益削弱，便多次上书规谏韩王，但是韩王不采纳他的建议。于是韩非痛恨国君治国不能致力于法治，不能用权势驾驭臣下，不能使国家富强和兵力强大，不能求才任贤，反而举用浮夸淫乱的人，并以为他们是有能力有贡献的人。他又认为儒者用文乱法，而任侠的人以武犯禁。法宽则宠尚好名誉的人，法严则用那穿着甲胄之士。而韩国却所养非所用，所用非所养，可悲的是清廉正直的人不被奸邪的大臣所容。观察以往得失的变故，于是他从"观往者得失之变"之中探索变弱为强的道路，写了《孤愤》《五蠹》《内外储》《说林》《说难》等十余万言的著作，全面、系统地阐述了他的法治思想，抒发了忧愤孤直而不容于时的愤懑。

当韩非的《孤愤》《五蠹》等文章传到秦国时，秦王嬴政看后说："寡人能见到此人，与他交往死不遗憾了！"李斯说："这些文章都是韩非写的。"秦国因此于韩王安五年（前233），发兵急攻韩国。韩王最初没有采纳韩非的规谏，这时便急忙派遣韩非出使秦国。韩非来到秦国后，秦王大为高兴，和韩非促膝畅谈天下大事。韩非劝秦王不要先攻打韩国，应先将赵国灭掉。秦王以为韩非有私心，便开始猜疑，置之而不重用。李斯、姚贾因嫉妒而趁机进谗言诋毁韩非，说韩非本是韩国公子，终究会效忠韩国，而不会为秦国尽效全力。如果秦王不用而放他回韩国，将会给秦国留下大的祸患，不如杀了他。秦王听信谗言，将韩非下到云阳监狱论罪。接着，李斯便派人送毒药给韩非，逼他自杀。秦王后来悔悟，要召见韩非时，才知道他已身死狱中，从而叹息不已。

大厦将倾，一木难支。韩非虽有贤才，但无力挽救即将灭亡的韩国。虽死于同窗李斯之手，文章却彪炳千秋。

圯下拾履赞张良

张良（？—前 190 或前 189），字子房，相传为城父（今河南襄城西南）人。其祖父、父亲曾任五代韩王的相国。秦灭韩后，张良变卖全部家产寻求勇士谋刺秦始皇，为韩国报仇。

早年，张良曾于淮阳学习礼制。之后，便向东拜见贤人仓海君，找到了一位大力士，又特地为他铸造了 120 斤重的大铁锤。秦始皇向东部巡游，至博浪沙（在今河南省原阳县）时，大力士突然袭击秦始皇，结果大铁锤误中副车。秦始皇大怒，大索天下，追捕张良。张良于是改名换姓，逃亡藏匿于下邳（今江苏省睢宁县古邳镇东）。

一天，张良信步闲游，经过下邳的一座桥。此时，迎面来了一位老翁，穿着粗布短衣，径直走到张良的身边，故意把自己的鞋甩到桥下，回头对张良说："小伙子，下去把我的鞋拾上来！"张良非常惊讶，本想揍他一顿，因见他年迈，便强忍怒火，下桥把那只鞋捡了上来。老翁说："给我穿上！"张良想，既然鞋都捡上来了，干脆好人做到底，于是跪下来给他穿鞋。老翁伸出脚来，让张良将鞋穿好，便笑着扬长而去。张良很是吃惊，望着老翁的背影愣在那儿。老翁走出一里多路，便又走回来，对张良说："你小子可以教导！第五天天亮时，与我在此会面！"张良感到惊异，就跪下说："好吧！"第五天，天一亮，张良就去了。谁知老翁已经先到了！他生气地对张良说："与老人约会，反而后到，怎么回事？走开，五天后早点来会面！"老翁说完扭头走了。第五天，公鸡刚刚打鸣，张良就匆匆赶来，谁知老翁又早已到了，他又生气地问张良："又迟到了，为什么？走开，五天后再早点来！"老翁说完又离开了。第五天头上，张良干脆不到半夜就起身前往。还好，这次老翁没有来到。过了一会，那位老翁来了，高兴地说："应该这样啊！"说着从怀里掏出一本书，对张良说："你读了此书就能够成为帝王的老师了。10 年之后就会发迹。13 年后，小子到济北见我，谷城山下的黄石就是我呀。"于是，老翁离开张良头也不回地走了。待到天亮，张良一看，此书原来是《太公兵法》。张良以为此书非同寻常，便经常认真诵读，心领神会。

13 年后，张良随从刘邦经过济北，果然看见谷城山下有一块黄石，他就取来作为圣物供奉起来，并时常祭祀。

张良追随刘邦，成为重要谋士，屡建奇功。刘邦感叹地说："运筹帷幄之中，决胜千里之外，我不如子房。"汉一统天下后，封张良为留侯。张良功成身退。于汉高后二年（前 186）病逝，谥文成侯。张良死后，他的家人将黄石与他一起下葬，每次家人上坟，节令祭扫，祭张良也祭黄石。

其实，黄石公为下邳人，同张良一样，也是一位为灭国而复仇者，但年老体弱，只好依托年轻人。张良知礼，给黄石公拾鞋、穿鞋，体现了能"忍"和善待老人的美德；他与黄石公的 3 次约见，则磨砺了性格，增长了见识；读《太公兵法》，又使他增加了智慧，最终使自己由一个"愤青"成为一代多谋善断的军事家、政治家；且于战事、政事繁忙中，不忘黄石公所托之言，能知恩报德；又知功成身退之理，这便是张良之所以为人称颂之处。

布衣封侯又拜相

陈平（？—前 178），字不详，西汉河南郡阳武县户牖乡（在今河南省原阳县东北）人。小时与兄长陈伯生活在一起，家境贫穷，却很喜欢读书。家里有田 30 亩，兄长陈伯总是自己耕田，听任他跟随老师学习。陈平长得高大，仪表堂堂。有人问陈平道：“你家里贫穷，吃的什么而肥胖得这样?”他的嫂子平常厌恶陈平不从事耕种，便回答那人说：“他也是吃米糠罢了。有这只吃饭不做事的小叔子，不如没有!”陈伯听说这话，便将妻子赶走而离弃了她。

到陈平长到可娶妻的年龄，富人没有人肯将女儿嫁给他。贫穷的人，陈平也耻于与她们结婚。过了一段时间，乡里富人有个叫张负的，他的孙女嫁了5次，而每次嫁过丈夫就死，人没有敢娶她的。陈平却想娶到她。有天地方上有丧事，陈平因家中贫穷而到丧家帮忙，他先去而后回。张负出现在丧事的地方，独视魁伟的陈平，陈平也以此缘故最后离开。张负尾随陈平到他家，原来他家住在靠城的一条偏僻的小巷里，以破席为门，但门外多有贤人的车辙。张负回到家中，对他的儿子张仲说：“我想将孙女嫁给陈平。”张仲说：“陈平贫穷，又不做事，一县里的人都笑他的所为，我为什么偏把女儿嫁给他呢?”张负说：“哪有像陈平这样仪表堂堂者会长久贫寒呢?”终于说服家人，将孙女嫁给了陈平。因为陈平家里贫穷，张负便又借钱给他以作聘礼，并给他办理酒席的费用让他娶亲。张负告诫他的孙女说：“不要因为陈平家里贫穷，侍奉人便不恭谨。侍奉兄长陈伯要如侍奉父亲一样，侍奉嫂子要如侍奉母亲一样。”陈平娶张氏女以后，资财日益丰饶，交游的范围也日益扩大。

户牖乡里中祭祀社神，陈平做了主持分祭肉的人，分肉食甚为公平。乡里父老说：“好，陈家小子做主持分祭肉的人!”陈平说：“唉!假使我陈平能够治理天下，也如这分祭肉呀!”

陈胜、吴广起兵后，陈平投奔魏王咎，为太仆。他劝谏魏王，魏王不听，有人便趁机谄毁他，于是陈平逃走。项羽略地到黄河边，陈平便前往投奔。他从项羽破秦有功，赐为爵卿。后又以陈平为信武君，拜都尉。因他故，陈平封印，派人归还项王，只身仗剑逃去。后归于刘邦，任护军中尉。他于是向刘邦建议，用反间计使项羽疏远谋士范增，并以爵位笼络大将韩信。这些建议均为刘邦所采纳，在灭楚成就汉业中起到了重要作用。

汉朝建立，陈平先后封为户牖侯、曲逆侯。汉惠帝时为左丞相。吕后时为右丞相，以吕氏专权，而敷衍政事。吕后去世，他与周勃定计，诛杀吕产、吕禄等，迎立文帝，任丞相。孝文帝二年（前178）十月去世，谥献侯。

古语说：“不知其人，视其友。”判断一个人有无出息，不要只看表面现象，看其所交的朋友，便能了解他的志向。陈平能够以布衣封侯拜相，这与他喜欢读书，志向远大，且能洞悉天下大势，择主而事是分不开的。

为义相交为利攻

张耳、陈馀曾为义相交是为好友，后又为利相攻，不共戴天。

张耳（？—前202），秦末大梁（今河南省开封市）人。年轻时，为魏公子毋忌的门客。张耳曾逃命于外黄县（治所在今河南省民权县西北内黄集）。外黄有位富人的女儿甚美，却嫁了一个庸碌愚蠢的丈夫，这女子逃离丈夫，去到她父亲朋友家。父亲的朋友平素了解张耳，便对她说：“一定想求贤丈夫，那就嫁给张耳吧！”那女子听从此话，便与原夫离婚，改嫁张耳。女家丰厚资助张耳，自此张耳得以广交朋友，后做了魏国的外黄令。他的名声由此更加显彰。秦灭大梁，张耳家住外黄。刘邦为平民时，多次来与张耳交往，曾做客数月。

陈馀（？—前204），也是大梁人。喜好儒术，多次到赵国苦陉游历。那里的富人公乘氏知陈馀并非平常人，便将自己的女儿嫁给他。陈馀敬慕张耳，又年少，便像父亲一样对待张耳，两人相互敬重，结为同生共死的刎颈之交。

秦灭魏数年，已听说张耳、陈馀两人是魏国的名士，便重金悬赏，有得到张耳的赏千金，得到陈馀的赏500金。张耳、陈馀于是改变名姓，一起逃到陈县（治所在今河南省周口市淮阳区），充当里门的守卫以维持生活。

陈胜义军数万进入陈县，张耳、陈馀便前往拜见陈胜。陈胜及其左右人平素多次听说张耳、陈馀有贤才，但未曾见面。当陈胜见到二人时，便非常高兴。

陈胜想自立为王，张耳、陈馀以不宜“称王”相劝，陈胜不听，便立为王。陈馀又劝说陈胜北略赵地。于是陈胜以所友善的陈县人武臣为将军，以张耳、陈馀为左右校尉，给予3000士兵，北略赵地。占据赵地后，他们便以武臣为赵王，陈馀为大将军，张耳任丞相。武臣被杀后，张耳、陈馀又立旧贵族赵歇为王。当赵王歇、张耳被秦军围困巨鹿城时，张耳多次使人召陈馀前来解救，陈馀以为兵少，不能敌秦，不敢前去。数月，张耳大怒，使张黡、陈释前往责备陈馀说："当初我与您为刎颈之交，今赵王与我旦暮将死，而您拥兵数万，不肯相救，为什么不赴秦军一起死？也许十分之一二能保全。"陈馀说："所以不一起死，想为赵王、张君报复秦军。今一起死，如以肉喂虎，有什么好处？"张黡、陈释说："事已紧急，关键是以一起死而立信用，怎能考虑以后的事情！"陈馀说："我顾念的是无益处。"于是使5000人令张黡、陈释先试探秦军，到则全军覆没。

当此时，燕、齐、楚等国听说赵国紧急，都来相救。又项羽尽引兵渡河，大破秦章邯军，赵王歇、张耳才出巨鹿城，与陈馀相见。当张耳问张黡、陈释在哪里时，陈馀叙说原委，张耳不信，以为是他杀的，多次质问陈馀。陈馀发怒，便脱解印绶给张耳，张耳不敢接受。陈馀起身如厕，门客有劝说张耳的："天予不取，反受其咎。今陈将军与您印绶，不接受，反天不祥。赶紧收取它！"张耳于是佩其印，收其部下。陈馀还，并怨恨张耳不逊让。陈馀独与手下数百人到河上泽中打渔捕猎。自此二人有了怨恨。

项羽分封诸侯王时，听说张耳有贤才，便封他为常山王。又听说陈馀在南皮（今河北省南皮县），也以南皮附近三县封他。陈馀越发恼怒，说："张耳与我功劳相等，今张耳封王，唯独封我为侯！"后来，陈馀尽出三县兵，偷袭常山王张耳。张耳败走，因与汉王刘邦有故交，便前往谒见汉王刘邦，汉王给予他优厚的待遇。

陈馀击走张耳，尽收赵地，仍奉赵歇为赵王，并自立为代王。汉高祖二年（前205），汉向东攻打楚军，使人告赵王，想与赵军一起前往。陈馀趁机提出条件说："汉杀张耳才能听从。"于是汉寻找类似张耳的人，斩他头送给陈馀，陈馀这才遣兵助汉。汉军在彭城（今江苏省徐州市）西战败，陈馀也听说张耳没死，即背叛刘邦。刘邦派遣张耳与韩信击破赵井陉，斩陈馀于泜水上。

汉高祖四年（前203）夏，刘邦立张耳为赵王。五年秋，张耳去世，谥景王。其子张敖嗣立为王，娶汉高祖长女鲁元公主为王后。

“商山四皓”保太子

夏黄公，姓崔，名广，字少通，西汉鄞县（今浙江宁波）人。东园（一作圈）公，姓唐，名秉，字宣明，西汉陈留郡襄邑（今河南省睢县）人。因他居住在东园，所以人称东园公。角里，姓周名术，字元道，西汉河内郡轵县（治所在今河南省济源市东南轵城镇）人。绮里季，姓朱，名晖，字文季，西汉东洛（今河南省洛阳市）人。此四人，秦时避乱世而隐居商山，采芝充饥，作歌以明志，歌道：“莫莫高山，深谷逶迤。晔晔紫芝，可以疗饥。唐虞世远，吾将何归？驷马高盖，其忧甚大。富贵之畏人，不如贫贱之肆志。”因为他们的年龄都是 80 多岁，须眉皓白，所以人称“商山四皓”。

汉朝初年，汉高帝刘邦久闻“四皓”大名，召他们出山为官，均不前往赴任。

当初，刘邦立吕后的儿子刘盈为太子，戚夫人的儿子如意为赵王。由于刘邦宠爱戚夫人，想更换太子。吕后听说非常惊恐，不知如何是好。有人给吕后出主意，说张良善于谋略，深得圣上信任，不如去找张良帮忙。吕后于是让自己的弟弟建成侯吕泽去拜见张良。张良推托说：“当初圣上多次在急困之中，有幸用臣计策。今天下安定，因宠爱想更换太子于他的骨肉之间，即使我等百人，又有何用！”在吕泽的强烈要求下，张良给吕泽出了个去请“商山四皓”的主意，并告诉他说：“四人年老了，都因圣上怠慢侮辱士，所以逃匿山中，义不为汉臣。但圣上以为此四人是高士。今您诚能不爱金玉璧帛，令太子写书信，言辞谦卑，治备轿车，再找一位能说会道的人，才能请来他们。他们来时，以为上客，随太子入朝，令圣上见到他们，这是一大帮助呀！”于是吕后令吕泽如此办理，请来了“四皓”，并让他们作为建成侯吕泽的上客。

汉高帝十一年（前 196），黥布谋反，由于刘邦生病，想让太子亲征。“四皓”相互说：“我们来就是保护太子的。太子领兵出征，此事非常危险！”

他们就对建成侯说："太子领兵出征，立下战功，权威不足以盖过太子，如果无功而返，则从此引起祸端。况且与太子一起出征的大将，都是与圣上一起打天下的枭将，现在让太子统领他们，无异于使羊统狼，他们都不会尽力，太子无功而返是肯定的了！"于是建成侯就把"四皓"的话转告吕后。吕后找时间在刘邦面前哭诉说，黥布是猛将，善于用兵，太子统领大将无异于使羊领狼，诸将不会尽力。刘邦说："我深知小子原本不值得派遣。"于是刘邦率将亲征，击败了黥布。

汉高帝十二年（前195），刘邦的病情加重，又想更换太子。少傅张良劝谏不听，因托病不问政事。太傅叔孙通称引古今以死相争，刘邦佯装罢此念头。等刘邦到燕国，在酒席上，由太子侍候时，刘邦看到太子后面站立4位80多岁的老人，都须眉皓白，衣冠不凡。待刘邦惊讶地发问时，他们才一一报上姓名。刘邦大惊地说："我找你们数年，你们都躲着不见我，现在怎么跟我儿子在一起了?"4人都说："陛下轻视士人，喜好骂人，我们不愿受辱，所以才逃匿起来。但是私下听说太子为人仁孝，恭敬爱士，天下人争相为太子效死，所以我们才投奔太子。"刘邦说："那就劳烦诸位好好调教保护太子吧!""四皓"为刘邦敬酒礼毕，快步离去。刘邦眼望着4人的背影对戚夫人说："我想更换太子，此四人却辅佐太子。太子羽翼已经丰满，难动了。"戚夫人哭泣。刘邦说："你为我跳楚国舞，我为你唱楚国歌!"歌道："鸿鹄高飞，一举千里。羽翼以就，横绝四海。横绝四海，又可奈何？虽有矰缴（系有丝绳射鸟的短箭），尚安所施。"歌罢，戚夫人唏嘘流涕，刘邦起去罢酒，从此打消了更换太子的念头。

其实，刘盈保住了太子的职位，与其说是"商山四皓"之力，不如说是张良之功。

才调无伦叹贾生

贾谊（前200—前168），字仲宣，西汉河南郡洛阳县（治所在今河南省洛阳市东北）人。18岁即以能诵诗、善作文而闻名于郡中。

吴廷尉为河南郡守时，听说贾谊才学优秀，就召他列置门下，非常器重他。汉文帝初即位，听说河南郡守吴公政绩为天下第一，又曾向同乡李斯学习，于是征召他为廷尉。吴廷尉则不失时机地举荐贾谊，汉文帝便以贾谊为博士。这时贾谊才 20 多岁，是博士中最年少的。每当汉文帝向下咨询问题，那些年老的博士不能回答的，贾谊能够全部应对，说出了人人想说而未说出的话。那些博士因此以为自己的才能比不上贾谊。汉文帝也因此喜欢他，一年中便越级提拔为太中大夫。

贾谊以为从汉朝兴起至汉文帝，已有 20 多年，天下太平，百姓安乐，正是对一些旧有体制进行改革的大好时机。于是，他草拟了各种措施，向汉文帝进上。汉文帝谨慎行事，采纳了诸项法令的变更，以及诸侯全须到封地上任等措施。当汉文帝与大臣们商议，想提拔贾谊为公卿时，却遭到了绛侯周勃、灌婴、东阳侯张相如、御史大夫冯敬等人的反对和诽谤，说："此洛阳少年，年轻学浅，欲独揽大权，扰乱朝政。"汉文帝看权贵们对贾谊群起而攻之，便逐渐疏远了他。后来，将他贬谪为长沙王太傅。

长沙地处南方，地势低洼，气候潮湿，贾谊认为在长沙做官，不会长寿，再加上去长沙任职属于贬谪，所以自比屈原，而心中闷闷不乐。当他渡湘水时，便写下了《吊屈原赋》以自伤。贾谊做长沙王太傅三年头上，一日，有只猫头鹰突然飞到贾谊宅中，停在贾谊的座位旁。猫头鹰被人们认为是不祥之鸟，正是"野鸟入处兮，主人将去"。贾谊认为这是自己寿命不长的征兆，于是写了篇《鵩鸟赋》来自我安慰。此赋借与鵩鸟问答来抒发自己忧愤不平的心情，并以老庄的齐生死、等祸福的思想以自我解脱。特别是作者假借鵩鸟之口对于社会、人生、兴亡、祸福、生死进行辩证思维，抒发自己窥破生命、看透人生的感叹，以及顺应自然、恬淡安然的情怀。

三年后，贾谊被召回长安，任梁怀王的太傅。梁怀王是汉文帝的小儿子，文帝对他宠爱有加。几年后，因梁怀王不慎坠马而死，贾谊深感歉疚，认为自己没有尽到太傅的责任，非常伤心，抑郁而死，年仅 33 岁。

贾谊文章深受庄子与列子的影响，代表作除《吊屈原赋》《鵩鸟赋》之外，另有《过秦论》《论积贮疏》《陈政事疏》等。

乐交善荐郑当时

郑当时，字庄，西汉淮阳国陈县（治所在今河南省周口市淮阳区）人。他平素以行侠仗义为乐，因解救梁孝王的大将张羽于厄难中，名声在梁楚之地广为传播。

汉景帝时期，郑当时任太子舍人。每到五天一次的休假日，他常在长安四郊的交通要道放置驿站马匹，然后骑马去问候诸位老友。迎来送往，宾客不断，常常夜以继日，通宵达旦，心中还总是担心照顾有所不周。郑当时喜好黄老之学，极其仰慕年长有德的人，唯恐不能相见。他年轻时，官职低，然而所结交的人都是祖父辈的天下名人。

汉武帝即位，郑当时由太子舍人逐渐升迁为鲁中尉、济南郡太守、江都国的相，一直升到九卿，做了皇帝右内史。因在武安侯田蚡、魏其侯窦婴的廷议中出言不慎，降秩为詹事，后又升迁为大农令。

郑当时为太史时，告诫守门人说："客人到，不论职位高低，不要让求见的人在门外等候。"他以待客的礼节接待客人，尤其尊重职位低的客人。他以廉洁见称，又不治私人产业，完全依赖薪水和赏赐以交往朋友。因而他馈赠人的不过是竹器盛的一点点食品。每次上朝，见皇上有空闲，不曾不谈天下德高望重的年长人。他推举贤士和官属丞史，说得津津有味。经常引荐认为比自己贤的人，也不曾直呼部下的名字。与官府属吏说话，好像生怕伤害他们。听到人的善言，便进献给皇上，唯恐过时。由此，华山以东的贤士和德高的长者无不交口称颂郑当时。当郑当时奉使命视察黄河匏子处的决堤情况时，自请求给五天时间以治理行装，汉武帝不无戏谑地说："我听说'郑庄出行，千里不用怀盘缠'，现在请求整理行装是什么呢?"可见，郑当时交游之广，朝野皆知。

后来，郑当时所荐举的人，以及他的宾客有为大司农雇为运输的，多拖欠赋税、债务。司马安为淮阳太守，揭发了这一事情，郑当时以此陷入罪网中，免官为平民。不久，在丞相府任长史。汉武帝以他年老，以他为汝南太守。几年后，于任上去世。

郑当时位列九卿时，虽廉洁家贫，但宾客盈门。中落后，其宾客逐渐离去。他去世时，家无余财。但他的兄弟子孙以他的缘故，官秩至二千石的有六七人之多。

杨仆移关为封侯

杨仆，西汉河南郡宜阳县南湾村（今位于河南省新安县境内）人。汉武帝时，出钱谷为吏。河南守以他有才能而举荐，升迁为御史，使督盗贼，函谷关以东太平。又升迁至主爵都尉，位列九卿。

汉武帝元鼎五年（前112），南越反，汉武帝想使杨仆为将，鉴于他以往居功自傲的过失，写书信告诫他，拜他为楼船将军。元鼎六年冬，杨仆率领精兵先陷寻陕，破石门，得南越船、粮，又顺势推而向前，勇挫南越士气，为平定南越国立下了赫赫战功，被封为关外侯。杨仆很是不满，认为应该封关内侯。但汉初规定，只有籍贯是函谷关以内的人立了大功才能封关内侯，其他一律不封。主要是优待皇族和近臣。杨仆便向汉武帝提出将函谷关向东移300里，自己出资建新关的请求。汉武帝考虑到他的功劳，以及函谷关的战略意义已渐无，于是答应了他的请求。这样，杨仆便将函谷关由弘农县（治所在今灵宝市北）向东移到了新安县城东，人称函谷新关，或新函谷关。杨仆自此也成了关内人，满足了一种心愿。

汉武帝元封二年（前109），杨仆因征伐朝鲜不利，伤亡过多，判为死刑，赎为平民。后因病去世。

函谷新关建立后给人平添了许多话题。唐孟迟《新安故关》诗道："汉帝英雄重武材，崇山险处凿门开。如今更有将军否？移取潼关向北来。"

社稷之臣话汲黯

汲黯（？—前112），字长孺，西汉东郡濮阳县（治所在今河南省濮阳县西南故县村）人。出身于官宦世家。汉景帝时，汲黯因父亲的官职举任为太子洗马。因为他办事公正、不苟言笑而被人们敬畏。

汉景帝去世，太子刘彻（汉武帝）即位，任命汲黯为谒者。当此时，东越部族相互攻打，汉武帝派遣汲黯前往调查情况。汲黯没到东越，至吴郡地（今江苏省境内）就返回，回来即上书报告道："东越部族相互攻打，其习俗本来这样，用不着天子的使者去调查。"又，河内郡（治所在今河南省武陟县西南）失火，火势蔓延烧了千余家。汉武帝派遣汲黯前往视察，他回来报告说："一户人家失火，因房屋过于密集而延烧，不值得忧虑。倒是我路过河南郡（治所在今河南省洛阳市东北）时，发现河南郡的贫穷人受到水、旱灾的有万余家，有的父亲将孩子杀了吃。我发现此种情况，谨慎地借此次出使的机会，持旄节打开河南的粮仓以赈济贫穷的百姓。我请求归还旄节，甘受假托皇帝之命的罪刑！"汉武帝认为他贤良而赦免了他的罪，并任他为荥阳令。汲黯以任县令为耻，称病归家。汉武帝听说，便召拜他为中大夫。因数次直言激切劝谏，不能久留朝廷内，升迁他为东海太守。

汲黯研习黄老之言，治官理民，喜好清静，选择丞史而处理政务。他的治理，只注重大的方面而不苛求细节。他体弱多病，卧室内不出。一年多，东海郡治理得太平，远近闻名。汉武帝听说，召以为主爵都尉，列于九卿。

汲黯为人性倨傲，少礼节，往往面折人过。与自己思想相合的善待他，与自己思想不相合的不能忍见，士们也因此而不归附他。但他好学，任气节，内行纯洁，喜好直言相谏，多次犯颜，而颇得汉武帝的敬重，称他为"社稷之臣"。汲黯常仰慕傅柏、袁盎的刚直为人，与灌夫、郑当时、刘弃等相友好。

后来，汲黯因故归隐于田园。数年后，因朝廷改铸五铢钱，百姓多偷偷铸造钱，楚地尤甚。汉武帝以为淮阳是楚地之郊，于是召拜汲黯为淮阳太守。汲黯伏拜于地不接太守印，诏数次强迫他接受，然后他才勉强从命。汉武帝召见他时，他哭着对汉武帝说："我自以为死填沟壑，再也见不到陛下，没料想陛下又收用我。我常有狗马一样的病痛，精力不能胜任一郡的事情。我愿为中郎，出入朝廷，替您补救过失，或提示您遗漏的事情。这是我的愿望呀!”汉武帝说：“您看不起淮阳太守一职吗？我今天召您了，是顾念淮阳官吏和百姓关系不相融洽。我想借助您的威望，卧床而治理那地方!”汲黯不得已辞行上任，又特去拜访大行官李息，说：“我汲黯外出居郡，不能参与朝廷的议论了。但御史大夫张汤的智慧完全可以拒绝他人的建议，他的言论完全可以掩饰自己的错误，从事阿谀奉承的话语，狡辩的言辞，绝对不会为天下人主持公道，而专门迎合皇上的心意。皇上所不喜欢的，他因而诋毁；皇上所喜欢的，他因而赞誉。且喜欢制造事端，舞文弄法，内怀奸诈以控制皇上的心意，外挟贪官污吏以增加自己的威望。您位列九卿，不早早进言，您将与他一起受那惩罚了!”李息惧怕张汤，最终不敢进言。

汲黯在淮阳，如同当年治理东海郡一样，结果淮阳政事清明。后来张汤果然被汉武帝强令自杀。汉武帝听说汲黯与李息的话，而李息却没进言，便判了李息的罪。同时令汲黯以淮阳太守享受诸侯王国一级的待遇。汲黯在淮阳7年而去世。之后，汉武帝以汲黯的缘故，使他的弟弟汲仁官至九卿，他的儿子汲偃官至诸侯相。

枹鼓不鸣董少平

董宣，字少平，东汉陈留郡圉县（治所在今河南省杞县圉镇）人。初为司徒侯霸所召，因考绩高等，多次升迁为北海相。

董宣在北海相任上，以大姓公孙丹为五官掾。公孙丹建造新住宅，而占卜人以为建宅必定死人。公孙丹于是令他的儿子杀过路人，置尸舍内，以做替死鬼。董宣知道这事情后，立即逮捕公孙丹父子并杀掉。公孙丹宗族亲党30余人，操兵器到府，喊冤叫屈。董宣以公孙丹前附王莽、又交通海贼，命令将其亲党全部逮捕，囚于县监狱内，并使门下书佐水丘岑将其统统杀掉。青州以董宣滥杀上奏，董宣因而被收入廷尉监狱，而他却晨夜讽诵，毫无忧色。到出刑时，狱吏备饭食送给他，董宣便声色俱厉地说：“董宣生平不曾吃他人的饭食，何况临死呢!”便从容登上囚车。当时，同刑的有九人，董宣排在第二。光武帝闻听，便使人快马到刑场特赦免了他的死刑，且令还囚监狱。

继而，光武帝又派遣使者诘问董宣多杀无辜的情况，董宣具以实情回答，说水丘岑受我的旨意，罪不由他，但愿杀我而使水丘岑活下来。使者以此情报上，光武帝便下诏将董宣贬为怀令，令青州不判水丘岑的罪。后来水丘岑官至司隶校尉。

之后，江夏有大盗夏喜等寇乱郡境，朝廷以董宣为江夏太守。夏喜等听说，无不惧怕，有的归降，有的逃散。此间，外戚阴氏为江夏郡都尉，由于董宣平素不敬重他而被免职。

后来，朝廷又特征董宣为洛阳令。当时光武帝姐姐湖阳公主的仆人白天杀人，因藏匿在公主家里，官吏一时搜捕不得。等到湖阳公主外出的时候，又让此仆人陪乘。董宣听说，就在夏门亭等候，等到公主车马来到时，就拉马让车停下来，用刀画地，大声数说公主的错失，并呵斥杀人的仆人下车，当场杀死该人。公主回宫向光武帝告状，光武帝大怒，召见董宣，要用棍杖打死他。董宣叩头说："请让我说一句话再死！"光武帝说："你想说什么？"董宣说："皇帝圣明，汉家才得以中兴，然而放纵奴仆杀好人，将怎样治理天下呢？我不须用棍杖打，请让我自杀吧！"随即用头撞向楹柱，血流满面。汉武帝命令官员们拉住董宣，使他给公主叩头认错，董宣硬是不听从，强迫使他顿头时，董宣用双手撑地，始终不肯低头。公主对光武帝说："文叔（刘秀字）为百姓时，收藏逃亡的死刑犯人，官吏不敢上门，现在做了天子，威严不能施行于一个县令吗？"光武帝笑着说："天子不与百姓一样呀。"于是赐予董宣为"强项令"，赏钱30万，董宣把钱全部分给了手下官员。自此，董宣打击豪强，无不心惊胆战的。京城里称他为"卧虎"，为他歌道："枹鼓不鸣董少平。"

董宣在洛阳县五年，74岁逝世于任上。光武帝派遣使者前往省视，但见布被覆尸，妻子和子女相对而哭，有大麦数斛、破车一辆。光武帝伤悼，说："董宣廉洁，死才知道呀！"因董宣曾为两千石官员，赐艾色绶带，以大夫礼安葬了他。又将他的儿子董并任为郎中，后来董并官至齐国相。

梁习治边称典范

梁习（？—230），字子虞，东汉陈郡柘县（今河南省柘城县）人。开始为郡纲纪（主簿）。曹操为司空，召任为漳长。历任乘氏、海西、下邳令，所在政绩显著。还朝任为西曹令史，升迁为属掾。

曹操占据并州后，任命梁习担任并州刺史。当时，正值高干作乱之后，匈奴在并州界内飞扬跋扈，一些官吏百姓相继叛逃，归入匈奴。而兵家拥兵以作贼寇之害，往往相互煽动，以相对峙。梁习到任后，采用诱导、招抚的策略，以礼召见豪门贵族，并稍稍加以举荐，使其到幕府任职。豪门贵族安排完后，接着就发动壮丁前去参军，又借大军出征之际，分别请他们去做勇士。官吏和士兵离开之后，就稍稍转移其家，先后送往邺地的有数万人。那些不服从命令的，就发兵讨伐，斩首数千人，以致归降的数以万计，单于恭顺，诸王俯首，部下听命，如同编籍入户的百姓。边境从而得以肃清，百姓遍布田野耕作。继而，梁习又勉励百姓耕田种桑，做到了令行禁止。曹操对梁习进行嘉奖，封其为关内侯。德高望重的人称赞梁习，认为从来没有刺史能够超过他的。之后，梁习又上表设置两名屯田都尉，各带领 600 名民夫，在道旁种粮，满足来往的人牛所需。

后来单于入朝称臣，西北没有忧虑，全是梁习的功劳。魏文帝时期，梁习再次担任并州刺史，封为申门亭侯。其政绩考核，总是天下优等。

魏明帝太和二年（228），征拜梁习为大司农。梁习在并州 20 余年，而居处贫穷，无任何珍物。魏明帝感到奇异，礼遇和奖赐他甚厚。

太和四年（230），梁习去世，儿子梁施承袭爵位。

梁习治边，廉洁且有谋略，政绩卓越，为人称赞，可谓治边的典范。

虞升卿安邦有方

虞诩，字升卿，东汉陈国武平县（今河南省鹿邑县）人。12 岁能通《尚书》。早孤，孝养祖母。初为太尉李脩府属吏，又授为郎中。

汉安帝永初四年（110），羌胡反乱，残破并州、凉州，大将军邓骘以军役方费，事不相赡，要放弃凉州，并力北边，于是召集公卿集议。议者都同意邓骘的想法。虞诩听说，便劝李脩，认为放弃凉州不是上策，并献上良策。李脩善其言，于是以西州豪杰为掾属，任牧守长吏子弟为郎，以抚慰此地。

邓骘兄弟以虞诩异其议，因此不平，便想以吏法中伤虞诩。恰值朝歌贼宁季等数千人攻杀长吏，屯聚连年，州郡不能禁止，于是以虞诩为朝歌（治所在今河南省淇县朝歌镇）长。老朋友都来慰问虞诩说："做朝歌长多么倒霉呀！"虞诩笑道："志不求易，事不避难，是做臣子的职责。不遇盘根错节怎能辨别利器呢？这是我立功的时期呀！"始到朝歌，他便拜谒河内大守马棱。马棱宽慰他说："您是儒者，应当谋划于庙堂之上，怎反来朝歌呢？"虞诩说："初任命我的时候，士大夫都来安慰我。以我揣测，知道他们不能治理朝歌。朝歌，是韩、魏地的近郊，背太行，临黄河，离敖仓（东汉于此置粮仓，在今河南省荥阳市东北敖山）百里，而青州、冀州的百姓流亡万数。贼不知开仓招众，劫库兵，守城池，断天下右臂，因此不足忧虑呀！今其众新盛，难与争锋。兵不厌诈，但愿宽借控制的工具，勿令有所阻碍而已。"及到官府，便设令三科以募求壮士，自掾史以下各举所知，其攻击掠夺的为上，伤人偷盗的次之，带丧服而不事家业的为下。共收得100多人，虞诩为他们举办宴会，全部赦免他们的罪行，使他们混入贼中，引诱贼劫掠，并伏兵以待贼人，于是杀贼数百人。又暗地里派遣贫穷人能缝制衣服的，为贼人雇去做衣服，以红线缝在他们的衣大襟为标识，有往市里来的，官吏就将其擒获。贼人由此惊骇而解散，百姓都称虞诩神明。

后来，虞诩尽管多次忤逆权贵，三遭刑罚，但刚正不阿，终老不屈。汉顺帝永和初年（136），升迁为尚书令。虞诩作为一个儒者，凭智慧治国安邦，胜过千军万马。其"志不求易，事不避难"一语，可谓千古名言！

医圣美名万古传

张仲景（约150—219），名机，字仲景，以字行世，东汉南阳郡涅阳县

（治所在今河南省邓州市东北穰东镇一带）人。他出生于一个没落的官僚家庭，自幼接触了许多医学典籍，又拜同郡张伯祖为师，尽得其传，因而善于治疗，尤精经方。

汉灵帝时，张仲景举为孝廉，官至长沙太守。后在京师为名医，于当时为医家高手，时人以为胜过扁鹊、仓公（淳于意）。曾见侍中王仲宣说："君年龄至四十当有疾，须眉脱落。脱落后，半年必死。应预先服五石汤，才可以免除此患。"王仲宣当时20余岁，闻而厌恶。虽受方不饮。过数日，又见到张仲景，欺骗他说："五石汤已饮了。"张仲景说："观君气色，不是饮药的人。为何轻命欺人如此呢！"20年之后，王仲宣果如所言而死。后因宗族200余口，自汉献帝建安元年（196）以来，未及10年，死者三分之二，而因伤寒而死的占十分之七。于是在朝政日非，家乡中原疫疠暴行，民不聊生之际，他毅然辞去太守之职，返回故里，博览群书，广采众方，系统地总结了汉代以前的医学精华，根据自己丰富的医疗实践经验，著《伤寒杂病论》16卷，合397法，113方。其文辞简古奥雅，古今治伤寒者未有能出其右者。因而，在伤寒流行期间，百姓得以医治而存活的不计其数。

《伤寒杂病论》熔理、法、方、药于一炉，开辨证论治之先河，形成了独特的中国医学思想体系，对于推动后世医学的发展起了巨大的作用。后世医学者称张仲景为"医圣"，奉"伤寒""金匮"为医经（唐宋以后将《伤寒杂病论》分为《伤寒论》和《金匮要略》两部书）。清代医家张志聪曾说："不明四书者，不可以为儒；不明本论（《伤寒论》）者，不可以为医。"

张仲景不仅医术高明，医德也为人称颂。据传，一日，张仲景进入桐柏山中寻采药草，遇一个病人前来求诊。张仲景诊过他的脉后，对他说："您的腕脉有兽脉，为什么？"那人只好以实情回答。原来他是山中的野人。张仲景拿出囊中的丸药给予他，一服下，那病就痊愈了。第二天，那人肩扛一个大木头到来，对张仲景说："这是万年的桐木，姑且以此相报答。"张仲景欣然接受，回家将那大木做成两张琴，一张命名为"古猿"，一张命名为"万年"。此传说虽然荒诞，但张仲景施医众生的情景，可略见一斑。

明李濂《医史》说："仲景之术精于伯祖，起病之验，虽鬼神莫能知之，真一世之神医也!”

许子将独具慧眼

许劭（150—195），字子将，东汉汝南郡平舆县（今河南省平舆县）人。他年轻时崇尚名声节操，喜欢研究人伦，对人物多所赞赏和识别。

许劭初任汝南郡功曹，太守徐璆非常敬重他。太守府中官员听说许劭将出来做官，没有不改进自己操行的。同郡的袁绍，为公族豪侠，离职濮阳令回汝南郡时，随从甚多，将要进入郡界，就遣散宾客说：“我这样的穿戴和车辆，怎能使许子将接见?”于是单车回到家乡。许劭曾经来到颍川，多与有德行的人交往，惟独不去看望陈寔。另外，陈蕃丧妻后还葬故乡，乡人都去吊丧，惟独许劭不前往。有人问其原因，许劭说：“陈太丘主张广泛，广泛便难以周全；陈仲举性情严刻，少有通融。所以我不去造访他们。”许劭对人的裁量多是如此。曹操没有出名之时，常常言辞谦卑，携带厚礼，请求为自己品评。许劭鄙视此人而不肯评说，曹操就找机会进行胁迫，许劭不得已说：“您是治世之能臣，乱世之奸雄。”曹操听后大喜而去。

许劭从祖父许敬，许敬的儿子许训，许训的儿子许相，都做了朝廷的三公。许相因为谄媚宦官，所以得以封侯。他数次派人去请许劭，许劭因为厌恶他的薄行，始终没有去看望他。许劭的乡人李逵，豪迈刚直，气节高尚，许劭开始对他亲善，后来两人结怨。他又跟堂兄许靖不太和睦，当时的议论也因为这些事而小看他。当初，许劭和许靖都有很高的名望，喜欢一起评论乡里人物，每个月总是更换品评的题目，所以汝南人们称其为“月旦评”。

司空杨彪举荐许劭为方正、敦朴，他均不前往就职。有人劝许劭出仕，他回答说：“当今小人得志强盛，王室将乱。我想避地淮海，以保全老幼。”于是南到广陵，徐州刺史陶谦非常礼待他，许劭不自安，告诉他的门徒说：“陶恭祖外慕声名，内心不是真正待我，虽然厚待但其趋势必薄，不如离开他。”于是又前往曲阿投扬州刺史刘繇。其后陶谦果然逮捕诸位寓士。等到孙策平吴，许劭与刘繇南奔豫章。

许劭去世时，年仅46岁。他的兄长许虔也知名。兄弟二人被汝南人称作平舆“二龙”。

常伯槐带经耕锄

常林，字伯槐，东汉河内郡温县（今河南省温县）人。7岁时，有父亲的朋友造访到门，问常林道：“伯先在吗？你为何不拜？”常林回答说：“对着他人的儿子喊他父亲的字，为什么要拜？”来人称许。

常林小时候虽然孤单贫困，但是倘若不是自己亲手劳动所得，决不会去获取别人的东西。他生性嗜好学习，为诸生时，在家耕田锄地也总带着经书。他的妻子常到田里给他送饭，尽管是在田中，夫妻也相敬如宾。

刺史梁习举荐州境内的名士杨俊、王凌、王象、荀伟和常林于曹操，曹操都任为县长。常林任南和县令，因政绩突出升任为博陵太守、幽州刺史。所至以善政著称。曹丕即皇帝位，常林历任五官中郎将、功曹、中原太守、魏郡都尉、丞相府东曹掾，升迁为少府，封乐阳亭侯，转任大司农。魏明帝初年（227），进封为高阳乡侯，调任光禄勋、太常。司马懿以常林为乡里德高望重的长者，每见他便拜。有人说：“司马公贵重，您应当劝止他。”常林说：“司马公自想崇尚长幼之节，为后生效法。贵不是我所畏惧的，拜不是我所能制止的。”

朝廷以常林节操清峻，想使他官任公辅，常林便称病重。后拜为光禄大夫。去世时，享年83岁。追封为骠骑大将军，谥贞侯。

能敌孔明惟仲达

司马懿（179—251），字仲达，司州河内郡温县孝敬里舞阳村（今河南省温县招贤镇）人，出身士族，三国时期著名政治家、军事家，西晋王朝的奠基人。

曾任职过曹魏的大都督、大将军、太尉、太傅，是辅佐了魏国四代的托孤辅政之重臣，后期成为掌控魏国朝政的权臣。善谋奇策，多次征伐有功，其中最显著的功绩是两次率大军成功对抗诸葛亮北伐和远征平定辽东，对屯田、水利等农耕经济发展有重要贡献。其子司马昭称王后，追尊为晋王；其孙司马炎称帝后，追尊为高祖宣皇帝，故也称晋高祖、晋宣帝。

魏明帝青龙二年（234），诸葛亮（字孔明）率领十余万众出斜谷，于郿县（今陕西省眉县）的渭水南原修建营垒。魏明帝忧虑此事，派遣征蜀护军秦朗督步骑两万，受大将军司马懿（字仲达）节度。诸将想住渭北以待敌，司马懿说："百姓的积聚都在渭南，此是必争之地！"于是引军渡水，背水为营垒。他又对各位将领说："诸葛亮如果勇敢，应当出武功依山而向东，如果西上五丈原，那么诸军便无事了。"诸葛亮果然上五丈原，将要北渡渭水，司马懿派遣将军周当屯驻阳遂以引诱对方。数日，诸葛亮不动。司马懿说："诸葛亮想争原而不向阳遂，此意可知呀！"于是派遣将军胡遵、雍州刺史郭淮共防备阳遂，与诸葛亮会于积石，临原而战。诸葛亮不能前进，还驻于五丈原。

此时，遇有长星坠落在诸葛亮的营垒，司马懿知其必败，便派遣奇兵牵制诸葛亮之后，斩杀500多人，俘获俘虏千余人，投降的有600余人。当时朝廷以为诸葛亮远来侵犯，利在急战，每命司马懿持重，以等候其变。诸葛亮数次挑战，司马懿不出，因而赠送司马懿巾帼妇人的头饰以相羞辱。司马懿大怒，上表请求决战。魏明帝不许，便派遣骨鲠大臣卫尉辛毗杖节为军师以相控制。后诸葛亮又来挑战，司马懿将出兵以应敌，辛毗杖节立军门，司马懿才罢。

当初，蜀将姜维闻辛毗来，对诸葛亮说："辛毗杖节而至，贼人不再出战了。"诸葛亮说："他本无战心，所以坚决请战的原因，是以示勇武于他的众人罢了。'将在军，君命有所不受。'假如他能打败我们，哪能千里而请战呀！"司马懿的弟弟司马孚来信问军事，司马懿回信说："诸葛亮志大而不见契机，多谋划而少决断，好打仗而无权力，虽提兵10万，已堕入我的谋划中，打败他是一定了。"

两军对垒100多天，遇诸葛亮病逝，诸将烧营而走，百姓奔告司马懿，司马懿出兵追赶。诸葛亮长史杨仪反旗鸣鼓，如将拒司马懿的样子。司马懿以为穷寇不能逼追，于是返回。这样，杨仪才结阵而去。过一天，司马懿到诸葛亮的营垒，观其遗事，获其图书、粮谷甚众。司马懿知道诸葛亮必死，叹道："天下奇才呀!"辛毗以为不一定。司马懿说："军家所重，军书密计、兵马粮谷，今都抛弃，哪有人捐其五脏而可以活着呢？应当抓紧时间追赶他们!"关中多蒺藜，司马懿使军士2000人着软材平底木屐前行，蒺藜全着屐上，然后马队、步兵一起前进。追到赤岸，才知诸葛亮真的死了。当时百姓有谚语说："死诸葛走生仲达。"司马懿听说而笑道："我擅长揣测生，不擅长揣测死的缘故呀!"在此之前，诸葛亮的使者至，司马懿问道："诸葛公起居怎样，饭能吃多少米?"使者回答道："三四升。"再问政事，使者说："二十罚以上，都亲自审阅。"司马懿不久告诉人说："诸葛孔明怎能久活呢!"果如其言。

诸葛亮部将杨仪、魏延争权，杨仪斩魏延，并其部众。司马懿想乘隙而进，魏明帝有诏不许。

邓艾大志建奇功

邓艾（197—264），字士载，三国魏义阳郡棘阳县（治所在今河南省新野县东北的前高庙乡张楼村）人。父亲早逝，他与母亲相依为命。

汉献帝建安十三年（208），曹操攻占荆州，将荆州百姓向北迁移，邓艾和母亲迁到汝南，因他年幼，为他人放牛。12岁时，邓艾随母亲来到颍川，读到太丘长陈寔的碑文，对其中的"文为世范，行为士则"语颇有感触，于是给自己起名为范，字士则。后来，宗族中有人与他的名字相同，因而改名为艾，字士载。

邓艾因有才被推荐为典农都尉学士，但由于口吃，不能够担任典农都尉的干、佐等下级官吏，只做了一名稻田守丛草吏。同郡的一名官吏的父亲可怜其家贫，经常给予他很厚的资助，而邓艾当初并不表示感谢。他每见高山大川，就规划测度指点军营的处所，当时的人们大多讥笑他。

后来，邓艾担任典农纲纪（主簿），帮助管理屯田，因出使京师见到太尉司马懿。司马懿以为他是个奇才，任命他为太尉府的属掾。后升迁为尚书郎。他想扩大田地储蓄粮食以为灭敌物资，便撰写了《济河论》，阐述其开河渠，以引水灌溉田地而大积军粮的意旨。

三国魏齐王嘉平元年（249），邓艾与郭淮等拒蜀汉将军姜维，以军功，封为方城乡侯。他深谙兵法，多年在曹魏西边战线防备蜀汉姜维，对内政也有颇多建树。三国魏元帝景元四年（263），他与锺会分别率军攻打蜀汉，出奇兵而率先进入成都，灭掉蜀汉。魏元帝以邓艾灭蜀大功，下诏任其为太尉，增邑 2 万户；封其儿子二人为亭侯，各食邑千户。后因遭到锺会的诬陷，被司马昭猜忌而被收押，最后与其子邓忠一起被卫瓘派遣的田续杀害于绵竹。西晋初年，追录邓艾功劳，以其孙邓朗为郎中。

“傅粉何郎”妄风流

何晏（？—249），字平叔，三国南阳郡宛县（治所在今河南省南阳市宛城区）人。东汉大将军何进的孙子。何晏的父亲早逝，司空曹操纳他的母亲尹氏为妾，并收养了他。七八岁时，何晏慧心天悟，形貌绝美，为曹操所宠爱。曹操想以他为儿子，每扶侍游观，令他与几个儿子以长幼排序。他微觉此意，坐就专席，行便独立。人问他原因，他答道：“异姓不相连。”

何晏也为自己的美姿容而沾沾自喜，往往粉白不离手，行走顾影，而脸面尤白。太子曹丕怀疑他傅粉，正当暑天，便令他吃面片汤，他吃得大汗淋漓，以手巾擦汗，而脸面越发明亮洁白，由此得到了“傅粉何郎”的雅称。

何晏平素骄奢，服饰仿拟太子。因而曹丕特别厌恶他，每不呼他的姓字，称他为假子。及长，何晏娶了沛王曹林（曹操第十子）的女儿金乡公主，又好色。所以魏文帝黄初年间（220—226），无所任命。到魏明帝曹叡即位，不时让他作执行临时使命的官吏。魏齐王正始初年（240），他曲附于大将军曹爽，任为散骑侍郎，升迁为侍中尚书，主管选举，他的老朋友大多被提拔。一时权势赫然，赐爵关内侯。他不无炫耀地自称旦夕当至三公位。他的妻子金乡公主贤惠，曾对她的母亲沛王太妃说：“何晏为恶日甚，将凭什么保身!”

太妃笑道："你难道嫉妒何晏吗?"等高平陵之变，太傅司马懿诛杀曹爽，何晏也被诛杀。

何晏博学能文，早有重名，尤好老庄之言，与夏侯玄、荀粲、王弼等，竞为清谈，崇尚虚无，称"六经"为圣人糟粕。由此天下士大夫争慕效仿他们，于是成为一代风流。何晏撰有《道德论》及诸文赋，著述数十篇，集《论语》诸家说，名为《〈论语〉集解》，今行于世。

魏晋名士话阮籍

阮籍（210—263），字嗣宗，三国魏陈留郡尉氏（今河南省尉氏县）人。三国魏散骑常侍。三国魏丞相掾阮瑀的儿子。"建安七子"和"竹林七贤"之一。

阮籍容貌俊美奇伟，志气宏放，傲然独得，任性不羁，而喜怒不形于色。或闭门读书，累月不出；或登临山水，经日忘归；博览群籍，尤好老、庄；嗜酒能啸，善弹琴；当其得意忽忘形骸时，人们多说他"痴"。魏太尉蒋济闻其有隽才而征召他，而他却采取逃避态度。后在乡亲们的劝说下才勉强就任，又以病告归。继而拜为尚书郎。不久，又因病免。

及曹爽辅政，召阮籍为参军，他因以病婉辞，退居乡里。司马懿为太傅，命他为从事中郎。后又为司马师大司马从事中郎。高贵乡公曹髦即位，封他为关内侯，调任散骑常侍。及司马昭辅政，授他为东平相。他骑驴到郡，毁坏府舍屏障，使内外相望，法令清简。旬日而还。司马昭引为大将军从事中郎。阮籍本有济世志，当时天下多故，名士少有保全者，他因此不参与世事，以酣饮为常。他听说步兵厨营有人善酿，有贮酒300斛，于是求为步兵校尉。世称阮步兵。

魏元帝曹奂景元四年（263）冬，阮籍病逝，享年54岁。

阮籍性至孝，母死，悲痛吐血，毁瘠骨立。他善诗能文。其五言诗，辞语隐约，表现了苦闷彷徨、嗟生忧时的心情，对当时的社会现实也多有讥刺。其代表性作品是五言《咏怀诗》82首。所著《达庄论》《大人先生传》（今散佚），为世所重。

阮籍蔑视礼教，不拘礼法，能为“青白眼”。见雅士、知音，以青眼对之，而见“礼俗之士”则以白眼相待。青眼，即眼睛正视，眼珠在中间，表示对来人友善或喜爱。白眼，即眼珠向上或向旁边看，露出眼白，表示对人轻视或厌恶。某次嵇康之兄嵇喜拜访他，阮籍作白眼，嵇喜不悦而退。嵇康听说此事，便提酒挟琴前往造访。阮籍大悦，便现青眼。后人因称对人轻视叫白眼，对人重视叫青眼。唐权德舆《送卢评事婺州省觐》“客愁青眼别，家喜玉人归”诗句，唐王维《与卢员外象过崔处士兴宗林亭》“科头箕踞长松下，白眼看他世上人”诗句，均化用了阮籍善作“青白眼”之典。

貌美才颖数潘安

潘岳（247—300），字安仁，西晋荥阳郡中牟县（今河南省中牟县）人。后世因避晋康帝司马岳名讳，便称潘岳为潘安了。潘岳少以才颖见称乡里，称为奇童。因其乳名叫檀奴，所以人们又爱称他为檀郎。

潘岳丰姿俊美，常挟弹出洛阳道，妇人遇到他的，都连手萦绕，以果投给他，于是满车而归。当时夏侯湛也美容貌，有盛才，与潘岳友善。二人每行止，同车接席，京都人称他们为“连璧”。

潘岳 20 岁时，辟召为司空太尉府。举秀才。泰始中（265—274），晋武帝躬耕籍田，潘岳作赋以赞美其事。自此才名冠世，为众所忌。闲居十年后，始拜为河阳令。他在河阳令任上，令全县遍种桃李，当时人们称之为“河阳一县花”。又转任怀令，调补尚书度支郎，升迁为廷尉评。因公事免官。杨骏辅政，高选吏佐，又任潘岳为太傅主簿。杨骏伏诛，公孙宏为他进善言，才得以幸免，但除名为民。不久，潘岳选为长安令，作《西征赋》，叙述所经人物山水，寓慷慨于悲歌之中。征补博士，未就职，因母病去官，卜居洛阳城南，筑室于洛水岸，奉母以孝见称。不久，召为著作郎，累转任散骑常侍，升迁为给事黄门侍郎。逢贾谧专权，结纳天下名士，以潘岳为“二十四友”之首。后潘岳为孙秀所诬陷，被赵王司马伦所杀，时年 54 岁。

潘岳长于诗赋，尤善哀诔之文，与陆机齐名，人称“潘江陆海”。原有集，已散佚。明张溥《汉魏六朝百三家集》辑有《晋潘岳集》。

宠辱不惊阮思旷

阮裕，字思旷，东晋陈留郡尉氏县（今河南省尉氏县）人。祖父阮略，官至三国魏齐郡太守。父亲阮颛，官至西晋淮南内史。兄长阮放，官至东晋吏部郎，赠太尉。阮裕学识博达，虽不及兄长阮放，但以德业知名。

他20岁时，被任命为太宰掾。大将军王敦任命他为主簿，甚被赏识。阮裕以王敦有反叛之心，于是终日酣觞，以酒废职。王敦却认为阮裕非当世实才，徒有虚誉而已，于是使他出任溧阳令。后因公事免官。

晋成帝咸和初年（326），任命他为尚书郎。当时公私弛废，阮裕于是离职还家，居住在会稽郡剡县（今浙江省嵊州市）。司徒王导请他为从事中郎，他坚决推辞不就职。朝廷将要征召他，他不得已，于是求为王舒抚军长史。王舒去世，任命他为吏部郎，不前往就职。就家拜任他为临海太守，不长时间他便离职而回。司空郗鉴请任为长史，征召为秘书监，他都以病推辞。又任命他为东阳太守。不久，征召为侍中，他不就职，归还剡山，有隐退的志向。有人以阮裕的此种情况问王羲之，王羲之说：“此公近似宠辱不惊，虽古代隐居的人，也不能超过他！”有人说，阮裕体貌气质赶不上王羲之，端庄清秀不如刘惔（字真长，当时名士），华美温润不如王濛（字仲祖），思想情趣不如殷浩（字深源），但兼有诸人之美。

晋成帝去世，阮裕前往吊唁，事毕便还，诸人相与追他。阮裕也清楚世俗之辈必当追赶自己，因而快速离去，至方山（位于今江苏省南京市江宁区）才没有追赶的。刘惔叹道：“我入东山，正当泊船于谢安石（谢安字）的陆岸下，不敢再近阮思旷的近傍呀！”

阮裕颇讲礼仪。谢万在兄长谢安前想起解找便器，当时阮裕在座，笑他道：“新出门户，直率却不讲礼节。”阮裕虽不博学，但论难甚精。曾问谢万道：“未见锺会撰《四本论》，您试为谈谈。”谢万叙说既毕，阮裕以为傅嘏

（字兰石）为长，于是构辞数百言，精义入微，听者无不叹赏。阮裕常以为人不须广学，应当以礼让为先。所以终日静默，无所学习研究，而人们自然敬仰他。在剡县，他曾有好车，人们只要来借，无不给的。有人殡葬母亲，想借他的车子而不敢言。后来阮裕听说此事，便叹道："我有车而使人不敢借，要车做什么！"于是命人焚烧了它。

阮裕在东山时间长了，朝廷又征召他为散骑常侍，领国子祭酒。不久又任他为金紫光禄大夫，领琅邪王师。一年来敦促逼迫，他一并无所就职。御史中丞周闵奏阮裕和谢安违诏长达一年，并应有罪，禁锢终身，诏书赦免了他们。有人问阮裕道："您屡辞征聘，却主宰二郡，为什么呢？"阮裕说："虽然屡辞王命，但不敢自以为高尚呀。我少无做官的情趣，兼笨拙于人间，既然不能亲自耕种为生计，必定有所生活的资财，所以折腰二郡。哪里是用以施展才能，是为个人生活考虑罢了！"

阮裕 62 岁时去世。有 3 个儿子：长子阮佣，次子阮宁，三子阮普。

阮佣，早逝。儿子阮歆之，官至中领军。阮宁，官至鄱阳太守。长子阮腆官至秘书监。阮普，官至骠骑谘议参军。阮腆弟阮万龄和阮歆之儿子阮弥之，晋恭帝元熙中并列显位。

名士风流说孟嘉

孟嘉，字万年，东晋江夏郡鄳县（今河南省罗山县）人。曾祖父孟宗，以孝见称，官至三国吴司空。祖父孟揖，官至西晋庐陵太守。孟嘉娶东晋大司马陶侃第十女为妻，所生第四女为田园诗人陶渊明的母亲。

孟嘉父亲早逝，少年奉母和两个弟弟同住，家门孝友，乡里称赞。他淡泊沉静，有远大的器量。20 岁便名冠州里，声传京城。太尉颍川庾亮，镇武昌并兼管江州，任命孟嘉为部庐陵从事。他到京都之外而还时，庾亮接见而问风俗得失，他答道："我不知，当问州部的属吏。"庾亮以麈尾掩口而笑，等诸位从事离去，唤弟弟庾翼对他说："孟嘉原是道德高尚的人呀！"不久，孟嘉转任为劝学从事。河南褚裒简静有器识，当时罢豫章太守，路过武昌，正遇庾亮举办的春节大宴会，到会的州府人士，大多是当时的俊彦，孟嘉座次很远。褚裒问庾亮：“听说孟从事很佳，今天在吗？”庾亮说：“在座，请您自寻找。”褚裒遍观很久，指着孟嘉说：“此君稍微与众不同，大概是他吧？”庾亮非常愉快地笑了，喜的是褚裒找到了孟嘉，奇的是孟嘉为褚裒所找到，于是更加器重孟嘉。便举荐孟嘉为秀才，又任命他为安西将军庾翼府的功曹，再任命为江州别驾、巴丘令。

后孟嘉又为征西大将军桓温的参军。他色和而正，桓温非常器重他。九月九日，桓温游龙山，僚属毕集。桓温的四个弟弟和两个外甥都在。当时的佐吏都穿着军服，有风吹落孟嘉的帽子。桓温给左右人和宾客使眼色不让说，借以观察他的举止。孟嘉初没有觉得，如厕很久。桓温命取还给他。谘议参军太原孙盛在座，桓温命他作文嘲笑他，孙盛文成呈给桓温看，桓温把它放在孟嘉的座位上。孟嘉回来见嘲笑而请笔作答，了不容思，文辞超卓，满座人无不叹服。

孟嘉平素喜饮酒尽意，多而不乱。桓温问：“酒有何好，而您嗜好它？”孟嘉说：“明公未得酒中情趣呀！”桓温又问：“听伎乐，丝（弦类器乐）不如竹（竹管器乐），竹不如肉（指人的歌喉），为什么？”孟嘉答道：“渐近自然。”此答问，一时传为佳话。

他奉命出使京师，朝廷任命他为尚书删定郎，他却不接受。晋穆帝闻其名声，赐见于皇宫，孟嘉却以脚疾而不胜拜起推辞。晋穆帝于是下诏使人将他扶入。

后来，孟嘉转任为从事中郎，升迁为长史。51 岁病逝于家。

朱序淝水建大功

淝水之战是中国历史上著名的以少胜多的战例。拥有绝对优势的前秦败给了东晋，从而使东晋收复了洛阳和青、兖、徐、豫等州，把国界线推进到了黄河，并且此后数十年间东晋再无外族侵略。这无疑使中华文化得以更好地延续，为隋唐文化的发展和繁荣奠定了良好的基础。

我们说，淝水之战的胜利，虽然说得益于谢安的运筹帷幄，以及谢氏子弟的英勇奋战，但其中有一人，功不可没。这人便是朱序。

朱序（？—393），字次伦，东晋义阳郡平氏县（治所在今河南省桐柏县西北平氏镇）人。他家世代为名将，父亲朱焘，以才干历任西蛮校尉、益州刺史。朱序官升迁为鹰扬将军、江夏相。晋哀帝兴宁末年（365），梁州刺史司马勋反，以朱序为征讨都护前往讨伐，后以功拜朱序为征虏将军，封襄平子。海西公太和中（366—371），升迁为兖州刺史。后又任为中军司马、吴兴太守。

晋孝武帝宁康初年（373），任朱序为使持节、监沔中诸军事、南中郎将。晋孝武帝太元二年（377），任朱序为梁州刺史，镇守襄阳。晋孝武帝太元三年（378），前秦苻坚派遣苻丕等率众围攻襄阳。朱序固守，累战破贼，人情劳懈，又以贼退稍远，疑未能来，守备不谨。后因督护李伯护叛变，城破众散，朱序潜至宜阳，藏在夏揆家。苻坚怀疑夏揆，便逮捕了他。于是朱序就主动到苻坚儿子苻晖处自首。苻坚以为李伯护不忠，便杀了他。而欣赏朱序忠义，以他为尚书。

在淝水之战开战前，苻坚派遣朱序前往晋军称己兵威，以说降征虏将军谢石（谢安的五弟）。朱序到了晋营，反而对谢石说："如果苻坚百万之众全到，不可与敌，及其未会集，攻打他，便可以获得胜利。"于是谢石与兄长谢安周密谋划后，派遣侄子谢琰选勇士 8000 人涉淝水挑战。苻坚众稍有退却，朱序这时在其军后，高声大喊："苻坚败了！"其众遂回头大奔，以致风声鹤唳，自相残杀，死者无数。朱序得以回到晋国，拜龙骧将军、琅琊内史，转扬州、豫州五郡军事、豫州刺史，屯驻洛阳。

后来，朱序以老病，多次上表解职，不允。诏不许再上表，于是他便离任。几十天后，廷尉归罪于他，晋孝武帝下诏宽宥不问。太元十八年（393），朱序去世，赠左将军、散骑常侍。

"忽峍贼"竟成柱石

张士贵（586—657），字武安，乳名忽峍，隋代虢州卢氏县（今河南省卢氏县）人。曾祖张俊，北魏银青光禄大夫、横野将军。祖父张和，北齐开府、车骑将军。父亲张国，起家陕县主簿，历硖州录事、参军、历阳令，后以军功授为大都督。

张士贵好交游，善骑射，膂力过人，能弯150斤大弓，左右射无虚发。隋大业末年（617），聚众为盗，攻剽城邑，远近忧虑，被人称为“忽峍贼”。李渊发文招降他，他便遣使投诚，李渊深相嘉赏，拜他为右光禄大夫。

隋恭帝义宁二年（618），太子李建成东讨，授他为第一军总管。因军功，拜他为通州刺史。李世民为元帅，他立军功，授为上柱国。唐高祖武德二年（619），又因军功，授马军总管，赐爵新野县开国公，杂彩上驷并金鞍宝勒。又随从平定洛阳，授为虢州刺史。又历任秦王府右库真、骠骑将军、太子内率、右骁卫将军。

唐太宗贞观元年（627），因玄武门兵变有功，张士贵转任为右屯卫将军。贞观六年（632），升迁为右武侯将军，进封为虢国公。贞观十六年（642）十一月，授为兰州都督，又迁幽州都督。贞观十八年（644），授金紫光禄大夫、洛州刺史。贞观十九年（645），率师渡辽立功，拜为冠军大将军，行左屯卫将军。回至并州，转右屯卫大将军。授为茂州都督。雅、邛等州山獠为乱，他率军平定，拜为金紫光禄大夫、扬州都督府长史。

唐高宗永徽二年（651），召拜张士贵为左领军大将军。永徽四年（653），他屡次上表陈诚，以目疾辞官，因许优闲，授为镇军大将军。永徽六年（655），他又害风疾。唐高宗显庆二年（657），从驾东巡于洛阳，帝使名医给他医治，旬月累至。以该年六月三日于河南县的显义里第病逝，享年72岁。赠辅国大将军，谥襄公。陪葬昭陵。

姚崇灭蝗不信邪

姚崇（650—721），本名元崇，唐陕州硖石县（治所在今河南省三门峡市陕州区）人。父亲姚善意，唐太宗贞观中任巂州都督。元崇初为孝敬挽郎，应下笔成章举，授为濮州司仓，五迁为夏官郎中。当时契丹攻陷河北数州，军事机要纷集，元崇剖析若流，均有条理。武则天感到诧异，于是越级提拔他为夏官侍郎，不久同凤阁鸾台平章事。

当时，突厥叱利元崇叛逆，武则天不想元崇与他同名，于是改元崇为元之。之后，升迁为凤阁侍郎，依旧知政事。

武周长安四年（704），元之因母亲年老，上表请解职侍养，言甚哀切，武则天难违其意，任命他为相王府长史，罢知政事，使他侍奉母亲。其月，又令元之兼知夏官尚书事、同凤阁鸾台三品。他上言不宜，改任为春官尚书。后为张易之所诬陷，改为司仆卿，知政事如故，使充任灵武道大总管。

唐中宗神龙元年（705），元之以谋划诛杀张易之兄弟功，封为梁县侯。不多天，出为亳州刺史，转任常州刺史。

唐睿宗即位，召拜元之为兵部尚书、同中书门下三品，升迁为中书令。后因奏请太平公主出居东都，以削弱她的权力，被贬为申州刺史。再转任扬州长史、淮南按察使。他为政简约严肃，百姓、属吏立碑纪德。不久，任为同州刺史。唐玄宗先天二年（713），召元之代郭元振为兵部尚书、同中书门下三品，又升迁为紫微令。避唐玄宗开元年号，又改名崇，进封为梁国公。

唐玄宗开元四年（716），山东蝗虫大起，姚崇上奏道："《毛诗》说：'秉彼（即拿那）蟊贼，以付炎火。'又汉光武诏说：'顺时政，劝督农桑，去彼蝗蜮，以及蟊贼。'此并为除蝗的意思呀。蝗虫怕人，易为驱逐。又苗稼都有地主，救护必不辞劳苦。蝗虫能飞，夜必赴火，夜中设火，火边掘坑，且焚且埋，除它可尽。此时山东百姓都烧香礼拜，设祭祈恩，眼看蝗虫食苗，手不敢近。自古有灭蝗虫不能的，只是百姓不听命，但使齐心勠力，必是可除。"于是朝廷遣御史分道杀蝗。汴州刺史倪若水执奏道："蝗是天灾，自宜修德。刘聪时灭除既不能，为害便更深。"他抗拒御史，不肯应命。姚崇大怒，以公文通报倪若水道："刘聪伪主，德不胜妖；今日圣朝，妖不胜德。古代的贤太守，蝗虫避境，若其修德可免，那难道是无德的人招致那样的！今坐看食苗，何忍不救，因以饥馑，将何自安？希望不要犹豫，自招灾祸！"倪若水于是实行焚埋的方法，获灭蝗虫 14 万石，投到汴渠流下的不可胜计。

当时朝廷议论纷纷，都以驱蝗为不便，唐玄宗听说，又以此事问姚崇。

姚崇说：“平庸的儒生执文，不识通变。凡事有违经而合道的，也有反道而适合权变的。昔日北魏时山东有蝗虫伤害庄稼，因小忍不消除，致使苗稼总尽，人至相食；后秦时有蝗虫，禾稼及草木俱尽，以致牛马相食毛。今山东蝗虫所在流满，仍极繁息，实所少闻。河北、河南无多贮积，如果不收获，百姓怎免流离，事系安危，不可胶柱。纵使除蝗虫不尽，犹胜过养它以成灾。陛下好生恶杀，此事请不烦出敕，请容我出文书处分。如除不得，我在身官爵，并请削除。”唐玄宗答应了他。黄门监卢怀慎对姚崇说：“蝗虫是天灾，怎可以人力消除？外边议论都以为错误。又杀虫太多，有伤和气。今收回成命未晚，请您考虑这个事情。”姚崇说：“楚王吞蛭，那病因而痊愈；孙叔敖杀蛇，其福乃降。赵盾至贤呀，遗憾晋灵公用其犬咬他；孔丘将要成为圣人呀，不爱其羊。都是志在安人，思不失礼。今蝗虫极盛，驱除可得，如蝗虫纵食，所在都空。山东百姓，难道应该饿杀！此事我已当面向皇上奏定，请您不要再为这事发言。如救人杀虫，因缘致祸，我请独受，义不牵连他人。”卢怀慎最终不敢违逆姚崇的意志，蝗虫因此也渐渐止息。

后姚崇举荐宋璟代替自己的相位，史称“姚宋”。但姚崇为人也有被人诟病的一点，即自己身为高官，担当重任，却放任自己的儿子和亲信们收受贿赂。也因为这些事招致了唐玄宗不满，授其开府仪同三司，不再让他参政议政。后又任他为太子少保，他因病而不就职。姚崇开元九年（721）去世，享年 72 岁，赠扬州大都督，谥文献。开元十七年（729），重赠姚崇太子太保。有《姚崇集》10 卷传世。

姚崇历任武则天、唐中宗、唐睿宗、唐玄宗四朝宰相，十分关心民生疾苦。他力主灭蝗即是其体恤民生疾苦的典型事例。为坚定皇上的灭蝗信心，他不惜以“在身官爵”作抵押，可见其“以民生为本”的为官精神。

宋令文身怀“三绝”

宋令文，唐代虢州弘农县（今河南省灵宝市）人。他奇姿伟丽，年轻时，拜著名医药学家孙思邈为师。唐高宗时，历官左骁卫郎将、东台详正学士。

唐高宗调露二年（680）十月，奉命往吐蕃参加赞普的葬礼。

当初，京都长安附近的禅定寺有牛抵人，没有人敢近前，只好筑围栏以圈它。宋令文感到原因奇怪，于是脱下粗布短上衣进入，那牛见有人来，便竦角向前，宋令文接两角拔它，牛应手而倒，颈骨折断而死。他又曾以五指撮着舂米的碓觜在墙壁上书得40字诗。为太学生时，他以一手挟起讲堂的柱子，将同房同学的衣服压在柱子下边，告诉同学，须设办酒席请他才能拿出衣服。当时人都称他有神力。

宋令文有文集10卷传世。且书画皆善，尤工于书，备兼诸体，偏意在草，甚得书之媚趣。唐张怀瓘《书断》将其草书归为“能品”。因他有勇力，工书画，善撰文，被世人称作“三绝”。

宋令文有3个儿子。长子宋之问，以文词知名。次子宋之逊（一作悉），善书，草、隶尤精。三子宋之悌，有勇力，唐玄宗开元中（713—741），历官右羽林将军、益州长史、剑南节度兼采访使、太原尹。世人说其弟兄各得父亲一绝，此言不虚。

古今能书善画的文人，不乏其人，还能以勇力著名者，屈指可数。宋令文可为其一。

一行聪慧参天机

一行（683—727），俗姓张，本名遂，唐代魏州昌乐县（今河南省南乐县）人，武功令张檀之子。幼年不群，天资聪慧，有老成之风。及长，读书过目能诵。武则天侄子武三思请与他结交，一行逃匿以躲避他。不久，因遇嵩山普寂禅师，而出家师事普寂。

普寂师曾设食于寺，大会僧侣。数百里以内的僧侣，都如期而至，将近千人。当时有位叫卢鸿一的，道高学富，隐于嵩山。普寂因请卢鸿一撰文赞叹其会。到了这天，卢鸿一持所撰的文章到寺，普寂接过，放于几案上。当钟声和诵经声即将响起时，卢鸿一请普寂道：“我撰文数千言，况其字生僻而言语又奇崛，应在群僧中选那聪悟的，我当亲为传授。”普寂便令召一行。一行既至，伸纸微笑，只于一览，又放在几案上。卢鸿一轻视其疏脱而私下感到奇怪。一会儿，群僧会聚于堂上。一行捋起袖子而进入，高声朗诵，一无遗忘。卢鸿一惊愕很久，对普寂说："这人不是您所能教导的呀，应当让他到外地游学。"自此，一行穷究《周易》真谛，访求名师，而不远千里。

一行曾造访道士尹崇，向他借了汉扬雄的《太玄经》，几日后，便还其书。尹崇说："此书意旨深远，我研习积年，尚不能晓。您试着研求，为什么归还这么急呀！"一行说："研究出它的旨意了。"因出所撰的《大衍玄图》及《义诀》一卷以示尹崇。尹崇大为叹服，对人说："此后生是颜回再生呀！"

他又曾到天台山国清寺，见一院古松数十步，门有流水。一行立于门屏间，听院中僧于庭卜卦推算，其声簌簌。不久对他的徒弟说："今日当有弟子求我算法，已合到门，难道无人通报吗？"即除去一算子。又对徒弟说："门前水合为向西流，弟子当至。"一行返顾水，果然向西流着。于是紧走进入，叩头至地，而请教算法。老僧尽授他的算术。一行便洞晓历象阴阳推步之学，回到嵩山。唐高宗召他，不前往，逃入荆州当阳山。唐玄宗开元九年（721），由于《麟德历》误差太大，宰相张说向唐玄宗推荐了一行。唐玄宗召见一行，问他道："卿有何能？"一行回答说："唯善于记览。"唐玄宗便命人取宫人籍簿拿给他看，一行周览既毕，合上籍簿，记念精熟，如平素所习。诵数页之后，唐玄宗不觉降御榻为他行礼，呼他为圣人。并请入内集贤院，不久诏住兴唐寺。

当初，一行幼年时，家中贫穷，邻居有位王老太太，家很殷富，感到一行奇异，不惜金帛常接济他，前后约有几十万。一行常考虑如何报答她。一行得到唐玄宗的敬遇，可以说言无不听。不久，王老太太的儿子杀人入狱，还没判决。王老太太找到一行求救。一行说："老太太要金帛，当10倍酬报。明君执法，难以求情，怎么办？"王老太太叉手大骂道："结识此僧有什么用！"一行跟着王老太太致歉，老太太终不顾而去。

一行心里很不是滋味，考虑浑天寺中工人数百，便命搬空那室内，放一大瓮于中央，密选常住仆役二人，授以布囊，对他们说："某坊某角有废园，你们向中间潜藏窥伺，从中午到黄昏，当有物进入，满数七者可尽掩盖。失一个就杖打你们！”二人如言而往，至酉时（17—18 时）后，果有群猪到，尽获而归。一行大喜，令放到瓮中，盖上木盖，封以神泥，用朱笔题上字。他的徒弟没有人测出敢问的。一会儿，朝中使人叩门急，召至便殿，唐玄宗迎问道：“太史奏，昨夜北斗不见，是什么征兆呀？大师有禳除的办法吗？”一行说：“北魏时，失去火星，至今帝车不见。北斗不见，古代没有这种情况，天将对陛下示大警呀。其方法再也没有比大赦天下更好了。”于是，唐玄宗听从了他的建议，大赦天下。这样，王老太太的儿子也得以免于死刑。

又开元中，天下大旱，唐玄宗令一行祈雨。一行说：“当得到一个器皿，上有龙状的，才可致雨。”唐玄宗便令宦官与他一同在内库中寻找，看遍，都说没有类似的。几日后，一行指着一个古鉴鼻盘龙，高兴地说：“此是真龙呀！”便将它带入坛场，一日而下雨。人们都感到他的术数灵异。唐玄宗向他询问以后的吉凶。一行说：“陛下当有万里之行。”又说：“社稷必得终吉。”唐玄宗非常高兴。一行又赠送唐玄宗一个金盒子，形若弹丸，内中贮物，摇必有声，不能打开，说：“有急则开。”安禄山叛乱，唐玄宗避难四川，仓皇中都忘记了这事。及到成都，忽忆起打开，则是药中的当归。唐玄宗感叹地说：“当归药产于此地。大师知我避难至蜀，当归呀！”又见万里桥说：“一行之言，真如神呀！”于是，命宦官焚香祝祷，以告谢一行。

开元十五年（727）九月，一行于华严寺病重，带病辞别唐玄宗，向东来嵩山谒拜普寂师。当时河南尹裴宽正谒见普寂，普寂说有事未暇，请大尹稍事休息。裴宽便屏退从人留于旁室，窥视普寂干什么。只见普寂整理正堂洁净，焚香默坐，如有所待。不久叩门连声，说天师一行和尚到了。一行进入，颇有匆匆之状，向普寂施礼完附耳密语，那情貌更加恭敬。普寂但点头道：“没有不可以的。”说完，一行又行礼，礼语者多次，普寂唯道：“是、是，没有不可以的。”一行与老师话毕，便下阶入南室自闭门户。普寂慢慢地召侍从说：“赶快鸣钟，一行已圆寂了。”左右人跑去看他，他瞑目而坐，气息已绝。年仅 45 岁。众弟子悲号，撼动山谷。唐玄宗览上奏悲怆地说：“禅师舍我呀！”深为哀伤思慕。河南尹裴宽身穿孝服，徒步出城给他送葬。官为其建塔，唐玄宗亲撰塔铭，谥大慧禅师。

一行撰有《摄调伏藏》60卷，《释氏系录》1卷，《开元大衍历》52卷。尤其是他的《开元大衍历》，被后世视为不刊之典。

恃才傲物萧颖士

萧颖士（717—759），字茂挺，唐代洛州阳翟县（治所在今河南省禹州市）人。祖籍南兰陵（治今江苏常州西北），生于阳翟县。因而在其《赠韦司业书》中，便有“颍川男子萧颖士”之称。其为梁鄱阳王萧恢七世孙。祖父萧晶，贤而有谋，任雅相伐高丽，上表任为记室。父亲萧旻，曾任莒县县丞。

萧颖士4岁能撰文，10岁补太学生。观书一览即诵，通百家谱系。唐玄宗开元二十三年（735），举进士，对策第一。唐玄宗天宝初年（742），萧颖士补秘书正字。与裴耀卿、席豫、宋遥、韦述、李华、贾曾、张均、张垍、韦述等相交游，因此名播天下。奉使搜求遗书于赵、卫间，长久不报，为有司弹劾免职，留客濮阳教授生徒，尹征、王恒、卢异、卢士式、贾邕、赵匡、阎士和、柳并等都执弟子礼，以次授业，时人称为萧夫子。召为集贤校理，宰相李林甫想见他，萧颖士正守父丧，不拜见。李林甫曾至朋友房舍邀颖士，颖士前往，哭门内以待，李林甫不得已，前往吊唁才去。但怒其对己不恭，调他为广陵参军事，萧颖士非常气愤，便作《伐樱桃树赋》以讥刺李林甫。史官韦述举荐萧颖士自代，召他到史馆待制。此时萧颖士遇母丧，即穿着粗麻孝服而到京师，径直到政事省拜谒李林甫。李林甫突然见粗麻孝服，非常厌恶，即令人排斥并使他离去。

萧颖士聪警绝伦。曾与李华、陆据同游洛阳龙门，3人共读路侧古碑，萧颖士一阅，即能背诵那内容。而李华再阅，陆据三阅，才能记住那内容。当时外夷也知萧颖士之名，新罗国使者来朝，言国人愿得萧夫子为师，可谓名动中外。

萧颖士恃才傲物，也颇为出名。他常自携一壶，到郊野游览胜景。偶休息于旅店，独酌独吟，遇风雨暴至，有穿紫衣的老人领一个小僮避雨于此。萧颖士见他闲散便肆意侮辱。顷刻，风定雨霁，车马突然至，老人上马，侍从前呵后殿而离去。萧颖士仓忙观察，左右人说："是吏部王尚书呀!"萧颖士常到王尚书门造访，不曾见到他，因此非常惊愕。第二天，萧颖士便写好长信到王尚书门上谢罪。王尚书命人将他引至堂廊下，坐而批评他，且说："所遗憾的是与你不是亲属，当庭训你呀!"又说："你依仗着文学的才名，如此倨傲怠慢，难道停留于一个进士及第啊!"

李林甫死，萧颖士又被任为河南府参军事。后来山南节度使源洧任命他为掌书记。源洧去世，崔圆任他为扬州功曹参军，至官署两三日离开。之后，客死于汝南客舍，门人私谥文元先生。

萧颖士通籀学，致力于古文写作，自谓"平生属文，格不近俗，凡所拟议，必希古人"，与李华齐名，时人称作"萧李"。原有集10卷，今散佚。后人辑有《萧茂挺文集》1卷，采入《四库全书》。清彭定求等《全唐诗》辑其诗为1卷。

张巡许远力战死

张巡（709—757），字巡，唐代邓州南阳县（治所在今河南省南阳市卧龙区）人。唐玄宗开元末年，进士及第。历任太子通事舍人、清河县令。唐玄宗天宝十四载（755），安禄山叛乱，张巡以真源县令起兵守雍丘（今杞县），抵抗叛军。唐肃宗至德二载（757），移守睢阳（今商丘市），与太守许远共同作战。在内无粮草、外无援兵的情况下，坚守数月不屈。睢阳城破，被俘遇害。后诏赠扬州大都督、邓国公，图像于凌烟阁。

许远（709—757），字令威，唐杭州盐官县（治所在今浙江省海宁县西南盐官镇）人。唐玄宗开元末年，进士及第。历任碛西支度判官、高要尉。安禄山叛乱，唐玄宗任他为睢阳太守。唐肃宗至德二载（757）正月，叛将尹子琦率兵10余万围攻睢阳，他与张巡以数千兵卒协力坚守，坚持数月不屈。睢阳城破被俘，送至洛阳，在安庆绪兵败渡河北走时，遭杀害。后诏赠荆州大都督，图像于凌烟阁。

后来有人曾质疑张巡、许远死的先后，韩愈为此撰文力辩。他认为，在睢阳被围困时，许远负责守卫，张巡负责战斗，且百战百胜，为贼兵所畏惧。所以贼兵所畏惧的，没有如张巡的；其切齿而想以一击毙之的，没有如张巡的。张巡一日不死，贼人未得安枕。所以当尹子奇要为张巡松绑时，而他的部属阻止道："他得人善战，松绑担心生其他忧患。"这是想要张巡快死。尹子奇对张巡说："您每战就目眦尽裂、齿欲碎，为什么？"张巡说："想要气吞逆虏呀!"贼人怒，以刀抉他的口，牙齿仅存有三四颗。像这样，而想不快死能够吗？张巡死了，如许远又死，则俘虏无主帅，俘虏无主帅则其功不就。这就是许远之所以被槛押送往洛阳而在张巡之后一死的原因。

其实，张巡、许远以睢阳孤军抗叛军，何计得失，惟对朝廷心怀一"忠"字而已。其之所以先后死，有其原因，也非常正常。

乱世忠臣元次山

元结（723—772），字次山，别称猗玗子、浪士、漫郎、聱叟，唐代河南府河南县（治所在今河南省洛阳市）人。父亲元延祖清净恬俭，历任魏城主簿、延唐丞。后弃官引退，以鲁县（今河南省鲁山县）商馀山多灵药，于是安家于此。

元结少聪悟，倜傥而不羁。17岁才屈己向学，师从元德秀。唐玄宗天宝十二载（753），进士及第。安禄山叛乱，元结率族人、邻里避难于猗玗洞（今湖北大冶境内），因而保全千余家。唐肃宗乾元二年（759），献时议两篇，授为右金吾兵曹。历任监察御史、充山南东道节度参谋。于唐、邓、汝、蔡等州招辑义军，人一时归附，大压贼境，于是史思明不敢向南侵犯，从而立有攖城扞寇之功。在此之前，泌水之南的唐士卒积骨遍地，元结尽为收葬，并刻石立表，称之为"哀丘"。将吏无不感动，从而勇气倍增。元结由此也威望日隆。授为水部员外郎，兼殿中侍御史，充节度判官。后例加封邑，他谦逊辞让，归家养亲。因而特蒙褒奖，拜为著作郎。后家于武昌的樊口。著

《自释》以见意。其大略为：少习静于商馀山，著《元子》10卷。兵起，逃难于猗玗洞，著《猗玗子》3篇。家居于瀼水滨，自称浪士，著《浪说》7篇。及为郎，时人以浪者也漫为官，于是被呼为漫郎，著《漫记》7篇。到家居樊上，渔者又戏称他为聱叟。

一年多后，唐肃宗因他居家贫困，便起任他为道州刺史。他下车，效法古人施行仁政，二年间道州安然。百姓请为他立生祠。由于考课第一，转为容州都督兼侍御史中丞、本管经略使。唐代宗大历四年（769）四月，授为左金吾卫将军兼御史中丞，管使如原来。大历七年（772）正月，朝京师，唐代宗深为礼重，将加位秩，不幸遇病，去世于永崇坊的旅馆，享年50岁。朝野为之震惊哀悼。

元结著有《次山集》《箧中集》行于世。

太子太师颜真卿为他撰写了《容州都督兼御史中丞本管经略使元君表墓碑铭》，其中赞道："次山斌斌，王之荩（忠）臣。义烈刚劲，忠和俭勤。炳文华国，孔武宁屯。率性方直，秉心真纯。见危不挠，临难遗身。明允全德，今之古人。"并以楷书书丹，世称绝妙。

南朝鲍照说得好："时危见臣节，世乱识忠良。"元结淡泊名利，以国难民生为重，难怪颜真卿对其赞美有加。

弘农"三杨"天下扬

弘农是汉朝至北宋期间长期设置的一个县级行政区划，始终是弘农郡的治所。汉武帝置弘农郡时，也名弘农，是弘农县之始，治所在今天河南省三门峡市灵宝市东北黄河沿岸。

隋朝时，弘农郡范围缩小，失去了黄河沿岸的辖区，弘农县名称虽然保留，却也因此向西南迁移到了今天灵宝市中心地区。此后，弘农县曾有恒农、常农等名称，直到997年因虢州之名而改称虢略，从此失去弘农之名。

弘农杨氏自杨凭名。杨凭，字虚受（一字嗣仁），唐代虢州弘农县（今河南省灵宝市）人。祖父杨志玄，为唐殿中侍御史。父亲杨成名，为醴泉县尉，早逝。母亲教饬谨备，训道有方。自幼遵母训，刻苦学习。及长，善文辞，于唐代宗大历九年（774），进士及第。历事节度府，召为监察御史，不乐检束，于是求免职。历任起居舍人、左司员外郎、礼部郎中、兵部郎中。升迁为太常少卿、湖南江西观察使。入京师为左散骑常侍、刑部侍郎、京兆尹。

杨凭与御史中丞李夷简素有矛盾，李夷简因而弹劾杨凭于江西观察使任上的不法行为。当时杨凭正修治永宁里府第，功役丛烦，又传言他暗养妓妾于永乐别舍，谤议颇欢，所以李夷简借此大加揭发，想置之于死地。后落实情况，未得证实。唐宪宗以杨凭治京兆有政绩，但贬为临贺（治所在今广西壮族自治区贺县东南贺街镇）县尉。当时，亲友惧怕连累自己，没有送往的。唯独杨凭所善待的门客栎阳尉徐晦到蓝田相安慰饯行。宰相权德舆对徐晦说："您送杨临贺（凭）为诚实宽厚，难道不怕连累自己吗？"徐晦说："我为布衣时，临贺相知我，今天忍心急遽相弃吗？有如您他时为奸邪诬陷遭贬谪，又可以这样吗？"权德舆赞叹他正直，称赞于朝廷。李夷简很快上表任徐晦为监察御史。徐晦过访答谢，问李夷简举荐自己的原因，李夷简说："君不辜负杨临贺，肯辜负国家吗？"后徐晦历任中书舍人，以强直守正闻名，以礼部尚书致仕。

不久，杨凭调任杭州长史。后以太子詹事去世。杨凭平素重交游，重然诺，尚气节，与穆质、许孟容、李鄘相友善，一时羡慕，人称"杨穆许李"。

杨凭有贤婿柳宗元。有弟二人：杨凝、杨凌。

杨凝（？—803），字懋功。与三弟杨凌同日而生。生不满月，父亲病逝。在母亲的教导下，刻苦自励。于唐代宗大历十三年（778），进士及第。初为秘书省校书郎。唐德宗兴元元年（784），樊泽为山南东道节度使，任他为书记。贞元三年（787）闰五月，樊泽调任荆南节度使，杨凝随府而迁。后由协律郎三转为御史。入王廷为起居郎。又为尚书司封员外郎，直声彰闻。任为吏部员外郎，以驾驭群吏。后居母丧致哀。孝服除，任为右司郎中，因危言直己，以致其诚，遭人攻讦，于贞元十二年（796）八月，杨凝自左司郎中为检校吏部郎中，任为汴、宋、亳、颍等州观察判官。贞元十四年（798）冬，回京师复命。因病居家 3 年，又登于朝，授为兵部郎中。于贞元十九年

（803）正月病逝。天下以文章和德行而闻名的读书人，无不为他惋惜。杨凝有文20卷，宰相权德舆为之作序。

杨凌，字恭履。杨凝弟，最善文章。于唐代宗大历十一年（776），进士及第。唐德宗贞元中（785—805），历任协律郎、大理评事。官终侍御史。有诗一卷行于世。有子杨敬之。

自唐代宗大历九年至大历十三年，五年之内杨凭、杨凝、杨凌弟兄相继进士及第，人称“三杨”，一时天下传颂。

刘玄佐不失臣节

刘玄佐（730—787），本名洽，唐代滑州匡城县（治所在今河南省长垣县西南司坡村）人。少倜傥，不理生业；为县捕盗吏，违法，为县令所笞，于是亡命从军。唐代宗大历中，为永平军衙将。唐德宗建中二年（781），加兼御史中丞、亳颍节度使等。因军功，加任御史大夫。升迁为尚书，兼曹濮观察使，不久加任淄、青、兖、郓招讨使，又加汴、滑都统副使。唐德宗兴元初年（784），进加检校左仆射，加平章事。率军收汴，诏加汴、宋节度使。不久授为本管及陈州诸军行营都统，赐名玄佐。官至泾原四镇北庭等道兵马副元帅，检校司空。

刘玄佐贵为将相，他的母亲却每月织绢一匹，以示不忘本。母亲每观玄佐视事，见县令紧走阶下，她退必对玄佐说：“你贵为将相，我平常见长官陈述事情，卑敬不觉恐悚。想到你的父亲为吏本县时，常畏惧长官出汗颤栗。今天你当厅据案对待那些官吏，他们怎能心安呢！”因晓喻玄佐，以朝廷恩寄之重，务必为朝廷献身。所以玄佐心中牢记母亲的教诲，终不失臣节。

刘玄佐为汴州节度使时，听说相国寺的大佛无故流汗，便急命驾车前往，自持金帛以施予。中午时分，他的妻子也赶到。第二天，又起斋场。由此，将吏和商贾们奔走于道路，唯恐输财货不及。刘玄佐于是令属官为账簿，一一记录下收入。10日后，便关闭寺门，说：“佛汗止住了！”所收入以巨万计，全部用来周济军队。当然，相国寺佛流汗，是刘玄佐为募集军需巧施的小计。如此巧取，非常时期，非常之需，倒也无可厚非。

当时，乡里姻亲故旧以汴州离家乡地近，大多投奔刘玄佐。玄佐不想以私人关系提拔他们居将校之列，又难置于普通士兵，于是将其尽置为将判官。此职按例佩戴绯衫银鱼袋，对外以示荣光，实为散员冗官。时间长了，其类渐多，有人便给姓刘的撰了一联语说："覆盆子落地变作赤烘，羊羔儿作声尽是没益。"刘玄佐看过此联而笑，于是将其姻亲故旧各改着他职。

唐德宗贞元三年（787）三月，刘玄佐病逝，享年 58 岁。赠太傅，谥壮武。

裴令智断争牛案

裴子云，唐卫州新乡县（今河南省新乡县）令，平易近人，而临事决断，好奇策。

县民王敬参军戍边，留母牛六头于舅父李进家。李进养了五年，产犊 30 头。王敬还家，向舅父李进要牛，舅父李进只还给他四头老牛，说："两头已死，其余并不是你的牛生的。"终不肯还其他的牛。王敬气愤，于是到县里告状。裴子云下令将王敬送到监狱，使人追捕盗牛贼李进。李进恐惧到县，裴子云呵斥道："贼引你同盗牛三十头，藏于你家！"叫贼人出来对质时，便以布衫笼罩王敬的头，使他站在墙下。李进情急吐实情说："三十头牛都是外甥的母牛所生，确实不是盗的。"裴子云让人扯下王敬头上的布衫，李进见是王敬，说："此是外甥呀！"裴子云说："如是这样，即还他的牛！"李进沉默不语。裴子云说："你五年养牛辛苦，与你五头。其余一并还敬。"于是结案。

一县人都叹服裴子云精细明察。

貌丑志坚桑维翰

桑维翰（898—947），字国侨，五代河南府河南县（治所在今河南省洛阳市）人。他长得丑怪，身短而面长，常临镜而自奇道："七尺之身，不如一尺之面。”慨然有志于宰相位。

当初，考进士时，主司以“桑”“丧”同音，厌恶他的姓。于是有人劝他不必举进士，可以从他途求仕，桑维翰感慨，便撰写《日出扶桑赋》以明志。又铸铁砚让人看，发誓道：“砚破则改而他途仕。”后于唐庄宗同光三年（925），进士及第。石敬瑭任他为河阳节度掌书记。

石敬瑭自太原迁徙天平，不受命，而有异谋，以问将佐，将佐都恐惧不敢言，惟独桑维翰与刘知远赞成此事。在灭后唐而兴后晋中，桑维翰出力颇大。石敬瑭即皇帝位（即后晋高祖），以桑维翰为翰林学士、礼部侍郎、知枢密院事，迁中书侍郎、同中书门下平章事，兼枢密使。后晋高祖天福四年（939），出任为相州节度使，一年后，调镇守泰宁。天福七年（942），调镇守晋昌。

后晋出帝即位，召拜桑维翰为侍中。而景延广专权，与契丹绝盟，不听桑维翰的劝言。于是桑维翰便暗中使人劝谏出帝说：“控制契丹而安天下，非用桑维翰不可。”于是晋出帝便出任景延广于河南，拜任桑维翰为中书令，又为枢密使，封魏国公，且事无巨细，一并委托于他。桑维翰权势既盛，四方贿赂和赠送的钱财，年积巨万。这引起出帝的不满，便日渐疏远了他，加之后来桑维翰试图干预出帝家事，便贬他为开封尹。此后桑维翰称足疾，便很少上朝了。

后晋出帝开运三年（946）十二月，契丹攻打后晋，桑维翰虽往来奔走，但都无济于事。后来契丹耶律德光攻入后晋京城东京（今河南省开封市），使张彦泽问太后：“维翰在否？可使先来。”出帝不想让桑维翰见契丹，因使张彦泽谋杀他，张彦泽也想得到他的家产，于是于十八日夜，便传出帝命，将桑维翰缢杀，当时他年仅49岁。耶律德光令殡于私第，厚抚其家，所有田园邸第，并令赐之。到后汉高祖（刘知远）登基，诏赠他为尚书令。

大事有度张齐贤

张齐贤（942—1014），字师亮，北宋曹州冤句（故城在今山东省菏泽市西南）人。3 岁时，值后晋乱，随父亲迁家于洛阳。父亲早死，孤贫力学，有远大志向。当宋太祖巡视西都（今河南省洛阳市）时，张齐贤以平民身份献策马前，条陈“十事”。其四事称宋太祖意，张齐贤坚持认为“十事”都善，宋太祖发怒，令武士将他拉出去。回到宫中，宋太祖对弟弟赵光义说：“我巡视西都，唯得到一个张齐贤。我不想给他官爵，以后可使他辅助新君为宰相呀！”宋太宗太平兴国二年（977），张齐贤进士及第，特任为京官通判。历官主客郎中、枢密直学士、右谏议大夫签书枢密院事、左谏议、工部侍郎、刑部侍郎、枢密副使、吏部侍郎同中书门下平章事、礼部尚书、刑部尚书等。宋真宗即位，任户部尚书、兵部尚书平章事、右仆射、仆射等。曾因醉酒失仪而免相。后以司空致仕。大中祥符七年（1014）六月去世，享年 72 岁，赠司徒，谥文定。著有集 50 卷，奏议 20 卷，《太平雅编》2 卷，《同归小说》10 卷。

当年，张齐贤以右拾遗为江南转运使，一日家宴，一个奴仆偷银器数件藏于怀中。张齐贤自帘下视而不问。常言说：“宰相门下无白丁。”张齐贤三为宰相，门下的奴仆都相继得任官职，惟独偷银器的奴仆始终没有得到一官半职。于是，他乘张齐贤空闲再拜而诉说道：“我侍奉相公最久，凡在我之后的人，都得官了，相公为什么单单将我遗忘了呢？”说着泪流不止。张齐贤哀怜地对他说：“我想不说，你就怨恨我。你回忆起江南一日偷我银器数件吗？我心藏 30 年不以这件事告诉任何人，即使你也不知道呀。我愧居宰相职位，提升或罢免百官，志在激浊扬清，怎敢举荐盗贼呢？考虑你侍奉我时间长，今天给你 300 千钱，你离开我门下，自己选择个安定的地方谋生吧。我既揭露了你往常的事情，你当然有愧于我，而不可以再留下了。”这奴仆非常惊惧，哭着再拜而离去。

“水晶灯笼”刘仲豫

刘随（971—1035），字仲豫，北宋开封府考城县（治所在今河南省民权县）人。宋真宗景德初年（1004），进士及第。初为永康军判官，所属县令受贿枉法断狱披露，转运使李士衡为县令说情，刘随不从。李士衡愤怒，便奏刘随苛刻，不能从政，罢职归。后改任大理寺丞。晁迥举荐他为益州通判，吕夷简安抚川峡，又言其材，以太常博士改任右正言。数月后，因事降为监济州税，调任晋州通判。

还朝，刘随升迁为右司谏，为三司户部判官。他在谏职数言事，前后所论甚众。因谏李太后不应多次到外戚家走动，惹李太后不高兴。遇刘随请求外任，便使他出任济州知州，又改任为起居郎。后升迁为尚书刑部员外郎，入兼侍御史知杂事。不久，权同判吏部流内铨，官吏不得为奸。改任三司盐铁副使。他出使契丹时，因足病不能拜。还朝，为有司所弹劾，官降一级，出任信州知州，调任宜州。又升迁为工部郎中，知应天府。召为户部副使，改任天章阁待制。不多日病逝，时为宋仁宗明道四年，享年 65 岁。宋仁宗怜其家贫，赐钱 60 万。

刘随与孔道辅、曹修古同时为言事官，都以清廉正直闻名。刘随临事明察是非，敏锐敢行，任职益州时，人称为“水晶灯笼”。

“水晶灯笼”，不染杂尘，四体透明，无藏于己，照奸于人。刘随得此雅称，荣光有加。

范仲淹名满天下

范仲淹（989—1052），字希文，其先邠州（治所在今陕西省彬州市）人，后移居苏州吴县（今江苏苏州）。祖父范赞，为吴越王钱镠的秘书监。父亲范墉随钱俶归宋，历仕武德武信武宁三军节度、掌书记。范仲淹两岁丧父，母亲谢氏贫困无依，改嫁长山（今山东省邹平县长山镇）朱文翰。范仲淹从继父姓，名说。既长，知其世家，感泣辞母，到应天府书院（位于今河南省商丘市），从戚同文学习。

于应天府书院读书期间，范仲淹昼夜诵读，不曾解衣而睡；或昏怠，就以冷水洗脸；往往稀粥不充，便日偏西始食。人不能忍受，他却不以为苦。宋真宗大中祥符五年（1012），礼部举第一。大中祥符八年（1015），进士及第，任为广德军司理参军，迎母亲迁居南京（今商丘市）赡养。宋仁宗天圣四年（1026），母亲谢氏病逝。范仲淹守孝期满，始复范姓，改名仲淹。后历任集庆军节度推官、秘阁校理。宋仁宗明道初年（1032），召为右司谏，选拔为天章阁待制。降职，出任为饶州知州。元昊反叛，又待制知永兴军。夏竦为陕西招讨使，进仲淹为龙图阁直学士，作为他的副职。历任延州知州、耀州知州、庆州知州。升为环庆路经略、安抚沿边招讨使。宋仁宗庆历二年（1042），任为豳州观察使，推辞不就职。升迁为枢密直学士，为陕西路招讨使。庆历三年，任为枢密副使，改参知政事。庆历四年，出为陕西河东宣抚使。庆历五年，罢为资政殿学士，为邠州知州。以病请求。任为邓州知州，加给事中。又为杭州知州，迁礼部侍郎。宋仁宗皇祐四年（1052），调任青州，病重，请为颍州知州，未至去世，享年64岁，赠兵部尚书，谥文正。宋仁宗亲篆其神道碑额："褒贤。"所著《丹阳集》20卷，奏议17卷。

范仲淹为母亲守孝期间，寓居南京（今河南省商丘市）城下。宋仁宗天圣五年（1027），晏殊留守南京，请范仲淹掌管府学南京书院（即应天书院）。能为母校贡献一份力量，也是范仲淹的夙愿，于是他欣然应允。他便常住在书院中，训教督导学生均有法度，勤劳恭谨以身作则。学生夜间读书、就寝、用餐，都制订有一定的时间。他往往悄悄地到宿舍察看情况，一次见有一个先睡觉的学生，便诘问他。那人说假话道："刚才疲倦，暂时就寝了。"范仲淹问："未就寝的时候，你看什么书？"那人就胡乱地回答。范仲淹就取书问他，那人不能回答，于是便给予他相应的惩罚，以儆效尤。

范仲淹出题使学生们作赋，必定自己先写，借以了解其中的难易程度和着重点，以便学生有准则可依。于是，四方来学习的人云集于南京书院。

当范仲淹初掌管书院时，有个孙秀才，来求学拜见。范仲淹见他贫困，便以千钱相赠送。第二年，孙秀才又到，范仲淹又赠送他一千钱，因而问他道："为什么旅途疲累到此？"孙秀才不无忧愁地说："母亲年老没有什么东西赡养，如每日得百钱，那么赡养母亲的食物就够了。"范仲淹说："听您的语气，不是乞讨的人呀！二年急切所求的能得多少，但浪费学习时间多了。我现在给您安排个学校职事，每月可以得到三千钱以供养母亲，您能安心于学习吗?”孙秀才非常高兴。于是，范仲淹给他讲授《春秋》，而姓孙的这个学生也不舍昼夜地用心学习。第二年，范仲淹离开书院，姓孙的学生也辞去学校职事回家。后10年，听说泰山下有位孙明复先生，以《春秋》教授学徒，道德高迈。等朝廷召至，原来是昔日在南京书院求学的孙秀才。

其间，留守晏殊对他说：“我有女15岁了，请您为我选择个女婿。”范仲淹说：“书院中有两位举子，富皋和张为善，都有学识和德行，他日能至卿相。”晏殊说：“那么哪个优秀?”范仲淹说：“富行事谨慎，张放达超逸。”于是晏殊选富为女婿，后改名，即弼。为善也改名为方平。后富弼、张方平，均成为一代重臣。

又，张载少喜谈兵，20岁时，来求教于范仲淹。范仲淹对他说：“儒者自有以名分教化天下为乐事，为什么倾心于兵家?”因劝读《中庸》。张载读《中庸》，又深究“六经”的旨意，于是成为天下大儒。

其后宋人以文学有声名于科举和朝廷的人，大多为范仲淹所教。将帅中如种世衡、狄青等也曾经范仲淹指教。

人们一般都知范仲淹为官“先天下之忧而忧，后天下之乐而乐”，岂不知他执教还非常严谨，因材施教，也颇能识人，解人所难。吕本中和朱熹都称他为“宋代人物第一”，并非虚夸!

国之辅弼有富弼

富弼（1004—1083），字彦国，北宋河南府河南县（治所在今河南省洛阳市）人。少年笃学，有大度，师从范仲淹，学习于应天府书院，被范仲淹称为“王佐之才”。

宋仁宗天圣八年（1030），富弼以茂材异等科及第。授为将作监丞、签书河阳判官。又通判绛州，升迁直集贤院。历任开封府推官、知谏院。宋仁宗庆历二年（1042），为知制诰，纠察在京刑狱。又被任命为枢密直学士，升迁为翰林学士，均恳切辞让。庆历三年（1043），拜为枢密副使，辞让更加坚决，改授为资政殿学士兼侍读学士。该年七月，又拜他为枢密副使。因遭受排挤，以资政殿学士出知郓州。一年后，加给事中，调任青州，兼京东路安抚使。以政绩，授为礼部侍郎。他辞让不受。之后，升迁为大学士，调知郑州、蔡州、河阳，加观文殿学士，改任宣徽南院使、判并州。宋仁宗至和二年（1055），召拜他为同中书门下平章事、集贤殿大学士。宋仁宗嘉祐三年（1058），进为昭文馆大学士、监修国史。嘉祐六年（1061）三月，以母丧去位。宋仁宗虚相位五次起用他，富弼终不从命。宋英宗立，召他为枢密使。两年后，以足疾请求解职，拜为镇海军节度使、同中书门下平章事、判扬州，封为祁国公，进封为郑国公。

宋神宗熙宁元年（1068），富弼调判汝州。熙宁二年（1069）二月，授为司空兼侍中，赐甲第，他全部辞让。又任他为左仆射、门下侍郎同平章事。王安石执政，富弼上章数十，称疾求退。宋神宗任命他为武宁节度使、同中书门下平章事、判河南，改任亳州。任上他抵制青苗法，被人弹劾。于是他乞求归洛阳养病，宋神宗应许。继而，他请求退职，加拜为司空，进封为韩国公致仕。宋神宗元丰三年（1080），又任用他为司徒。元丰六年（1083）八月逝世于洛阳私第，享年80岁，赠太尉，谥文忠。

富弼归洛阳养病时，邵雍一日来拜见他。他此时正病足，卧在小室，已不接待客人，惟告诉看门的人说："邵先生来，无早晚入报。"于是请邵雍至卧床前。邵雍笑着说："他客能至此吗?"富弼也笑着指邵雍所坐的胡床说："病中心怦怦，虽儿子来，站着说完便遣去。此一胡床只接待您呀!"邵雍环顾左右人说："再取一胡床来。"富弼问为什么，邵雍答道："日中时，应当有一位绿衣少年骑白马来探望您，您虽然有病，也要打起精神接见他。您去世后，此人当秉史笔，记您的事呀!"富弼平素敬重邵雍，感到他的话神奇，因告诉守门人说："今日客来，不分贵贱，立即为通报。"当正午时，果然范祖禹来访，于是请入相问殷切。富弼说："我老病将死，念平生碌碌，不值得一说，但内怀朴实忠诚。他时，著述必劳累您，但愿少留意呀!"范祖禹听此言，惶恐叵测，离开座位而逊辞。范祖禹何许人?为何能得到邵雍、富弼如此的敬重?

范祖禹（1041—1098），字梦得（一字淳甫），成都府华阳县（治所在今四川省成都市）人。母亲生他前，梦见汉邓禹入室，于是以“祖禹”为名，初字梦得，后改字淳甫。范镇从孙，父亲早逝，由范镇抚养成人。宋仁宗嘉祐八年（1063），进士及第。不求仕进，从司马光修《资治通鉴》，居住洛阳15年；书成，司马光举荐他为秘书省正字。宋哲宗即位，选拔为右正言，著作佐郎，任修《神宗实录》检讨官。授为礼部尚书，升迁为翰林侍讲学士。后以龙图阁学士，知陕州。有人以他所修《神宗实录》诋诬神宗而弹劾他，连贬为武安军节度副使、昭州别驾，安置永州，迁徙宾州、化州，去世于贬所。著有《唐鉴》12卷，《仁宗政典》6卷及《帝学》8卷等。

当初范祖禹探望富弼时，还是一位少年。但他始终没忘记富弼所嘱托之事，最终为他撰写了《韩公传》。

张方平偏爱“三苏”

张方平（1007—1091），字安道，北宋南京（今河南省商丘市）人。原名为善，后改为方平。13岁入应天府书院（即南京书院），从师于范仲淹学习。他少年颖悟绝人，家贫无书，曾向人借《史记》《汉书》《后汉书》，10日便归，还说：“我已得到其详情了。”凡书，均一阅终身不再读。撰文不曾起草，数千言立就。

宋仁宗天圣年间（1023—1032），宋绶和状元蔡齐相继守南京，见到张方平均称赞道：“天下奇才呀！”归朝，也大为延誉。明道二年（1033）制举六科，因共称荐举茂材异等科。于景祐元年（1034）中选，授校书郎，知苏州昆山县。蒋堂为苏州知州，得张方平所著《刍荛论》50篇献上，以贤良方正能直言极力举荐他，射策优等，升迁为著作佐郎、睦州通判。历任知谏院、知制诰、知开封府、翰林学士、御史中丞，又知滁州、江宁府、杭州、益州（治所在今四川省成都市）等地。宋神宗即位，任为参知政事。后反对王安石变法，请老不已，授为东太一宫使，就第章数十上，拜太子少师，以宣徽使致仕。官改制推行，罢宣徽院，惟独使张方平领使如旧。宋哲宗即位，又使张方平以太子太保致仕。元祐六年（1091），诏复置宣徽使，使复南院，章四上，不就职，玺书褒嘉他。于该年十二月二日去世，享年 85 岁。赠司空。

张方平遗言不请谥。尚书右丞苏辙为他请，诏有司议谥为文定。张方平晚年居住南京（今河南省商丘市），自称乐全居士，著有《乐全集》40 卷，《玉堂集》20 卷，《注仁宗乐书》1 卷。

张方平性格豪迈刚正，立朝无所阿附，为人多识见，有气量，爱才而善举。宋仁宗皇祐中（1049—1054），张方平为益州知州，曾念蜀昔日常有高贤奇士，为什么如今独缺呢？有人告诉他说："不要说蜀无人，蜀有人呀。眉山处士苏洵，就是这样的人呀！"当问到苏洵的为人时，那人说："苏洵隐居以求其志，行义以达其道，但不是高傲的人。是蕴而未施，行而未成，不求于人而人无相知的那种人。所以今年 40 多岁而没有做官。您不礼士，士不会到您的前面。您有思见之意，他应该会来的。"过了一段时间，苏洵果然来到。听他言谈，知苏洵博物洽闻。当张方平看到苏洵所著《权书》《衡论》，更是大加赞赏，称他兼有左丘明、司马迁、贾谊等人众长，于是待为上客。后见到他的两个儿子苏轼、苏辙，非常器重，因而劝他们游京师，并为他们置办行装。同时，先给欧阳修写信，积极为他们传扬声誉。苏洵父子来到京师，欧阳修一见，大为称叹，视苏洵为孙卿子。并向朝廷献其书，自是名动天下，读书人争相传诵其文。时文也为之一变，人称苏洵为老苏。当时的宰相韩琦，闻其风也厚待他，与他谈论天下的事情，也以为贾谊不能超过他。

宋仁宗嘉祐六年（1061），试贤良方正，苏轼名列第三等，苏辙名列第四等。一时又轰动天下。苏氏父子以文章名天下，与张方平的助推有很大关系。

熙宁三年（1070）六月，张方平又竭力举荐苏轼为谏官，并在札子最后言明："不如所举，臣甘同坐。"态度可谓坚决。

宋神宗元丰二年（1079）七月，太子中允、权监察御史何大正、舒亶，谏议大夫李定等弹劾苏轼作诗文谤讪朝政，对群臣百官，无所畏惧。国子博士李宜的弹劾状也上。七月二日，圣旨下命御史台彻底查究。七月二十八日，李定等派遣悍吏皇甫遵到湖州逮捕知州苏轼。八月十八日，苏东坡下御史监狱，而狱司必欲置之死地而后快。这便是历史上著名的"乌台诗案"。当此际，天下之士虽痛心，但环视而不敢相救。

当时张方平致仕居住南京，听说此事，便不顾年迈，撰写了《论苏内翰》，愤然上疏。开始想依托南京递上，府官不敢接受，于是张方平便派遣儿子张恕持疏到登闻鼓院投进。张恕平素愚懦，徘徊不敢投。后苏东坡出狱，看到张方平那疏的副本，不由得吐舌色动。过了很长时间，人问其原因，苏东坡不回答。后来苏辙也看到那疏的副本，说："这当然令我的兄长吐舌呀！此事正得张恕的力量。"人问其原因，苏辙说："难道不见汉朝郑崇救盖宽饶吗？他的疏有语：'上无许、史之属，下无金、张之托。'（《汉书·盖宽饶传》。许、史，指许伯和史高，都是汉宣帝时的外戚。金、张，指金日磾和张安世，都是汉宣帝依托的近臣。后喻豪门权贵）此语正是激宣帝发怒呀。且盖宽饶正是以惹犯许、史辈，有此祸。今乃再揭发他们的过失，是增加他们的恼怒呀。且东坡何罪？不过是以名声太高，与朝廷争胜罢了！今安道（张方平字）的疏上说：'其文学实天下之奇才也。难道不激人主的怒气吗？但一时急着想拯救兄长，所以为此言呀！'"

为国举荐人才，是为臣头等大事。张方平为国进贤不懈，可谓忠臣。同时，也赢得了苏轼、苏辙弟兄的终生尊敬。苏轼在为张方平《乐全集》作序时，将张方平与孔融、诸葛亮相比，也可谓尊重有加。

许党"戊己四先生"

宋代时，许昌、洛阳两都贵族盛多，是士大夫的渊薮。党论的兴起，此两地的士大夫被指为许、洛两党。也称蜀洛党，这是因为蜀苏辙晚年居住在许昌颍水滨的缘故。许党首领是"戊己四先生"，即崔鶠、陈恬、田昼和李廌。

崔鶠（1058—1126），字德符，祖籍雍丘县（今河南省杞县）。父亲崔毗迁居颍昌府（治所在今河南省许昌市），于是为颍昌府阳翟县（治所在今河南省禹州市）人。宋哲宗元祐九年（1094），进士及第。历任凤州司户参军，筠州推官。宋徽宗即位，为相州教授。被蔡京所免。政和中，调绩溪县令。宣和中监西京洛南稻田务，也以事免。宣和六年（1124），起通判宁化军，召为殿中侍御史。宋钦宗继位，授右正言。不久，以龙图阁直学士主管嵩山崇福宫，命下而去世，享年69岁。

陈恬（1058—1131），字叔易，颍昌府阳翟县（治所在今河南省禹州市）人。因住涧上村，所以自署涧上丈人。父亲早亡，家贫苦读，以才闻名乡里，与崔鶠齐名。宋徽宗大观年间，授为校书郎。他无意于仕途，不久便还籍山居。宋高宗建炎初年（1127），召赴行在，官朝奉郎直秘阁。于宋高宗绍兴元年（1131）去世，享年74岁。著有《涧上丈人诗》20卷。

田昼（1059—1109），字承君，颍昌府阳翟县（治所在今河南省禹州市）人。宋哲宗时，初任校书郎。调任磁州录事参军，为西河知县，有善政，百姓感恩戴德。宋徽宗建中靖国初年（1101），入为大宗正丞。请知淮阳军，淮阳大疫，每日挟医问病人，给予治疗。不幸染病去世，享年51岁。淮阳人为他建祠，祭祀为土神。

李廌（1059—1109），字方叔，华州（治今陕西渭南市华州）人，寓居长社（今河南许昌）。6岁而孤，能自奋立，少长，以学问为乡里人称赞。他拜谒苏轼，得到苏轼的赏识，以张耒、秦观辈相许。乡举试礼部，苏轼掌管贡举，遗漏了他，苏轼引以为恨，曾赋诗以自责。李廌中年绝进取意，县令李佐和乡人为他买宅居住。他为布衣一生，51岁病逝。

李廌喜论古今治乱，条畅曲折，辩而中理。宋哲宗元祐间求言，他曾上《忠谏书》《忠厚论》，并献《兵鉴》两万言以论西边事。

因为崔鶠与陈恬都生于戊戌年，田昼和李廌都生于己亥年，四人又都居住在颍昌府阳翟县，所以当时人称他们为“戊己四先生”。又因四人被视作许党的首领人物，所以四人一生坎壈，终不得显位。

怒发冲冠岳鹏举

岳飞（1103—1142），字鹏举，宋相州汤阴县（今河南省安阳市汤阴县）人，南宋抗金名将，中国历史上著名军事家、战略家，位列南宋中兴四将之一。

靖康二年（1127）靖康耻，金兵攻破开封，北宋覆亡。

绍兴四年（1134）春，岳飞上书宋廷请求北伐，收复失地。五月，岳家军从鄂州（今湖北省武汉市）渡江开始北伐。首战攻克郢州（今湖北省钟祥市），接着兵分两路，岳飞命部将张宪攻打随州，自己则率主力逼向襄阳府（今湖北省襄阳市）。七月，金朝为阻拦岳家军继续北上，派援军与败将李成合兵数万，于邓州西北方向排列30余座营寨，企图阻挡宋军北进之路。岳家军奋勇冲杀，一举击败金与伪齐联军，并乘胜攻占邓州（今河南省邓州市）。岳飞即又分兵相继收复唐州（今河南省唐河县）及信阳（今河南省信阳市）。八月，岳飞被宋高宗晋升为靖远军节度使。

绍兴六年（1136）再次北伐，占伊阳、洛阳，后因孤军作战而被迫撤回鄂州。岳飞在这次北伐中壮志未酬，写下《满江红》。绍兴十年（1140），金兀术南侵，岳飞出兵大破金兵，收复郑州、洛阳，进至朱仙镇，离开封只有45里。岳家军士气高昂，高喊“直捣黄龙”。在以后的抗金战争中，岳飞取得了更大的胜利，但宋高宗赵构和宰相秦桧为了彻底实现控制军队和压制主战派的目的，开始陷害岳飞。无奈宋高宗一心求和，以十二道金牌召岳飞回京。岳飞退兵前以十二道“金字牌”下令退兵，长叹：“十年之功，毁于一旦！所得州郡，一朝全休！社稷江山，难以中兴！乾坤世界，无由再复！”

岳飞于北宋末年投军，从1128年遇宗泽起到1141年为止的10余年间，率领岳家军同金军进行了大小数百次战斗，所向披靡，“位至将相”。1140年，完颜兀术毁盟攻宋，岳飞挥师北伐，先后收复郑州、洛阳等地，又于郾城、颍昌大败金军，进军朱仙镇。宋高宗、秦桧却一意求和，岳飞在孤立无援之下被迫班师。在宋金议和过程中，岳飞遭受秦桧、张俊等人的诬陷，被捕入狱。1142年1月，岳飞被以“临军征讨稽期”和“指斥乘舆”等“莫须有”的“谋反”罪名，与长子岳云和部将张宪同被杀害，岳飞死时年仅39岁。宋孝宗时岳飞冤狱被平反，改葬于西湖畔栖霞岭。追谥武穆，后又追谥忠武，封鄂王。

傅志道不辱使命

傅安（？—1429），字志道，明代开封府太康县（今河南省太康县）人。最初担任县吏，历任四夷馆通事舍人、鸿胪寺序班。洪武二十七年（1394），调任兵科给事中。第二年，升迁为礼科都给事中。

明成祖永乐初年（1403），当时西域赛玛尔堪不归顺，明成祖便派遣傅安持节前往。傅安奉使到了赛玛尔堪，便以顺逆祸福晓谕他们。赛玛尔堪酋长依恃险阻不服且劝傅安归降。傅安说："我天朝使臣，可从你反吗?"酋长怒，扣留他于西域。前后13年，傅安艰苦备尝，志节益励。酋长知道最终不可使他屈服，便以礼送他还国，因献名马、珠玉以示歉意。自此赛玛尔堪国向明王朝按例献贡。傅安既归，因老病不能任事，恳求致仕，明成祖怜悯他，赐一品服准许他致仕。仍令有司月供给米十二石，轿夫八人。明宣宗宣德四年（1429），傅安在家中去世。明仁宗派遣官员奉旨前往祭祀，仍命有司治办丧事，将他安葬在开封府朱仙镇的岳飞庙后。

当初，傅安出使西域时，正当壮年，等他归国时，须眉尽白。同行的御史姚臣、太监刘惟都去世。官军1500人，而生还的十分之七而已。傅安去世后，他的儿子傅霖举贤良方正，任锦衣卫经历。

傅安出使西域，以气节征服赛玛尔堪国，可与汉苏武相媲美。

王述之智断冤情

王继，字述之，明代开封府祥符县（今河南省开封市祥符区）人。少年随父亲王瑄管理商铺。在他28岁时，父亲误被官府抽打，此事对他触动很大。于是开始发愤向学，但家人无不笑话他。王继白天入市在商铺卖货，夜晚回来读书。后来御史涂谦出使河南，试他的文章，感到奇异，补为郡学生。明宪宗成化二年（1466），进士及第。授为监察御史，命他巡按山西。他不避豪贵，风裁凛然。当时，忻州定安王某虐纵，他上疏于朝，遣官按治，最后将其绳之以法。

继而，遇到一个偷瓜案：太原城郭外有一个恶少看守瓜圃，见一个少妇抱孩子路过，便想侵犯她，结果遭到少妇的怒骂，后来招来群众围观。两家便打起官司。恶少诬陷少妇偷他两个大瓜，又以平日所丢的瓜全部诬陷为少妇所偷。王继挥手让少妇出去，取两个大瓜以偿还，又谎说留小孩偿还平日所丢的瓜。那恶少大喜，急忙取瓜和孩子，但无论如何不能兼抱。王继大声呵斥道："你为壮男子，且不能兼抱瓜和孩子，何况一个孱弱妇女呢！"于是，那恶少惭愧地服罪。

又，高平富民牛氏的儿子杀人，以行贿买通他人，使其女婿代死；民妇某氏的后婆婆，诬民妇不孝。二狱原已定案，王继辨其冤情，使富人女婿与民妇案情大白，牛氏子执以死刑。

后王继历官户部侍郎、户部尚书、南京刑部尚书、兵部尚书，参赞机务。因病去世于任上，享年 71 岁，赠太子少保。

"优老赐间"话沈鲤

沈鲤（1531—1615），字仲化，号龙江，明代归德府商丘县（今河南省商丘市睢阳区）人。明世宗嘉靖四十四年（1565），进士及第。改为庶吉士，授为检讨。明神宗朱翊钧为太子时，沈鲤为东宫讲官。朱翊钧拿出两扇，命沈鲤与编修张帙各书诗句。张帙书唐人《早朝》诗；沈鲤书三国魏卞兰《太子颂》献上。朱翊钧命他解说大义，甚为详备，得到太子的赞美。朱翊钧即帝位，任沈鲤为编修。不久晋升为左赞善。每直讲，举止端雅，所陈说独契合帝心。明神宗万历二年（1573），提拔为侍讲学士，再升迁为礼部右侍郎。不久改为吏部，进为左侍郎。他屏绝私交，好推举贤士。万历十二年（1584）冬，拜为礼部尚书。又加太子少保。

沈鲤平素刚直诚实，在部持典礼，多所建议。入阁办事，请复建文年号。参与修《景皇帝实录》，晋升为太子太保。万历二十九年（1601），拜为东阁大学士，入参机务。与江夏郭正域同心辅政，首劝上听，言图治，以荐贤为第一要义。在阁时，于一木屏上书写："天启亶（指天子）聪，拨乱反治。一望谨天戒，二望恤民穷，三望开言路，四望发章奏，五望补部院大僚，六望补中外庶官，七望起用废弃，八望照例考选，九望释放冤狱，十望撤回税监。"每天早晨列屏，焚香默祷。后被人诬陷诅咒皇上。明神宗一日遣人取屏看过释然说："这怎能说为诅咒呢？"其诬陷而止。当时矿税为害，他力请除去。于万历三十四年（1606），因他乞请致仕，又因他方鲠，于是得到应允。

归家后建一小园，自题额："优老赐间。"于万历四十三年（1615）去世，享年85岁。赠太师，谥文端。撰有《文雅社约》一卷、附录一卷，《亦玉堂稿》10卷，《义学正字》10卷，以及《南宫草》《纶扉草》等集。

倾城倾国有夏姬

夏姬，春秋郑国（都今河南省新郑市）人。郑穆公和姚妃的女儿，郑灵公的妹妹，陈国大夫夏御叔的妻子。本姬姓，又为夏氏的媳妇，所以名夏姬。夏姬貌美无匹，生儿子夏徵舒（字子南）。

夏御叔死，陈灵公和大夫孔宁、仪行父都与夏姬私通。他们常常穿着夏姬的内衣互相戏谑于朝廷。大夫泄冶劝谏道："国君和大臣宣扬淫乱，百姓就无所效法了，且名声不好。君王请把那内衣藏起来吧！"陈灵公说："我能改正的。"于是将泄冶的话告诉了孔宁、仪行父两人。二人请求杀了泄冶，陈灵公没有阻止，于是杀了泄冶。

鲁宣公十年（前599），这时的夏徵舒已为陈国大夫。一天，陈灵公与孔宁、仪行父在夏徵舒家饮酒。陈灵公对孔宁、仪行父说："徵舒像你们。"二人也说："不如说他像您呀。"夏徵舒不堪其辱，怨恨他们。于是，伏弩马厩门前，当陈灵公出来时，便将他射死。孔宁、仪行父二人便逃奔到楚国，陈灵公太子午逃奔到晋国。

鲁宣公十二年（前597），楚庄王举兵诛杀夏徵舒，平定陈国，立太子午，这就是陈成公。当楚庄王带兵抄夏徵舒家时，见夏姬美好，要将她纳为姬妾，申公巫臣劝谏道："不可以。君王召集诸侯以讨伐罪人，今纳夏姬为姬妾，这是贪图她的美色呀。贪色为淫，淫当重罚。《周书》说：‘明德慎罚（即彰显德性，谨慎惩罚）。’但愿君王考虑这件事情！”楚庄王听从了巫臣的劝谏，取消了这个念头。于是，使人推倒后垣墙而使夏姬逃出。将军子反看到夏姬貌美，又想要娶她。巫臣又劝谏道：“这是个不吉利的人呀。夏御叔被杀，陈灵公被射死，夏徵舒被杀，孔宁、仪行父出逃，陈国败破，都是因为她。天下很多美妇女，为什么一定娶她！”子反便听从了巫臣的劝阻。楚庄王便将夏姬给予连尹襄老。当年，楚庄王亲率大军围攻郑国，晋国派荀林父率三军救郑，双方在邲地（今河南省郑州市北）开战。这次战争虽然楚国取得大胜，但襄老战死，并且尸体下落不明。他的儿子黑要又与夏姬通奸。巫臣见到夏姬，便开导她说：“你回到郑国，我将下聘礼娶你为妻。”

等到楚共王即位，巫臣出使齐国，并带着自己的家人一起去。到郑国，便使人召夏姬说：“襄老尸首可以得到，一定要亲自来接。”夏姬将这话告诉楚庄王。楚庄王便答应夏姬回郑国去。将要动身的时候，夏姬对送行的人说：“不能得到尸首，我就不回来了。”当夏姬回到郑国时，巫臣便下聘礼娶夏姬为妻。郑襄公答应了他的请求。于是巫臣便派副使带回财礼回楚国去，自己带着夏姬准备逃到齐国。这年（前589），晋国与齐国之间发生鞌之战，齐国战败，巫臣说：“我不住在被打败的国家。”于是，携夏姬逃到晋国。

大夫子反非常怨恨巫臣，便与楚国大臣子重一起杀巫臣的家族而瓜分了他们的家室。

汉代刘向说：“夏姬好美，灭国破陈。走二大夫，杀子之身。殆误楚庄，败乱巫臣。子反悔惧，申公族分。”事虽如此，但还是应为有美色和好色者戒！

桃花羞作无情死

息妫，妫姓，春秋时期陈国（都今河南省周口市淮阳区）人。陈庄公的女儿，因为息国国君息侯（姬姓）的夫人，所以称为息妫。史又称息夫人。蔡国国君蔡哀侯（姬姓，名献舞，一名季）也娶了陈庄公的女儿，与息侯为

"连襟"。

某日，息妫将回陈国探望父母，路过蔡国，蔡哀侯说："息妫是我的小姨子呀!"因而使人留住而与她见面，但却不礼敬。息侯听说此事，非常生气，便派遣人对楚文王说："请您假装攻打我息国，我向蔡侯求救，他必出兵，借此而攻打蔡国，必能战胜它。"此言正中楚文王下怀，便听从了息侯的建议。于是于鲁庄公十年（前684）九月，楚国军队在莘地（位于今河南省汝南县境内）打败了蔡国军队，押解蔡哀侯献舞回国。蔡哀侯从此深深怨恨，伺机报复。因而于鲁庄公十四年（前680）的一日，故意在楚文王面前赞誉息妫的美貌。楚文王贪恋息妫的美色，便假设宴席邀请息侯，并突然袭击息侯，灭掉息国，俘虏息侯，带回使他看守大门；将息妫带回楚国，纳为妃。息妫虽为楚文王生了儿子熊（即堵敖）和恽（即楚成王），但从未与楚文王主动说过话。楚文王询问其中缘故，息妫回答说："我一个妇人，侍奉两个丈夫，即使不能死，那又能说什么呢?"

楚文王出游，息妫伺机出见息侯，对他说："人生终究一死罢了！为什么这般自苦。我无须臾而忘您呀！活着离别于地上，怎如死掉归于地下啊！"于是诵《诗》道："谷则异室，死则同穴。谓予不信，有如皦日。"（即"活着便不同屋室，死了便同墓穴。如不相信我，有如明亮的太阳可信"）息侯阻止她，息妫不听，当即自杀。息侯也随着自杀。楚文王以息妫守节有义，便以诸侯的葬礼合葬了他们。

楚国人因息妫守节有义，又貌美如桃花，便敬称她为"桃花夫人"，各地也相继建"桃花夫人庙"而祭祀，以表敬佩之情。

邓绥宫中偏向学

邓绥（81—121），东汉南阳郡新野县（今河南省新野县）人。东汉太傅邓禹的孙女。护羌校尉邓训的二女儿。邓绥五岁时，奶奶为她剪发，由于老人年高目昏，多次伤及她的额头，虽然疼痛，但她忍而不说，以致额头尽伤。左右人感到奇怪而问她，她说："奶奶爱我，为我剪发，难伤老人意，所以忍着疼痛呀。”她6岁时，几位哥哥握持她的头发，她说：“身体发肤，受之父母，不敢毁伤，是孝的初始。为什么弄人的头发呢?”

邓绥七岁读《论语》，志在经书，不问家事。母亲阴氏常反对她说：“应当习女红，今不专心从事它，长大难道还当学博士吗?”她不想太违背母亲的意念，白天就修女红，夜晚则私买蜡烛读经传，宗族内外都称她为“诸生”（即太学生）。邓绥12岁时，姐姐邓燕病逝，有遗腹女婴，在襁褓，她痛心女婴早孤，亲自抚养，于是为闺门所敬佩。父亲邓训平素教子甚严，五个儿子进见，从不赐席。看到邓绥，事无大小，每向女儿咨询。叔父邓邠看到这种情景说：“兄长平生不与几个儿子说那么些话，现在难道年老了吗?”邓训说：“我不老。这个女儿虽小，几个儿子没有比得上的，一定有益于我家。”当初，邓禹位冠群臣，常说：“我常率领百万兵众，秋毫不犯，不曾妄杀一人，子孙必当大兴。”邓训曾为谒者，治石臼河甚有方法，使数千人存活。想到这些，他便对弟弟邓邠说：“我听说使千人存活的人，有封子孙，难道不是这样!”

汉和帝永元八年（96）冬，宫中派遣人到邓家选妃嫔，相工苏文遍相邓家女子，至邓绥大惊说：“此是成汤的骨法呀，贵不可言!”全家窃喜，而不敢外传。这年邓绥刚满15岁，身高七尺二寸（约1.68米），姿颜姝丽，绝异于众，被选入掖庭为贵人。

邓绥在宫中承事阴皇后，夙夜兢兢，抚接同列，常克己谦卑，于是得到汉和帝的宠爱。她自入宫掖，又虚心从曹大家（班昭）学习经书，兼习天文、算数。永元十四年（102），阴皇后以巫蛊事废，邓绥请救不能。至冬，立邓绥为皇后，她多次辞让，不得允许。

元兴元年（105），汉和帝病逝，汉殇帝刘隆生才百日，邓绥便迎立他，自己被尊为皇太后，临朝听政。延平元年（106），殇帝病逝，邓绥定策立安帝，仍临朝政。自遭汉和帝、殇帝大忧，国家外忧内患并起。邓绥克勤克俭，日理万机，又遭母亲新野君阴氏去世，常悲伤思慕，以致羸瘦骨立，不能自胜。于汉安帝永宁二年（121）三月病逝，年仅41岁。在位20年，谥和熹，与汉和帝合葬于慎陵（位于今河南省偃师市）。

断机之德羊子妻

乐羊子妻，东汉时梁国谷丘县（治所在今河南省虞城县谷熟镇）人。一说河南（今河南省洛阳市）人。羊子曾在路上，拾得他人丢失的金子一饼，回家将这饼金子给予妻子，妻子说：“我听说有远大志向的人不喝盗泉的水，正直的人不接受带侮辱性的施舍。何况拾丢失的东西求利益，以玷污自己的德行呢!”羊子非常惭愧，于是把金子扔到田野，而到远方拜师求学。

一年后，羊子回家，妻子跪问回家的原因。羊子说：“长久在外思念你，没有其他的意思呀!”妻子便拿刀走到织布机旁而对他说：“此织生自蚕茧，成于机杼，一丝一丝地累积，以至于寸，累寸不已，于是成为丈匹的布。今天如果割断这织的布，那么丧失了成功，稽延荒废了时日。您积累学问，应当每天了解自己所没有的知识，以成就美德。如果半途而回，与割断这所织的布又有什么两样呢?”羊子感悟妻子的话，于是返回学习，以致七年不返家探望。此间，羊子妻奉养婆婆恭敬谨慎，又经常给羊子远寄日常费用。

曾有他人家的鸡误入自己的园中，婆婆便偷偷杀掉而吃鸡肉，羊子妻面对鸡肉不吃而哭泣。婆婆奇怪地问其中原因，羊子妻说：“自己感伤家中贫穷，使婆婆食有他肉。”婆婆感悟，竟抛弃不吃。

后强盗想有侵犯羊子妻的，便先劫持她的婆婆。羊子妻听见，拿着刀而出。那强盗说：“放下你的刀，听从我的可以保全。不听从我的，则杀你的婆婆!”羊子妻仰天长叹，举刀刎颈而死。那强盗见此情景，放开她的婆婆而逃。太守听说这件事情，即捕杀这贼强盗，而赐予羊子妻家一些丝织品，按照礼仪埋葬了她，誉称为“贞义”。

咏絮之才谢氏女

谢道韫，字令姜（一说字道韫），东晋陈郡阳夏县（今河南省太康县）人。晋太常卿谢裒的孙女，安西将军谢奕的女儿，王羲之的次子、江州刺史王凝之的妻子。

谢道韫少聪识有才辩，深得叔父谢安的赏识。叔父谢安曾问子女们：“《毛诗》哪句最佳?”道韫称：“吉甫作诵，穆如清风。仲山甫永怀，以慰其心。”（吉甫，即尹吉甫，仕于西周，食邑房，今遂平县小文城附近有房国遗址。去世葬于房。其不仅是我国第一部诗歌总集《诗经》的采风者、编纂者，也是一位卓越的诗人。仲山甫，古公亶父后裔，早年务农经商。周宣王时举荐为卿士。封地为樊，为樊始祖）谢安称她“有雅人深致”。又曾在内宅集会，当时突然下起大雪，谢安于是引子女们到庭中，向他们问道：“这雪像什么?”谢安侄子谢朗说：“撒盐空中差可拟。”谢道韫说：“未若柳絮因风起。”谢安听此句非常高兴。于是谢道韫也赢得了“咏絮才女”的美誉。

当初，谢道韫嫁给王凝之，对夫婿的才能甚不满意。叔父谢安安慰她说：“王郎，是逸少（王羲之字）的儿子，不差，你有什么遗憾呀!”她答道：“一门叔父，则有阿大、中郎。群堂兄弟又有封（谢歆乳名）、胡（谢朗乳名）、羯（谢玄乳名）、末（谢川乳名），没想到天壤之中竟有王郎这样的!”王凝之的弟弟王献之曾与宾客谈议，将理屈词穷时，谢道韫便遣侍女给王献之说：“想为小郎解围。”于是以青绫步障遮挡自己，申述王献之的前议，客人最终不能难道他。又曾讥笑兄长谢玄学业不进，说他：“为世俗事务绕心，是天分有限呀!”

等遭孙恩之难时，乱兵围宅邸，谢道韫举措自若，听说丈夫和几个儿子已经为贼兵所害，便命侍女抬着轿子，抽兵刃出门。乱兵稍至，她手杀数人，才被俘虏。其外孙刘涛当时才几岁，贼兵又要杀害他，谢道韫呵斥道：“事在王门，何关他族！必其如此，宁可先杀我!”孙恩虽狠毒暴虐，为之改容，于是不杀害刘涛。

自谢道韫寡居会稽后，家中无不严肃。太守刘柳闻其名，请与谈议。道韫素知柳名，也不自阻，便簪髻素褥坐于帐中。刘柳束衣整带甚为恭谨。谢道韫风韵高迈，叙致清雅，使刘柳叹服。

早年，同郡名士张玄的妹妹也有才质，嫁于顾氏。张玄每称其妹与谢道韫相当。有位叫济尼的，游访于二家。有人问济尼谢道韫和张玄的妹妹高下如何，济尼答道："王夫人神情散朗，所以有林下风气。顾家妇，清心玉映，自是闺房之秀。"人称允当。

谢道韫善书，平素为公爹王羲之所看重。唐李嗣真《书后品》赞其"雍容和雅，芬馥可玩"。

谢道韫所著诗、赋、诔、颂并传于世。原有集，今已佚。

我国历代不乏才女，但如谢道韫具有"林下风气"者，实为罕见。孙恩凶残，杀谢道韫丈夫和其子，唯独不杀谢道韫。究其实：一是为当时崇拜名士的社会风尚所囿；二是为谢道韫的才气和名气所折服。

母贤而有子善绩

郑善果（？—629），北朝郑州荥泽县（治所在今河南省郑州市惠济区古荥镇北）人。父亲郑诚，北周大将军、开封县公。北周大象初年（579），讨伐尉迟迥，力战身亡。郑善果年九岁，因父亲为王事而战死，诏使他持节、大将军，袭爵开封县公。家人以他年幼，没有告诉他。当受册封时，他悲恸不已，捶胸顿足不能自胜，观者无不流涕。隋文帝开皇初年（581），改封武德郡公。14岁授为沂州刺史，调任景州刺史。不久，任为鲁郡太守。善果敦厚谨慎，侍奉母亲至孝。

母亲崔氏，13岁嫁给郑诚，生善果。当他父亲阵亡时，母亲年方20岁。他的外祖父崔彦穆想让女儿改嫁，母亲抱着善果对外祖父说："妇人无再见男子之义。且郑君虽死，幸有此儿。抛弃儿子为不慈，背弃死者为违背礼义。宁当割耳截发以明本心。违礼灭慈，不敢听命。"外祖父于是打消此种念头。

母亲性贤明，博涉书史，通晓治政方略。每当善果出堂判决事情，母亲常坐胡床，于屏障后察听之。听他剖断合理，归则大喜，即赐给他座，相对谈笑。如果行事不允当，或妄自恼怒，母亲就还堂，蒙被而哭泣，终日不食。善果伏于床前，也不敢起。母亲这时才起来对他说："我不是生你的气，是愧对你家呀！我作为你家的媳妇，能够做些洒扫的事情。你的先父，是忠勤的人呀，在官清洁恭谨，不曾经问私事，以身殉国。我也希望你与他的心相符。

你既年小而失去父亲，我也是寡妇呀，有慈无威，使你不知礼训，怎可担当忠臣的事业呢？你自童子承袭爵位，位至方伯，难道是自身努力获得的吗？怎可以不考虑此事而妄加发怒，心缘骄纵享乐，败坏于公政！内则使你家风衰败，或丢失官爵；外则损亏天子的大法，以取罪过。我死的那天，有何面目见你先父于地下呢？”善果由此便励己为清吏，所在有政绩，百姓怀念他。当他朝拜京师，隋炀帝以他居官俭约，莅政严明，与武威太守樊子盖并考核为天下第一，各赏物千段，黄金百两，再迁大理卿。后突厥围攻隋炀帝于雁门，以守御功，授为右光禄大夫。

尽管善果官爵显赫，但他的母亲常自纺线，到中夜才睡。善果对母亲说：“儿封侯开国，位居三品，俸禄充足，母亲为什么勤苦如此呀？”母亲答道：“哎呀！你年龄已大，我以为你知晓天下的道理，今听此言，还是没有呀。这样对于公事，有什么理由成就呢？现在的此官职俸禄，是天子报你先父殉命的呀。必须散分赡养六亲，作为你先父的恩惠，妻子和子女怎么能够独享受那利益，以为富贵呢！抽丝纺织，是妇人的家务，上自王后，下至大夫、士妻，各有所限定。如果荒废此业，这是骄逸。我虽不知礼，怎可自败名声呢？”他的母亲自初寡，便不施脂粉，常穿粗布服。性又节俭，非祭礼宾客的事情，酒肉不随便摆在面前。静室端居，不曾出门阁。内外姻戚有吉凶事，只是厚加赠遗，均不到其家。不是自手所作和庄园禄赐所得，即使亲族按礼赠送的，均不许入门。

善果入唐，唐高祖待他甚厚，授为太子左庶子，检校内史侍郎，封荥阳郡公。他在东宫，数进忠言，多所匡谏。不久，任为检校大理卿，兼户部尚书。他正身奉法，甚有善绩。后因事免职。当平山东时，使他持节为招抚大使。后历礼部、刑部二尚书。唐太宗贞观元年（627），出为岐州刺史，又因公事免职。贞观三年（629），起任为江州刺史，去世于任上。

代父从军花木兰

花木兰（412—502），北魏宋州（今河南省商丘市虞城县）人，本姓魏，是为魏木兰。因女子如花，后人称为花木兰。木兰的父亲以前是一位军人，因此从小就把木兰当男孩来培养。木兰十来岁时，她父亲就常带木兰到村外小河边练武，骑马、射箭、舞刀、舞棒。空余时间，木兰还喜欢看父亲的旧兵书。时值北魏太武皇帝时期（424—452），北魏经过孝文帝的改革，社会经济得到了发展，人民生活较为安定。但是当时北方的游牧民族柔然不断南下骚扰，北魏政权规定每家出一名男子上前线打仗。

但是木兰的父亲年纪大了，没办法上战场，家里的弟弟年纪又小，所以，木兰决定替父从军，从此开始了她长达十数年的军旅生活。去边关打仗，对于很多男人来说都是艰苦的事情，更不要说木兰又要隐瞒身份，又要与伙伴们一起杀敌。但是木兰最后完成了自己的使命，在十数年后凯旋回家。皇帝因为她的功劳大，认为她有能力在朝廷效力，任得一官半职，不过木兰拒绝了，她请求皇帝能让自己回家，去补偿和孝敬父母。

千百年来，花木兰一直是受中国人尊敬的一位女性，因为她勇敢又纯朴。1998 年，美国迪斯尼公司将花木兰的故事改编成了动画片，受到了全世界的欢迎。

《木兰辞》被列入中学课本，被千千万万的青年学生世代诵颂。木兰的事迹和形象被搬上舞台，长演不衰。她的精神激励着成千上万的中华儿女保卫国家，可歌可泣。

虞城县木兰祠始建于唐代，占地面积 72000 平方米，自南而北依次有大门、大殿、献殿、后楼和各院落，共有百余间。大门过道内，塑有花木兰的高大战马；大殿内，塑有花木兰戎装出征像和两侧侍卫；后楼塑有花木兰少女像、全家合欢像；祠殿内外，有历代官吏、名人赞美花木兰的撰文、题诗、书画等碑刻十余通。如唐代杜牧诗：“弯弓征战作男儿，梦里曾经与画眉。几度思归还把酒，拂云堆上祝明妃。”可惜，原祠毁于 1943 年一场战火，近年重修，尚有元代、清代祠碑保存完好。2007 年 5 月 22 日，中国民间文艺家协会做出决定，命名虞城县为“中国木兰之乡”，并同意虞城县挂牌成立“中国木兰文化研究中心”。

窦桂娘计破藩镇

窦桂娘，唐代汴州（今河南省开封市）人。美颜色，好读书，能文章。她的父亲窦良，唐德宗建中初年（780）为汴州户曹掾。

李希烈攻破汴州时，闻听窦桂娘貌美，便使甲士至窦良门，抢桂娘而去。将要出门时，桂娘对她的父亲说："千万不要忧伤，必能灭贼，使大人取富贵于天子。"

桂娘既以才色在李希烈身旁，又能巧妙地屈己取得信任。凡是李希烈的秘密，即使他的妻子和儿子不知道的，她全都知道。李希烈回到蔡州，染病，桂娘趁机对他说："忠而勇，一军没有比得上陈仙奇的。他的妻子窦氏，仙奇宠爱且相信她。愿能与她相往来，以大小年龄结为义姐妹，而慢慢地使她喜欢，借以坚定陈仙奇的忠心。"李希烈认为她说的是。桂娘因以像姐一样对待陈仙奇的妻子，借机离间她说："为贼凶残不道，迟晚必败。姐姐应该早早图谋留下后代的地方。"陈仙奇的妻子点头称是。

唐德宗兴元元年（784）四月，李希烈暴死。他的儿子不发丧，想尽杀掉老将校，以地位低的和年轻的人替代他们。计未决，有献含桃的，桂娘便对李希烈的儿子说，请将含桃分送给陈仙奇的妻子，且向外以示无事。因暗里为帛书道："前日已死，殡在后堂。想诛杀大臣，须自为计。"然后，卷帛书如含桃，外涂以蜡，并以朱色染就。当陈仙奇打开蜡桃看完大惊，对僚将薛育说："两日希烈称疾，但怪乐曲杂发，昼夜不绝，此是有谋未定，示闲暇于外，事情不容怀疑了！"第二天，陈仙奇、薛育各以所部，鼓噪于军门，请见李希烈。李希烈的儿子被迫出来，拜道："愿去伪号，像李纳一样（唐平卢节度使李正己病死，他的儿子李纳一直封锁其去世的消息，自领军政）。"陈仙奇说："你的父亲叛逆，天子有命！"因斩李希烈的妻子、儿子 7 人，首级装函以献唐天子，暴李希烈的尸体于市。诏拜陈仙奇为淮西节度使。

两个月后，李希烈的部下吴少诚杀陈仙奇，知道是桂娘的计谋，也将她杀掉。

窦桂娘，诚知所去所就、逆顺重轻之理，是贤明；能得到李希烈信任，是权宜之计；以陈先奇的妻子为义姐，是智慧；终能灭贼，不顾其私，是刚烈。义理如是，虽一弱女子，可以有成啊！

不让须眉李侃妻

唐德宗建中四年（783），李希烈攻陷汴州（今河南省开封市），又将攻打陈州（治所在今河南省周口市淮阳区）。于是分其兵数千人，抵达陈州所辖属的项城县（今河南省项城市），将掠其玉帛，俘虏其男女，以会于陈州。

项城县令李侃闻讯不知所为，想逃走，他的妻子杨氏说："您是县令，敌寇至，理当守御。力不足死于此，是职责呀！您如果逃走，那么由谁守御此城？"李侃说："兵与财都无，将怎么办？"杨氏说："如果不守御，县为贼所得了。仓廪的粮食都是为敌寇积累的；府库的东西都成了他们的财物；百姓都成为他们的战士了。国家还有什么？夺贼人的财物，而吃他们的食物，以重赏而令死士，战斗必成功。"于是召胥吏、百姓于县衙庭中，杨氏说道："县令，确实是主人。虽然年满就罢去，不如吏人、百姓，但吏人、百姓，是这里的人呀！先人坟墓在这里，应该相与致死以守御城池。这里的人忍失自身，而为贼人的人吗？"众人都哭泣，答应了她。于是她顺从众人的意念说："以瓦石击中贼人的，赏他千钱；以刀矢兵刃之物击中贼人的，赏他万钱！"从而得到数百人，李侃率领他们登上城墙。杨氏亲自为他们做饭给他们吃，无论长少必周至而平均，又使李侃与贼喊话道："项城父老义不为贼人！都尽力死守，得到我城不足以威，不如赶紧离去，以免白白失利无益呀！"贼人听到此言都哈哈大笑。这时有飞箭射中了李侃的手，李侃带伤而归。杨氏责怪他说："您不在，那么谁肯坚守呀！死在城上，不胜过死于家中吗？"李侃于是忍着痛，又登上城墙。项城是小城邑，没有高城深沟般坚固，又没有长戟强弩守护。贼人见此状况，气焰嚣张，率其徒将超城而下，有人以弱弓射中贼人的元帅，致其坠马而死。这人不是别人，而是李希烈的女婿。贼人失势，于是相与逃散。

项城因此得以保全。李侃妻子杨氏临危不乱，有胆有识，巾帼不让须眉，令人敬佩。

侠肝义胆刘青霞

刘青霞（1877—1922），清末彰德府安阳县（今河南省安阳县）人。原名马青霞，清朝广东巡抚马丕瑶的三女儿。兄妹七人，长兄马吉森、次兄马吉樟、三兄马吉梅、四兄马吉枢，另有两个姐姐。青霞自幼聪颖，受到了良好的私塾教育，知书达理。尤其父亲为官清正廉洁、乐于济人的品德和良好的家风，对年少的青霞影响很大。

清德宗光绪二十年（1894），18 岁的青霞遵父母之命，嫁给了门当户对的尉氏县刘耀德。尉氏刘家曾有“一门两进士”之称，其八世祖刘致中是乾隆三年（1738）进士，历任保定知府、大名道台等。十一世祖刘鸿恩是道光二十四年（1844）进士，官至陕西布政使。后辞官返乡，潜心钻研医道，著有《医门八法》，因用药善使乌梅，所以人称“乌梅先生”。其家族不仅诗礼传家，注重仕进，而且擅于经商。其鼎盛时，家族字号有“七十二茂、八十二盛”，财富甚巨，且有土地 20 多万亩，享有“河南首富”之称。而青霞的丈夫刘耀德，是刘氏家族中拥有财富最多的人，当时捐财为“山西试用道”，是个四品候补官。青霞自嫁到刘家，便改姓刘，因而人称刘青霞。不幸的是，在青霞 25 岁时，丈夫病故。一时，青霞情绪低落，苦闷彷徨。

光绪三十一年（1905），科举制度废除。青霞的二哥马吉樟，为有识之士，进士出身，曾任翰林院编修、国史馆协修、会典馆总校、侍讲、侍读、日讲起居注官等。光绪三十二年（1906），青霞与二哥马吉樟东渡日本，考察实务。其间结识了孙中山等同盟会人士，接受了资产阶级民主革命思想，并加入同盟会。留日期间，青霞了解到豫籍留日学生中的同盟会会员因缺款不能办《河南》杂志，于是慷慨捐资，使该杂志在东京出版。她与友人在东京又创办了《中国新女界》月刊，宣传妇女解放思想。

回国后，青霞与二哥马吉樟联合项城袁世凯等在北京筹办“豫学堂”，马吉樟任学堂监督，从而培养了许多仁人志士。继之，青霞又捐资帮助同盟会河南支部在开封开设的“大河书社”，以开展革命活动。光绪三十四年(1908)，又与人一起创办了公立中州女子学堂附小。宣统元年（1909），青霞在尉氏县创办了河南省第一所女子学校——华英女子学校。后先后出资兴办蚕桑学校、刘氏小学堂、孤贫院、平民工厂等。为方便百姓，又出资在贾鲁河上建造了歇马营大石桥。

民国初年，刘青霞曾两次赴上海拜见孙中山，表达想将全部家产捐出，以资助革命活动。由于当时的情况，没有如愿。青霞的侠肝义胆，使当时的仁人志士折服，从而在全国享有了很高的名望，有“南秋瑾，北青霞”之誉。曾先后被聘为北京女子法政学校校长、北京女子学务维持会会长、北京女子参政同盟会会长等职。孙中山先生曾欣然为她题写“巾帼英雄”“天下为公”，以赞誉她舍己为人、舍家为公的美好品德。

1922年，冯玉祥任河南督军，青霞便将全部家产捐给国家，以作为河南的办学经费。该年末，她因长期为革命奔走操劳，以致积劳成疾，病逝于安阳。其侄扶其灵柩，将她安葬于尉氏县的刘氏祖茔。

开封市顺河回族区北土街刘家胡同的刘青霞故居，是中原具有明清建筑风格的四合院，始建于清光绪六年（1880），2006年5月被定为国家级文物保护单位，以供人们瞻仰。

二、舆地郡望

“四象”分野天下清

在古籍中，提到天文，往往离不开“四象”。什么叫“四象”？中原大地的“四象”分野又是怎样一种情况？

和合“四象”图

要讲清这些，首先要提到人们常说的“黄道”问题。由于“阳光”给人们带来了诸多益处，所以人们对“阳光”有着依赖情结，甚至对其有着崇拜的心理。那么古代的天文学家经过长期研究，发现地球绕太阳转 1 周，太阳的直射点是在赤道南 24 度和赤道北 24 度之间移动，于是太阳直射点所移动的轨道，古人认为这是地球上最好的地方，称其为“黄道”。赤道线是南北极正中的一条线，黄道线在赤道线上下摆动，就分出四季寒暑。所谓“黄道吉日”就是根据这种说法提出来的。古人又发现黄道附近的大小星星的明暗情况变化，与人间的气候和大地变化不无关系（宇宙是个大磁场），于是把黄道附近的星空按东、南、西、北，描绘出四种灵物的形象，称作“四象”，即东方苍龙，南方朱雀，西方白虎，北方玄武。“四象”是人们把若干不相干的远近、大小不同的星星组合在一起，按形象起的名。因单个星不好认，所以合在一起起个名，便于辨认。至于“苍”、“朱”（赤）、“白”、“玄”（黑）是按“五行”（金、木、水、火、土）所相应的“五方”“五色”所说的。东方属“木”，色属“苍”；南方属“火”，色属“朱（赤）”；西方属“金”，色属“白”；北方属“水”，色属“玄（黑）”，所以有了上面的说法。

“四象”每象七宿，共二十八宿，所以又有“二十八宿”之称。

东方苍龙七星：角、亢、氐、房、心、尾、箕。

东方苍龙七星图

角，有两星，一星在黄道线南，一星在黄道线北。两个星像龙角，所以名角。

亢，有四星，一星在黄道线上，其余三星都在黄道线以北。因四星直上高亢，所以名亢。

氐，有四星，两星在黄道线上，两星在黄道线以北。氐当作底，根柢，所以名氐。

房，有四星，一星在黄道线上，三星在黄道线以南。四星似房状，所以名房。也称天驷。

心，有三星，都在黄道线以南，中间那颗星较大。其分布如“心”三点，所以名心。又名商星。

尾，有十星，都在黄道线以南。苍龙之宿，其龙南首北尾。角是龙角，尾即龙尾，所以名尾。

箕，有四星，都在黄道线以南，形似簸箕，所以名箕。

南方朱雀七星：井、鬼、柳、星、张、翼、轸。

南方朱雀七星图

井，有八星，一星在黄道线以北，一星在黄道线上，其余六星在黄道线以南。夏至点在此。其分布像井形，所以名井。

鬼，有四星，一星在黄道线上，一星在黄道线南，两星在黄道线北，星光均暗。中有一星团，月末夜间可以看到。又称天庙。天庙是祭鬼神处，阴暗，所以称作鬼。

柳，有八星，都在黄道线以南。八星曲头垂似柳，所以名柳。

星，有七星，都在黄道线以南。

张，有六星，都在黄道线以南。六星像一只蝙蝠张开翅膀，所以名张。

翼，有二十二星，都在黄道线以南。其分布像翼，所以名翼。

轸，有四星，都在黄道线以南，像车厢的轸，后开一口，所以名轸。

西方白虎七星：奎、娄、胃、昴、毕、觜、参。

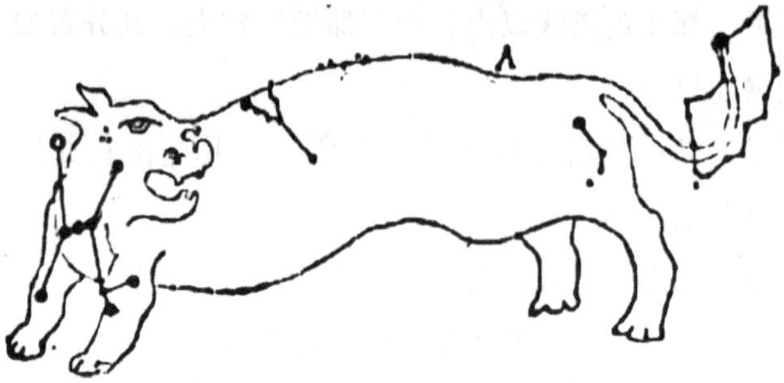

西方白虎七星

奎，有十六星，都在黄道线以北。

娄，有三星，都在黄道线以北。

胃，有三星，都在黄道线以北。像胃，所以名胃。

昴，有七星，都在黄道线以北。《史记·天官书》：“昴曰旄头。”旄头，古代一种先驱骑士。所以名昴。古人认为此星特别亮的时候，预兆有战事发生。李白《幽州胡马客歌》有：“旄头四光芒，争战若蜂攒。”

毕，有八星，都在黄道线以南。毕（古代田猎用以捕取禽兽的长柄小网），因有长柄，所以名毕。

觜，有三星，都在黄道线以南，像虎口。觜即嘴，所以名觜。

参，有七星，都在黄道线以南。参星出，商星没；商星出，参星没。所以，杜甫有诗句曰：“人生不相见，动如参与商。”

北方玄武七星：斗、牛、女、虚、危、室、壁。

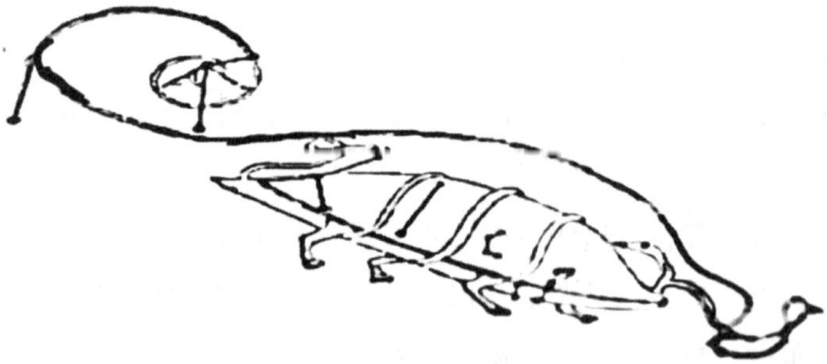

北方玄武七星图

斗，有六星，五星在黄道线以南，一星在黄道线北。这不是“北斗七星”。离东方苍龙的箕宿不远。《诗·大东》：“维南有箕，不可以簸扬。维北有斗，不可以挹酒浆。”箕宿在南，斗宿在北。在黄道附近的斗，称斗宿。

牛，有六星，一星在黄道线上，其余五星在黄道线以北。这个牛，并非牛郎星。在黄道上的牛称牛宿，与织女星隔银河相对的才称牵牛星，又名河鼓，只有三星。

女，有四星，都在黄道线以北。《尔雅》：“婺女又谓之婺星。”这个女不是织女星。织女星隔银河与牛郎星相对。

虚，有两星，都在黄道线以北。

危，有三星，都在黄道线以北。

室，有两星，都在黄道线以北。

壁，有两星，都在黄道线以北。

这里还要提到“十二次”的问题。

所谓“十二次”，即古人为了说明日、月、五星的运行和节气的变换，把黄道附近一周天按照由西向东的方向分为星纪、玄枵等12个等份，即是“十二次”。每次都有“二十八宿”中某些星宿作为标志，例如星纪有斗、牛两宿，玄枵有女、虚、危三宿。其余都仿此。但是“十二次”是等份的，而“二十八宿”的广狭不一，所以“十二次”的起讫界限不能和宿与宿的分界一致。换句话说，有些宿是跨属于相邻的两个次的。下表就说明了这种情况：

序号	十二次	二十八宿
1	星纪	斗、牛、女
2	玄枵	女、虚、危
3	娵訾	危、室、壁、奎
4	降娄	奎、娄、胃
5	大梁	胃、昴、毕
6	实沈	毕、觜、参、井
7	鹑首	井、鬼、柳
8	鹑火	柳、星、张
9	鹑尾	张、翼、轸
10	寿星	轸、角、亢、氐
11	大火	氐、房、心、尾
12	析木	尾、箕、斗

将“十二次”中的“二十八宿”星宿与大地上的王侯封国相对应起来，就叫作“四象”分野。

十二次的寿星次，东方苍龙的星宿角、亢，所对应的地域，属于豫州，为今开封市祥符区、通许县、扶沟县、鄢陵县、尉氏县、西华县、商水县、项城市、沈丘县、汝南县、上蔡县、新蔡县、西平县、遂平县、正阳县、确山县、信阳市区、罗山县、光山县、息县、固始县、商城县、新县、桐柏县、中牟县、兰考县、原阳县、封丘县、延津县、长垣县、许昌市区、新郑市、长葛市、禹州市、漯河市郾城区、临颍县、襄县、滑县等。

十二次的大火次，东方苍龙的星宿氐、房、心，所对应的地域，属于豫州，为今商丘市区、夏邑县、宁陵县、鹿邑县、虞城县、永城市、太康县、睢县、民权县、柘城县、杞县等。

十二次的鹑火次，南方朱雀的星宿柳、星、张，所对应的地域，属于豫州，为今荥阳市、新密市、南阳市区、方城县、镇平县、南召县、西峡县、泌阳县、唐河县、邓州市、内乡县、新野县、淅川县、方城县、洛阳市区、栾川县、嵩县、洛宁县、伊川县、巩义市、偃师市、孟津县、新安县、三门峡市区、义马市、陕县、渑池县、灵宝市、卢氏县、宜阳县、登封市、平顶山市区、叶县、舞阳县、汝州市、鲁山县、郏县、宝丰县、汝阳县等。

十二次的娵訾次，北方玄武的星宿室、壁，所对应的地域，属于河南带的古冀州之域，为今安阳市区、内黄县、汤阴县、林州市、新乡市区、卫辉市、获嘉县、鹤壁市区、淇县、浚县、辉县市、焦作市区、沁阳市、孟州市、武陟县、修武县、温县、济源市、濮阳市区、清丰县、台前县、南乐县、范县等。

由于天地悬殊，星域相接参差，因而古籍关于“四象”分野，说法不一。古人仰观天象，俯察地理，借以推测人们生产与生活的适宜与否。如今了解其常识，有利于我们更好地阅读和理解古籍。

疏堵成败看鲧堤

史载，在河南省武陟县，以及从浚县善堂镇东北，经内黄县，至濮阳县境，有一条高一丈六尺、厚二丈五尺而长50余里的大堤，相传为大禹的父亲鲧治水时所筑。

鲧筑堤治水的事情，还要追溯到帝尧陶唐氏为天下王的时候。当时洪水浩浩荡荡，势若漫天，天下百姓为此水灾而困苦无比。帝尧面对此景此情，忧虑重重，于是与群臣商议，以求治理水患的人。群臣议论一番，共言论能力，惟鲧能够治理此水患。鲧，何许人也？此人是颛顼帝的五代孙（一说为颛顼之子），是崇国的首领，号崇伯。帝尧疑而怪之说："唉！鲧这人凶暴乖戾，独断专行，往往将事情办坏。"说他不可担此重任。这时重臣四岳劝谏道："帝如认为鲧不可以，其余人更是不能胜任。"帝尧以群臣坚持荐举鲧，不得已而用之。于是告诫鲧说："你前往治水，当敬其事呀！"鲧治水虽尽心尽力，但用的是筑堤防水的方法，以致九年未将水治平，水害不息。鲧于是被黜废。此后，尧将帝位禅让于舜，舜便将鲧殛杀于苏北鲁南交界处的羽山，以示其罪。继之，舜命鲧的儿子禹担任治理水患的任务，禹汲取了父亲治水失败的教训，身先士卒，恪尽职守，用疏浚的方法以治水，于是大功告成。

自古以来，对鲧以筑堤防洪水失败而被殛死之事，评说不一。为什么鲧治水之功不成便被殛杀？仅为治水无功，贬黜即可。这其中原因，一是由于鲧平素傲慢暴躁，二来还有治洪失败之罪，最后导致被殛杀于羽山。人或言，大禹既为圣人，当知筑堤防洪未可治，为何不劝谏父亲？应当说，鲧治水乃为国事，上令必行，非禹能止之。禹当时又年小，岂可干政！

鲧治水虽然失败，但那绵延的鲧堤却昭示后人：小水则筑堤防之，大水则疏浚下之。至于鲧盗窃上帝"息壤"以治水患的传说，自然是荒诞的。

天地之中居何处

河南省汝南县城北三里处，有山名天中山（一名天台山），高丈余，上土下石，以其在天野之中，所以命名为天中。古人将天域分为九野，即中央叫钧天，东方叫苍天，东北叫变天，北方叫玄天，西北叫幽天，西方叫颢天，西南叫朱天，南方叫炎天，东南叫阳天。其又分别属于"四象"分野。而颍川郡（治所在今河南省禹州市）正是钧天（星分“东方苍龙”角、亢、氐星宿）所覆。汝南县古属颍川郡，又为钧天所覆之中，所以称为天中。自古考日景（影）测分数，没有比于此地最为准确的。北宋刘敞曾作《天中山》诗以表其地。其诗道：“开辟以来传至今，形势虽小当天心。斗极回旋未易测，日景短长犹可寻。”

又，在登封市告成镇有周公测景（影）台，有石，方可八尺有余，上狭下阔，高丈余，上植石表八尺，其南面刻有：周公测景台。此台为唐玄宗开元十年（722），下诏令太史监南宫说所立。自周朝时，周公（姬姓，名旦）以土圭之法测土深，正日景（影），以求地中。土圭长一尺五寸，以夏至日立八尺之表，其影与土圭相等，称作地中。测景台北又有观星台，为周公旦所筑，高五丈，阔二丈，后又经历代修缮。清叶封有诗道：“自古阳城（今登封市）地，相传测影台。岳形当正落，石表定谁裁？太史推求法，元公（唐太史令姚元）制作才。土中千象纬，瞻望重低徊。”

后来，人们便将汝南天中山所处位置，称作天中；将告成镇测景台所处的位置，称作地中了。

五子台上故事多

五子台，在河南省太康县城西35里，其名因《五子之歌》而起。其周围的五子李村、五子王村，又因其而命名。《五子之歌》，是因大禹的孙子、启的儿子太康失国而诞生。太康在父亲启去世后，登上帝位。但他不恤民事，沉溺于享乐，游逸无度，带领随从在洛水之南打猎，百日不还。以致百姓怨声载道。这时有穷国诸侯后羿趁机反叛，将太康拒于黄河之南。太康不能返回国都，只好逃到戈地（今太康县）。此地百姓怜悯他，为他筑城，使他居住下来。太康的五个弟弟，在当时奉其母等待太康于洛水岸边，其情难以抑制，于是放歌以述祖父大禹的告诫，表达胸中的怨情和遗恨。这就是《尚书》所载的《五子之歌》。

其一：“皇祖有训：民可近，不可下；民惟邦本，本固邦宁。予视天下，愚夫愚妇，一能胜予。一人三失，怨岂在明，不见是图。予临兆民，懔乎若朽索之驭六马。为人上者，奈何不敬！”即：“我君祖大禹有训诫：百姓可以亲近，不可以轻视；百姓是国家的根本，根本坚固国家安宁。我看待天下的百姓，即使愚笨的男人或愚笨的妇人，有一能超过我，怎能不敬畏他们。一人之身三度有过失，怨恨岂因那显明的？应当预先图谋那看不见的细微之处。我统管亿万百姓，危惧得像用腐朽的马缰绳驾驭车马。作为百姓的统治者，怎么不敬畏谨慎呢！”

这是埋怨太康不抚恤百姓，告诉他应当敬重百姓。

其二：“训有之：内作色荒，外作禽荒，甘酒嗜音，峻宇雕墙，有一于此，未或不亡。”即：“训诫有：内为女色迷乱，外为田猎迷乱，沉湎于酒，嗜好音乐，高大的房屋装饰豪华，在这几条中占有一条，不曾有不灭亡的。”

这是劝谏太康戒除荒淫奢侈的。“色荒、禽荒、甘酒、嗜音、峻宇、雕墙”六者，大凡失德的君王，必有其一。有一必亡，更何况兼而有之呢！

其三：“惟彼陶唐，有此冀方。今失厥道，乱其纪纲，乃厎灭亡。”即：“那陶唐帝尧氏都冀州，统天下四方。今失帝尧之道，乱其法制，自致灭亡。”

这是说太康因失道而失国的。

其四曰：“明明我祖，万邦之君。有典有则，贻厥子孙。关石和钧，王府则有。荒坠厥绪，覆宗绝祀。”即：“明察贤明的我祖大禹，为万国的君王。有治国的经籍，有为君的法则，遗其后世的子孙。又通用衡量之器，使之和平。人既足用，王的府藏则富有。今太康荒废，坠失其业，覆灭宗族，断绝祭祀。”

这是说太康弃先祖大禹的典法，导致了灭宗族绝祭祀。

其五：“呜呼！曷归？予怀之悲。万姓仇予，予将畴依？郁陶乎予心，颜厚有忸怩。弗慎厥德，虽悔可追！”即：“哎呀！我将依归哪里？我内心悲哀。万姓怨恨我，我将依就谁？忧思积聚于我的心，我脸皮厚而内情羞惭。太康不慎其德，即使改悔怎可以追及！”

这是说人君行已不慎其德以速灭败，虽欲改悔，岂可追及！

其后，太康终未悔过，居戈地而不思返。后人读《五子之歌》而悲其志，筑台以表之，建庙以祀之。台下有潭，名五子潭，今已干涸。“五子台”今犹在，提起它，《五子之歌》声音犹在耳，不禁令人多发幽古之情。孤台临旷野，古韵悠悠。此台旧为太康县八景之一。

五子台与太康县城，东西呼应，相得益彰，可谓《五子之歌》的千古载体。《五子之歌》所阐述的“民本”思想及其告诫意义，无论是对于治国，还是治家、修身来说，均具有较强的警示和借鉴意义。

羑里文王演周易

商纣王囚西伯昌（即周文王）于羑里，他的二儿子姬发（即周武王）筑台而望。当时赤雀飞来，因而将所筑台命名为雀城。其在河南省汤阴县东北35里，周回200步，高2丈。羑里，商朝监狱的名称。今有羑里城，在汤阴县城北约8里处。其北临牖水（源出县西北山下），所以又名牖城。司马迁《史记》所言“文王拘于牖里”的“牖里”，以及班彪《游居赋》中“嗟西伯于牖城”的“牖城”，都是指的这里。牖城周回250步，高2丈。高丘上有文王庙及演《易》亭台。又名防城。商纣王深知百姓怨恨自己，于是置兵防城以护卫羑里。又在伏道左边设兵，今天的伏道店便是由此命名。

西伯拘系羑里，以忧患作《易》，反身修德而不懈怠。这就是西伯之所以圣明的地方。三代监狱，夏朝叫夏台（在今禹州市，一说在巩义市西南），也名念室；殷朝叫羑里，也名动止；周朝叫囹圄，也名稽留；汉代叫狱。按字书，牖，以木头相交为窗取明。动止，即使其不得妄动。

羑里，不仅仅是商朝的监狱，更值得称道的，它是《周易》的诞生地。须知，《易》为群经之首。

繁台千古传佳话

繁台（在今河南省开封市东南禹王台公园内），又名吹台。相传春秋时期晋国乐师师旷（字子野）早年曾于此学艺，为其歌吹之台。又传为列仙歌吹之台。

西汉时期，此地属梁孝王刘武的封国境内，刘武增筑此台，经常于台上奏乐歌吹，于是便正式命名为吹台。自此，这里便成了墨客骚人游览吟咏的场所，为一时胜景。

晋朝时，吹台相对萧条，阮籍至此，睹物思人，写下了《咏怀》诗，抒发了“驾言发魏都，南向望吹台。箫管有遗音，梁王安在哉”的思古之幽情。

晋世祸乱之际，百姓为了更好地乞活（求生存），便削堕故基，成为两层。上基方四五十步，高一丈余，世人称为乞活台。

南朝宋谢惠连至此，抚今追昔，写下了著名的《雪赋》，于是，人们又将此称为“雪台”。

唐玄宗开元二十五年（737），25 岁的诗人杜甫，随诗人李白和高适来到汴州，酒酣登吹台，慷慨怀古，人们莫测。杜甫写下了《遣怀》诗，其中有“忆与高李（高适、李白）辈，论交入酒垆。两公壮藻思，得我色敷腴。气酣登吹台，怀古视平芜”诗句。三位著名诗人同时登上此台，为此台平添了无上光彩，留下了千古佳话。

五代后梁开平元年（907）十月，后梁太祖朱温在此台讲武。开平二年七月，将台名改为讲武台。其后，有繁氏百姓住在台侧，乡里人便以姓称它，于是有了“繁台”之称，以致影响了官府而从俗。

后世文人来此，赋词吟诗，或称之为吹台，或称之为繁台。如明李梦阳《吹台春日怀古》诗：“废苑迢迢入草莱，百年怀古一登台。天留李杜诗篇在，地历金元战阵来。流水浸城隋柳尽，行宫为寺汴花开。白头吟望黄鹂暮，瓠子歌残无限哀。”又《繁台》诗：“一秋今到十贤堂，万事伤心叹渺茫。草绿梁台犹殿阁，花残宋苑只宫墙。天南星宿元朝斗，崖北灵芝本向阳。未老息栖终傍此，预愁人拟卧龙冈。”

历史上繁台及其别名，都出之有因。台以人名，人以台名，相辅相成，千古传诵。

望母台传思母情

春秋时期，郑武公的妻子武姜，为武公生了寤生和段两个儿子。大儿子寤生出生时，由于难产，惊吓了母亲姜氏，因而给他起名为“寤生”（难产义）。姜氏非常厌恶大儿子，很爱小儿子段，想立他为太子，于是多次向郑武公请求，武公始终不答应。寤生即位，史称郑庄公。

姜氏看大势已去，便帮小儿子段请求，将制邑（今河南省荥阳市西北汜水镇）分封给他。郑庄公说：“制邑地势险要，虢叔（东虢国君主，被郑武公所灭）死在那里，不便分封给他，其他的地方听您的。”姜氏又请求将京邑（今河南省荥阳市东南豫龙镇京襄城村一带）封给段，庄公只好答应了她。

段到京城，不按周朝礼制办事，增高加固城墙，招兵买马，扩充实力。继而与母亲姜氏合谋，试图里应外合推翻郑庄公，取而代之。郑庄公对此早已察觉，便施欲擒故纵之法。他待时机成熟后，便于鲁隐公元年（前 722）夏五月，亲自带兵将段的叛乱平定。这就是《春秋经》所说的“郑伯克段于鄢（今河南省鄢陵县）”。之后，郑庄公对母亲姜氏非常生气，于是将她放逐到城颍（今河南省临颍县西北）居住。姜氏临行时，郑庄公对她发誓说：“不及黄泉，无相见也!”（即：不到阴间，别想再见面）

不久，郑庄公就对向母亲发誓所说的话后悔了，而且思母之情与日俱增。于是，就命人在新郑城南的洧水河南岸筑一高台，以不时登台向南遥望，以寄思母之情。

郑国的颍考叔此间正在颍谷（今河南省登封市西南）施政，听说了这件事，便以向郑庄公献土特产为借口，给他出主意，命人挖洞及泉水，母子在洞中便可相见，既不悔那“誓言”，问题又可以得到解决。于是，郑庄公听从了颍考叔的话，母子得以相见，和好如初。

后来人们便将那高台称作望母台。望母台至今犹在，高 9 米，底周围长 60 多米，向人们昭示了一段历史的“思孝”佳话。

厄台陈蔡困孔子

厄台，又叫弦歌台，在宋陈州（治所在今河南省周口市淮阳区）城西南，为孔子困于陈蔡的绝粮处。宋王禹偁有《厄台铭》，其序云：“天地厄于晦冥，日月厄于薄蚀，山川厄于崩竭。圣人生而肖天地之貌，禀日月之灵，钟山川之粹，得无厄乎！所以，帝舜厄于历山，帝禹厄于洪水，成汤厄于夏台，文王厄于羑里，我先生夫子厄于陈蔡，其道一也。”苏东坡到陈州，逗留70余日，近城可游观者无不至，说：“有寺曰厄台，云孔子厄于陈蔡所居者。其说荒唐不可信。或曰东汉陈思王宠散弩台以控扼黄巾者，此说为近之。”史载，东汉陈王刘宠善弩射，十发十中，中都在同一处。汉灵帝中平年间，黄巾军起，郡县都弃城而逃，刘宠有强弩数千张，出军以待。百姓素闻刘宠善射，不敢反叛，所以陈国惟独得以保全，百姓归来的有十余万众。厄台，即当年刘宠的教弩处。明嘉靖巡按御史赵继本改为弦歌台。

一说，厄台在陈州的桑落。宋刘敞有诗：“四海栖栖一旅人，绝粮桑落死生邻。自是天心劳木铎，岂关陈国有愚臣。”宋刘攽也有《陈州杂咏》诗：“历说诸侯七十馀，绝粮桑落尚欢娱。不容而后知君子，方笑南冠驾乘驹。”

另一说，厄台，在上蔡县东60里的蔡沟镇，即孔子绝粮处。旧有孔厄庙在镇外，后废。

孔子周游列国时，在中原大地上留下了诸多典故。后来人们都以其地与孔子有关而引以为荣，于是同一事情便有了不同的说法。

上古封国知多少

夏、商、周三代，帝王为了巩固统治，保护疆土，便施行分封制。分封制可以说是萌芽于夏朝之前，自夏、商而兴，完备于周朝。其具体实施，按公、侯、伯、子、男五等爵位分封，封邑为公、侯方百里，伯方70里，子、男方50里。这就是《尚书·周书·武成》所说的“列爵惟五，分土惟三”。

至春秋时期，周朝纲纪松弛，群雄吞据日烈，而后出现了“战国七雄”的局面。秦始皇一统天下，施行郡县制，分封制寿终正寝。汉代以降，虽也有分封，但名存实亡，实不足称。豫州所在的河南居天下之中，封国鳞次栉比，大多不可考，以见于史籍的，记录如下。

一、古先封国

虞国（都今虞城县），妫姓，侯爵，帝舜儿子商均的封国。舜举荐于微贱，尧以二女娥皇、女英嫁给他，居住在妫水湾。其后因以为氏。舜将天下禅让给禹，禹封商均于虞国。

蓼国（都今固始县东北蓼城冈一带），偃姓，侯爵，夏禹以皋陶贤明有功，封其后于蓼。入春秋，为楚盟国。鲁文公五年（前622），为楚所灭。

戈国（都城不详），猗姓，寒浞篡夺羿位，将自己的次子豷封于戈地。后夏臣靡举兵灭掉寒浞。夏少康立，使儿子季杼灭豷。戈地在今商丘市和新郑市之间。

葛国（都今宁陵县石桥乡葛伯屯村一带），嬴姓，又称葛伯国。其君不祭祀祖先，放纵无道。后为汤所灭。

邓国（都今孟州市西古邓城），侯爵。夏仲康庶子的封国。后为商所灭。战国属于魏国的邑地。一说，商武丁叔父的封国。

鄂国（都今沁阳市西北30里的西万镇邘邰村一带），鄂侯与西伯昌、九侯为纣三公。鄂侯因纣王将九侯剁成肉酱而犯颜劝谏，被纣王怒杀。鄂，一作邘。

二、周朝封国

管国（都今郑州市管城区一带），姬姓，侯爵，周文王第三子、武王同母弟叔鲜的封国。周初，管叔鲜为“三监”之一，治理殷朝遗民。武王去世，成王年少，周公旦摄政。管叔鲜流言周公将不利于成王，挟殷纣王的儿子武庚作乱。周公奉成王命讨伐而诛杀他，取消封国。

邶国（都今汤阴县东南32里瓦岗乡邶城村一带），武王推翻商朝，三分其畿内地。自殷都朝歌以北称作邶国，以南称作鄘国，以东称作卫国，使“三监”管叔监管卫国，蔡叔监管鄘国，霍叔监管邶国。“三监”叛乱，被周公讨平。于是封康叔封（周武王同母九弟）于卫，而将邶、鄘两国百姓迁往成周。其地一半并于卫国。

鄘国（都今新乡县大召营镇代店村一带），见上。

东虢国（都今荥阳市汜水镇），姬姓，公爵，王季的儿子，周文王的三弟虢叔的封国。周武王推翻商朝，封虢叔于制（今荥阳市汜水镇），为东虢。周幽王时，虢叔恃险而不修德，为郑武公所灭。

桧（一作郐。都今新郑市东北32里古桧城一带）国，子爵，妘姓，高辛火正祝融的后裔。周武王封为桧子，居溱水和洧水之间。周平王初年（前770），为郑武公所灭。

邘国（都今沁阳市西北30里的西万镇邘郜村一带），姬姓，侯爵，周武王第五子的封国。

胙国（都今延津县胙城乡一带），姬姓，伯爵，周公旦庶子胙的封国。后为南燕国。

蒋国（都今淮滨县期思镇），姬姓，男爵，周公第三子伯龄的封国。后有功，进为侯爵。春秋时为弦邑。

宋国（都今商丘市），子姓，公爵，商帝乙的长庶子启，食采于微国，谓之微子。微，殷朝畿内国。纣王暴虐，微子抱祭器奔周。武王诛纣，封他的儿子武庚以续殷祀。武庚与“三监”叛乱，被诛杀。周成王封微子于商丘，为宋公。后为齐、魏、楚三国所灭。

杞国（都今杞县），姒姓，公爵，夏禹的后裔。商汤流放夏桀，其后稍绝。武王推翻商朝，求夏后氏苗裔，得东楼公，封于杞国，以奉夏禹祭祀。后为楚国所灭。

陈国（都今周口市淮阳区），妫姓，侯爵，帝舜的后裔。周武王推翻商朝，求帝舜的后裔，当时帝舜的后裔阏父为周陶正，能利器用，王赖之。于是周武王将长女大姬下嫁给他的儿子满，而封到陈国，以奉帝舜的祭祀。这就是胡公。其地在太昊陵。后为楚国所灭。

虢国（都三门峡市区青龙涧河北岸的李家窑村一带），姬姓，公爵，周文王二弟虢仲的封国。原封国，都今陕西宝鸡市东陈仓虢镇，后南迁至今三门峡陕州区上阳城（遗址位于三门峡市区青龙涧河北岸的李家窑村一带）。史称前者为北虢，后者为南虢。相对于东虢，又称其为“二西虢”。周室东迁，虢公忌父、虢公林父世为相。鲁僖公五年（前655），为晋献公所灭。即“假道灭虢”之“虢”。

郑国（都今新郑市），姬姓，伯爵，周厉王小儿子友，是周宣王的同母弟。宣王二十二年，封友于郑，在京畿内。其立23年，深受百姓的爱戴。周幽王以他为司徒。王室多难，友寄财物于东虢国和郐国，因得取二国部分地域。友为司徒二年，死于难，即郑桓公。其子武公掘突，助周平王迁于东都，也为司徒。终得虢、郐、鄢（今鄢陵县）、蔽（今郑州市东圃田西一带）、补（今新密市牛店镇打虎亭村北补子庙西南一带）、丹（今荥阳市南部崔庙镇一带）、依（今郑州市老城东郊七里的古城村）、畴（一作畴，任姓国，今扶沟县东一带）、历（又作栎，今禹州市一带）、莘（一作华，今新郑市郭店北，即华阳古城一带）等十小国地。迁都于溱水和洧水之间的新邑，为有别于原郑国，称作新郑。后为韩哀侯所灭。

许国（都今许昌市），姜姓，男爵，帝尧的四岳伯夷的后裔。周武王封其苗裔文叔于许国，以续其后嗣。后一度随楚灵王迁于叶地（今叶县），最终为楚国所灭。

鄢国（都今鄢陵县），妘姓，男爵。为郑武公所灭。

卫国，姬姓，侯爵，周文王第九子康叔封的封国。周公旦平定“三监”和武庚的叛乱后，将康叔封到卫国，并中分邶、鄘两国的土地，以其半划归卫国。卫国先后都朝歌，即今淇县朝歌镇。后迁楚丘，位于今滑县东。又迁至帝丘，位于今濮阳县西南。后为秦国所灭。今新乡市以北，淇县至濮阳市一带，即其地。

蔡国，姬姓，侯爵，文王第五子叔铎的封国。武王推翻商朝后，将其封于蔡国。今上蔡县西南十里的故蔡城，即其国都。叔度与管叔鲜挟武庚作乱，周公诛武庚，杀管叔，而流放叔铎。其子胡率德改行，周公言于成王，复封于蔡，是为蔡仲。传至蔡平侯，迁都新蔡（今新蔡县），后为楚惠王所灭。

温国（都今温县），己姓，子爵。其先出自颛顼。周武王时，其后裔苏忿生为周司寇，封于温国，子孙因以苏为氏，世为周卿。鲁僖公十年（前650），为狄人所灭。

雍国（都今修武县西50里的府城村一带），姬姓，伯爵，周文王第十三子，周武王庶弟的封国。

戴国（都今民权县东偏北处），子姓，侯爵。春秋隐公十年，宋人、蔡人、卫人伐戴，郑伯伐取之。汉章帝改为考城（治所在今民权县王桥集附近）。

申国（都今唐河县苍台镇谢家庄一带），姜姓，伯爵，炎帝四岳后裔的封国，其地在南阳县。周时，申伯因为周宣王的大舅，又资兼文武，入为卿士，出为诸侯，筑城于谢地而居住。

应国（都今平顶山市新华区滍阳镇南一带），姬姓，侯爵，周武王第四子的封国。

江国（都今息县西南十里阳安故城一带），嬴姓，子爵，颛顼帝元孙伯益后裔的封国。鲁文公四年（前623），为楚国所灭。

黄国（都今潢川县西北12里处的隆古乡一带），嬴姓，子爵，颛顼孙陆终后裔的封国。鲁僖公十二年（前648），为楚国所灭。

息国（都今息县），姬姓，侯爵，春秋初期，为楚文王所灭。

邓国（都今邓州市西南一带），侯爵。鲁庄公时，有邓侯吾离，不睦于楚。鲁庄公十六年（前678），为楚文王所灭。

唐国（都今唐河县），侯爵，附属楚国。楚昭王十一年（前504），以秦兵击退吴国军队，于是灭掉唐国。

滑国（都今偃师市南缑氏镇一带），姬姓，伯爵，始封未详。鲁僖公二十二年（前638），秦国孟明帅师袭击郑国，后知郑国有防备，于是灭滑国而还。

顿国（都今项城市西的南顿镇一带），偃姓，子爵，始封未详。后附于陈国而南迁，称作南顿。鲁定公时，欲事晋背楚，而绝陈好，鲁襄公十四年（前559），为楚国所灭。

胡国（都今漯河市郾城区一带），归姓，子爵，始封未详。鲁昭公二十三年（前519），胡子髡随楚国军队与吴国作战，军队溃败，胡子髡战死。

沈国（都今平舆县故城北），姬姓，子爵。鲁昭公二十三年（前519）的鸡父（今固始县东南）之战，沈子逞、胡子髡同死。鲁定公四年（前506），晋国会合诸侯的军队于召陵侵楚，沈子不会。晋怒，使蔡国讨伐沈国。蔡国公孙生帅师灭掉沈国。

南燕国（都今延津东北45里的城上村一带），姞姓，伯爵，黄帝后裔伯儵的封国。

弦国（都今光山县），子姓，子爵，始封未详。世为楚盟国。齐桓公称霸，江、黄、道、柏等国都附从。四国都是弦姻亲国，所以弦子有恃无恐而背叛楚国。鲁僖公五年（前655），楚令尹子文帅师灭弦。弦子逃奔黄国。

道国（都今确山县北故道城），姬姓，封爵未详。

柏国（都今西平县），子爵。春秋时期为楚国所灭。

赖国（都今息县东北包信镇），子爵，姓、封无考。鲁昭公四年（前538），楚灵王帅诸侯军队灭掉赖国。

焦国（都今三门峡市陕州区东北一带），姜姓，周武王封神农后裔于此，后为晋国所灭。

刘国（都今偃师市缑氏镇西刘亭一带），姬姓，子爵，王季的儿子食采于刘国，是为康公。其后子孙因以刘为姓，世为周卿士。鲁哀公三年（前491），晋国赵鞅攻打东周，杀苌弘以逼刘国，刘国灭亡。

祭国（今郑州市祭城一带），姬姓，伯爵，周公第五子的封国。世为周卿士。周穆王时，祭公谋父，谏北伐，作《祈招》之诗。周桓王时，祭公为三公之一。

凡国（都今辉县市西南20里凡城遗址一带），姬姓，伯爵，周公次子君陈的封国。为周畿内诸侯，封于凡，世为卿士。鲁隐公七年（前716），周王使凡伯聘鲁，戎因伐之于楚丘以归。

项国（都今沈丘县与项城市之间的沈丘县槐店镇西一带），子爵，姬姓，为周文王庶子的封国。鲁僖公十七年（前643），为鲁国所灭。

向国（都今济源市西南向城一带），姜姓，小国。炎帝后裔的封国。后为郑国所灭。

鄤国（都今湖北省襄阳市东北），子爵，曼姓，商王武丁曾封季父于汉水的北岸曼地。鄤子为其后裔。其地在邓国南边境，为邓国的附庸国，后为楚所并。

鄀国（都今西峡县丹水镇），允姓，封爵未详。原在秦国与楚国交界处，春秋时期迁往今内乡县，后为秦国所灭。

毛国（都今宜阳县境内），伯爵，姬姓，为周文王庶子郑的封国。

原国（都今济源市一带），伯爵，姬姓，为周文王庶子的封国。鲁僖公二十五年（前635），为晋文公所灭。

聃国（都今新郑市与开封市之间一带），姬姓，侯爵，周武王同母第十弟季载的封地，为周公旦东征平叛后成王所封。后为郑国所灭。

房国（都今遂平县），子爵，祁姓，始为帝尧的儿子丹朱的封国，后为其后裔的封地。鲁昭公十三年（前529），为楚国所灭。

密国（都今新密市大隗镇一带），姬姓，封爵未详。后为郑国所灭。

共国（都今辉县市一带），伯爵，姬姓。春秋时，为卫国所灭。

巩国（都今巩义市孝义镇康店村一带），伯爵，姬姓。鲁昭公二十二年（前520），巩简公率王室围攻王子朝于京邑，失败殉国，巩国为王子朝所灭。鲁昭公二十六年（前516），晋国军队攻克巩地，归于周王室。

荣国（都今巩义市一带），伯爵，姬姓，周初封国。

单国（都今孟津县东南一带），伯爵，姬姓，周初封国，原在今陕西省眉县，后随周王室东迁。

樊国（都今济源市西南一带），侯爵，姬姓，初为周公亶父次子虞仲后裔的封国。后为晋国所并。

西不羹国（都今襄城县东范湖乡宋庄尧城岗一带），姓、封爵未详。春秋时，为楚国所灭。

东不羹国（都今舞阳县西北章化乡前后古城村一带），姓、封爵未详。春秋时，为楚国所灭。

尹国（都城未详），伯爵，姞姓，尹吉甫后裔的封国，属随周平王东迁的畿内国。今新安县东南部、宜阳县西北部一带，即其地。

三、战国所属诸侯国

魏国，姬姓，战国七雄之一。周文王庶子毕公高的后裔的封国。周武王初封高于毕，为毕姓，后绝封。其后裔毕万，为晋献公臣子。晋献公十六年（前661），晋国灭掉霍、耿、魏，因毕万有功，以魏国赐给他，从其国名，为魏氏。其后裔魏桓子与韩康子、赵襄子共灭智伯，三分其地。桓子的孙子魏文侯斯被周天子威烈王封为诸侯，后逐渐强大。公元前376年，魏武侯、韩哀侯、赵敬侯三家分晋。后魏惠王三十一年（前339）自安邑迁都大梁（今开封市）。其所辖区域，西自秦国高陵（今西安市高陵区）以东，包括山西南部和河南北部地区，南有扶沟县、西华县、舞阳县、许昌市区、鄢陵县、漯河市辖区，以及开封市区、中牟县、原阳县、延津县等地。公元前225年，为秦国所灭。

韩国，姬姓。战国七雄之一。始祖韩武子为晋国臣子，封于韩原。韩武子后三世韩厥，始从其封姓为韩氏。其后裔韩康子，与赵襄子、魏桓子共灭智伯，三分其地。韩景侯时，与赵、魏俱被周天子封为诸侯。周威烈王十八年（前408），韩景侯将韩国国都自平阳（山西临汾）迁至阳翟（今禹州市）。公元前376年，韩哀侯、魏武侯、赵敬侯三家分晋。公元前375年，韩哀侯灭掉郑国，将国都自阳翟迁于郑国国都（今新郑市）。公元前370年，韩懿侯又将国都迁回阳翟。其所辖区域，北有巩（今巩义市）、洛（今洛阳市）、成皋险要，西有宜阳、武关关塞，东有宛（今南阳市）、穰（今邓州市穰东镇）、洧水，南有陉山（位于今新郑市南30里）。今南阳市和宝丰县、襄县、长葛、禹州市、郏县，以及新安县、宜阳县等，都属韩国辖地。公元前230年，为秦国所灭。

赵国，嬴姓，战国七雄之一。伯益的后裔飞廉，生二子，长子恶来，事奉纣王为周所杀。后为秦祖。次子季胜，四世而至造父，得周穆王宠幸，赐以采邑赵城，姓赵氏。鲁闵公元年（前661），其后裔赵夙辅助晋献公灭耿、霍、魏，晋献公将耿地赐给赵夙。赵夙的孙子赵衰事奉晋公子重耳反国即位。重耳称霸诸侯后，以赵衰为原大夫。赵衰的儿子赵盾，专国政。至其后裔赵烈侯籍，周威烈王封为诸侯，都于今邯郸市。公元前376年，赵敬侯与韩哀侯、魏武侯三家分晋。今安阳市区和内黄县都属赵地。公元前222年，为秦国所灭。

楚国，芈姓，战国七雄之一。周文王的老师鬻熊曾孙熊绎的封国。至其后裔熊通，向周天子请求王号，不许，便自立为王。至其儿子楚文王时，楚国日益强大。后楚庄王称霸诸侯，伐陆浑，观兵周郊问鼎。楚国自春秋时，先后灭掉豫南、豫东南和豫中诸国，尽有淮汝之地。公元前223年，为秦国所灭。

初期的中原封国作为隶属于王权的政治实体，以及战国时的诸侯国，在相对独立的治理中不仅形成了各自的文化形态，也促使了姓氏文化的真正形成，从而影响了一代代人的人生观和价值观。

封藩建卫继“三恪”

周武王伐纣胜利后回到国都丰京（后迁都镐京，今陕西省西安市长安区西北），继而在周庙大行祭祀活动。武王为了稳定民心，巩固自己的统治地位，于是按公、侯、伯、子、男五等爵位，对同姓贵族、异姓功臣谋士和先王圣贤后裔，以及殷商王族进行分封。

先王夏禹的后裔，在殷商时或绝或封。于是，周武王命人寻找到夏禹的苗裔东楼公，将他封到杞国（都今河南省杞县），公爵，以奉夏禹的祭祀。周公东征，诛杀武庚后，将微子启封到宋国（都今河南省商丘市），公爵，以奉商汤的祭祀。至于先王舜的后裔，夏朝时，或封或失续。其后裔阏父，为武王的陶正（掌管制陶的事情），武王因其敬业，又因他是舜的后裔，便以长女大姬许配给他的儿子满，赐妫姓，封到陈国（都今河南省周口市淮阳区），侯爵，以奉虞舜祭祀，以充任“三恪”。恪，即“尊敬”义。“恪”与“客”，古同义。三恪，即封虞舜、夏、商的后裔，如宾客以礼相待，而对其先王表示崇敬之情。

杞国、宋国和陈国均位居豫东，其地相毗邻，成“三足鼎立”之势。此地域，又是殷商的龙兴之地，对于周初统治的稳定与否至关重要。周武王如此之封，可谓用心良苦！

周朝立国初期，实行分封制，对于新朝的稳定起到了积极的作用。但后来诸侯坐大，周王室衰微，以致形成“尾大不掉”的局面，到秦统一后始废除。

定鼎成周洛邑兴

周武王推翻商朝，便迁九鼎于郏鄏（今河南省洛阳市西工区一带），想于此建都。这里居天下之中，伊、洛、瀍、涧诸水周流，物产丰饶，是建都的理想之地。但周武王最终没有实现愿望而去世。他年幼的儿子成王诵即位。周公旦摄政，为周朝制定了大量的礼教制度。7 年之后，周成王年满 20 岁，周公旦将归政于成王。但根据周朝初年的很多不稳定因素，他又担心殷朝的“顽民（即不真心归顺的殷朝士大夫等）”作乱，于是作出在郏鄏营建洛邑的决定，待此城建成后，使成王即政，自己亲自到洛邑去治理。

周成王五年（前 1038）三月，朝廷派遣太保召公奭前往郏鄏勘测地形。召公下车伊始，面南观望，涧水在洛水的右边，瀍水在洛水的左边，便于涧、瀍二水之间占卜，结果为吉兆，于是决定在这里营建王城、王宫，以及宗庙等。又向东越过瀍水占卜，结果又是吉兆，便决定于王城东 40 里的此处营建下都（相对王城而说）。此城的建就规模为东西 10 里，南北 13 里。因为周朝的京都当时是镐京（都今陕西省西安市长安区），为天下所宗，称为“宗周”，所以便将此下都称作“成周”，取成就周朝治国安民的方略之意。而后迁殷朝的“顽民”和邶国、鄘国的百姓于成周，周公对其加强进行训诱，相对稳定了周朝初年的安定局面。洛邑如此的建设规模及其地理位置，之后便逐渐成为周朝的军事、经济和政治中心，也奠定了其后洛阳成为国都的繁华基础。此后东汉、三国魏、西晋、隋、唐等都以此为国都。

建都不仅涉及位置及其山川地理形势，而且关涉到人文、气候等诸多因素。其对于一个国家的长治久安来说至关重要。所以，这一问题尤为历代开国统治者所重视。

楚河汉界鸿沟分

在今河南省荥阳市东北60里的广武山上，古有二城，东叫东广武，西叫西广武，相距四五十米。其中间有沟，古汴河水从中向东南流去，今已无水。这就是历史上著名的鸿沟。又称广武涧。此沟之所以著名，是因为这里曾是楚霸王项羽与汉高帝刘邦相争的古战场，是楚、汉的分界处。

汉高帝四年（前203），楚霸王项羽和汉王刘邦均领兵驻扎在广武，对垒数月。面对汉军的镇定自若，项羽非常恼怒，于是置高腿的案板，将原来俘获的刘邦的父亲刘太公放在上面，通告刘邦说："你如果不投降，我就烹了你的父亲!"刘邦回话说："我和项王一起背面接受怀王的命令，约为'兄弟'。所以我的父亲就是你的父亲，你要杀你的父亲，请分给我一杯肉汤!"项羽大怒，要杀刘太公。在其叔父项伯的苦心劝阻下，这才作罢。

楚汉相持不下，士兵厌战，百姓叫苦连天。于是项羽又对刘邦喊话："天下混乱不安，几年不能平静，只因你我二人罢了。愿与汉王挑战，一决雌雄，不要因为我们二人，使百姓白白地受苦!"刘邦笑着谢绝说："我宁肯斗智，不肯斗力。"项羽便命壮士出马挑战，刘邦有善于骑马射箭的楼烦人，楚兵挑战3次，都被楼烦人射死。项羽怒目叱咤，楼烦人竟不敢正视项羽，手不敢发箭，逃回营中。刘邦听说是项羽出来挑战，非常吃惊。于是项羽走近刘邦，在广武的军阵前相与交谈。刘邦当面数落项羽，项羽大怒，要与刘邦一战，刘邦不听，项羽暗伏弓箭手射中刘邦，刘邦逃进成皋。

当此时，淮阴侯韩信攻取河北，大败楚军。彭越又叛楚，攻下梁地，断绝楚军粮草。项羽对大司马曹咎说："你务必谨慎守住成皋，即使汉兵挑战，切切不要与他们交手；不让汉兵东进即可。我在15天内必定杀掉彭越，扫平梁地，再与将军们会合。"于是，项羽领兵东行，攻打陈留、外黄（治所在今河南省民权县西北内黄集）。

之后，汉军果然多次向楚军挑战，楚军不出阵。汉军便派人侮辱楚军，接连五六天，大司马曹咎怒不可遏，便出兵渡汜水迎战。当楚军渡水一半时，汉军突然出击楚军，大败楚军，缴获了楚军的全部财物。大司马曹咎、长史董翳、塞王司马欣都在汜水边抽剑自杀。项羽听说大惊，便引兵赶回。项羽一到，汉军畏惧楚军，便退守不出。

此际，汉军势盛，且粮食充足，楚军则兵疲粮绝。刘邦乘势派陆贾去游说项羽，请求送回刘太公，项羽不答应。刘邦又派侯公去游说项羽，侯公便以楚、汉立约讲和，中分天下，鸿沟以西的地方属汉，鸿沟以东的地方属楚为条件相劝说。项羽同意，立即送回刘邦的父母妻子。于是军中官兵高呼“万岁”。

项羽与刘邦立定和约，就引兵东归。

后人便把刘邦、项羽隔涧据守的营垒分别称为汉王城、霸王城。

中国象棋棋盘上的“楚河汉界”，就是说的这条“鸿沟”。历代墨客骚人到此，抚今追昔，也多有吟咏。唐韩愈有《过鸿沟》诗：“龙疲虎困割川原，亿万苍生性命存。谁劝君王回马首，真成一掷赌乾坤。”唐许浑有《鸿沟》诗：“相持未定各为君，秦政山河此地分。力尽乌江千载后，古沟芳草起寒云。”宋吕蒙正也有《鸿沟》诗：“沟中流水已成尘，沟畔荒凉起暮云。大抵关河须一统，可能天地更平分。烟横绿野山空在，树倚高原日渐曛。方凭征鞍思往事，数声风笛马前闻。”

逸豫河南古今谈

河南这个地域概念，在古典文献中，特指黄河以南至湖北荆山之间的区域。然而，在不同的语境中，河南的指向又有所不同，与今天河南省所辖的区域也迥然有异。

秦朝时，在河南置三川郡。汉朝置河南郡和河南县，河南郡治所在洛阳县河南城（即今洛阳市瀍水以东的成周），辖县 22 个。

元朝设有河南府、河南县。

今河南省在古代有豫州、中原、中州、中土、中国、中夏、中华、中国等多种称谓。

豫州，为九州之一，其名定于夏禹之时。尽管夏、商、周三代关于九州的内容有所不同，但“豫州”始终没变，而且专指“河南”。今天的河南省黄河以南的辖区，均属豫州。这也是今天河南省简称“豫”的由来。至于其名称的由来，古人解释得好：河南气候安舒，其性宽豫，所以叫豫。豫，是舒适、安豫、安逸、安舒之义。

中原，因处国之中多平原而得名。广义的中原，指黄河中下游地区或整个黄河流域。狭义的中原，则专指今河南省。

中州，是因豫州居九州之中而得名。豫州之南有荆州，东南有扬州，东有徐州、青州，东北有兖州，北有冀州，西北部有雍州，西和西南有梁州。

中土，按“五行”学说，西为金，东为木，北为水，南为火，中为土。而豫州居天下之中，所以称之为中土。

中国，《诗·小雅·六月序》：“《小雅》尽废，则四夷交侵，中国微矣。”《庄子·田子方》：“吾闻中国之君子，明乎礼义而陋于知人心。”《韩非子·孤愤》：“夫越虽国富兵强，中国之主皆知无益于己也。”又，明彭大翼《山堂肆考》卷十五：“蛮、夷、戎、狄、中国曰五方。”即南蛮、东夷、西戎、北狄和中国叫五方。上述引言中的“中国”，都是指相对于周围四方封国或四方少数民族而言的中原地区。

中夏，按，唐颜师古注《汉书》道：“夏，大也。言大于四夷。”汉许慎《说文解字·夊部》：“夏，中国之人也。”清段玉裁注道：“以别于北方狄、东北貊、南方蛮闽、西方羌、西南焦侥、东方夷也。”宋赵汝楳《周易辑闻》卷三：“自人设险以守其国，故能中夏乂安，四夷不侵。”其中的“中夏”或“夏”，都是相对于四方少数民族而言的，都是指中原人或中原。

中华，《周礼·职方氏》说：“河南曰豫州，其山镇曰华山，其泽薮曰圃田，其川荥、雒。”也就是说，豫州处九州之中，其山有华山；其湖泽有圃田；其河水有荥水和洛水。所以，中华因豫州处九州之中，拥有华山而得名。宋吴曾《能改斋漫录》卷十五：“美色不生中华。自古美色未必生于中华也。故西施生苎萝山（位于今浙江省诸暨市），昭君生秭归县（今湖北省秭归县)，绿珠生白州（今广西壮族自治区博白县)。”这里的“中华”，也是指中原。

华夏之名，也是由中华、中夏而来。于是，今天有了中国和华夏民族之称。

河南四季分明，气候温润，土地肥沃而多平原，古代经济社会高度发达，于是有了“中原问鼎”“得中原者得天下”和“逐鹿中原”之说。

泽薮弥望说圃田

圃田，又名圃泽、圃草、圃田泽、原圃、萑苻泽，在今河南省中牟县西。豫州名薮（湖泽)，天下“十薮”之一。

原圃田范围较广。自今尉氏县洧川镇（金宣宗兴定二年，即1218年置县）以北直达中牟县以西，东连尉氏县，西接今新郑市，周回300余里，中有沙冈20余道，上下陂泽70余处，各有名目，不可尽纪。其水泽与高冈之间，积沙弥望，灌莽极目，为狐兔的洞穴，此范围正是圃田所在，是古今渔猎和游览的理想区域。其域，可以说洧川、尉氏各占十分之三，中牟占十分之四。

至西周时期，圃田的区域，东西50里，南北26里，西至长城（即郑韩长城，自今荥阳市西南崔庙镇王宗店村起，向南延入今新密市境内)，东达官渡，北到渠水。西周周穆王曾到此游览打猎，留下了几多趣话。

由于历代黄河水的灌漫，而今的圃田，绝大部分已为耕田。其作为天下名薮，如今风光不再。

圃田作为地名，沿用至今。自古以来，此地名贤辈出。更值得一谈的是，这里曾是战国列御寇的故乡。《列子》一书对后世影响颇大。

风起云涌汜水城

汜水，源出浮戏山，向北流经虎牢城东，而流入黄河。此水虽短，但在历史上颇享盛名。其因是以汜水而为名建城设关。

历史上，汜水此地两次建京都：一是商朝仲丁元年，因黄河决堤之害，迁都于此，建立嚣城（“嚣”，《史记》作“隞”）；二是周武王十三年（前1034），封虢叔于此，称作东虢，建立东虢城。

五次建藩镇城郭：周灵王元年（前571），晋悼公建虎牢城；周灵王九年（前563），晋悼公占据郑国虎牢城，又进行修建；晋愍帝建兴元年（313），祖逖营修虎牢城（晋明帝太宁三年，即325年，此地陷于后赵，避赵王石虎讳，改虎牢为武牢）；南朝宋少帝景平元年（423），毛德祖都督并司雍州，镇虎牢。隋文帝开皇二年（582），尽改虎牢、成皋等名，始命名为汜水县。隋炀帝大业十二年（616），武贲郎将裴仁基镇守成皋，筑城坚厚，李密军围攻一年多，不能攻下。

六次建郡邑城：郑武公初年（前718），建立制城；汉高祖六年（前201），设置成皋城；南朝宋文帝元嘉间（424—453），设置司州城；北周武帝建德年间（572—576），修筑虎牢城；唐高祖武德四年（621），设置郑州城；武后垂拱四年（688），又设置广武城。

汜水县初定其址于锦阳川东畔，后为唐人变置。至宋又复其地，仍名为汜水。金、元沿袭其称。元武宗至大元年（1308），大水漂没城郭，宫室一空，于是迁置于锦阳川东十里的旧治废墟。至明洪武六年（1373），邑令刘渊奏请迁回原址，而制邑的旧治处，便称为上街了。

这里秦置关、汉置县，以后的封建王朝，无不在此设防。

刀光剑影虎牢关

虎牢关，又称汜水关，因为避唐高祖的祖父李虎的忌讳亦称武牢关，在洛阳以东，今河南省荥阳市市区西北部16公里的汜水镇境内。它作为洛阳东边门户和重要的关隘，因西周穆王在此牢虎而得名。南连嵩岳，北濒黄河，山岭交错，自成天险。大有“一夫当关，万夫莫开”之势，为历代兵家必争之地。

史载，当年周平王东迁，郑桓公将封国迁到新郑，于是平王将虎牢以东的地域赐给郑武公，后来郑国失其地。郑厉公接纳周惠王有功，周惠王又将此地赐与郑国。齐桓公称霸天下，取虎牢以与申侯（申国国君）。周灵王元年（前571），晋国荀罃率诸侯大夫会于戚（在今濮阳市境内，有戚城遗址），于是修筑虎牢城。周灵王九年（563），诸侯的军队驻扎虎牢城而保卫郑国。又，郑国大夫烛之武劝说秦伯与郑国建立盟约，秦伯便派杞子、逢孙和扬孙驻扎于虎牢保卫郑国。

春秋时期，诸侯会盟，周天子巡视，屡经虎牢、制田（在今尉氏县境内）、旃然（古水名，即今荥阳市的索河）、伯牛（在今杞县北）、坎欿（东周地，今荥阳市高山镇穆沟村）等地。晋卿赵武，于周灵王八年（564），号令于诸侯：修器备，盛食粮，归老幼，于虎牢养病。

汉代设置成皋县于虎牢。汉献帝初平元年（190），关东诸军起兵讨伐董卓，董卓便派遣吕布屯兵虎牢防御他们。关东诸军素闻吕布威名，没有敢前进的，惟有刘备、关羽、张飞兄弟与吕布相对垒为敌。这就是后世演绎的“三英战吕布”。

晋代于虎牢设置司州，祖逖、刘琨都为司州主簿。祖逖为镇国将，营修虎牢城，四望甚远，恐南无坚垒，便使人依济水筑城。晋元帝大兴元年（318），荥阳太守李矩夜袭刘畅汉军，刘畅汉军逃奔虎牢。这时虎牢属东晋。晋明帝太宁三年（325），司州陷于后赵，避赵王石虎名讳，改虎牢为武牢。海西公太和四年（369），武牢又为前秦苻坚辖地。晋安帝义熙十三年（417），刘豫遣王镇恶大破秦军，这年武牢属东晋。不数月，刘义真逃归，武牢又为北魏辖地。南朝宋文帝元嘉七年（430），派遣到彦之攻伐北魏，段宏率领精骑直指武牢，北魏北渡黄河而去，武牢于是为南朝宋所有。不久，叔孙建、长孙道生渡过黄河，到彦之弃城而逃，武牢又属于北魏。永熙三年（534）十月，高欢逼走孝武帝，立元善见为帝，即孝静帝，迁都邺城，史称东魏。这时武牢又属东魏。东魏灭亡，武牢以东属北齐，以西属北周。

隋朝大业末年（618），以裴仁基为河南道讨捕大使，镇守武牢。裴仁基与萧怀静不和睦，于是以武牢降李密，授为上柱国。隋开皇二年（582），以武牢为汜水县，属荥阳郡。汜水名县自此始。

唐高祖武德四年（621），于虎牢设置郑州，以汜水县附郭。唐玄宗天宝十四年（755），安禄山攻陷虎牢。唐肃宗至德二年（757），郭子仪收复虎牢。上元二年（761），虎牢又被史思明攻破。唐代宗宝应元年（762），仆固怀恩又收复虎牢。此后，史书竟名汜水，不再称虎牢了。惟独《元史》：先帖木儿起兵袭大庆关，陕西军至黑石渡，于是占据虎牢。但此言的“虎牢”只是名地，并非名城。

由上可见，虎牢是兵家常争之地，为历代所重视。唐陆淳说：“城虎牢，可以安中国（指中原）。”宋胡安国说：“虎牢，郑地，故称制邑。至汉为成皋，今为汜水县，岩险闻于天下。”宋家铉翁也说：“虎牢，诸夏之藩表（藩屏）。得之以兴，失之以亡。”宋金履祥说：“郑有虎牢之险，为中原襟喉。”明徐化溥《北岳志》称：“洛阳之守在虎牢。盖虎牢者，乃万古要害之地，而群雄逐鹿之区也。”明太祖命名为古崤，又立为关，设司授官以守险塞，非常看重此地。

郡县得名以阴阳

山南为阳，山北为阴。水北（或东）为阳，水南（或西）为阴。河南省境内的古今地名多以阴阳为名。以其在山南而称阳的有：

嵩阳（治所在今登封市），因在嵩山的南面而得名。隋炀帝大业元年（605）改轮氏县为嵩阳县，隶属豫州。大业三年（607），隶属河南郡。唐贞观十七年（643）废除。唐高宗永淳元年（682）又设置，永淳二年（683）废除。武后光宅元年（684）又设置。万岁登封元年（696）改为登封县。唐中宗神龙元年（705）又为嵩阳县。神龙二年（706）又改为登封县。

山阳（治所在今焦作市山阳区十里墙南村北），因在太行山的南面而得名。西汉置县，隶属河内郡。北魏孝明帝孝昌中（525—527）曾为山阳郡治所所在地。北齐废入修武县。曹丕即帝位，迁汉献帝于此，称为山阳公。

复阳（治所在今桐柏县吴城一带），因在大复山的南面而得名。汉宣帝元康元年（前65），封长沙顷王子延年为复阳侯，置复阳侯国于此。汉成帝元延二年（前11）改为复阳县，隶属南阳郡。西晋废除。

弋阳（治所在今潢川县西），因在浮弋山的南面而得名。西汉置县，隶属汝南郡。三国魏分汝南郡置弋阳郡。晋沿袭。东魏分置南、北弋阳县，北弋阳县仍治今潢川县西，为弋阳郡治；南弋阳县治今潢川县。北齐时，北弋阳县废入南弋阳县，南弋阳县改为定城县。隋文帝开皇初年（581），置光州。唐置东光城郡，隶属淮南道。唐宪宗元和初年（806），又称光州。宋属淮西路。明洪武初年（1368），光州隶属凤阳府。不久，改隶属汝宁府。

鲁阳（治所在今鲁山县），因在鲁山的南面而得名。西汉置县，隶属南阳郡。东汉、三国魏属南阳郡。西晋隶属南阳国。十六国后赵属南阳郡。北魏孝文帝太和十一年（487），改名山北县。北周又改为鲁山县。

红阳（治所在今舞阳县西北），因在红山的南面而得名。西汉置县，属南阳郡。东汉废除。

以其在水北而称阳的有：

洛阳（今洛阳市），因在洛水的北面而得名。先后有东周、东汉、曹魏、西晋、北魏、隋、唐、后梁、后唐等建都于此，所以有“九朝古都”之称。

河阳（治所在今孟州市西冶戍镇），因在黄河的北面而得名。西汉置县，隶属河内郡。西晋末废除。北魏孝明帝孝昌中（525—527）又置县，北齐废除。北魏孝文帝太和（477—499）中，移治所于北中府城（今孟州市南15里）。隋文帝开皇十六年（596）又置县，隶属怀州。隋炀帝大业初年（605），隶属河内郡。唐高祖武德初年（618），改为大基县。唐高宗咸亨五年（674），又改为河阳县。后又为孟州治所。宋、金、元，均为孟州。金世宗大定中（1161—1189）迁治所于孟县（今孟州市）。明洪武初年（1368），仍为孟州。洪武十年（1377），改孟州为孟县，属怀庆府。清代沿袭。

荥阳（治所在今荥阳市），因在荥泽的西北而得名。秦置县，属三川郡。西汉时，属河南郡。西晋泰始元年（265），由河南郡分置荥阳郡，为郡治所。北魏时，在武牢（即虎牢关）设北豫州部，置荥阳郡。北周改为荥州，州治所设在成皋（即虎牢关）。隋文帝将北周荥州改名为郑州（治所仍设在成皋），辖荥阳县。唐太宗贞观七年（633），郑州州府治所从成皋移至管城

（今郑州市管城区），辖荥阳县。宋、元、明、清沿袭。

颍阳（治所在今许昌市西南），因在颍水的北面而得名。秦置县，隶属颍川郡。西汉沿袭。晋代废颍阳县。北魏献文帝天安二年（467），又置颍阳县（治所在今登封市西54里颍阳镇）。北周废除。唐玄宗开元十五年（727），又置颍阳县。宋仁宗庆历二年（1042），废除。庆历四年（1044），又置颍阳县。宋神宗熙宁三年（1070），废颍阳县，并入登封县。宋哲宗元祐二年（1087），又置颍阳县，隶属河南府。金代废除。

昆阳（治所在今叶县），因在昆水的北面而得名。秦置县，隶属颍川郡。两汉沿袭。晋隶属襄城郡。北齐改为汝坟县，属汉广郡。后又隶属颍川郡。唐太宗贞观初年（627）废除。元世祖至元初年（1264）又置，隶属裕州。至元三年（1266），又废入叶县。

舞阳（治所在今舞阳县西北），因在舞水以北而得名。秦置县，隶属颍川郡。三国魏隶属襄城郡。南朝宋废除。唐玄宗开元四年（716）又置（治所在今舞阳县北舞渡镇），隶属仙州（治所在今叶县）。开元二十六年（738），隶属许州。唐宪宗元和十三年（818），移治吴城镇（在今舞阳县东）。北宋属颍昌府。金章宗泰和八年（1208），移治今舞阳县，隶属裕州。元世祖至元三年（1266）废除。后又置。清代属南阳府。

育阳（治所在今南阳市西南绿杨村），因在育水的北面而得名。西汉置县，隶属南阳郡。三国时又作淯阳县。东晋孝武帝时，为避简文帝讳（昱），改淯阳为云阳。后周废除。唐高祖武德三年（620），又置淯阳县。武德八年（625）又废除。

涅阳（治所在今邓州市穰东镇），因在涅水的东面而得名。汉高帝七年（前200），置涅阳侯国。汉文帝五年（前175），改涅阳侯国置县，隶属南阳郡。隋文帝开皇初年（581），改为课阳（因在课水的北面而得名）县。

堵阳（治所在今方城县东6里），一名赭阳。因在堵水的北面而得名。本秦阳城县，西汉改堵阳县置，隶属南阳郡。东汉、三国魏隶属南阳郡。西晋隶属南阳国。东晋隶属南阳郡。南朝宋改为赭阳县。

蔡阳（治所在今湖北省枣阳市西南），因在蔡水的北面而得名。西汉置县，隶属南阳郡。东汉改为侯国。三国魏又为县。晋武帝改隶属义阳郡，晋惠帝改隶属新野郡。南朝宋孝武帝大明元年（457）废除。南朝齐又置东蔡阳、西蔡阳两县。南朝梁仍并为蔡阳县，为蔡阳郡治所所在地。西魏又为南雍州、蔡州治所。北周因袭。隋代隶属舂陵郡。唐代初年废除。

棘阳（治所在今新野县东北的前高庙乡张楼村），因在棘水的东面而得名。汉高帝七年（前200），封杜得臣为棘阳侯。汉武帝元朔五年（前124），改为县，隶属南阳郡。西晋隶属义阳郡。南朝宋属河南侨郡。北魏改为南棘阳县。隋文帝开皇初年（581），改为新野县。

比阳（治所在今唐河县），因在比水的北面而得名。西汉置县，隶属南阳郡。晋隶属南阳国。南朝宋改隶属广平郡。北魏改置阳平县。隋文帝开皇七年（587），改为饶良县。隋炀帝大业三年（607），又置比阳县。唐代为唐州治所所在地。唐昭宗天祐三年（906），比阳县隶属唐州。元世祖至元三年（1266），废入泌阳县。

湖阳（治所在今唐河县湖阳镇），因在徽子湖的北面而得名。秦置县，隶属南阳郡。西汉隶属南阳郡。西晋废除。北魏孝文帝太和二十二年（498），又置县。隋文帝开皇初年（581）为湖州治所。唐隶属唐州。金宣宗贞祐元年（1213）废除。不久又置。元世祖至元三年（1266）废除。

滍阳（治所在今平顶山市新华区滍阳镇南），因在滍水以北而得名。北魏置县，隶属鲁阳郡。隋文帝开皇十年（590），改为湛水县。唐高祖武德四年（621），复置滍阳县，隶属鲁州。唐太宗贞观元年（627），废除鲁州，仍置滍阳县。贞观九年（635）废除。

朝阳（治所在今邓州市东南刁河南岸），因在朝水的北面而得名。西汉置县，隶属南阳郡。西晋隶属义阳郡，后改隶属新野郡。南朝宋孝武帝大明元年（457）废除。

顺阳（治所在今淅川县李官桥镇顺阳村），因在顺水的北面而得名。汉成帝初年（前32），为顺阳侯国。汉哀帝建平初年（前6），改为博山县，隶属南阳郡。汉明帝改博山县为顺阳县，隶属南阳郡。汉章帝建初四年（79），改为侯国。汉献帝建安十三年（208），分南阳郡置南乡郡，顺阳县隶属南乡郡。

晋武帝太康十年（289），改南乡郡为顺阳郡，顺阳县隶属顺阳郡。南朝梁武帝避父讳“顺之”，改顺阳县为从阳县。隋代，复名顺阳县（迁治所于今邓州市西），属南阳郡。唐高祖武德三年（620），置顺阳县。武德六年（623），降为顺阳镇。北宋太宗太平兴国六年（981），升顺阳镇为顺阳县。金代废入穰县，金末析穰县于顺阳镇置顺阳县。元初沿袭，元世祖至元二年（1265），废入内乡县。

睢阳（治所在今商丘市睢阳区），因在睢水的北面而得名。秦置县，隶属砀郡。西汉仍为县，隶属梁国。东汉、晋均因袭。后魏仍为县，隶属梁郡。隋代初年（581），置宋州。隋炀帝大业初年（605），改睢阳为宋城，隶属梁郡。唐高祖初年（618），仍为宋州，不久改为睢阳郡，隶属河南道。五代为宋城县，属宋州。后梁隶属宣武军。宋真宗景德二年（1005），升为应天府，隶属京东西路。金代改宋城县为睢阳县，为归德府治所，隶属南京路。元代沿袭。明洪武初年（1368），废除睢阳，入为归德州，隶属开封府。明世宗嘉靖二十四年（1545）又为商丘县，隶属归德府。清代沿袭明制。

淇阳（治所在今林州市临淇镇淇阳城村），因在淇水的北面而得名。隋文帝开皇三年（583），废除林虑郡而分置淇阳县。隋炀帝大业初年（605）废除。

鲖阳（治所在今沈丘县西南35里），因在鲖水的北面而得名。汉置鲖阳县，属汝南郡。光武帝建武二年（26），改固始侯国。后复为鲖阳县。汉明帝永平六年（63），改为鲖阳侯国。汉顺帝永建元年（126），改为阜阳侯国。汉桓帝永兴元年（153）废除。三国魏又置鲖阳县，属汝南郡。西晋鲖阳县，属汝阴郡。晋成帝咸康二年（336），鲖阳并入新蔡县，后又置鲖阳县，属新蔡郡。北齐废鲖阳县，置褒信县。隋文帝开皇三年（583），废褒信县置沈州，褒信县分置鲖阳、沈丘两县，隶属沈州。唐太宗贞观元年（627），废鲖阳、沈丘两县，并入汝阴县。唐中宗神龙二年（706）分汝阴，又置沈丘县，属颍州。宋代属顺昌府。元顺帝至正十六年（1356），废除沈丘、汝阴二县。明孝宗弘治十一年（1498），又设沈丘县。清朝沿袭，属开封府。

淮阳（治所在今周口市淮阳区），因在淮水的北面而得名。秦置陈县，属颍川郡。汉高帝初年（前206），分颍川郡置淮阳郡，汉高帝十二年（前85），置淮阳国，陈县前后隶属。东汉，陈县属陈国，隶属于豫州刺史部。三国魏，陈县属陈郡，隶属于豫州。晋代，陈县属梁国，隶属于豫州。南朝齐置南陈县，属陈郡，隶属于豫州。北魏陈县省入项县，属陈郡，隶属于北扬州。北齐迁回古陈县城。隋文帝开皇初年（581），改为宛丘县，属淮阳郡，隶属于豫州。唐代，宛丘县属陈州淮阳郡，隶属于河南道。五代，宛丘县属陈州，隶属于忠武军；后晋、后周隶属于镇安军。宋代，宛丘县属陈州淮阳郡，后属淮宁府，隶属于京西北路。金代，宛丘县属陈州，隶属于南京路。元代，宛丘县属陈州，隶属于汴梁路。明代，废除宛丘县并入陈州，属开封府，隶属于河南等处行中书省。清初，沿袭明制，隶属于河南布政使司。清雍正二年（1724），改陈州为直隶州。雍正十二年（1734），又置淮宁，属陈州。民国二年（1913），改淮宁县为淮阳县。

济阳（治所在今兰考县东北堌阳镇），因在济水的北面而得名。秦朝置县，属砀郡。西汉沿袭，属陈留郡。西晋属陈留国。西晋末及十六国后赵属陈留郡。北魏属阳夏郡（治所在今杞县）。隋文帝开皇三年（583），废除阳夏郡。济阳县属济阴郡。唐高祖武德初年（618），属杞州（治所在今杞县）。唐太宗贞观元年（627），废入冤句县（治所在今山东省菏泽市西南）。

伊阳（治所在今嵩县西南旧县镇），因在伊水的北面而得名。唐玄宗先天二年（713），分陆浑县而置县，属河南府。五代时，废除陆浑县，而入伊阳县。宋代，又以伊阙县入伊阳县。金代为嵩州治所，辖伊阳。元世祖至元三年（1266）废除。明成化十二年（1476），析汝州及嵩县、鲁山二县地置伊阳县（治所在今汝阳县），属汝州。清代因袭不改。1959 年，因易与宜阳相混，改伊阳县为汝阳县。

濮阳（治所在今濮阳县西南故县村），因在濮水的北面而得名。秦置县，属东郡，为东郡治所所在地。西汉初年，沿袭秦制。后改为顿丘县（治所在今河南省清丰县西南），仍属东郡。晋武帝泰始二年（266），废除东郡，立顿丘郡和魏郡。北魏属濮阳郡。隋文帝开皇初年（581），废除濮阳郡。唐武德四年（621），设置澶渊郡，后避李渊名讳，改为澶州。五代，后晋高祖天福四年（939），迁治所于德胜城（今河南省濮阳县东南五里），属澶州。宋神宗熙宁十年（1077），迁治所于今濮阳县，后为开德府治所。金为澶州治，金熙宗皇统四年（1144）为开州治。明洪武二年（1369），省入开州。1914 年改为开县（治所在今濮阳县），属河北大名道。1949 年改属平原省。1952 年归河南省。1983 年撤销濮阳县，设立濮阳市。1987 年复置濮阳县。

宜阳（治所在今宜阳县西韩城镇），因在宜水的北面而得名。战国韩置县。秦属三川郡。西汉隶属司隶部。东汉属弘农郡，隶属司隶部。三国魏属新安郡，隶属司州部。北魏改宜阳县为甘棠县，为宜阳郡治所。东魏又改为宜阳县。北周明帝二年（558），改宜阳县为昌洛县，为熊州治所。隋代，又改为宜阳县，属河南郡。唐高祖武德二年（619）改为寿安县，属宜阳郡。五代，属河南府。宋代沿袭前制。金代，改为宜阳县，属金昌府。元代，属河南府路。明代，属河南府。清代沿袭。

汝阳（治所在今商水县西北），因在小汝水的北面而得名。西汉置县，属汝南郡。三国魏属陈郡。西晋仍属汝南郡。东晋、南朝宋、齐及北魏、东魏属汝阳郡。隋炀帝大业初年（605），废汝阳县，改为溵水县，属淮阳郡。隋炀帝大业三年（607），又置汝阳县（治所在今汝南县），属汝南郡。唐高祖武德四年（621），属豫州。唐代宗宝应元年（762），属蔡州。元、明、清，均属汝宁府。1913 年又改为汝南县（东魏曾置汝南县）。

灈阳（治所在今遂平县东南），因在灈水的北面而得名。西汉置县，属汝南郡。东汉光武帝建武二十八年（52），封吴汉的孙子吴旦为灈阳侯。南朝宋作瞿阳县。北齐废除。

慎阳（治所在今正阳县北江口集），因在慎（本作滇，读 zhēn，后误为慎）水的北面而得名。西汉高帝十一年（前 196），置为侯国。汉武帝元狩五年（前 118），改为县，属汝南郡。东汉、三国魏沿袭。南朝宋初年（420），改为真阳县。后复为慎阳县，仍属汝南郡。北魏改为真阳县。隋文帝开皇十一年（591）废除。隋炀帝大业初年（605），改为真阳县，属汝南郡。武后载初元年（690），改为淮阳。唐中宗神龙元年（705），又复真阳县。唐代宗宝应元年（762）属蔡州。宋、金沿袭。元世祖至元三年（1266）省入息州（今息县）。后又置，属汝宁府。明洪武四年（1371），省入汝阳县。明武宗正德元年（1506），又置慎阳县，属汝宁府。清代沿袭，雍正二年（1724），改为正阳县。

筑阳（治所在今湖北谷城县东四里），因在筑水的北面而得名。秦、汉置县，属南阳郡。东汉为筑阳侯国。三国魏又为筑阳县，属南乡郡。晋属顺阳郡（治所在今淅川县南）。北魏属襄阳郡，迁治所于今谷城县。隋文帝开皇初年（581）废除。

繁阳（治所在今内黄县西北），因在繁水的北面而得名。西汉置县，属魏郡。西晋属顿丘郡。北魏太武帝太平真君六年（445）废除。孝文帝太和十九年（495）又置。北齐废除。隋文帝开皇十六年（596）又置，属相州。隋文帝大业初年（605），废入内黄县。唐高祖武德四年（621）又置，属黎州。唐太宗贞观初年（627）废除。

以其在水南而称阴的有：

荡阴（今汤阴县），因在荡（tāng）水的南面而得名。西汉置县，属河内郡。汉献帝建安十七年（212），改属魏郡。晋代沿袭。北魏废除。隋文帝开皇六年（586）又置（治所在今汤阴县东）。开皇十年（590），并入安阳县。开皇十六年（596），又置荡源县（治所在今汤阴县西南）。隋炀帝大业三年（607）废除。唐高祖武德四年（621）又置（治所在今汤阴县城），属魏州。唐高祖武德六年（623），改属相州。唐太宗贞观元年（627），改称汤阴。宋徽宗宣和初年（1119），改属濬州。金代，属彰德府。明、清沿袭。

颍阴（治所在今许昌市魏都区），因在颍水的南面而得名。汉置县，属颍川郡。西汉高帝六年（前201），封灌婴为颍阴侯。北魏太武帝太平真君七年（446），并入临颍县。东魏孝静帝元象二年（539）又置，属颍川郡。北齐文宣帝天保元年（550），改为长社县（治所在今许昌市魏都区）。

河阴（初置治所在今孟津县东北），因在黄河的南面而得名。三国魏文帝黄初中（220—226），改平阴县为河阴县，属河南郡。东魏属河阴郡。隋文帝开皇初年（581），属洛州。隋炀帝大业初年（605），废入洛阳县。唐玄宗开元二十二年（734），又置河阴县（治所在今荥阳市东北），属河南府。唐武宗会昌三年（843），改属孟州。金代，属郑州。元代，迁治所于今荥阳市东北广武山北。明洪武三年（1370），迁治所于今荥阳市东北广武镇。清乾隆三十年（1765），废入荥泽县（治所在今郑州市惠济区古荥镇北）。1913 年析荥泽县又置河阴县，属河南豫东道。1914 年属开封道。1927 年直属河南省。1931 年并入广武县（治所在今郑州市西北河阴旧城）。1949 年废入成皋县（治所在今荥阳市汜水镇成皋城）。

舞阴（治所在今泌阳县西北古城寨），因在舞水的南面而得名。西汉置县，属南阳郡。东汉为侯国。西晋属南阳国。南朝宋属南阳郡。北魏属南阳郡。北魏孝明帝孝昌中（525—527），置舞阴郡。隋文帝开皇初年（581），废郡改为显冈县，属淮安郡。唐高祖武德四年（621），改为显州。唐太宗贞观三年（629），废除显冈县。贞观九年（635），废除显州。

另有，因地处伏牛山以南、汉水以北而得名的南阳；因地处三角山以南、浉河以北而得名的信阳；因境内有沁阳（沁水以北）古城而取名的沁阳；变战国魏国宁新中邑的“宁”为“安”，以在淇水以北而得名的安阳；因黎山在其南（取“黎”），河水经其东（东为“阳”）而取名的黎阳（治所在今浚县东南）。

郡县改名因避讳

避名讳自周朝始，但不严格。秦汉以来，开始严格起来。河南省的郡县也多因避讳改名。

开封市，古城本春秋时期郑国的启封邑。郑庄公拓展疆域，构筑城邑，取“启拓封疆”之意，命名为启封（今开封城南的朱仙镇古城村）。西汉因避景帝刘启名讳，以“启、开”同义，更名为开封。

信阳市，本三国魏义阳郡。三国魏文帝分南阳立义阳郡（治所在今信阳市西北 70 里），领安昌、平林、平氏、义阳、平春五县。晋惠帝时，义阳郡治所迁至义阳县。其间多有改名。北周取西魏南司州为申州。隋炀帝大业二年（606），改申州为义州。后定为义阳郡。唐为申州义阳郡，隶属淮南道。五代仍为申州。宋太祖开宝九年（976），改为义阳军。宋太宗兴国元年（976），避赵匡义（光义）名讳，以五常“仁义礼智信”之“信义”相及，改义阳军为信阳军。

林州市，本西汉隆虑县。汉高帝二年（前205）设立，隶属河内郡。因隆虑山在县北而得名。东汉殇帝延平元年（106），避殇帝刘隆名讳，以“隆、林”音近，改隆虑县为林虑县。晋属汲郡。北魏太武帝并入邺县。北周武帝置林虑郡。隋文帝开皇三年（583）废除郡，县属相州。唐高祖武德二年（619），又置岩州。武德五年（622）废除县，又属相州。宋代又复为林虑县，隶属相州。金宣宗贞祐三年（1215），升为林州。元世祖至元二年（1265），废除林州为林虑县。至元六年（1269），升林虑县为林州。明太祖洪武二年（1369），降林州为林县。清代沿袭。

商水县，本隋溵水县。隋文帝开皇十六年（596）设立，隶属陈州。因溵水流经县北而得名。隋炀帝大业初年（605），撤汝阳县（治所在今商水县张庄镇城上村），并入溵水县，隶属淮阳郡。唐高祖武德四年（621），改属沈州。唐太宗贞观元年（627），隶属陈州。唐德宗建中二年（781），隶属溵州（治所在今漯河市郾城区）。唐德宗兴元元年（784），又隶属陈州。宋太祖建隆元年（960），避赵匡胤父亲弘殷名讳，以“殷商”并称，改溵水县为商水县。

内乡县，本楚国的析邑，后属于秦国。汉以为县，属弘农郡，东汉隶属南阳郡。西魏于此置析阳郡，西魏废帝改为中乡县。隋文帝开皇三年（583），避杨坚父忠名讳，以“中、内”义同，改中乡为内乡，隶属邓州。

又，梁太祖朱温篡唐居汴州（今开封市），梁太祖开平元年（907），避朱温父诚名讳，考城、胙城、襄城，但呼为考县、胙县、襄县。

古地同名非同处

河南自古以来作为政治、军事等的历史舞台，其地名显于史书的繁多难记，尤其是同名异指的更是难识，易于混淆。现将其常见的摘述如下。

匡城有三。

匡城，古地名。因孔子周游列国时，曾被围困于此而出名。在中原大地有 3 处匡城。

一是春秋时期宋国的匡城。秦朝时，于此设置承匡县，属砀郡。后迁之襄陵，改为襄邑县。治所在今河南睢县西 30 里的匡城乡。这里有匡水和承匡山。

二是春秋时期卫国的匡城。汉朝时，设置长垣县，匡城属长垣县，在长垣县西南 15 里。

三是春秋时期郑国的匡城，在扶沟县北，有匡亭。《左传》：鲁文公元年（前 626），卫国孔达侵郑，伐绵、訾及匡。其中的“匡”即指此地。北魏设置匡城县，隶属阳夏郡（治所在今杞县）。

因三地匡城，都为春秋时期所有，又陈国（都今周口市淮阳区）在三地的东南，所以三地都有孔子被围困其地的传说。

据汉司马迁《史记》卷四十七载：孔子惧怕他人诬陷而离开卫国，将到陈国去，路过匡城。匡人以为是鲁国的阳虎路过这里，于是便将孔子一行围困。这是因为阳虎曾施暴于匡人，孔子形状又类似于阳虎。孔子被围困五日后，便使跟从的人去做卫国大夫宁武子的家臣，这样才得以离开。而后经过蒲地，月余返回卫国。

按唐李泰等《括地志》载，长垣县的匡城北 15 里有蒲乡。而其他两地则无蒲乡。由此可见，孔子一行当年所围困的匡城，是长垣县西南的匡城，而不是其他两地。

阳城有三。

阳城，因为秦末农民起义军领袖陈胜的出生地而闻名。但自古及今，众说不一。

一是颍川郡阳城县（治所在今登封县告成镇），西汉设置阳城县，因阳城山而得名。北魏设置阳城郡，隶属司州。隋文帝开皇三年（583）废除郡，以县属洛州。开皇十六年（596），于此置嵩州。仁寿四年（604）省嵩州，以县属河南郡（治所在今洛阳市东北汉魏故城）。武周万岁登封元年（696），则天因封中岳，改名告成县。

二是南阳郡阳城县（治所在今方城县）。汉司马迁《史记》卷五十四："绝河津，还击赵贲军尸北，破之。从南攻犨，与南阳守齮战阳城郭东，陷陈，取宛，虏齮，尽定南阳郡。"关于其中的阳城，南朝宋徐广注道："阳城在南阳。"汉应劭注道："今堵阳。"由此说明，阳城是秦时的县，隶属南阳郡。西汉改为堵阳（一作赭阳）县。东汉明帝改为顺阳县。西魏设置方城县，隶属襄城郡。又设置襄邑郡于此，后废除。东魏又设置建城郡和建城县。北齐郡、县俱废除。隋文帝开皇初年（581），又设置方城县，隶属南阳郡。唐高祖武德二年（619），设置北澧州，领方城县。唐太宗贞观初年（627），改为鲁州。贞观九年（635）又废除州改为方城县，隶属唐州。宋仁宗庆历四年（1044），废除方城县为镇，并入南阳县。宋神宗元丰元年（1078），又设置方城县，隶属唐州。金章宗泰和八年（1208），设置裕州（治所在方城），方城以县隶属。元代沿袭。明代方城县入裕州，隶属南阳府。

三是汝南郡阳城县（治所在今商水县）。汉班固《汉书》卷三十一："陈胜字涉，阳城人。"唐颜师古注："师古曰：'《地理志》：属汝南郡。'"之后，颜师古此注遭到了古人和今人的质疑和否定。按民国《商水县志》，今商水县，周属沈国地。西汉初年（前206），设置女（汝）阳县，隶属汝南郡。东汉沿袭。三国魏隶属陈郡。西晋隶属汝南郡。东晋于县设置汝阳郡。南北朝沿袭。隋开皇十六年（596）设立溵水县，隶属陈州。宋太祖建隆元年（960），避赵匡胤父亲弘殷名讳，改为商水县。

中牟有二。

两个中牟在黄河南北之间，不可不辨。

一是荡阴县西58里的牟山下的中牟城（治所在今鹤壁市山城区一带）。为九州之一的冀州地。春秋时期，赵国曾一度迁都于此。汉代以前的史料，所言中牟，都是指此。

二是西汉中牟县（治所在今中牟县）。为九州之一的豫州地。春秋时期，此地为郑国邑地。秦时隶属三川郡，未有中牟之称。西汉始设置中牟县，隶属河南郡，因县治北有牟山而得名。隋文帝开皇初年（581），因避讳改中牟为内牟。开皇十八年（598），改内牟为圃田。唐高祖武德初年（618），又改为中牟。武德三年（620），改置牟州。武德四年，废除州为中牟县，隶属管州。唐太宗贞观元年（627），改隶属汴州。唐高宗龙朔二年（662），又隶属郑州。之后，隶属虽有变化，但作为县名中牟未改。

滑有三。

一是西周滑国（都今偃师市府店镇）。春秋时期为秦国所灭。汉代于此置缑氏县，因缑氏山得名。

二是春秋郑国地名，在今睢县西北。

三是滑州（治所在今滑县）。滑县在春秋时称漕邑，汉魏为白马县。至隋开皇十六年（596），始改为滑州。

祭有二。

一是西周周公旦第五子的封国——祭国（都今郑州市郑东新区祭城镇）。后为郑国所灭。

二是春秋郑国大夫祭仲的封邑——祭城（治所在今长垣县苗寨镇境内），后属卫国。

栎有二。

一是春秋郑国的邑地，即今禹州市。

二是春秋楚国的邑地，在今新蔡县境内。

吕有二。

一是虞夏之际的姜姓封国——吕国（都今南阳市西董吕村一带），至周代失国。

二是另一古吕国（都今新蔡县），春秋蔡国曾都于此。

莘有四。

一是夏商时的古封国，在今开封市祥符区陈留镇东北35里处。

二是春秋蔡国的邑地，在今上蔡县境内。

三是春秋西虢国的邑地，在今三门峡市陕州区硖石镇西15里的莘原。

四是春秋卫国的邑地，即今山东省莘县。

圉有四。

一是春秋郑国的邑地，即今杞县南圉镇。

二是春秋卫国的邑地，在今濮阳市东。

三是东周王畿之地——东圉，在今洛阳市东南。

四是东周王畿之地——圉泽（即东圉之泽），在今洛阳市东南。

棘有六。

一是春秋宋国的大棘，即今睢县。

二是春秋宋国的曲棘，即今民权县西北内黄集。

三是春秋郑国的上棘，即今禹州市。

四是春秋郑国的棘泽，在今长葛市东北。

五是春秋楚国的棘邑，即今永城市酂城镇。

六是春秋晋国的棘津，即今延津县胙城乡。

内黄、外黄与小黄

古代的河南，县名中带“黄”的有三处，即内黄、外黄和小黄。其得名由来，都与水有关。

史载，五代后梁太祖朱温征讨河北，至内黄县，顾问左谏议大夫李珽道：“为什么叫内黄?”李珽说：“河南有外黄（秦县名，治所在今民权县西北内黄集）、小黄（西汉县名，治所在今开封市祥符区陈留镇东北 30 里），所以此地叫内黄。”梁太祖说：“外黄、小黄在哪里?”李珽说：“秦有外黄都尉理外黄，有故址，今在雍丘（今杞县）。小黄（治所在今开封市祥符区陈留镇东北）为北齐所废，它的故址今在陈留。”

梁太祖朱温出身行伍，平生虽不喜爱儒者，但听李珽如此解释，非常高兴，称奖再三。

“三黄”之“黄”亦有不同。“内黄”和“外黄”的“黄”，是指黄河。黄河以北称“内”，因古代帝王大多建都于此而言，所以又有“河内”之称。相对而言，黄河以南则称“外”，又有“河外”之称。而“小黄”的“黄”，则是指陈留当地的黄沟。

东汉河南有八关

汉灵帝中平元年（184）三月，以河南尹何进为大将军，率左右羽林五营营士，屯驻都亭（在今河南省洛阳市），修理器械，以镇守京师雒阳（今洛阳市）。又设置“八关”，每一关由都尉统领，以拱卫京师。这“八关”分别是：

函谷关，即新函谷关，在新安县城东。

广城关，在新城县（治所在今河南省伊川县西南）。

伊阙关，在雒阳西南 50 里的伊阙山上。

大谷关，在雒阳东南。故址在今河南省洛阳市东南大谷口。

轘辕关，在缑氏县（治所在今河南省偃师市缑氏镇）东南。因道路险隘，共 13 曲，将去复还，所以叫轘辕。

旋门关，在成皋县（治所在今河南省荥阳市汜水镇虎牢关村西北成皋城）西南 10 里。

小平津关，在小平县（治所在今河南省巩义市）西北。

孟津关，在河阳县（今河南省孟州市）西南。即今孟津县东北。

义阳三关锁豫南

三国魏文帝分南阳郡置义阳郡（治所在今湖北枣阳东南），又置义阳县。后义阳郡废除。晋武帝太康元年（280），又置义阳国（治所在今新野县南）。南朝宋沿袭。宋文帝元嘉末年（453）又侨置司州（治所在今汝南县）。宋明帝泰始中（465—473）迁司州于义阳郡（治所在今河南省信阳市）。唐代，义阳县，属申州。宋太祖开宝九年（976），改为义阳军。宋太宗太平兴国元年（976），改为信阳军（避宋太宗光义讳，改义阳为信阳。信阳之名始于此）。自古南北争衡，义阳常为重镇。此境有三关要塞。

一是平靖关，在义阳县南90里。此关因山为障，没有护城河，有大小石门，凿山为道。西魏文帝大统十七年（551），曾于此地设置平靖县［隋炀帝大业二年（601），县废除］，所以名为平靖关。此关，春秋战国时期称为冥阨，为天下“九塞”之一。又名恨这关（取将军攻关不下而有遗恨之意）。宋代又称行者陂。自古以来，诗人骚客对此关多有吟咏。清户部侍郎田雯有《恨这关》诗：“楚塞原来霄汉间，青山一发入荆蛮。子规啼尽行人少，风雨潇潇恨这关。”

二是武阳关，又名武胜关、澧山关（因古澧山县为名。唐高祖武德八年，即625年，县废除）。在义阳县东南150里。春秋战国时期称大隧，秦代更名为武阳关，南宋时期更名为武胜关。

三是黄岘关，又名百雁关（有雁栖息其上，因以为名）。俗名九里关。在义阳县南90里。东至澧山关100里。春秋战国时期称直辕。

三关，总名城口，势如首尾，若克一关，两关不待攻而破。历代兵家占据三关，向南可以控制楚境，向北可以争许昌、洛阳，向西可以出南阳、邓州，向东可以屏障淮西。可谓中原的咽喉锁钥。

济水虽小列“四渎”

长江、黄河、淮河、济水，被古人称作“四渎”。而“四渎”的淮河、济水发源于河南，黄河又流经河南。因中原百姓得其益害甚多，所以在中原民间素有敬奉“四渎”河神的习俗。汉宣帝时，又正式将“四渎”神列入国家祀典。然而，人们对于发源于济源市王屋山上的太乙池济水，因其水细小而又时断时续，而位列“四渎”颇持有异议。这一问题，在唐太宗与大臣许敬宗的问答里，得到了较好的解答。

贞观十六年（642），唐太宗东封泰山（至洛阳而罢）时，以许敬宗主管其事。途中经过濮阳，当提及河流时，唐太宗问道：“天下洪流巨谷，不载于祀典，济水甚细小而在四渎，为什么呢？”许敬宗回答道：“‘渎’的意思是‘独’呀。是不因其余的水，独能赴海的水呀。且天有五星，运而为四时；地有五岳，流而为四渎；人有五事（貌、言、视、听、思），用而为四肢。五，是阳数；四，是阴数，有奇偶、阴阳呀。阳者，光曜；阴者，晦昧，所以时隐而难见。济，潜流屡绝，状虽微细，独而尊呀。”唐太宗说：“好。”许敬宗退下，不无自夸道：“大臣不可以无学问，帝问不能答对，我以为羞耻。”大臣李勣称赞道：“敬宗多闻，美啊！”

胜地涌珠号百泉

百泉，在宋卫州共城（今河南省辉县市）苏门山南麓，因泉通百道而名。一名卫源，以卫河发源于此而得名。西周卫国也因卫河而得名。泉虽然以百道称，但实际上超越千万，不可胜数。其泉水遍涌石洞中，到平地仰出，累累如珠树，汇为大湖，方广数顷，渊涵澄澈，净无滓淀。其中鱼虾历历可数，藻荇交横，鸥鹭翔泳。朝晖晚霞，水光掩映，景犹殊绝。游观者观澜终日而不知疲倦。

湖北岸有隋代所建卫源庙，其中有威惠王（小清河神）祠，殿名清辉（后辉州、辉县均因此而命名）。祠外有灵源、涌金、喷玉、秾翠、洗心诸亭，均为中原奇观。此地泉水，实不止于百泉，如莲花泉，突出平壤，细泉丛错，一如蟹目翻沙，而涌状如莲花，忽现忽没，水色澄莹，称为小百泉。又有万泉、卓水泉、七贤泉，都是从平地仰涌。竹木掩蔼，可钓可游，为高人栖隐和文人雅士聚集的绝好之处。如魏晋隐士孙登便隐于此地。理学家邵雍卜居此地，撰写了《皇极经世》《渔樵问对》《击壤集》等著作。宋代周敦颐、程颢、程颐，元代许衡、姚枢、窦默，以及明末清初的孙奇逢等名士相继到此，或讲学，或探讨学问。选择此地居住以求学的名士，也不乏其人，如元耶律楚材、王磐等。

历代文人骚客对百泉也多有题咏。明唐锜《百泉咏》道：

> 矗矗苏门山，源泉在其下。百泓翻沙涌，一息未曾舍。吐珠疑蛟龙，毋乃好事者。孰知造化力，一气为陶冶。汇潴涵清深，奔流纵哀泻。日

月倒云天，鸢鱼杂荇櫝。时有绿发翁，采莲自成把。盘足青石桥，同心共杯斝。长啸入青冥，清风满林野。昔闻孙处士，音高和弥寡。亦有邵尧夫，寒暑无冬夏。千古羲皇心，浮云薄车马。卫武复寥寥，凭谁陈大雅。月明见太行，澄澄落檐瓦。

百泉风景秀美且富人文内涵，不愧为天下名泉。

龙兴之地汴京城

春秋时期，郑庄公拓展疆域，在今河南省开封市城南的朱仙镇古城村构筑城邑，取“启拓封疆”意，命名为启封。西汉因避景帝刘启讳，更名为开封。此为开封故城。

今开封城，春秋时为仪邑。战国时期，魏惠王为避秦国相侵，于公元前364年由安邑（今山西省翼城县附近）迁都大梁，此为开封有史以来的第一次建都。魏在大梁共历六君140年，于公元前225年为秦国所灭。秦将大梁改置浚仪县，属砀郡（治所在今安徽省砀山县）。汉武帝元狩元年（前122），置陈留郡，属兖州。浚仪县属陈留郡。直至东魏天平元年（534）设梁州，以浚仪为州治，辖开封县。北周时，将梁州改名为汴州（因汴水而得名）。

汴州为京城，虽然始自五代后梁太祖朱温，但他常居洛阳。朱温（852—912），宋州砀山县（今安徽省砀山县）人。唐僖宗乾符四年（877），朱温参加了黄巢起义。黄巢建立大齐政权，任他为同州防御使。唐僖宗中和二年（882），他叛变降唐，被任命为河中行营招讨副使，赐名全忠。唐昭宗天复元年（901），进封为梁王。天祐元年（904），朱全忠催促唐昭宗迁都洛阳，以便禅位。这年他干脆杀了唐昭宗。天祐二年正月，唐遣百官至汴州，奉玺劝进，朱温即皇帝位，即后梁太祖。于是升汴州为东都，洛阳为西都。

后梁太祖开平二年（908），占卜郊祭于西都。开平三年，入西都，自此朱温常居洛阳。后被其次子朱友珪所杀。当时朱友瑱（朱友珪之弟）为东京留后，遣兵诛杀了朱友珪，群臣请朱友瑱入洛即位。朱友瑱回答他们说：“夷门（指开封），本太祖兴王之地呀！”于是便即位于东都，自此汴始为帝京。

后唐庄宗入汴后仍都洛阳。到后唐明宗兵变时，后唐庄宗统兵至汴防御他，而明宗已先入汴，于是返回洛阳，为郭从谦所杀。后唐明宗建国，也自汴至洛，即位于庄宗柩前。后唐闵帝、末帝都都于洛阳。后晋石敬瑭镇太原，即位也都于洛阳，即后晋高祖。后晋高祖天福二年（937），入汴州，是因为以其地便于漕运。天福三年（938），始升汴州为东京，而定都于此。辽太宗会同九年（946），耶律德光率师南征，大败后晋于燕州长城（今河北省固安县）北部。十二月，攻陷汴京，俘虏后晋出帝，灭后晋，于是登皇帝位，改国号为大辽，年号大同。后即离去。

后汉高祖刘暠即位于太原，而都于汴。后周太祖郭威也都于汴。

宋朝建立，于建隆元年（960），宋太祖即巡视西京（今河南省洛阳市），爱其山川形势，宫阙壮丽，有迁都之意。晋王（即宋太宗赵匡义）和群臣竭力劝阻。宋太祖说：“迁都洛阳不一定合适，应当迁都长安。”又说：“我将西迁都无他意，想据山河之胜而去冗兵呀！”因对左右人说：“晋王的话虽然好，但不出百年，天下的民力便竭尽了。”宋初所以不都于关中而都于汴，是因为北方的领土没有收复。汴与洛都位于河南。当时宋不都于洛而都于汴，是以四方辐凑，漕运之法，远近俱方便的原因。东南的谷粟，自汴河运入；陕西的谷粟自黄河运入；陈州、蔡州的谷粟自惠民河（即贾鲁河）运入；京师四辅澶州（治所在今河南省濮阳市）、郑州、许州（治所在今河南省许昌市）、拱州（治所在今河南省睢县）的谷粟自广济河运入。这就是宋太祖忧虑“不出百年，天下民力便竭尽了”的原因所在。

宋钦宗靖康二年（1126），赵构被迫迁都临安。后金封刘豫为齐帝，刘豫又迁都于汴。后金主完颜亮以侵宋也都于此。金宣宗、金哀宗以避蒙古兵又都于此。金哀宗逃往蔡州后，崔立以汴降元朝，自此汴废为州。

开封因水而改名为汴，因水而为京都，也因水而屡毁。此地虽无险可凭，但有水可恃，故成龙兴之地。

中原曾有三荆州

北朝时期，河南有三荆州。

一是西荆州，即荆州。北魏设置，因其治所穰城（今邓州市）在东荆州的西边而名。辖领南阳（治所在今南阳市）、顺阳（治所在今淅川县李官桥镇顺阳村）、新野（今新野县）、东恒州（治所在今内乡县境）、汉广（治所在今新野县前高庙乡张楼村）、襄城（今襄城县）、北淯（治所在今南召县东南）、恒农（治所在今淅川县东南厚坡镇）8 郡。隋文帝开皇初年（581），改称邓州。

二是东荆州。北魏设置。西魏改为淮州，隋文帝开皇五年（585）改为显州，即今泌阳县（治所在今泌阳县古城办事处古城村）。

三是北荆州。东魏设置。隋文帝开皇初年（581），改为伊州。隋炀帝大业初年（605），改为汝州。治所在伊阳县（今汝阳县）。

中原古地名，同名异指甚多，熟味此知识，便不至于误解了。

宋朝河南四京城

宋朝在中原大地的河南有 4 个京城。

东京（今开封市），唐朝为汴州。唐德宗建中初年（780），李勉筑城，周回 20 里 155 步。宋朝称阙城，也叫里城。

五代时期，后梁太祖开平元年（907）四月二十三日，始称为东京。后唐罢其称。后晋高祖天福三年（938）十月，又称为东京。后周太祖显德三年（956），韩通又筑新城，周回 48 里 233 步。宋朝称国城，也叫外城。

宋太祖建隆二年（961）七月，以赵匡义（即宋太宗）为开封府尹。宋太宗太平兴国元年（976）十月，以赵廷美（赵匡义四弟）为开封府尹。雍熙二年（985）十月，以陈王赵元僖（赵光义次子）为开封府尹。淳化五年（994）九月以襄王赵恒（赵光义第三子，即宋真宗）为开封府尹。宋仁宗皇祐五年（1954）十二月，用龙图阁直学士贾昌朝议，以曹州、陈州、郑州、许州、滑州为京畿路，以王贽为漕臣治理。宣和七年（1125）十一月，以皇太子赵桓（赵佶长子，即宋钦宗）为牧守。当时，文人多有赞颂。杨大雅作有《皇畿赋》，杨亿作有《东西京赋》，周邦彦作有《汴都赋》。宋徽宗宣和四年（1122）六月二十九日，李长民上《广汴都赋》，宋敏求撰有《东京记》二卷，载宫阙里巷事迹。宋高宗绍兴中，环中撰有《汴都名实志》三卷。宋孟元老撰有《东京梦华录》十卷。

西京（今洛阳市），西周称成周，东周为周天子京都。西汉为河南郡治。东汉为京都。隋炀帝时为京都。唐为东都，后改为东京。五代时期，后梁为西都，后晋为西京。宋太祖开宝八年（975）十月十九日，命王仁珪等修洛阳宫。开宝九年四月，宋太祖至洛阳，宫室合9990余区。

南京（今商丘市），周朝为宋国，汉朝为梁国，隋朝、唐朝为宋州。赵匡胤发迹于此，以归德军节度使即皇帝位，因称国号为宋。宋真宗景德三年（1006）二月，升为应天府。大中祥符七年（1014）正月，升为南京，治所在宋城县（今商丘市睢阳区）。宋真宗撰有《南京颂》。在此之前，宋真宗咸平四年（1001）八月，刘蒙叟上《宋都赋》。王仲旉《南都赋》有："祥符之际，观紫气于芒山，辨白水于南阳。于是建南京，陪上国，对列乎浚郊，相辉乎洛宅。"宋高宗赵构即位于此，后迁都于临安（今浙江省杭州市）。

北京（治所在今河北省大名县的东南部），汉朝属魏郡，唐为魏博节度使管辖。五代时期，后唐庄宗同光元年（923）四月为东京；同光三年（925）三月，改为邺都，为兴唐府。后晋建邺都，为广晋府。后汉改为大名府。后周，为天雄军辖，仍称大名府。宋仁宗庆历二年（1042）五月，升大名府为北京。宋神宗熙宁八年（1075）十二月九日，赐北京内外城门名，左右四厢总23坊。北宋刘敞作有《魏京诗》。

伏牛山因何得名

自在禅师，唐湖州吴兴县（治所在今浙江省湖州市城区）人。俗姓李。

开始依附国一禅师，出家后拜在马道一禅师门下。自在学道既成，想幽栖名山，问于老师，老师说：“逢牛则止。”

他于是告别老师，遍寻名山。当行至河南省嵩县南山问路时，有人告诉他说：“此是野牛岭。岭上一头野牛截路吃人，打猎的人也不敢设置机械。你一人行走，要停下了！”自在禅师默然，回忆起老师的话语便进山至岭，果然见一头野牛向他奔来。自在念咒语向它施法，那牛驯伏，自在禅师便跨上牛背而行。并告诉牛说：“如到我刹，即停下来。”行至下云岩寺，牛停下来。自在禅师说：“此地虽佳而狭小，再向前走。”又行至上云岩寺，牛停下来。自在禅师说：“可以了。”于是下牛盘腿端坐，而那牛却奔跑，直上后山绝顶，跃入池中。不久，云起昼晦，有龙现形，奋腾于东西两山之上。自在向那牛念咒语道：“娑伽（牛化龙称娑伽），娑伽，夙性未化。现大法身，无骇徒众。可仍入池中，我为说法。”说着以禅杖投向它，使它收缩变小。那龙敛形又进入池中。

今山岩顶上有一丈见方的小池，叫龙池。于是，后人便名其山为伏牛山了。

响娘子泉的传说

在荥阳（今河南省荥阳市）大地有一个古老的美丽传说。

荥阳圣僧店的北边，相传古时此地曾一度干旱无水，百姓苦不堪言。当地有一位农妇听从婆婆的使唤，到远处去打水，在回来的途中，遇到口渴的人求水喝，于是农妇便将水给了那人。回到家中，由于水少，便受到婆婆的责骂。第二天，农妇去打水，又遇到那人求水喝，农妇又将打的水给他喝。回到家中，自然又被婆婆责骂。有人劝她说：“你这媳妇怎么这样傻呀！”她回答说：“不是傻呀，被责骂没啥，如果使口渴的人因没水喝死去，孰轻孰重呢？”

一天，农妇遇到一位异人，给她一物，告诉她将这东西放到缸中，水就不会干涸，就不用再到远处打水了。农妇照此办理，果如所言。水缸一日歪倒，便化为一股清泉，汩汩不断。于是，当地的百姓再不为饮水而犯愁。当地百姓为了纪念这段情缘，便将这清泉命名为响娘子泉。至于其名中的“响”，有双重寄意，一是希冀泉水不竭，泉声响亮；二是使农妇这娘子美德远扬。

到了清代，人们干脆就叫它为“香娘子泉”了。

中原治水有“二贾”

水，或为利，或为害。因其势而治理，变害为利，是历代统治者和百姓的愿望。中原治水政绩显著，青史留名的当数三国魏贾逵和元贾鲁。

贾逵（174—228），字梁道，三国魏河东郡襄陵县（治所在今山西临汾县襄陵镇）人。他本名衢，后因仰慕东汉通儒贾逵，改名为逵。自为儿童戏弄，常设部伍，祖父贾习感到奇异说：“你长大必为将帅！”于是口授他兵法数万言。

贾逵父亲早逝，家贫，冬天常无棉裤穿。他曾到妻兄柳孚家过宿，天明寒冷无法，于是穿着柳孚棉裤离去，当时人称他豁达。初为郡吏，为绛邑长。历任渑池县令、邺令、弘农太守、魏郡太守，后升迁为豫州刺史。他随同曹丕伐吴，因功进封阳里亭侯，加号建威将军。魏明帝太和二年（228），去世，享年55岁。谥肃。

魏文帝黄初中（220—226），贾逵初任豫州刺史，发现州、郡治理混乱，因而到任数月便还京师，凡两千石以下庇护纵容不守法的，均上奏免除他们的官职。魏文帝不无感叹地说：“贾逵是真刺史呀！”于是布告天下，以豫州为榜样。并封贾逵为关内侯。豫州南部与吴国相接，贾逵便外修军旅，内治民事。兴修水利，阻鄢水、汝水造新池塘；断山溜长豁水，造小弋阳池塘。又在淮宁县（治所在今河南省周口市淮阳区）西北凿通运渠200余里，大大便利了民生，人称“贾侯渠”。

贾鲁（1297—1353），字友恒，元河东郡高平县（今属山西省晋城市）人。幼年负志节，既长，谋略过人。元仁宗延祐和元英宗至治年间，两次以明经领乡贡。元泰定帝泰定初年（1324），授为东平路儒学教授，召为宪史。历任省掾、潞城县尹、丞相东曹掾。选拔为户部主事，未就职。一天，觉心悸，寻得父亲书信，笔势颤缩，即请辞回家。当到家时，父亲已有风疾，不久病逝。

贾鲁守孝三年后，起任为太医院都事。遇诏修辽、金、宋三史，召他为《宋史》局官。书成，选他任燕南山东道奉使宣抚幕官，考绩第一，升迁为中书省检校官。上书数万言，切中其弊。不久任为监察御史，升迁为山北廉访副使，又召为工部郎中。

元顺帝至正四年（1344），黄河决白茅堤（在山东省曹县西北70余里，与东明县接界），又决金堤（在河南省延津县境），沿河百姓颠沛流离。于是，特命贾鲁行都水监。他循行河道，考察地形，往复数千里，备得要害，画图上进二策：其一，议修筑北堤，以制横溃，则省用工、料；其二，议疏浚、堵塞并举，使黄河东行，回复故道，其功数倍。恰遇升迁为右司郎中，议未实现。后调都漕运使，又以漕事二十事上言，朝廷取其八事。事未尽行。不久黄河水北侵安山，沦入运河，延袤济南、河间，严重影响了国计民生。

至正九年（1349），太傅、右丞相脱脱复为宰相，论及黄河决堤，思拯民艰，召集大臣群议，人人言殊。贾鲁直言："黄河必当治理。"又以前二策进，丞相取其后策，与贾鲁定议，且以其事嘱托于他。贾鲁坚决辞让，丞相说："此事非您不可。"于是入奏，大称元顺帝的心意。至正十一年（1351）四月，任命贾鲁以工部尚书、总治河防使，进秩二品，授以银章，领河南、河北诸路军民，发汴梁、大名13路15万民工，庐州等戍军两万供役使，一切从事大小军民官，听从调度，便宜兴缮。当月聚集工匠，七月开凿河成，八月放水故河道，九月舟楫通航，十一月修复河堤竣工，而后再使黄河顺着原来的河道向东顺流。元顺帝遣使报祭河伯，召贾鲁还京师，贾鲁以《河平图》献上。于是，元顺帝褒扬脱脱治河的功绩，次论贾鲁功劳，越级提拔为荣禄大夫、集贤大学士，奖赏金帛。并命翰林学士承旨欧阳玄制《河平碑》，以旌扬脱脱劳绩，具载贾鲁功劳，且宣付史馆，并赠贾鲁三世先人官爵。

不久，又授贾鲁为中书左丞，从脱脱平徐州。至正十三年（1353）五月，贾鲁病逝于军中，享年57岁。诏令选士护柩还高平，赐交钞五百锭以供丧事所用。

如今从郑州市区流入周口市沙河的贾鲁河，即是当年贾鲁带领治理的。贾鲁河源出今荥阳市东南，东经郑州北，又东经中牟县南，又东南经开封市祥符区的朱仙镇西，又西南经尉氏县东入扶沟县界，流入周口市。原来，自郑州以上称京水，自中牟至祥符名金水河。这条河流，宋太祖建隆初年（960）始开凿，后来淤塞，贾鲁带领人们治理了它。人们为了纪念这位治水功臣，便以他的姓名命名河流了。

故事多多金水河

在河南郑州，提起金水河，可谓家喻户晓。但其名的来由，则颇有一些曲折。主要有3说。

一说因子产而名。据元佚名《贾氏说林》和元伊世珍《琅嬛记》载，春秋时期郑国的大夫子产（见《子产闻哭察奸情》）死后，家无余财，他的儿子无法埋葬他，国人感到悲哀，于是男女纷纷捐珮玦和珠玉，以资助葬费，以致金银珍宝不可胜计。子产的儿子平素受父亲清正廉洁的教诲，不肯接受这些财物，而自己背土将父亲葬于邢山（今名陉山）。郑国人面对金银珍宝，出于对子产的敬重，便将其全部装车拉向子产封邑的河边，沉于河中，从而河水金光粼粼，因而人们便将此河叫作金水河了。

一说因水引入汴京可贵而得名。据宋程大昌《禹贡后论》、元脱脱等《宋史》卷九十四和明李贤等《明一统志》卷二十六载，金水河，一名天源。其发源于荥阳黄堆山的祝龙泉，经郑州，历中牟，由东京（今开封市）西注入城中，上自皇室、王公府邸，下至城中居民，都汲饮它，河水清澈不浑，所以得名金水。北宋时期，金水助京都经济繁荣，功不可没。史载，宋太祖建隆二年（961）春，命左领军卫上将军陈承昭率水工凿渠引水，过中牟，总一百余里，抵京都城西，架其水，横绝于汴，设斗门入浚沟，通城濠，向东汇于五丈河，公私均得其利。乾德三年（965），又引金水贯皇城，历后苑，内庭池沼都是金水。开宝九年（976），宋太祖按地势命水工引金水，由承天门凿渠，向南注入晋王（赵匡义）府邸。宋真宗大中祥符二年（1009）九月，诏供备库使谢德权决金水，自天波门并皇城至乾元门，历天街，向东转绕太庙，入后庙，都借水植以芳木，车马所经，又累石为间梁，作方井，官寺民舍都得汲用。宋神宗元丰五年（1082），金水河由副堤河入于蔡河，以源流深远，与永安青龙河相合，所以赐名叫天源。

一说因水来自西方而得名。据清和珅等《钦定大清一统志》卷一百四十九和民国周秉彝等修、刘瑞璘等纂《郑县志》卷二之《舆地志》所载，金水河，俗名泥河，在郑州城西关外一里，是郑水的支流。其源出梅山北黄龙池，东北流经黄岗寺、耿家河，渐至城西，如金带，以其来自金方（按五行方位，西为金），所以名金水。旧渠自回回墓东北，绕旧城与祭城水合，总名郑河，后知州赵鼎臣申请，自西关改入城濠，遂弃旧渠，然水性不顺，每遇泛涨，水必溢入旧渠。民国时，金水河向东北流至阎垛，又折而向北，流经卢村、黄岗寺、后河卢、耿河等村，至林山寨之东，又折而东流。越京汉铁路，经回回墓之南，至西关，又折而东北流，归入城壕之内。由北关东流，至仆射陂、花禄陂流入贾鲁河。

金水河是条既古老而又有着生命活力的河，其见证着郑州的历史，装扮着郑州的现在。其河道虽随着历史的变迁而有所更改，其名称由来也有几说，但均具有一定的历史文化内涵，耐人寻味。

汝南封王二十四

自古有“得中原者得天下”之说。中原适宜人类生存，所以历代帝王不仅建都于此，而且往往将其宗族或功臣封于中原大地。因而，中原也就有了“百里为王”之说。但如汝南封王之多，更是天下少见。

两汉时期封为汝南王的，一是西汉宗室刘非，于汉景帝前二年（前 155）封为汝南王；二是东汉宗室刘畅，于汉明帝永平十五年（72）封为汝南王。

两晋时期封为汝南王的，一是西晋宗室司马柬，于泰始六年（270）封为汝南王；二是宗室司马亮，于咸宁三年（277）封为汝南王；三是东晋宗室司马矩（司马亮之子），追加汝南怀王；四是宗室司马祐（司马矩之子），袭汝南王爵位；五是宗室司马统（司马祐之子），袭汝南王爵位；六是宗室司马羲（司马统之子），袭汝南王爵位；七是宗室司马遵（晋元帝司马睿之孙，司马晞之子），封为汝南王。

南北朝时期封为汝南王的，一是北朝北魏宗室元悦，于宣武帝景明四年（503）封为汝南王；二是封司马景之（司马亮后裔）为汝南王；三是北朝北齐宗室高彦理，于北齐后主武平初年（570）封为汝南王；四是南朝梁宗室萧大封，于简文帝大宝元年（550）封为汝南王。

唐朝时期封为汝南王的，一是唐宗室李承义，封为汝南王；二是唐宗室李承明，封为汝南王；三是唐宗室李炜，封为汝南王；四是唐宗室李隆悌，封为汝南王；五是封周宝为汝南王；六是封韦珣为汝南王。

宋朝时期封为汝南王的，一是封宋宗室赵元让为汝南王；二是封赵仲御（赵元让之孙）为汝南王；三是封蔡確为汝南王；四是封周行逢为汝南王。

另外，元朝张柔，于元仁宗延祐五年（1318）加封为汝南王。

如果有人提到历史上的汝南王，还需仔细辨析一下，否则有可能张冠李戴。

袁谢诗礼以传家

世家，也称世族、士族、势族、门阀、巨室等。其萌芽于东汉，成熟于三国魏，至两晋达到鼎盛，南北朝时其势尤劲。魏晋南北朝的370年间，就中原来说，著名的世家有颍川鄢陵庾氏、汝南南顿应氏、陈郡阳夏谢氏、陈郡扶乐袁氏、陈郡长平殷氏、颍川颍阴荀氏、颍川长社锺氏、颍川许昌陈氏、汝南西平和氏、河内怀县山氏、济阳考城蔡氏、弘农华阴杨氏、陈留尉氏阮氏、颍川阳翟枣氏、汝南安成周氏、荥阳阳武毛氏、江夏平春李氏、陈留圉县江氏、南阳安众刘氏、济阳外黄虞氏、河南阳翟褚氏、南阳新野庾氏、颍川舞阴范氏等。

但就魏晋南北朝文化世家来说，有“王、谢、袁、萧”四大家，其中中原占了“袁、谢”两大家，即陈郡扶乐袁氏和陈郡阳夏谢氏。陈郡（治所在今周口市淮阳区）是袁氏、谢氏的郡望。袁氏的里籍是扶乐县（治所在今河南省太康县清集镇扶乐城村）。扶乐，东汉初为侯国。光武帝建武十七年（41）封刘隆为扶乐乡侯，即此。后改为县，属陈国（都今河南省周口市淮阳区）。唐贞观元年（627）并入太康县。谢氏的里籍是阳夏县。阳夏县，秦始皇二十三年（前224）设立，三国魏时，隶属于陈郡。隋文帝开皇七年（587）改为太康县。

据刘盼遂所撰的民国《太康县志》载，袁氏为旧世家，东汉时已显赫。

袁良（？—131），字厚卿，陈国扶乐县人。拜为梁相，为国三老，赐几杖。85岁因病致仕。汉顺帝永建六年（131）二月去世。

袁滂，字公熙，袁良孙。汉灵帝光和元年（178）二月，以光禄勋升为司徒。

从三国魏至南北朝，袁氏以诗礼传家，从三公至七品以上的官员达45人，且著述颇丰。

袁氏载于史册的著名画家有：袁倩（一作蒨）、袁质（袁倩子）、袁昂、袁彦等。

袁氏载于史册的著名书家有：袁山松、袁昂、袁峻、袁宪等。

与袁氏相关的著名成语典故有：明镜不疲（袁乔）、泊渚吟诵（袁宏）、倚马可待（袁宏）、青云之交（江淹《袁友人传》语。袁友人即指袁炳）等。

阳夏谢氏的始祖谢缵，为三国魏典农中郎将。谢氏至晋代始显，被当时人视为新出门户。谢氏人丁兴旺，至南北朝时，从三公至七品以上的官员达81人之多。虽受魏晋时风的影响较大，但也以诗礼传家，著述更为丰赡。

谢氏载于史册的著名画家有：谢约、谢灵运、谢惠连、谢稚、谢庄、谢约、谢赫等。

谢氏载于史册的著名书家有：谢尚、谢奕、谢安、谢万、谢静（靖）、谢道韫、谢灵运、谢方明、谢惠连、谢综、谢庄、谢晦、谢朓、谢椴、谢贞等。

就文学角度讲，谢氏更值得一提的是谢灵运（见《八斗之才谢灵运》）

和谢朓。

谢朓（464—499），字玄晖，南朝宋吴兴太守谢述之孙，散骑侍郎谢纬之子。谢朓长于五言诗，南朝梁沈约常说："二百年来无此诗也。"与沈约、王融等人开创了"永明体"，对近体诗的发展作出了贡献。其诗歌创作主要是发展了山水诗。谢朓和谢灵运齐名，世称"二谢""大小谢"。

与谢氏相关的成语典故更是俯拾皆是。如：岸帻啸咏（谢奕）、屋下架屋（谢安）、把臂入林（谢安）、东山再起（谢安）、洛下咏（谢安）、入幕之宾（谢安）、了无喜色（谢安）、芝兰玉树（谢玄）、咏絮才高（谢道韫）、青绫步障（谢道韫）、天壤王郎（谢道韫）、嗔笑不同（谢庄）、花雪祥瑞（谢庄）、蓝田出玉（文帝赞谢庄）、才高八斗（谢灵运）、出水芙蓉（谢灵运）、谢公屐（谢灵运）、曲柄笠（谢灵运）、良辰美景（谢灵运）、赏心乐事（谢灵运）、贤兄忧祸（谢晦、谢瞻）、齿牙馀论（谢朓）、凤毛超宗（谢超宗）、池塘春草（谢惠连）等。

袁谢作为文化世家，彪炳青史，至今为人所乐道。

四世三公汝南袁

汝南袁氏是东汉时期最著名的世家大族，其始祖为袁安。

袁安（？—92），字召公（一作邵公），东汉汝南郡汝阳县（治所在今河南省商水县西北）人。祖籍陈国扶乐县（治所在今河南省太康县清集镇扶乐城村）。祖父袁良，习《孟氏易》，汉平帝时举明经，为太子舍人。光武帝建武初年（25），任成武令。后为梁相，拜为国三老，赐几杖。

袁安少传祖父袁良之学，为人庄重有威，为州里敬重。初为县功曹，一次带着檄文到州从事那里办事，从事让袁安带书信给县令，袁安说："是公事的话，应当由邮差送，如果是私事的话，就不是功曹所应持带的。"推辞而不接受，从事吃惊地收起。

一年冬天，袁安客居洛阳，当时天降大雪，积地一丈有余，洛阳县令冒雪出来查看雪情，看见家家都扫出一条雪路，惟独袁安的门前没有行路，他认为袁安可能被冻死了，就叫随从扫出一条路来，进到袁安的屋里，见袁安僵卧在床上。洛阳令问他：“你为什么不出去呢?”袁安说：“天降大雪，大家都很饥饿，我怎么好去打扰人家呢?”洛阳令以为他有贤德，就推举他为孝廉。后任为阴平长、任城令，受到所任职的地方属吏的敬畏和爱戴。

汉明帝永平十四年（71），三府交相举荐袁安，任命他为楚郡太守，以审理楚王刘英谋反案。当初，刘英供词所连及的达数千人。汉明帝大怒，由此官吏查案急迫，以致官员自诬，死的人很多。袁安到郡，不入郡府，先前往查检狱情，审理那无明确验证的，命记录而放出。府丞掾史见状都叩头相争，以为曲附谋反的人，法与同罪，万万不可。袁安说：“如有不合，太守自当坐罪，不以此连累你们。”于是分别具奏。汉明帝感悟，即许可，得以出狱的达四百余家，人们无不称赞。

一年多后，朝廷征召袁安为河南尹。他政令严明，但对属吏不曾审问过。他常道：“凡是学习出仕的人，高处则盼望为宰相，下处则希冀为牧守。禁锢人于圣世，我所不忍为呀!”听到这话的人无不感激自励。袁安在职十年，京师肃然，名重朝廷。汉章帝建初八年（73），升迁为太仆。

汉章帝元和二年（85），关于匈奴问题，大臣们见仁见智，袁安主张和亲，章帝听从了袁安的建议。元和三年（86），袁安代第五伦为司空。章和元年（87），代桓虞为司徒。

汉和帝即位，窦太后临朝，太后兄车骑将军窦宪北击匈奴，袁安与太尉宋由、司空任隗及九卿到朝堂上书劝谏，以为匈奴不犯边塞，而无故劳师远涉，损费国用，求功万里，不是社稷之计。他上书多次，均被搁置。袁安因天子幼弱，外戚擅权，每朝会进见，与公卿谈论国家大事时，无不感慨悲叹而流涕。自天子到大臣也都依赖袁安。永元四年（82）春，袁安去世，朝廷痛惜。

袁安去世后数月，窦氏败，汉和帝始亲政，追思袁安正直节操，于是任袁安儿子袁赏为郎。

当初，袁安父亲去世，他的母亲不想让葬陈国扶乐县祖茔（一说袁安父为庶出），便使袁安访求葬地。当袁安遵母命来到汝阳县境时，路逢三位书生，问袁安到哪里去，袁安向他们说明缘故，书生就指一处，说："葬此地，当世为上公。"片刻之间不见，袁安感到奇异。于是便将父亲葬在那书生所指之地，因而后世兴盛。袁安的儿子袁京、袁敞最为知名。

袁京（69—142），字仲誉。少习家学《孟氏易》，作《难记》30 万字。初拜郎中，稍迁侍中，出为蜀郡太守。后厌倦官场，南下云游，隐居于豫章郡宜春县（今江西省宜春市袁州区）。其去世后，人们仰慕他的德操，将宜春改为袁州，将他隐居的地方改名为袁山。而今当地的大袁山、小袁山就是后人以其姓命名的。

袁敞（？—117），字叔平。少时习《易经》，教授子弟。后因父袁安任为太子舍人。汉和帝时，历任将军、大夫、侍中。出为东郡太守，征召拜为太仆、光禄勋。汉安帝元初三年（116），代刘恺为司空。元初四年，因儿子与尚书郎张俊交通，泄漏机密，被罢免。袁敞廉洁，不阿权贵，有失邓太后旨意，于是自杀。

袁京儿子袁彭，字伯楚。少传家学，习《孟氏易》。历任广汉、南阳太守。汉顺帝初年（126），为光禄勋，行为至清，粗袍粝食，官终于议郎。尚书胡广等追表他有清洁之美，未蒙显赠，都为之叹惜。

袁彭弟袁汤，字仲河，少传家学，习《孟氏易》。诸儒称其节操，多历显位。汉桓帝初为司空，封为安国亭侯，食邑 500 户。后升为司徒、太尉，以灾异策免。去世，享年 86 岁，谥康侯。

袁汤长子袁成，官至左中郎将，早逝。

袁汤次子袁逢，字周阳，宽厚笃信，著称于时。汉灵帝立，袁逢以太仆参与计议，增封 300 户。后为司空，去世于执金吾任上。朝廷以袁逢曾为三老，特优礼待，赠以车骑将军印绶，加号特进，谥宣文侯。其子袁基嗣爵，位至太仆。

袁逢弟袁隗（？—190），字次阳。少历显官，先袁逢为三公。当时中常侍袁赦，是袁隗的宗族，用事于内。因而袁氏贵宠于世，富奢甚，不与其他公族相同。汉献帝初年（190），袁隗为太傅。

袁成的儿子袁绍（？—202），字本初。原为袁逢的妾生儿子。出继袁成为子。袁绍少为郎。历任为濮阳长、大将军何进属掾、侍御史虎贲中郎将、佐军校尉、司隶校尉。曾指挥诛杀宦官。汉献帝初平元年（190），起兵讨伐董卓。兴平二年（195），任为右将军。建安五年（200）在官渡（位于今中牟县东北）被曹操打败，不久病死。其子袁谭、袁尚互相攻击，先后为曹操所灭。

袁逢的儿子袁术（？—199），字公路。初为虎贲中郎将。董卓专权，他奔南阳，据其地。后遭曹操和袁绍攻击，率余众割据扬州，建安二年（197），称帝于寿春。后为曹操所破，病死。

累世公侯弘农杨

弘农郡（治所在今河南省灵宝市东北）杨氏，是东汉与汝南袁氏同样著名的世家大族。其始祖为杨震。

杨震（？—124），字伯起，祖籍弘农郡华阴县（治所在今陕西省华阴市）。后迁居弘农郡湖县（治所在今河南省灵宝市阌乡镇西南）。其住址为今灵宝市豫灵镇杨家村。他的高祖杨敞，汉昭帝时为丞相，封安平侯。父亲杨宝，隐居乡里以教书为业。

杨震少孤贫，独与母居，以孝著称；喜好学习，稍长，从太常桓郁学习欧阳《尚书》，明经博览，无不穷究，被诸儒生称作“关西孔子”。他隐居于湖县，也以教书为业。20余年，州郡请召几次，均称病不前往就职。随着年龄的增长，他的志向更加坚定。他对学生体贴备至，借地种植庄稼以供养贫穷学生学习。后有只冠雀衔三条鳣鱼，飞落在讲堂前，都讲取鱼进言道：“蛇和鳣，是卿大夫官服的象征；数三，是效法三公。先生自此晋升了。”杨震50岁，才开始到州郡任职。于是，后世将杨震的讲堂雅称为“三鳣堂”。

大将军邓骘听说杨震贤良而召他，举荐为茂才，升迁为荆州刺史、东莱太守。当他到东莱郡赴任时，路经昌邑县，过去他所举荐的荆州茂才王密为昌邑令，拜见他，到夜间怀金十斤以赠送杨震。杨震说：“老朋友了解您，您不了解老朋友，为什么呢？”王密说：“夜晚没有人知道的。”杨震说：“天知，神知，我知，子知。何谓无知!”王密惭愧而出去。后来杨震调任涿郡太守，公正廉洁，不接受私事拜托，子孙常蔬食步行，老朋友中有年长的人想为他开办一些产业，杨震不肯，说：“使后世称为清白吏子孙，以此送他们，不也厚重吗!”

汉安帝元初四年（117），征召杨震为太仆，升迁为太常。在此之前，博士选举多不以实情，杨震举荐明经名士陈留郡杨伦等，显传学业，受到诸儒生的称颂。

永宁元年（120），杨震代刘恺为司徒。延光二年（123），杨震代刘恺为太尉。安帝的舅父大鸿胪耿宝向杨震举荐中常侍李闰的兄长，杨震不听从。耿宝便自往见杨震道：“李常侍，国家所重，想令您任命其兄为官，我只是传达皇上的旨意呀!”杨震说：“如果朝廷想令三府召他任职，应该有尚书的任命文书。”于是拒绝，耿宝恼恨而去。皇后兄执金吾阎显也向杨震举荐所亲厚的人，杨震又不听从。司空刘授听说这件事，即召此二人，10日中都得到提拔。由此，杨震更被人怨恨。

当时，汉安帝下诏派遣使者大为阿母修府第，中常侍樊丰及侍中周广、谢恽等更相煽动，倾摇朝廷。杨震又上疏，建议汉安帝不可这样。但汉安帝不予理会。樊丰、谢恽等见杨震接连切谏不从，便无所顾忌，于是诈作诏书，调发司农钱谷、大匠、材木，各起家舍、园池、庐观，役费无数。杨震目睹此情，前后上疏多次，言辞切至，安帝心中不平，而樊丰等都对他侧目愤怨，均因他是名儒，而不敢加害。

延光三年（124）春天，汉安帝东巡泰山，樊丰等因皇上在外，竞修第宅，杨震部掾高舒令人查究，得到樊丰等所诈下的诏书，等待汉安帝回宫奏上。樊丰等人听说，恐惧，遇太史言星变逆行，于是共诬陷杨震。到汉安帝还宫时，便夜遣使者收回杨震太尉的印绶。杨震于是柴门谢绝宾客。樊丰等又进行攻击，便请大将军耿宝奏杨震服罪，心怀怨恨。汉安帝下诏遣归杨震于原郡。杨震行至城西几阳亭，便慷慨对他的几个儿子和门人说：“死，是士的常分。我蒙恩居上司，疾恶奸臣和诡计多端的人却不能诛杀，厌恶受宠爱的姬妾倾乱而不能禁止，有何面目见日月！身死之日，以杂木为棺，布单被裁能盖形体即可，回去不要为坟冢，不要设祭祠。”接着饮鸩而去世，当时70余岁。弘农太守移良秉承樊丰等人旨意，派遣属吏到陕县留停杨震丧，露棺道旁，贬谪杨震的几个儿子于邮驿，路人都为之落泪。

一年多后，汉顺帝即位，樊丰、周广等诛死，杨震的门生虞放、陈翼到朝阙追讼杨震的事情。朝廷都称杨震忠良，汉顺帝于是下诏任杨震的两个儿子为郎，赠钱百万，以礼改葬杨震于华阴潼亭，以致远近的人都来凭吊。在改葬前十多日，有五色大鸟落杨震棺前，俯仰悲鸣，葬毕，才冲天飞去，当时又连有灾异，汉顺帝也感到杨震冤枉，便下诏使太守丞祭祀他。于是，当时人立石鸟像于杨震的墓所。

杨震有5个儿子。长子杨牧，官至富波相。

杨牧的孙子杨奇，汉灵帝时为侍中。灵帝曾问杨奇道：“我与桓帝相比怎样?”杨奇回答道：“陛下相比桓帝，也犹如虞舜比德唐尧。”灵帝不高兴地说：“您强项，真是杨震的子孙，死后必又招致大鸟了。”于是出任他为汝南太守。灵帝死后，杨奇又入为侍中卫尉，从汉献帝西迁，有功。后迁都许昌，追封杨奇儿子杨亮为阳成亭侯。

杨震的小儿子杨奉，杨奉的儿子杨敷，笃志博闻，不坠家声。杨敷早逝，儿子杨众，也传先业，以谒者仆射从汉献帝入关，升迁为御史中丞。汉献帝东还，夜间渡黄河，杨众率诸官属步从至太阳县，拜为侍中。建安二年(197)，追前功封为蓩亭侯。

杨震的中子杨秉（92—165），字叔节，少传父业，兼明《京氏易》，博通书传，常隐居教书。40余岁，才应司空召，拜为侍御史，相继出任为豫、荆、徐、兖四州刺史，升迁为任城相，以廉洁著称。汉桓帝即位，以杨秉通晓《尚书》征为劝讲，拜为太中大夫、左中郎将，升迁为侍中、尚书、太仆，官至太常。

汉桓帝延熹三年（160），白马令李云以谏受罪，杨秉争之不能得，因免官，归田里。这年冬天，又征拜为河南尹。延熹五年（162）冬，杨秉代刘矩为太尉。每朝廷有得失，杨秉就尽忠规谏，多见采用。

杨秉性不饮酒，又早丧夫人，便不再娶，所在以淳白见称。他曾私下言道："我有三不惑：酒、色、财。"延熹八年（165）去世，享年74岁，赐茔陪帝陵。

杨秉的儿子杨赐（？—185），字伯献，少传家学，笃志博闻。及长，隐居家中教授弟子，不答州郡的礼命。后因司空考核优异，升迁为侍中、越骑校尉。建宁初年（168），汉灵帝将受学，三公举荐杨赐为侍讲，于是在洛阳华光殿中，教授汉灵帝经学。建宁二年（169）代唐珍为司空，以灾异免官，又拜为光禄大夫。建宁五年（172）代袁隗为司徒。因直言上书劝谏被免，又拜为光禄大夫。汉灵帝熹平四年（175）与议郎蔡邕、五官中郎将堂谿典等正定"六经"文字，并立石于太学门外，世称"熹平石经"。光和元年（178）冬，拜为三老，又拜为少府、光禄勋，代刘郃为司徒。光和四年杨赐因病罢官，不久拜为太常，诏赐御府衣一袭。光和五年（182）冬，又拜太尉。中平元年（184），黄巾军起，杨赐因直言忤逆灵帝而被罢免。后灵帝看到杨赐在事前关于防范叛兵的上书而感悟，便封杨赐为临晋侯，采邑1500户。又任为尚书令，数日出任为廷尉。杨赐以自己家族不宜为廷尉为由，坚决推辞，于是以特进身份回府。中平二年（185）九月，杨赐代张温任司空，当月去世。天子素服，三日不临朝，追赠骠骑将军，谥文烈侯。

杨赐的儿子杨彪（142—225），字文先，少传家学。初举为孝廉，州举为茂才，公府召任职，都不应任。汉灵帝熹平中（172—178），以博习旧闻，公车征拜为议郎，升迁为侍中、京兆尹。又历任侍中、五官中郎将、颍川太守、南阳太守。后又拜为侍中，三迁为永乐少府、太仆、卫尉。中平六年（189），杨彪代董卓为司空。该年冬天，又代黄琬为司徒。第二年，拜为光禄大夫。10多天，又升迁为大鸿胪。从入关，转任少府、太常，因病免职。又任为京兆尹、光禄勋，再升迁为光禄大夫。汉献帝初平三年（192）秋，杨彪代淳于嘉为司空，因地震免职。又拜为太常。兴平元年（194），代朱俊为太尉，录尚书事。李傕、郭汜之乱时，杨彪尽节卫主，在崎岖危难之间，几乎被害。汉献帝还洛阳，又任杨彪为尚书令。

建安元年（196），杨彪随汉献帝至东都许昌。当时，袁术僭乱，曹操借杨彪与袁术有婚姻关系，诬陷他想图谋废置帝位，奏收下狱，并以大逆弹劾。

将作大匠孔融听说，来不及穿朝服，往见曹操说：“杨公四世清德，海内所瞻。《周书》‘父子兄弟罪不相及’，更何况以袁氏归罪杨公。《易》称‘积善馀庆’，白白欺骗人呀！”曹操说：“这是国家的旨意。”孔融说：“假使成王杀召公，周公可能说不知吗？今天下有声望的大臣们所以瞻仰您的原因，是以您聪明仁智，辅相汉朝，起用正直的人而罢黜奸邪的人，以致和乐升平呀。今横杀无辜，则海内观听，谁人能再肃敬！我孔融是鲁国的男子，明日便当拂衣而去，不再上朝了。”曹操不得已，便让放出杨彪。

建安四年（199），又拜杨彪为太常，建安十年（205）免职。杨彪见汉祚将终，于是称脚病不能行走，达10年。后儿子杨修为曹操所杀，曹操见杨彪问道：“您为何瘦得这样厉害呀？”杨彪回答说：“惭愧无金日磾先见之明，犹怀老牛舐犊之爱。”曹操为之改容。

杨修（175—219），字德祖，好学能文，才思敏捷，为丞相曹操主簿。曹操自平汉中，想接着讨伐刘备而不得前进，想守汉中又难以为功。护军不知进止依什么，曹操于是出教，唯说“鸡肋”而已。曹操之外无人能晓其意，杨修独道：“鸡肋，食之则无所得，弃之则如可惜，曹公归计决定了。”大凡曹操想要做的，杨修都能预料到，因此曹操妒忌杨修。又杨修与儿子曹植关系密切，儿子曹植失宠后，身边有这样一个足智多谋的人，甚为可怕。且杨修又是袁术的外甥，虑为后患，于是借故将他杀掉了。

杨修所著赋、颂、碑、赞、诗、哀辞、表、记、书等，共15篇。

魏文帝曹丕受禅即位，想以杨彪为太尉，便先遣使示于旨意。杨彪推辞说：“我位备汉朝三公，遭世倾乱，不能有所补益。耄耋之年披病，又怎可辅佐新朝？”于是坚决推辞。魏文帝授他为光禄大夫，赐几杖衣袍。朝会引见，令杨彪着布单衣，鹿皮冠，拄杖而入，待以宾客之礼。魏文帝黄初六年（225），杨彪在家中去世，享年84岁。自杨震至杨彪，四世太尉，德业相继，可谓世家名族。

应氏以才七世显

汉代汝南郡南顿县（治所在今河南省项城市南顿镇）的应氏，在当地颇有声望。汉初有应曜，隐居淮阳山中，与“商山四皓”俱为朝廷所召，惟独应曜没有前往。当时人有语道：“商山四皓，不如淮阳一老。”但应氏的真正兴旺，还要从东汉的应妪说起。

应妪，因其丈夫姓应，所以称她为应妪。她有四个儿子，丈夫死后，一直守寡，生活较为艰难。后来应家人在祭神的社中经常见到反射出的奇异光亮，应妪便让人去挖，结果挖得了相当多的黄金。时值东汉光武帝建武（前206—前195）年间。自此，应妪供四个儿子读书学习，有了一定的物资保障。在她的精心培养下，后来四个儿子均以才学扬名。

儿子应顺，字华仲，举孝廉。历任冀州刺史、东平相。赏罚分明，吏不敢犯。汉和帝时为河南尹、将作大匠，以廉直见称。其10个儿子均有才学。

应顺的次子应叠，官至江夏太守。

应叠的儿子应郴，初为汲县令，后官至武陵太守。

应郴的儿子应奉，字世叔。少聪明，自为儿童及长，凡是所经历的事情，无不暗记。读书五行并下。为郡决曹史，录行部42县囚徒数百千人。及还，太守详细询问他，他口说罪人姓名，罪状轻重，无所遗脱，当时人都感到奇异。汉桓帝永兴元年（153），授为武陵太守。延熹中，授为从事中郎。官至司隶校尉。著《汉事》17卷，《感骚》30篇。

应奉的儿子应劭（生卒年不详），字仲远（一作仲援）。汉献帝时，官至太山太守。著《汉官仪》10卷，《风俗通义》30卷及《春秋断狱》30卷。

应劭的弟弟应珣，字季瑜。官至司空掾。儿子应玚、应璩。

应玚（？—217），字德琏。“建安七子”之一。曹操征召为丞相掾属。后为五官中郎将曹丕文学。

应璩（190—252），字休琏。博学喜作文，善于书奏。魏文帝、魏明帝时，历官散骑常侍。魏齐王曹芳即位，升迁为侍中、大将军长史。又为侍中掌管著作。于魏齐王曹芳嘉平四年（252）去世，追赠为卫尉。有应璩集10卷（今散佚）、《书林》8卷传世。另有《百一诗》8卷，多为讥切时事之作。

应璩的儿子应贞（？—269），字吉甫。善谈论，以才学称。举高第，频历显位。晋武帝即位，任给事中。官至散骑常侍。有文集。

从应顺至应贞可谓七世通显。于是，汝南南顿成为应氏的郡望。

江夏望族有李氏

江夏李氏，是中原东汉至晚唐时的一个世代簪缨、名贤辈出的显赫世家大族。在政坛上，江夏李氏不仅有始祖李就的兄长襄城李脩曾任汉安帝太尉的背景，还有李就、李通、李秉、李重、李尚、李矩、李式、李颙、李邕等先后典郡以及李鄘、李磎为宰臣的显耀。在文化艺术上，其先后有卫铄（卫夫人）、李充、李式、李廞、李志、李邕、李磎等以书法艺术饮誉当世；而李充、李颙、李善、李邕、李磎等则以著述而彪炳青史。尤其是李充开创了中国图书目录以经、史、子、集分部的先河，为中国图书的建设作出了莫大贡献。在家风方面，其子孙以家诫"清、慎、勤"修身谨行，清操高标，风规自远。江夏李氏对中原文化乃至中华文化贡献甚巨。

李就，东汉颍川郡襄城县（今河南省襄城县）人。江夏李氏的始祖。为襄城李氏始祖李秉（字世范）的六世孙，太尉李修的四弟。李就于汉安帝元初元年（114）春正月的"赐民爵"时，封为高阳（今杞县高阳镇）侯。于汉顺帝末年（143—144），任会稽太守。于汉桓帝建和年间（147—149），从襄城县迁居江夏郡平春县（治所在今河南省信阳市区），后其迁居地属钟武县（治所在今河南省信阳市区中心城区南）。

江夏李氏，自李就曾孙李通始显，又分为两支：一是李通长子李绪一支，一是李通次子李基一支。其世系如下：

李就，字不详，封高阳侯，官至会稽太守。李就的儿子——李□，生卒年、名字不可考。李就的孙子——李通（生卒年不详），字文达，历任三国魏振威中郎将，封都亭侯，官至汝南太守，42 岁去世，谥刚侯。李绪（生卒年不详），字不详，李通长子，任三国魏平虏中郎将。李秉（生卒年不详），字玄胄，李绪的儿子，封西晋都亭侯，官至秦州刺史。司马昭曾问为官清、慎、勤三者，必不得已时，三者之中，以何为先？他答道："清慎之道，相须而成，必不得已，慎乃为大。"他以此问答之言撰为《家诫》，昭示子孙。李重

(253—300)，字茂曾，李秉长子，历任西晋吏部郎、平阳太守，去世赠散骑常侍。李尚（生卒年不详），字茂仲，李重弟，晋怀帝永嘉年间（307—313）为郡守。李嶷（生卒年不详），字不详，李尚弟，早亡。李矩（生卒年不详），字茂约，李嶷弟，卫铄（卫夫人）丈夫，晋怀帝永嘉年间（307—313）为郡守，官至江州刺史。李充（生卒年不详），字弘度，李矩和卫铄（卫夫人）的儿子，历任东晋大著作，官至中书侍郎，撰有《论语集注》10 卷、《翰林论》3 卷，以及《论语释》《论语音》《注尚书》《周易旨》《释庄论》等。李颙（生卒年不详），字长林，李充的儿子，东晋孝廉，官至江夏太守，撰有《尚书集解》11 卷、《集注》10 卷、《尚书新释》2 卷、《周易卦象数旨》2 卷等。

李式（275—328），字景则，李重长子，历任东晋临海太守，官至侍中。李慕（生卒年不详），字不详，李重次子，官东晋纯阳令。李□，生卒年、名字不可考，李重第三子。李□，生卒年、名字不可考，李重第四子。李廞（生卒年不详），字定子，号公府，李重第五子，隐士。

李志（生卒年不详），字温祖，李慕的儿子。历任东晋员外常侍、南康相。

李基（生卒年不详），字不详，李通次子，袭父爵，任三国魏奉义中郎将。李基的儿子——李□，生卒年、名字不可考。李基的孙子——李恪，生卒年、字不可考。李基曾孙——李□，生卒年、名字不可考。李恪的儿子——李□，生卒年、名字不可考。李恪的孙子——李□，生卒年、名字不可考。李恪曾孙——李□，生卒年、名字不可考。李恪玄孙——李□，生卒年、名字不可考。李恪来孙——李赎（生卒年不详），字不详。李恪晜孙，任隋连州司马。李元哲（生卒年不详），字不详，李赎的儿子。任唐沂州别驾、括州括苍令。后迁居扬州江都（今扬州市江都区）。李善（？—689），字不详，李元哲长子。历任唐崇贤馆直学士兼沛王侍读、兰台郎等。有《文选注》60 卷；李昉（生卒年不详），字不详，李元哲次子。官任唐魏州魏县主簿。

李善——李邕（678—747），字泰和，李善的儿子。官至唐汲郡、北海太守。去世，赠秘书监。明人辑有《李北海集》。李颖（生卒年不详），字不详，李邕长子；李岐（719—748），字不详，李邕次子；李翘（生卒年不详），字不详，李邕第三子；释元晏（生卒年不详），字不详，李邕第四子。

李昉——李睦（674—754），字瑛，李昉的儿子。官任唐郓州司户参军。李暄（生卒年不详），字不详，李睦的儿子。历任唐河南府户曹，官至起居郎。李鄘（？—820），字建侯，李暄的儿子。唐代宗大历中，进士及第。官至唐宪宗宰相，去世，赠太子太保，谥肃。李拭（生卒年不详），字不详，李鄘的儿子。唐文宗大和二年（828），进士及第。历任起居舍人、金部郎中、右散骑常侍、宗正卿、京兆尹。河东凤翔节度使、秘书监等。李磎（？—895），字景望，李拭的儿子。唐宣宗大中年间，进士及第。官至中书门下平章事。尤好读书，勤于著述，时人谓之“李书楼”。去世，赠司徒，谥文子。撰有《制集》4 卷、《表疏》1 卷。李沇（？—895），字东济，李磎的儿子。去世，赠礼部员外郎。

至西晋永嘉之乱时，江夏李氏举族南迁。

“司马八达”俱扬名

论魏晋大家豪族，非司马氏莫属。其发达需从司马防说起。

司马防（149 — 219），字建公，东汉河内郡温县（今河南省温县）人。东汉颍川太守司马俊之子。他性情耿直公正，虽闲居宴处，威仪不差。平素雅好《汉书》的名臣列传，所讽诵者数十万言。年轻时仕州郡，历官洛阳令、京兆尹，以年老转拜骑都尉。养志乡里，闭门自守。他教子严而有方，几个儿子虽已成人，但他不说“进”，而不敢进；不说“坐”，而不敢坐；不指有所问，而不敢言。父子之间肃然如此。有子八人。

长子司马朗（171—217），字伯达。少年知礼仪，识大体。22 岁时，被曹操任命为司空掾属，任成皋县（治所在今河南省荥阳市汜水镇虎牢关村）令，因病离职。又为堂阳县（治所在今河北新河县城关）令。他治务宽惠，不行鞭杖而民不犯禁，深受百姓爱戴。又任元城县（治所在今河北大名县东）令，入为丞相主簿。升为兖州刺史，政化大行，百姓称赞。虽在军旅，常粗衣淡饭，俭以率下。雅好人伦典籍，建安二十二年（217），与夏侯惇、臧霸等征伐吴国。到居巢，军士大疫，司马朗亲自巡视，为他们医病送药，不幸染疾去世，时年47岁。遗命布衣幅巾，敛以时服，为州人所追思。

次子司马懿（179—251），字仲达。有狼顾相，反顾则面正，向后而身不动。自幼聪明，博学洽闻，性情深沉有城府，任智数多奇略，尤善孙吴兵法。建安六年（201），郡举为上计掾。曹操为司空，召他为幕僚，他以肢体麻木病推辞。曹操使人夜往刺他，并嘱咐说："他如动弹，即杀掉他。"当人行刺时，司马懿坚卧不动。及曹操为丞相，又任命他为文学掾，并命令说："若再徘徊，便拘押他！"司马懿害怕而从命。后升迁为黄门侍郎，转议郎、丞相东曹属，不久转为主簿。曹操为魏王，转任他为太子曹丕中庶子。曹丕信任看重他，升为军司马。孙权请降上表称臣，司马懿即劝曹操代汉。曹操不听从，不久病逝。

曹丕立，封司马懿为河津亭侯，转他为丞相长史。曹丕即帝位，以他为尚书。不久，转为督军御史中丞，封安国乡侯。黄初二年（221），升为侍中、尚书右仆射。黄初五年（224），曹丕观兵吴疆，留他镇守许昌，改封向乡侯，转为抚军假节，领兵五千加给事中录尚书事。太和四年（231），升迁为大将军加大都督假黄钺。嘉平元年（249）春正月，告曹爽等谋反，杀曹爽兄弟及其党羽。二月，曹芳任命司马懿为丞相，增封邑两万户，奏事不名。司马懿上书推辞，让书十余次，应允了他。又加封九锡，朝会不拜。司马懿又推辞不受。兖州刺史令孤愚、太尉王凌见司马懿威诈益盛，谋废曹芳立楚王曹彪，并废黜司马懿。嘉平三年（251）夏四月，司马懿亲自率中军杀王凌及其余党，并杀曹彪。六月，司马懿患病。秋八月去世于雒阳（即今河南省洛阳市），享年73岁。曹芳素服临吊，丧葬威仪。谥文贞，后改谥文宣子。司马昭为晋王，追尊他为宣王武帝。西晋代魏后，上尊为宣皇帝，庙称高祖。

三子司马孚（180—272），字叔达。温厚谦让，博涉经史。汉末丧乱，与兄弟处危亡之中，箪食瓢饮，而披阅不倦。性情豁达宽厚，以守正清白自立，不曾有怨于人。陈留殷武有名于海内，曾遭罪受谴，司马孚前往探望他，还与同处分食，为人称道。魏陈思王曹植精选下属，以司马孚为文学掾。曹植负才傲物，司马孚每每直言劝谏。后升为太子中庶子。曹操病逝，司马孚与尚书和洽罢群臣，备禁卫，具丧事，奉太子曹丕即位。继而，司马孚转任为中书郎、给事常侍，宿住省内，授为黄门侍郎，加骑都尉。后出为河内典农，赐爵关内侯，转为清河太守。及魏明帝曹叡即位，又转任司马孚为度支尚书，后授为尚书右仆射，进爵昌平亭侯，升为尚书令。及大将军曹爽擅权，司马孚不视政务，但正身远害罢了。及司马懿诛杀曹爽，司马孚以功进爵长社县（治所在今河南省长葛市东）侯，加侍中，升为司空。代王凌为太尉。及蜀将姜维攻打陇右，雍州刺史王经战败，派遣司马孚西镇关中，统诸军事。后还京师，转为太傅。

及高贵乡公曹髦遇害，百官无人敢奔赴，司马孚枕尸于股，恸哭尽哀，并与群公上表，乞请以王礼葬曹髦。司马孚平素特别谨慎，司马懿执政，他常自退损。后进封为长乐公。

及晋武帝司马炎代魏即位，以司马孚明德属尊，树为楷模。及元旦朝会，诏司马孚坐车上殿，晋武帝于台阶迎拜。既坐，武帝亲捧觞上寿，如家人礼。武帝每拜，司马孚跪而止之。又给以云母辇、青盖车。司马孚虽见尊宠，不以为荣，常有忧色。临终，告诫家人说："有魏贞士河内温县司马孚，字叔达，不伊不周（即不像伊尹不像周公旦），不夷不惠（即不像伯夷不像柳下惠），立身行道，终始若一，当以素棺单椁，敛以时服。"

泰始八年（272），司马孚去世，享年93岁。晋武帝于太极东堂举哀三日。武帝再临丧，亲拜尽哀。及葬，又幸都亭，望柩而拜，哀动左右。

四子司马馗（生卒年不详），字季达。仕曹魏，官至鲁相，封东武城侯。去世后，追赠为太常。

五子司马恂，字显达。仕曹魏，官至鸿胪寺丞。早逝，赠大长秋。

六子司马进，字惠达。仕曹魏为中郎，封城阳亭侯。

七子司马通，字雅达。仕曹魏，封安城亭侯。

八子司马敏，字幼达。职爵待考。

因兄弟八人字中都有"达"字，俱知名于时，所以人称"司马八达"。

荥阳郑氏六状元

荥阳郑氏，于有唐可谓显赫，仅科举来说，状元及第者如下。

郑益，郑州荥阳县（今河南省荥阳市）人。唐高宗上元二年（675），状元及第。该科考官为考功员外郎骞味道，取进士45人。同榜进士有沈佺期、宋之问等。其生平行迹不详。

郑全济，郑州荥阳县（今河南省荥阳市）人。唐德宗贞元元年（785），状元及第。该科考官为礼部侍郎鲍防，取进士33人。同榜进士有曲信陵、姚系、羊士谔等。其生平行迹不详。

郑解，郑州荥阳县（今河南省荥阳市）人。唐宪宗元和十一年（816），状元及第。该科取进士32人。同榜进士有姚合、周师厚等。其生平行迹不详。

郑弘业，郑州荥阳县（今河南省荥阳市）人。唐懿宗咸通八年（867），状元及第。该科取进士30人。宋计敏夫《唐诗纪事》卷五十六、清彭定求等《御定全唐诗》卷六百载其《诏放云南弟子还国》诗一首。

郑言，字垂之，郑州荥阳县（今河南省荥阳市）人。唐武宗会昌二年（842），状元及第。该科取进士25人。唐宣宗大中年间（847—860），以左拾遗为太常寺博士。参与撰写《续会要》。曾任浙西观察使王式从事。王式奉命于唐懿宗咸通元年（860）擒获越盗裘（一作仇）甫。之后，郑言撰写了《平剡录》1卷。咸通六年（878）正月十日，自驾部员外郎升为承旨学士。四月十日加礼部郎中，知制诰。四月十九日中谢赐紫。咸通八年（880）十一月四日迁工部侍郎，知制诰。咸通九年（881）六月十八日授为户部侍郎。唐宣宗大中三年（849），为安吉州（今浙江省湖州市）《文宣王新庙碑》撰文，并书丹、篆额。咸通十年（882）二月为《唐兵部尚书王承业墓志》撰文。并撰有《复交阯录》两卷。

郑中贻，郑州荥阳县（今河南省荥阳市）人。一作郑贻矩。唐僖宗光启四年（888），状元及第。该科主考官为尚书右丞柳玭。同榜进士有崔涂等。

其生平行迹不详。

荥阳郑氏六状元，除郑言之外，其他于史不显。荥阳一地一姓于一朝代能出六位状元，可谓了得！

河阴孔氏传文脉

历史上由于种种原因，孔子的后裔散布全国各地，唐代河南府河阴县（治所在今河南省荥阳市东北）孔氏便是其中之一。

孔戣（751—824），字君严，唐代兖州曲阜（今山东省曲阜市）人。迁居于河南府河阴县。孔子38代孙。唐秘书省著作佐郎、赠尚书左仆射孔岑父（字次翁）次子。唐德宗建中元年（780），进士及第。官至殿中侍御史。唐宪宗元和元年（806），为大理正。后升迁为江州刺史、谏议大夫。元和六年（811），加皇太子侍读，改任给事中，权知尚书右丞。元和七年（812）授为左丞。元和九年（814），出为华州刺史。奏罢明州岁贡淡菜、蚶蛤。元和十年（815），为大理卿。元和十二年（817），自国子祭酒，拜为御史大夫、岭南节度使等。由于政绩显著，元和十五年（820），升迁为尚书吏部侍郎。北归时，不载南物，奴婢不增一人。唐穆宗长庆元年（821），改任右散骑常侍。长庆二年，任为尚书左丞。长庆三年，以73岁3次上书请求致仕。吏部侍郎韩愈对他说："公尚壮，上三留，为什么去得这么果决？"孔戣回答说："我年龄到了，一宜去。我为左丞，不能进退郎官，二宜去。"韩愈说："公无留资，凭什么而归？"他说："我背'二宜'去，还怎么考虑您所说的呢！"最终得到允许，以礼部尚书致仕。于长庆四年（824）正月去世于家，享年74岁，赠兵部尚书。其年八月，以礼葬于河南府河阴县广武原上。

孔戣有四子，长子孔温质，四门博士；次子孔遵孺、三子孔遵宪、四子孔温裕都为明经进士。

孔温裕，唐宣宗大中四年（850），为右补阙。因谏讨党项事，被贬为柳州司户。大中九年（855），自礼部员外郎，充任翰林学士。大中十二年

(858)，升迁为中书舍人。不久出任河南尹。唐懿宗咸通六年（865），以河东节度使、检校刑部尚书为郓州刺史、天平军节度使。去世，赠司空。

孔遵孺，孔戣次子。曾任华阴县丞。

孔纬（？—895），字化文，孔遵孺之子。少孤。依诸伯父、叔父，与名公交往，声籍早达。唐宣宗大中十三年（859），状元及第。初为秘书省校书郎。历任监察御史、翰林学士、知制诰、中书舍人、户部侍郎、御史中丞。孔纬方雅疾恶，中外闻风，未绳辄肃。后选拔为吏部侍郎，权要有所托，私书盈几，一概不省览，执政恼怒，改任他为太常卿。从唐僖宗奔蜀，改刑部尚书，判户部事，改为太子少保。以兵部侍郎同中书门下平章事，进升为左仆射。唐昭宗即位，进升为司空，兼国子祭酒。进阶开府仪同三司，进位司徒，封鲁国公，兼太保。唐昭宗乾宁二年（895），授为太子宾客。改任吏部尚书。又拜司空，兼门下侍郎、同平章事、太清宫使等。因事贬为均州刺史。不久授为吏部尚书，以司空、门下侍郎复辅政。后病危还家，不肯服药，于唐昭宗乾宁二年（895）九月去世。赠太尉。以礼葬于河南府河阴县广武原上。

孔氏自唐宪宗元和后，昆仲贵盛，至正卿、方镇者六七人，但未有为宰辅的，至孔纬始在三公之位。

孔纬的儿子孔崇弼，也是进士及第，仕后唐为给事中。在后晋天福中，升迁为左散骑常侍。

孔纁，唐懿宗咸通十四年（873），状元及第。

孔缄，字不详。孔遵孺之子，孔纬弟。唐僖宗乾符三年（876），状元及第。

大中祥符元年（1008），宋真宗封泰山，过曲阜，谒孔子，释奠孔庙、孔林，赐孔氏男女钱帛。孔氏全族谢恩。宋真宗高兴地说："圣人世家子孙若此，兴盛呀！"孔子45代孙孔延世袭文宣王，上奏道："孔氏仍有随驾参军孔晃一枝，住在广武，是原族。"宋真宗召孔晃问，孔晃回答说："臣祖孔戣，仕唐礼部尚书。国公孔纬，皆荷先朝御葬广武原，子孙守坟奉祀随住，遂不能以东归。"宋真宗大喜，赐孔晃布帛。策命王羽腾来广武原建修家庙三间，并给田十二顷，用以祭俸其先祖。工始于大中祥符二年（1009）仲春，落成于孟冬月。嘉靖间，两经修建。明代明孝宗弘治初年（1488）、明世宗嘉靖十四年（1535）两次重修，但均毁于兵火。清雍正十三年（1735），乾隆十年（1745）、二十八年（1763）、四十一年（1776）先后四次修葺、扩建，增设了前堂、大殿、照壁、棂星门、碑楼、戟门及东西廊庑等。

位于今郑州市惠济区古荥镇南街的孔氏家庙犹存。纵观河阴孔氏一支，以文入仕，可以说不坠孔子家声。

高氏五代南平王

高季兴（858—928），字贻孙，五代陕州硖石（治所在今河南省三门峡市陕州区硖石乡）人。本名高季昌，后唐庄宗李存勖即位，因避他的祖父（李国昌）献祖庙讳，更名季兴。

高季兴少年为汴州富人李让的家僮。梁太祖朱温为宣武军节度使时，李让以奉献钱财得幸，朱温以李让为养子，改其姓名为朱友让。高季兴以朱友让的缘故得以进见朱温，朱温看他面相异于他人，便命朱友让以他为儿子养着。因而高季兴冒姓朱氏，补制胜军使，升迁为毅勇指挥使。

唐昭宗天复二年（902），梁兵攻打凤翔，高季兴因救唐昭宗有功，以他为迎銮毅勇功臣、检校大司空、行宋州刺史。后高季兴跟从朱温平青州，改知宿州事，迁颍州防御使。朱温令他复姓高氏，提拔为荆南节度观察留后。后梁太祖开平元年（907），拜高季兴为节度使。开平二年，加同中书门下平章事。朱温去世，高季兴见后梁日以衰弱，便拥兵自固，治城隍，设楼橹。梁末帝朱瑱宽容他，封他为渤海王，赐以衮冕剑佩。后梁灭亡，后唐庄宗李存勖入主洛阳，下诏宽慰晓谕高季兴。季兴留其二子，以骑士三百为卫，到洛阳朝拜。后唐李存勖同光三年（925），封高季兴为南平王。

后唐明宗李亶天成三年（928）冬，高季兴病逝，享年71岁。后唐明宗长兴元年（930），追封他为楚王，谥武信。

高季兴有九个儿子，长子高从诲。高从诲（891—948），字遵圣。后唐明宗长兴元年正月，拜高从诲为节度使。长兴三年（932），封他为渤海王。后唐闵帝李从厚应顺元年（934），封高从诲为南平王。后汉隐帝李承祐乾祐元年（948）十月病逝，享年58岁，赠尚书令，谥文献。

高从诲有15个儿子，第三子高保融立。高保融（920—960），字德长。高从诲时，他为节度副使，兼峡州刺史。高从诲去世，拜他为节度使。后周太祖郭威广顺元年（951），封高保融为渤海郡王。后周显德元年（954），进封为南平王。

宋朝兴起，高保融惧怕，一年之间三次入贡。宋太祖赵匡胤建隆元年（960），高保融病逝，享年41岁，赠太尉，谥贞懿。

高保融弟高保勖立。高保勖（924—962），字省躬，高从诲第十子。高保融去世，拜他为节度使。宋太祖建隆三年（962）十一月，高保勖病逝，年仅39岁，赠侍中。

高保融的儿子高继冲立。高继冲（943—973），字成和。高保勖去世，拜他为节度使。宋太祖乾德元年（963）九月，高继冲率其将吏宗族500余人朝于京师，拜为武宁军节度使。于宋太祖开宝六年（973）病逝于任上，年仅31岁。

高氏自后梁开平元年（907）镇荆南，至宋朝宋太祖乾德元年（963）国除，共57年。

吕氏七朝为宰相

吕蒙正（944—1011），字圣功，河南洛阳人，太平兴国二年（977），考中状元后，授将作丞，出任升州通判。后步步高升，三次登上相位，封为许国公，授太子太师。为人宽厚正直，对上遇礼而敢言，对下宽容有雅度。

吕夷简（979—1044），字坦夫，谥文靖。吕蒙正的侄子。宋真宗咸平三年（1000），进士及第。宋真宗时，以刑部郎中权知开封府。宋仁宗即位，任参知政事。宋仁宗天圣六年（1028），拜相。庆历三年（1043），授为司徒。长子惠穆，为英宗枢副，为仁宗枢使。

吕公著（1018—1089），字晦叔，谥正献。吕夷简的次子。宋仁宗庆历二年（1042），进士及第。在宋神宗、宋英宗两朝，历任天章阁待制等职。宋神宗熙宁二年（1069），为御史中丞。宋哲宗即位，任尚书右仆射兼中书侍郎。后独当国政，位至司空，同平章军国事。去世，赠申国公。

吕好问（1064—1131），字舜徒，侍讲吕希哲的儿子，司空吕公著的孙子。宋钦宗靖康元年（1126），任御史中丞，不久改任兵部尚书。曾为太上皇宋徽宗右丞相。宋高宗建炎元年（1127），知宣州。与杨时（字中立）并列道学家，有“南有杨中立，北有吕舜徒”之称。

吕氏相继执掌七朝政事，天下罕见。

“桐木韩家”世簪缨

北宋长社韩氏，人丁兴旺，门势显赫。因其京师（今河南省开封市）府邸门前有梧桐树，京师人为别于“相州韩家”（韩琦家族），所以便以“桐木韩家”相称了。“桐木韩家”的兴盛，当从韩亿说起。

韩亿（972—1044），字宗魏，北宋开封府雍丘县（今河南省杞县）人。其先为真定府灵寿县（今河北省灵寿县）人。父亲韩保枢南渡黄河游学，终不北还，安家于雍丘。后卜地葬其父韩保枢于颍昌府长社县（治所在今河南省长葛市东），于是为长社县人。

韩亿少年时家贫苦学。在与徐州人李若谷（后占籍缑氏，咸平元年登进士第）同试京师时，因俱贫曾一毡割而分盖。两人每当外出拜见名士时，又相互作为对方仆人，一时传为佳话。宋真宗咸平五年（1002），中进士，为大理评事，知亳州永城县，有治声。景德二年（1005），通判陈、郓、许诸州。改太常博士。大中祥符三年（1010），升迁为洋州知州。还京任为屯田员外郎。又为相州知州。入京为侍御史，任命为河北转运使。宋仁宗天圣二年（1024），为青州知州。天圣三年（1025），判大理寺。天圣四年（1026），授枢密直学士。宋仁宗明道元年（1032），任命为谏议大夫，升迁同知枢密院事。其间，奉使契丹，不辱使命。宋仁宗景祐四年（1037），授参知政事，罢知应天府。不久，加资政殿学士，知成德军，改任澶州，又为亳州知州。官至尚书左丞。于宋仁宗庆历三年（1043），连上章请求归家养老，得允，以太子少傅致仕。于庆历四年（1044）八月十六日，病逝于京师（今河南省开封市）景宁里第，享年73岁，赠太子太保，谥忠献。有文集10卷，已佚。

韩亿性庄重，遵循礼法。无论判大理，知审官院，吏部流内铨，掌贡举，删修令勑，还是出使契丹，所处事无不为人称道。其治家事尤严，内肃一如官府。诸子侍侧，违背忠义之言不说；幼孙能行走，即长幼有序，无敢戏嫚他旁边的。但遇下人则又温和、宽恕、笃厚。于亲戚故旧的孤儿不能自存的，为他们办理结婚和丧葬的事宜；稍有才能的推荫使他们做官，教育抚养成就他们。并且喜闻孝、悌的事情，凡是议论赏罚，有能敦促劝勉风俗的，便十分着意。

韩亿有儿子八人：韩纲、韩综、韩绛、韩绎、韩维、韩缜、韩纬、韩缅，均有贤才，人称“韩氏八凤”，以此配东汉荀淑的“荀氏八龙”。诸子孙并以德行、技艺，饮誉当世。

长子韩纲，为水部员外郎。宋仁宗庆历中知光化军。有儿子一人：韩宗彦。

次子韩综（1009—1053），字仲文。宋仁宗天圣八年（1030），进士及第，为太常博士、集贤校理，同知太常院。历任开封府推官、三司户部判官，同修起居注，江东转运使。升迁为刑部员外郎、知制诰。有儿子三人：韩宗道、韩宗良、韩宗直。

三子韩绛（1012—1088），字子华。开始以父荫补太庙斋郎，升迁为大理评事。宋仁宗庆历二年（1042），进士及第，名居第三，任命为太子中允，通判陈州。召试学士院，任命为太常丞直集贤院，同知太常礼院，直集贤院，为开封府推官。历任户部判官、礼部员外郎、龙图阁直学士、知瀛州。知谏院，纠察在京刑狱。又升迁为翰林学士、御史中丞。加端明殿学士、知成都府。又召知开封府，为三司使。宋神宗即位，历任枢密副使、参知政事、陕西宣抚使、同中书门下平章事、昭文馆大学士，开幕府于延安。知邓州，以观文殿学士调任许州，进大学士，调大名府。熙宁七年（1074），代王安石为相。宋神宗元丰元年（1078），拜为建雄军节度使、知定州。元丰六年

(1083)，知河南府。宋哲宗即位，更镇江军节度使、开府仪同三司，封为康国公，为北京留守。元祐二年（1087）三月，以司空、检校太尉致仕。元祐三年（1087）三月二日去世，赠太傅，谥献肃。著有《治平会计录》6卷。有儿子二人：韩宗师、韩宗古。

四子韩绎（？—1065），字仲连。从晏殊，任命为永兴副职。自宋仁宗至和元年（1054）始，历任秘书丞、通判军府兼管内劝农事、提举府学、职方员外郎、留守司徒侍中。有儿子四人：韩宗哲、韩宗弼、韩宗敏、韩宗谨。

五子韩维（1017—1098），字持国。以进士奏名礼部，当时父亲韩亿辅政，不肯试大廷，受荫入官。父亲去世后，闭门不仕。宰相荐其好古嗜学，召试学士院，推辞不就。富弼任命他为河东幕府，史馆修撰。欧阳修举荐他为检讨、知太常礼院。又以秘阁校理通判泾州。赵顼（即宋神宗）封为淮阳郡王、颍王，韩维均为记室参军。后同修起居注、侍讲迩英殿。进升为知制诰、知通进银台司。颍王赵顼为皇太子，兼为右庶子。赵顼即位，任命他为龙图阁直学士。召兼侍讲、判太常寺。宋神宗熙宁二年（1069），升迁为翰林学士、知开封府。熙宁三年，授为御史中丞，以兄韩绛在枢府，坚决辞让。以进言未被接受，求出知襄州，改任许州。熙宁七年（1074）二月，召为学士承旨。王安石罢相，遇韩绛入相，加韩维为端明殿学士，知河阳，又知许州。进资政殿学士。宋神宗去世，起知陈州，未行，召兼侍读，加命为大学士，任门下侍郎。诏分司南京。于是还大学士，知邓州。兄韩绛为他请求，改知汝州。后以太子少傅致仕，转少师。宋哲宗绍圣中，因参与元祐党籍，降为左朝议大夫，再贬谪为崇信军节度副使，均州安置。其诸子乞免官爵，让父回乡里居住。宋哲宗览奏恻然，应允。宋哲宗元符元年（1098），复左朝议大夫。该年去世，享年82岁。宋徽宗即位，追复原官职。有儿子三人：韩宗儒、韩宗文、韩宗质。

六子韩缜（1019—1097），字玉汝。以父任为将作监主簿。宋仁宗庆历二年（1042），进士及第，签书南京判官。升迁为殿中侍御史。又升迁为侍御史、度支判官，出为两浙、淮南转运使，移河北。改使陕西。入京知审官西院、直舍人院。以兄韩绛执政，改集贤殿修撰、盐铁副使，以天章阁待制知秦州。因事落职，分司南京。后还待制、知瀛州。为枢密都承旨。宋神宗元丰五年（1082），为太中大夫、同知枢密，进知院事。宋哲宗即位，任为尚书右仆射兼中书侍郎。元祐元年（1086），遭御史中丞刘挚、谏官孙觉、苏辙等人弹劾，言其在先朝为奉使，割地六百里以遗送契丹，边人怨之切骨，不可使居相位。章数十上，罢为观文殿大学士、知颍昌府。移永兴、河南，拜安武军节度使、知太原府，易节奉宁军。以太子太保致仕。宋哲宗绍圣四年（1097）去世，享年79岁。赠司空，谥庄敏。有儿子四人：韩宗恕、韩宗武、韩宗鲁、韩总矩。

七子韩纬，初为大理评事。宋仁宗嘉祐中（1056—1063），以司门郎中出知颍州。历任尚书、比部郎中、解州知府。去世赠右光禄大夫。有儿子一人：韩宗厚。

八子韩缅，为太常寺太祝。有儿子一人：其名不详。孙子韩瓘。

韩亿有知其父的孙子22人，另有不知其父为何人的孙子韩宗本、韩宗迪、韩宗尧、韩宗亮、韩宗望、韩宗坦等。

孙子韩宗彦（？—1060），字钦圣，韩纲子。以荫补将作监主簿，宋仁宗庆历二年（1042）举进士甲科。升迁为太常博士。历官集贤校理、提点京西京东刑狱、盐铁判官、太常博士、直龙图阁学士为右正言、宝文阁待制、瀛州知州。宋仁宗嘉祐五年（1060）病逝。

孙子韩宗道（1027—1097），字持正，韩综子。宋仁宗嘉祐四年（1059），中进士第。宋神宗熙宁初年（1068），知巴州，改成都府路转运判官。入京为开封府判官，出提点河北西路刑狱，历知庐州、凤翔府、潞州。宋神宗元丰八年（1085），为太常少卿。宋哲宗元祐三年（1088），入权户部侍郎，改刑部，以宝文阁待制权知开封府。宋哲宗元祐五年（1090），为枢密都承旨。绍圣初年（1094），知成都，改瀛州。绍圣三年（1096），知杭州。绍圣四年（1097）去世，享年71岁。有儿子三人：韩璩、韩环、韩珙。

孙子韩宗厚（1042—1094），字敦夫，韩纬子。以荫补太庙斋郎。初任徐州沛县主簿，秩满，授为江宁府上元县主簿。宋神宗熙宁八年（1075），以兴修水利，灌溉农田2700余顷，百姓称颂，升迁为光禄寺丞。四迁至承议郎，赐六品服。官至庆成军使。于宋哲宗绍圣元年（1094）六月二十九日，病逝于官所，享年53岁。有儿子八人：韩理、韩琉、韩瑛、韩玑，其余均早亡。

孙子韩宗师（？—1098），字传道，韩绛子。以父任历州、县职。中进士第，王安石荐为度支判官，提举河北常平，官至集贤殿修撰，知河中府。于宋哲宗元符元年（1098）病逝于任上。当初，韩宗师在宋神宗朝，数赐对，常不忍离亲侧，屡辞官不拜，世以至孝赞誉他。

孙子韩宗古，韩绛子。宋神宗熙宁七年（1074），以光禄寺丞为馆阁校勘。历官集贤校理、司门郎中、光禄少卿、少府少监、职方郎中。元祐三年（1088），知曹州。元祐四年，调任潞州。绍圣三年（1096），为兵部郎中兼秘阁校理、诸王府翊善。绍圣四年，为秘书少监。

孙子韩宗哲，韩绎长子。宋神宗元丰中（1078—1085），任大理寺丞、承议郎、通判祁州。宋徽宗时，为卫州知州。

孙子韩宗弼，韩绎次子。宋神宗元丰中（1078—1085），任大理评事。

孙子韩宗敏，韩绎第三子。宋神宗元丰中（1078—1085），任秘书省校书郎。

孙子韩宗儒，韩维长子。曾任大理寺丞。

孙子韩宗文，韩维次子。宋神宗元丰中（1078—1085），曾任大理寺主簿、光禄寺丞。儿子：韩瑨。

孙子韩宗质，韩维第三子。曾任承奉郎、将作监主簿。

孙子韩宗恕，字求仁。韩缜长子，宋神宗元丰中（1078—1085），曾任大理寺丞。有儿子三人：韩珉、韩琢、韩琇。

孙子韩宗武，字文若，韩缜次子。进士及第。韩忠彦镇瀛州，任他为河间令。宋徽宗即位，为秘书丞。宋哲宗时，任为都官员外郎，后改为开封府推官。乞请外出，任为淮南转运判官。官至太中大夫。82岁去世。有儿子三人：韩璆、韩璜、韩球。

孙子韩宗鲁，韩缜第三子。官至太常寺太祝。

孙子韩宗矩，韩缜第四子。宋神宗元丰中（1078—1085），曾任将作监主簿。

曾孙韩瓘，字德全，韩缅孙。好学博雅。宋神宗元丰间，知秀州。宋徽宗政和初（1111），为於潜令，莅官所至，兴利除弊，事无壅滞，吏不敢欺，人称有忠献家法。

曾孙韩理，韩宗厚子。任太庙斋郎。

曾孙韩琉，韩宗厚子。任郊社斋郎。

宋南渡之后，韩亿后裔显于世的不乏其人。如韩元杰，官至亳州知州；韩元象，官至严州通判；韩元龙，官至大理寺卿。尤其是韩元吉，官至吏部尚书。曾奉旨出使金国，两提举太平兴国宫。晋封颍川郡公。归老于广信南涧，因自署南涧居士、南涧翁。著有《桐阴旧话》《涧泉集》《涧泉日记》《南涧甲乙稿》《南涧诗馀》《金国生辰语录》《愚戆录》等。集中往往自署“颍川韩元吉”，以示不忘本。

北宋“桐木韩氏”，可谓一时无出其右者。韩亿为太子太保，一门多进士，韩综为知制诰，韩绛（家人呼为“三相公”）、韩缜两位为宰相；韩维（家人呼为“五相公”）为副宰相，衣冠之盛，为一时之冠。韩绛以辰年辰月辰日辰时生，也是异事。陆佃（陆游祖父）有诗句道：“非关庚子曾占鹏，自是辰年并值龙。”韩绛去世，陆佃又作挽章道：“棠棣行中排宰相，梧桐名上识韩家。”即纪其实。

许进父子四尚书

许进（1437—1510），字季升，号东崖，明代河南府灵宝县（今河南省灵宝市）人。明宪宗成化二年（1466），进士及第。授为御史，巡按甘肃、山东，有名声。升迁为山东副使。辨别疑狱，人称明察。

明孝宗弘治中（1488—1505），许进历官右佥都御史、大同巡抚、户部左右侍郎。因与中官不睦，被贬官七年。明武宗即位，起任为兵部左侍郎，提督团营。正德元年（1506），选拔为兵、吏部尚书和太子少保。刘瑾专权，许进不为刘瑾所容，令他致仕。刘瑾伏诛，复职致仕。未闻命去世，享年74岁。赠太子太保。明世宗嘉靖五年（1526），又谥襄毅。著有《平番始末》一卷。明末清初崔铣评价许进道：“昌言直道，推贤敢为。”人们以为恰切。

许进有儿子八人。长子许诏、次子许诰、三子许赞（讚）、四子许记、五子许诗、六子许词、七子许志（誌）、八子许论。其中，长子许诏为乡荐，五子许诗官至工部郎中；六子许词官至知府。

次子许诰（1471—1534），字廷纶，号函谷山人。明孝宗弘治十二年（1499），进士及第。授为户科给事中。历官刑科右给事中、翰林检讨。因父亲忤逆刘瑾，被贬谪为全州判官。守父丧，家居授徒讲学。明世宗嘉靖初年（1522），起用为南京通政参议，改侍讲学士，直经筵。升迁为太常卿掌国子监。嘉靖十一年（1532），选拔为吏部右侍郎。其冬，授为南京户部尚书。去世于任上，享年64岁。赠太子太保，谥庄敏。著有《通鉴纲目前编》三卷，《宋元史阐幽》三卷，《奏议》两卷，《图书管见》一卷，《春秋意见》一卷。

三子许赞（1473—1548），字廷美。明孝宗弘治九年（1496），进士及第。授为大名推官。也以辨疑狱知名，召授为御史。明武宗正德元年（1506），改任编修。因父亲忤逆刘瑾，许赞出为临淄知县。升迁为浙江左布政使。嘉靖六年（1527），入京为光禄卿。历刑部左、右侍郎。嘉靖八年（1529），升迁为刑部尚书。嘉靖十年（1531），改任户部尚书。嘉靖二十三年（1544），任为吏部尚书，又以少保兼太子太保加文渊阁大学士。又加少傅。以年逾70岁，他多次乞请致仕。明世宗责其忘君爱身，嘉靖二十四年（1545）十一月，罢职。归家闲住三年去世，享年76岁。后复官，赠少师，追谥文简。著有《松皋集》26卷，《性学编》一卷，《道统溯流录》一卷。

八子许论（1494—1565），字廷议。嘉靖五年（1526），进士及第。授为顺德推官，入京为兵部主事，改任礼部。好谈兵，著《九边图论》献上。明世宗览后大喜，颁布边臣讨论实施，自此以知兵闻名于世。历任南京大理寺丞、右佥都御史、兵部右侍郎。嘉靖三十三年（1554），出督山西等地军务。嘉靖三十五年（1556），兵部尚书杨博因父丧离京，由许论赴京代任兵部尚书。因军功，加太子太保。后因事夺官闲住。嘉靖四十四年（1565）冬十月，许论去世，享年72岁。明穆宗隆庆初年（1567），复官职，谥恭襄。著有《默斋集》四卷，《九边图论》三卷。

因许进与其子许诰、许赞和许论均官至尚书，所以世称许氏父子兄弟四尚书。

三、文脉弦歌

《河图》《洛书》彰文明

氏族社会时期，伏羲氏继有巢氏、燧人氏之后而王天下。他素来关心百姓疾苦，倾心研究天、地、人三者之间的关系，但百思不得其解。

经过长期思考，伏羲在一次巡察黄河时，见有一异兽负图出现于孟津的黄河中，他很是惊奇。此异兽，类似骆驼而有双翼，蹈水不没，马身而龙鳞，于是人们称其为龙马。龙马背上的旋毛及其上的星星点点，似有规律可循。这便是后来人们所说的“龙马负图”。伏羲氏见此情景，于是产生了灵感，从中得到了应有的启发——何不将天地之间的万千具象用星点来替代，即将其抽象为符号化。伏羲氏凭着记忆，随之复绘了那“图”，于是有了《河图》的诞生。其数则一六居下，二七居上，三八居左，四九居右，五十居中，以五生数，统五成数而同处其方。此即《易大传》所说的：“天一地二，天三地四，天五地六，天七地八，天九地十。天数五，地数五，五位相得而各有合。此言《河图》数与象也。”

无独有偶。大禹（鲧的儿子，名文命）受帝尧命治水，身先士卒，手足胼胝，三过家门而不入。此期见神龟出现于玄沪水（今洛宁县玄沪山的洛水段）中，那龟甲的规律性纹理，对大禹颇有启发，于是他绘制了相应的图案。这便是后世人们所说的《洛书》。其书数则戴九履一，左三右七，二四为肩，六八为足，而五亦居中，以五奇数统四偶数，而各居其所。这便是《洛书》的象数。受《洛书》的启发，大禹制定了治理天下的九类大法——《九畴》

（出自《尚书·洪范》）。

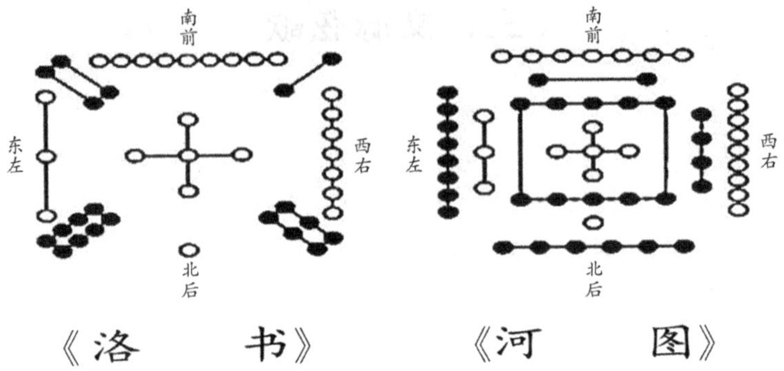

图为朱熹《河图》《洛书》象数。以天空地实，所以白点代为天，黑点代为地

这就是《易大传》所说的："河出图，洛出书，圣人则之。"

关于《河图》《洛书》的影响，宋郑樵《通志》卷七十二阐述得明白："河出图，天地有自然之象。洛出书，天地有自然之理。天地出此二物，以示圣人，使百代宪章必本于此，而不可偏废者也。《图》，经也。《书》，纬也。一经一纬相错而成文。《图》，植物也。《书》，动物也。一动一植相须而成变化。见《书》不见《图》，闻其声不见其形。见《图》不见《书》，见其人不闻其语。《图》至约也，《书》至博也。即《图》而求易，即《书》而求难。古之学者为学，有要置《图》于左，置《书》于右，索象于《图》，索理于《书》。"

《河图》《洛书》至宋而大显。真源（今河南省鹿邑县）人陈抟以先天图传洛阳人种放，种放传山东郓州（今东平县）人穆修，穆修传青州人李之才，李之才传迁居洛阳的邵雍。种放以《河图》《洛书》传李溉，李溉传许坚，许坚传范谔昌，范谔昌传刘牧。穆修以《太极图》传周敦颐，周敦颐传程颢、程颐。其解《易大传》大概祖刘牧之意。至于新安朱熹，则又力诋刘牧之非，而遵北魏关朗、宋邵雍遗说。有宋以降，朱熹关于《河图》《洛书》之说大行于天下。

可以说，《河图》是圣人伏羲度量事物，将具象万物抽象为符号化的结果，是人类文明的产物。而大禹格《洛书》，则悟出了治国安民的《九畴》

良策，从而具有悠久的历史意义和时代借鉴价值。《河图》《洛书》可谓肇始了中华文化，从此开启了中华文明的大门。

仓颉造字劈鸿蒙

仓颉，姓仓，名颉，今河南省南乐县人。轩辕黄帝的史官。生而聪颖，相传长有四目，异于常人，善于观察事物，思考问题。他受伏羲氏“八卦”符号的启发，萌发了创造书契的思想。于是将“八卦”的奇画述之而为一，将其偶画转之而为二，将其奇偶之合相加而为三。又研究天地变化的规律，仰观星辰布列之势，俯察山川、禽兽、植物等万物，以及自身形体等而创制了书契（汉字的早期雏形）。其分类象形而独体的称作“文”，由“文”衍生而合体的称作“字”。文字由此而诞生，从而替代了神农氏结绳而治之政，于是百官以治，万民以察。

汉刘安《淮南鸿烈解》记述仓颉造字道：“昔者仓颉作书，而天雨粟，鬼夜哭。”汉高诱注道：“仓颉始视鸟迹之文，造书契，则诈伪萌生。诈伪萌生，则去本趋末，弃耕作之业，而务锥刀之利。天知其将饿，故为雨粟。鬼恐为书文所效，故夜哭也。鬼或作兔，兔恐见取毫作笔，害及其躯，故夜哭。”

南乐县西南 35 里有仓帝陵及造书台。台上有仓颉庙。仓颉世代为人们所祭祀，至今香火不绝。

大挠观天作干支

大挠（一作挠），黄帝的老师和大臣。黄帝斩蚩尤后，即命大挠造甲子以正时。于是大挠仰观天上北斗星的斗柄指向，即斗柄指向东，天下是春天；斗柄指向南，天下是夏天；斗柄指向西，天下是秋天；斗柄指向北，天下是冬天；俯察大地植物的生长规律；参考《河图》《洛书》的象数；以及伏羲氏八卦的阴阳理念；始用甲、乙、丙、丁、戊、己、庚、辛、壬、癸，以称日，叫作干，也称十干。用子、丑、寅、卯、辰、巳、午、未、申、酉、戌、亥，以称月，叫作支，也称十二支。天干的奇数配地支的奇数，天干的偶数配地支的偶数，当十干轮完六遍时，十二支刚好轮完五遍，可配成不重复的60组，称为“六十甲子”，或“六十花甲”“六十花甲子”。支、干，即枝干，取义于树木的干枝。又天为阳，地为阴。干，树干，粗壮，属阳，所以称作天干。支，枝叶，细小，属阴，所以称作地支。

十干取义：甲，阳气萌动，植物破甲壳而出；乙，阴气尚强，万物初生，屈曲而未伸；丙，万物炳然，阴气初起，阳气初亏；丁，夏时，万物壮实之形；戊，即茂，指万物茂盛；己，即纪，指万物有形可纪；庚，秋时，万物庚庚有实；辛，秋时，万物成熟而味辛，辛痛即眼泪出；壬，妊，指阴阳交物而怀妊；癸，指冬时水土既平，万物可以揆度。

十二支取义：子，即孳，十一月，阳气始萌，孳生于下；丑，即纽，十二月，寒气屈曲而尚纽结；寅，即摈，正月阳气欲出，阴尚强而摈斥于下；卯，即冒，二月万物冒地而出；辰，即伸，三月，阳气动，万物都舒伸而出；巳，即蛇，象形，四月阳气强则蛇出；午，即啎，五月阴气午逆，阳气冒地而出；未，即味，滋味，六月树老则有味，像树重枝叶；申，即申束，七月阴气成，体自申束；酉，即就也，八月黍成，可酿醇酒；戌，即灭，九月阳气微，万物将灭息；亥，即核，十月万物坚核而收藏。

由此可看出，天干地支22个字，是根据四季气象和大地万物的生长规律而总结出来的。

自此，用干支纪年、纪日、纪时，而又均准于月，以年有12个月，成为自然之序。

老子奇逸犹如龙

老子（生卒年不详），姓李名耳，字聃，春秋时期楚国苦县厉乡曲仁里（今河南省鹿邑县太清宫镇）人。

关于老子其人及其姓、名、字，自古以来，众说纷纭。诸史籍有说老子生于李树下而得姓的；有说因乱食苦李而得姓的；有说因饥食木子而得姓的；

有说老子母为李氏女，因母得姓的；有说老子生于李氏家冒姓李的，不一而足。

传说老子当初曾拜常枞为师。常枞有病时，李耳便时常去探望他。一次，老子看老师病情加重，便趁机问老师道："先生病厉害了，有没有临终的教诲对弟子说的呀?"常枞说："你即使不问，我也将对你说。"接着，他问李耳道："过故乡而下车，你知道其中的道理吗?"李耳说："过故乡而下车，不是说其不忘故旧吗?"常枞说："嘻！是呀。过高大的树木而小步紧走，你知道其中的道理吗?"李耳说："过高大的树木而小步紧走，不是说敬老吗?"常枞说："嘻！是呀。"于是，常枞张开自己的嘴而让李耳看，问道："我的舌头存在吗?"李耳回答说："是。""我的牙齿存在吗?"李耳说："没有。"常枞说："你知道其中的道理吗?"李耳说："舌头存在，难道不是因为它柔软吗？牙齿没有，难道不是因为它刚硬吗?"常枞说："嘻！是呀。天下的事情已完了，没有什么可以再告诉你啦!"

自此，李耳悟出了"柔弱胜刚强"的道理。

而孔子与老子的二圣相会，更是震古烁今。春秋时期，礼崩乐坏。孔子自幼对周礼情有独钟。稍长，便前往宋国（都今河南省商丘市）和杞国（都今河南省杞县）考察有关"礼"的问题，但不得究竟。

后来，孔子听说东周柱下史李耳（即老子）博学多闻，心向往之。弟子南宫敬叔深知孔子之意，于是向鲁国国君请求，请允许他与老师孔子一起到东周问礼。鲁国国君认为这件事情有益于国家，于是答应了他的请求。

鲁昭公二十四年（前518），34岁的孔子乘坐着鲁国国君赐予的一车二马，与弟子南宫敬叔一起前往东周，向老子问礼。临别，老子送他们说："我听说'富裕和地位尊贵的人用财物送给他人，仁人（对人亲善的人）用嘉言送给他人'。我不能富裕和尊贵，却窃得仁人的名，就用几句话送你：'聪明和非常精明却接近死的人，是因为喜欢非议他人的缘故；知道得多和善言辞、才能出众使自身危险的人，是因为喜欢揭露他人的罪过。做人子女的不要只有自己，做人臣的不要只有自己。'"孔子再拜说道："一定恭敬地奉行您的教诲!"

孔子离去，感触不已，对弟子说："鸟，我知道它能飞；鱼，我知道它能游；兽，我知道它能跑。跑的可以用网逮，游的可以用丝纶钓，飞的可以用带丝绳的箭射。至于龙，我不能知道它如何乘风云而上天。我今日见老子，他奇逸犹如龙啊！"

孔子周游遍中原

中原是道家、墨家、法家的诞生之地，也是先秦诸子百家活动的主要舞台。儒家的鼻祖孔子虽然诞生于鲁国，但他周游的列国都是在中原地区。

孔子（前551—前479），子姓，孔氏，名丘，字仲尼，是宋国（都今河南省商丘市）第二代国君微仲（微子弟）的后裔。孔子的六代祖孔父嘉，为宋国的大夫，做过大司马，在宫廷内乱中被杀。自孔父嘉之后，其后代子孙始以孔为氏。其曾祖父孔防叔为避宋国内乱，逃到了鲁国。从此孔氏在陬邑定居，成为鲁国人。其先茔在夏邑县城北还乡里。

孔子幼年丧父（叔梁纥），在母亲颜徵在的教诲下，自幼学习礼。及长，先后到杞、宋两国考察礼。年轻的孔子由于涉世未深，方法简单，只限于文献的考察，所获不多，在杞国仅得到一本夏时历法之书——《夏小正》，在宋国仅得到《乾坤》阴阳卜筮之书。孔子对考察的结果很不满足，之后，再次还乡来宋。鲁昭公九年（前533），19岁的孔子娶宋国人亓官氏为妻，在还乡里孔庙行礼。孔子57岁时，离开卫国。卫国是周朝的姬姓诸侯国，首都朝歌（今河南省鹤壁市），后又陆续迁都于楚丘（今河南省滑县）、帝丘（今河南省濮阳）、野王（今河南省沁阳）。孔子到宋国，是他最后一次还乡。宋国既是他的祖籍，又曾来探访礼，因而对此地倍感亲切，所以曾主动求见宋景公，但因政见不合而话不投机。

关于孔子还乡祭祖，据《夏邑县志》记载，孔子居宋考察礼期间，过此而祀先省墓，于是把这个地方叫"还乡里"，后人思而立祠祭祀，因而取名"还乡祠"。

由此看来，孔子于宋国观道，学礼，行迎亲礼，与弟子习礼树下，祀先

“祭之以礼”，“还乡”不下四次。

中原是孔子传播思想的主要舞台。

鲁昭公七年（前535），孔子17岁，母亲颜徵在去世。鲁大夫孟厘子病将死时，告诫儿子孟懿子和南宫敬叔向孔子学礼。

鲁昭公九年（前533），孔子19岁，娶宋国的亓官氏为妻。

鲁昭公十年（前532），亓官氏生子。鲁昭公赠送孔子一条鲤鱼以示祝贺。孔子感激国君的恩情，所以给儿子起名鲤，字伯鱼。也就是这年，孔子开始为“委吏”，管理仓库。这一切说明孔子年纪轻轻，在鲁国便有了一定的影响。

鲁昭公二十四年（前518），孔子与弟子南宫敬叔到东周向老子问礼。临别，老子对他说：“聪明深察而近于死者，好议人者也；博辩广大，危其身者，发人之恶者也。为人子者毋以有己，为人臣者毋以有己。”孔子对此深有所悟。自东周返鲁后，他的弟子日渐增多。

鲁定公六年（前504），季氏家臣阳虎擅权日重，孔子不仕，退而修《诗》《书》《礼》《乐》，以致远方而来受业的弟子众多。

鲁定公九年（前501），51岁的孔子为中都宰，治理中都（今山东省汶上县），一年卓有政绩，四方效法。

鲁定公十年（前500），孔子升任小司空，后升大司寇，摄相事，鲁国大治。

鲁定公十三年（前497）春，齐国送80名美女到鲁国。季桓子接受了女乐，君臣迷恋歌舞，多日不理朝政。孔子与季氏出现不和，离开鲁国到了卫国（都今河南省濮阳县）。十月，孔子受谗言之害，离开卫国前往陈国（都今河南省周口市淮阳区）。路经匡地（今河南省长垣县西南），被误认为阳虎而遭围困。后经蒲地，遇公叔氏叛卫，孔子与弟子再次遭到围困。终化险为夷，返回卫国国都。

鲁定公十四年（前496），56岁的孔子在卫国被卫灵公夫人南子召见。弟子子路对孔子见南子极有意见，批评了老师。郑国子产去世，孔子听到消息后，十分难过，称赞子产是“古之遗爱”。

鲁定公十五年（前495），孔子离开卫国回到鲁国。夏五月鲁定公去世，鲁哀公即位。

鲁哀公二年（前493），59岁的孔子由鲁国又到卫国。卫灵公向孔子询问列阵的问题，孔子婉言拒绝了他。孔子在卫国住不下去，便离开卫地，东行到祖籍宋国。听说宋国司马桓魋（孔子弟子司马耕的兄长）为自己做石椁三年不成，便说他过于奢靡。司马桓魋听到此言后，非常讨厌孔子，当他听说孔子与弟子在一棵大树下演习礼，便带兵前往，要杀害孔子。幸亏孔子有所觉察，微服而逃走。

鲁哀公三年（前492），孔子自谓“六十而耳顺”之年，逃到郑国都城（今河南省新郑市），与弟子失散，独自在东门等候弟子来寻找，被人嘲笑为“累累若丧家之犬”。孔子欣然笑道：“是啊，是啊！”其间路过陈留地，曾向当地一名女子求水喝。而后与弟子前往陈国。

鲁哀公四年（前491），孔子离开陈国前往蔡国（都今上蔡县）。

鲁哀公五年（前490），孔子自蔡到叶（今河南省叶县）。叶公向孔子问政，并与孔子讨论有关正直的道德问题。孔子说：“子为父隐，父为子隐，直在其中矣！”在离叶返蔡的途中，孔子遇隐者接舆（陆通，字接舆），接舆唱道：“凤啊！凤啊！为什么道德如此衰败？过去的不可挽回，未来的尚且可以赶上。完了！完了！今天从政的危险了！”接舆意在劝阻孔子从政。

鲁哀公六年（前489），孔子与弟子在陈、蔡之间被困绝粮，许多弟子因困饿而病，后被楚人相救。由楚返卫，途中又遇隐者长沮、桀溺。孔子让弟子子路向其问津。

当孔子被困在与楚相近的陈、蔡之地时，楚昭王从叶公处得知孔子的大名，曾派遣使者前去礼聘他来楚国，并许诺“将以书社地700里封孔子”。然而，楚国的令尹子西却对楚昭王说：“孔子是个了不得的人物，辅佐他的72个弟子，个个都是治国安邦的人才。如果大王在楚国封给他那么大一片地方去管理，将来他羽翼丰满了，怕对楚国不利啊！”楚昭王一听，觉得有道理，便打消了封赐土地给孔子的念头。孔子到楚国之后，发现楚昭王心量太小，不是一个能行先王之道的圣贤人物，于是他与弟子们在楚境滞留亦不过数月，然后就离开了这个地方。

鲁哀公十年（前485），孔子在卫国，夫人亓官氏去世。

鲁哀公十一年（前484），齐师伐鲁，孔子弟子冉有率领鲁国军队与齐国作战，大获全胜。季康子问冉有的指挥才能从何而来，冉有答道："向老师孔子学习的。"于是季康子派人迎68岁的孔子回到鲁国。孔子周游中原列国14年，至此结束。

鲁哀公十二年（前483），孔子仍有心从政，但不被用。孔子便继续办私学，从事教育及整理文献工作。这就是后人所说的做教师是"文人末路"的由来。这一年孔子的儿子孔鲤去世。

鲁哀公十六年（前479）四月，孔子患病，不愈而去世，享年73岁。葬于鲁国城北，鲁哀公前往吊唁。不少弟子为孔子守墓三年，而子贡（端木赐）为孔子守墓六年。弟子和鲁国人在孔子墓旁安家的达上百户，从而得名孔里。孔子的坟墓被后世称为孔林，孔子的故居改为庙堂，孔子受到了历代人们的奉祀。

孔子为中原培养了众多贤弟子。

孔子办私学，相传有弟子三千，贤弟子七十二人。在孔子的弟子中，有不少人都有一番成就，对当时的政治有着相当的影响。

叹染大爱惟墨翟

墨翟，春秋楚国鲁阳邑（今河南省鲁山县）人。曾任宋国的大夫，创立了墨家学派，人称墨子。

墨子看到染素丝的而兴叹说：染于苍则苍，染于黄则黄。不但染丝如此，染国何尝不是这样。帝舜向许由（今河南省登封市人）、伯阳学习，受到熏染；大禹向皋陶、伯益（皋陶的儿子）学习，受到熏染；商汤向伊尹、仲虺学习，受到熏染；周武王向吕尚、周公旦学习，受到熏染。此四位帝王，受到的熏染得当，所以能做天下的王，立为天子，功名盖天地。推举全天下的仁义名人，必称此四位帝王。夏桀向羊辛、歧踵戎（二人均为桀的邪臣）学习，受到熏染；殷纣向崇侯（名虎）、恶来（嬴姓，纣的谀臣）学习，受到熏染；周厉王向虢公长父、荣夷终学习，受到熏染；周幽王向虢公鼓、祭公敦学习，受到熏染。此四位帝王，受到的熏染不得当，所以国家残破而身死，为天下人所羞辱。推举天下的不义受羞辱的人，必称此四位帝王。齐桓公向管仲、鲍叔学习，受到熏染；晋文公向咎犯、郄偃学习，受到熏染；楚庄王向孙叔敖、沈尹蒸学习，受到熏染；吴王阖闾向伍员、父之仪学习，受到熏染；越王勾践向范蠡、文种学习，受到熏染。此五位国君，受到的熏染得当，所以称霸诸侯，功名传于后世。范吉射向张柳朔、王生（二人为吉射的家臣）学习，受到熏染；中行寅向黄藉、秦高强（二人为寅的家臣）学习，受到熏染；吴王夫差向王孙雄、太宰嚭（二人为夫差的大夫）学习，受到熏染；智伯瑶向智国、张武（二人为智伯瑶的家臣）学习，受到熏染；中山尚向魏义、偃长（二人为尚的臣）学习，受到熏染；宋康王向唐鞅、田不禋（二人为康王的臣）学习，受到熏染。此六位国君，受到的熏染不得当，所以国家都残破灭亡，自身或死，或受到羞辱，家族灭绝，宗庙绝祀，君臣离散，百姓流亡。推举天下的贪暴可羞辱的人，必称此六位国君。凡作为国君，不是作为国君而因荣耀，不是作为国君而因平安，而是以此位行道践理。行道践理生于得当熏染，所以古代善于做国君的，辛苦于选择人，而安逸于政事，这是得到了那为君之道。不能做国君的，伤形费神，愁心劳耳目，国家更加危险，自身更加受辱，不知道为政要约的缘故。不知要约，所以所受熏染不得当。所受熏染不得当，道理从哪里得到？六位国君，不是不看重他的国家和爱惜自身，是所受的熏染不得当。国家存亡的缘故，不但是这些。为帝王的，也应当了解所从人熏染的道理。不但国家须要熏染得当，士人也是这样。如果士人的朋友都是好仁义，淳朴谨慎，敬畏法令，那么其家财一天天增加，自身每日平安，名誉一天天荣耀，这是为官得其道理了，如段干木、禽滑厘、傅说这样的人。如果士人的朋友都是好骄傲自大、结党营私的人，那么其家财一天天减少，自身每天危险，名誉一天天玷辱，这是为官失其道理了，如子西、易牙、竖刁这类人。

元代诗人张雨云："墨子叹染丝，所叹一何长。染于苍则苍，染于黄则黄。奚独染丝然，染国在所当。有染如伊皋，禹汤称圣王。殷纣染恶来，既染国亦亡。染士如孔聃，死久道弥光。”

赋诗咏国郑六卿

春秋时期，鲁昭公十六年（前526）夏四月的一天，郑国的子齹（姬姓，罕氏，名婴齐，字子齹）、子产、子太叔（姬姓，游氏，名吉，字子太叔）、子游（姬姓，驷氏，名偃，字子游）、子旗（姬姓，丰氏，名施，字子旗）、子柳（姬姓，印氏，名癸，字子柳）六位卿大夫，在郑国郊外为晋国的卿大夫韩起（谥宣，史称韩宣子）饯行。

韩起说：“你们几位君子请都吟咏诗，让我也了解一下郑国的史志。”于是，子齹吟咏《野有蔓草》（出自《诗·郑风》）。取其“邂逅相遇，适我愿兮（即未约而相逢，适合我的愿望啊）”。韩起说：“孺子（尊称，指诸侯继承人），好啊！我有希望了。”接着，子产吟咏郑国的《羔裘》（出自《诗·郑风》。另有《诗·唐风·羔裘》）。取其“彼己之子，舍命不渝”（即那个人，舍命不变），“彼己之子，邦之司直”（即那个人，是国家的主政卿），“彼己之子，邦之彦兮”（即那个人，是国家的俊彦），以赞美韩起。韩起说：“我承受不了呀！”子太叔吟咏《褰裳》（出自《诗·郑风》）。取其“子惠思我，褰裳涉溱。子不我思，岂无他人？”（即你爱我想我，提衣裳蹚过溱河。你不想念我，难道无别人来找我？）韩起说：“我在此，怎敢劳您归向他人呢！”子太叔拜。韩起说：“好啊！您说的是。不有这事，晋、郑能善终吗？”继而，子游吟咏《风雨》（出自《诗·郑风》）。取其“既见君子，云胡不夷”（即已经见到君子，说什么心中不悦）。子旗吟咏《有女同车》（出自《诗·郑风》）。取其“洵美且都”（即美好且闲习于威仪），以赞美韩起。子柳吟咏《萚兮》（出自《诗·郑风》）。取其“倡予和女”（即您唱我和从您）。韩起高兴地说：“郑国将要接近兴盛了！几位君子奉国君命赐我吟咏，都不出郑国的史志，都亲近友好呀。几位君子的家族是数世的主政人，可以无所畏惧了。”

之后，韩起给六人分别赠送了马匹，而且吟咏《我将》（出自《诗·周颂》）。取其“日靖四方”，“我其夙夜，畏天之威”（即“每天安定四方”，“我早晚，敬畏天的威严”）。子产拜谢，又让其他五位卿也都拜谢，说：“您安定动乱，岂敢不拜谢恩德！”

郑国六位卿大夫，根据晋国客人韩起的要求，吟咏自己国家的诗歌，从不同角度表达了自己的意愿，从而得到了客人的赞扬，为郑国赢得了好的名声。此则史事，也充分证明了孔子“不学《诗》，无以言”的重要性。

解经不穷戴侍中

戴凭，字次仲，东汉汝南郡平舆县（今河南省平舆县）人。少时聪颖，博学多才，曾研习《京氏易》。16 岁时，被汝南郡推举，征召为试用明经博士，后官拜郎中。

当年，光武帝刘秀召集公卿大会，群臣都已就席，只有戴凭一个人站着。光武帝问其原因，戴凭回答说：“博士们说经都不如臣，而座位在臣之上，因此不能就席。”光武帝就把戴凭召上殿来，让他与诸位儒生说经辩难，戴凭对所发之难一一解答。光武帝由此善待戴凭，拜为侍中，数次召见询问得失。光武帝对戴凭说：“侍中当辅助补救国政，不要有隐情。”戴凭应答道：“陛下严厉。”光武帝说：“我怎么严厉？”戴凭说：“我见前太尉西曹掾蒋遵，清亮忠孝，学通古今，陛下听信谗毁之言，于是招致禁锢，世人以此为严厉。”光武帝生气地说：“汝南人想要结党吗？”于是，戴凭出来，自拘禁于廷尉。光武帝下诏令他出来，并召见他，戴凭认错道：“我无正直敢言的节操，而有愚妄无知的言论，不能以尸谏，偷生苟活，的确惭愧于圣朝。”光武帝即令尚书解除蒋遵的禁锢，拜戴凭为虎贲中郎将，以侍中兼领。

新年朝廷庆贺，百官毕至，光武帝令群臣能说经的相互辩难诘问，如果解义有不通的，就夺其席以增加给解义通畅的。戴凭于是重坐 50 余席，所以京师称赞他道：“解经不穷戴侍中。”后常以“谈经夺席之才”称誉那些学识渊博的雄辩之士。

戴凭在职18年，去世于任上，诏赐棺材和钱20万。

殿中无双丁孝公

丁鸿（？—94），字孝公，东汉颍川郡定陵县（治所在今河南省舞阳县北）人。父亲丁綝，随光武帝刘秀征战有功，封为陵阳侯。

丁鸿13岁，从桓荣学习《欧阳尚书》，三年而通晓章句，善论难，为都讲。于是笃志精锐，布衣荷担，不远千里质问异义，最终成就大名。

当初，父亲丁綝从刘秀征伐，丁鸿独与弟弟丁盛住在一起，怜爱丁盛幼小而共寒苦。父亲去世，丁鸿当袭封爵，于是他上书让侯爵于丁盛，没得到允许。父亲丧葬完毕，他便挂丧服于冢庐而逃去，并留下书信于弟弟丁盛说："我贪习经书，不顾恩义，弱而随师，父亲活着不能供养，死不能尽丧仪，皇天先祖，并不祐助，使我身患大病，不能胜任封爵。前些日子上书言病状，愿辞爵位于弟弟，但上书搁置没得到允许。袭封爵的时间紧迫，我慎重地考虑自我放弃，以寻求良医，如病不能痊愈，即永远葬身沟壑。"

丁鸿当初与九江人鲍骏同从师于桓荣，甚相友善。等到丁鸿逃封爵时，与鲍骏遇于东海，他便装疯不认识鲍骏。鲍骏就阻止他而责备说："昔伯夷、吴札乱世审时度势，变通而行，所以能够实现他们的志向。《春秋》的大义，不以家事废除国家大事。今您以兄弟私恩而绝父不灭的爵基，能称得上明智吗？"丁鸿听了这番话，感悟而垂涕叹息，于是回去就袭封爵，开门教授学生。鲍骏也上书言丁鸿经学至行，汉明帝以为他非常贤良，于永平十年（67）诏征丁鸿。丁鸿至，汉明帝即召见他，他便解说《尚书》的《文侯之命》篇，深得汉明帝欣赏，赐给他御衣、绶带、公食、公车，与博士同礼。不久，拜为侍中。永平十三年（70），兼任射声校尉。建初四年（79），改封为鲁阳乡侯。

汉章帝诏丁鸿与广平王刘羡和诸儒楼望、成封、桓郁、贾逵等，在北宫白虎观论定《五经》同异，使五官中郎将魏应主持承制问难，侍中淳于恭奏上，章帝亲称制临决。丁鸿以才高，论难最明，诸儒称赞，赢得汉章帝数次赞叹。当时人赞美道："殿中无双丁孝公！"由于丁鸿多次受到赏赐，提拔为校书，代成封为少府。门下弟子由此越来越多，远方到来学习的达数千人。弟子彭城刘恺、北海巴茂、九江朱伥后来都位至公卿。汉章帝元和三年(86)，改封丁鸿为马亭乡侯。

汉和帝即位，丁鸿升迁为太常。永元四年（92），代袁安为司徒。这时期窦太后临政，窦宪兄弟各擅威权。丁鸿因日食，上封言事，其中言道："我听说天不可以不刚，不刚则三光（日、月、星）不明。王不可以不强，不强则宰牧纵横。应当因大变，改政匡失，以顺天意。"书奏十余日，和帝以丁鸿行太尉兼卫尉权，屯驻南、北宫。丁鸿于是奉命收窦宪大将军印绶。窦宪及其诸弟相继自杀。

永元六年（94），丁鸿病逝，赐赠有加常礼。儿子丁湛袭爵位。

谙熟六艺赞"科圣"

张衡（78—139），字平子，东汉南阳郡西鄂县（治所在今南阳市卧龙区石桥镇鄂城寺）人。祖父张堪曾任蜀郡太守。但张衡幼年时，家境已经衰落。他天资聪颖，少年时便能写文章。及长，他游于京师，观太学，于是通晓五经，谙熟六艺。虽才高于世，但无骄尚之情，常从容淡静，不好交接俗人。

汉和帝永元中（89—104），当地长官推举张衡为孝廉，他不应荐；三公召他到府任职，他不就任。当时天下太平日久，自王侯以下无不奢侈，张衡目睹此况，便拟班固《两都赋》而作《二京赋》，借以讽谏。由于精思傅会，10年才成。大将军邓骘奇其才，多次召他任职而不前往。

汉安帝素闻他善术学，便遣公车特征。永初四年（110），张衡应征进京，先后任郎中、太史令、公车司马令等。其中担任太史令时间最长，前后达14年。于是他体察阴阳，穷尽天文，观测记录了2500颗恒星，创制了世界上第一架能比较准确地表演天象的漏水转浑天仪。

汉顺帝阳嘉元年（132），张衡又造测试地震的仪器——候风地动仪。以精铜铸其器，圆径八尺，盖合隆起，形似酒樽，饰以篆文及山龟鸟兽之状；

樽中有总柱，旁行八道施关发机；外有八龙首，各衔铜丸，下有蟾蜍张口承之。地或动，则随其方面龙吐铜丸。人们因此便知地震所在地方。人服其妙。升迁为侍中。因直言不讳，他遭到宦官们的诋毁。于是作《思玄赋》以宣寄情志。永和元年（136），为河间相。张衡下车严整法度，上下肃然，当地大治。视事3年，上书致仕，征拜尚书。永和四年（139）去世，享年62岁。

张衡不仅在天文学方面有着高深的造诣，在数学、文学和绘画等方面，也表现出了非凡的才能和广博的学识。所著诗、赋、铭，以及《灵宪》《算罔论》《应间》《七辨》等共32篇。并撰有《周官训诂》一书。其中以天文学著作《灵宪》最为著名。

张衡除造浑天仪、候风地动仪之外，还制造出了指南车、自动记里鼓车、飞行数里的木鸟等，被后世誉为“科圣”。

大凡天下事，有失必有得。张衡倾心于天文和物理研究，因而官职升迁缓滞。然而，官场虽少了一位高官，科学领域却耸立了一座丰碑，天下有幸！

屈身偷学说服虔

服虔，字子慎，初名重，又名祇，后改为虔，东汉河南郡荥阳县（今河南省荥阳市）人。少年以贫苦立志，入太学学习，有雅才。举孝廉，历任尚书侍郎、高平县令、九江太守。

服虔善著文论，尤擅长于《春秋》研究。当他准备给《春秋》作注时，想参考他人不同的观点。听说崔烈（字威考，官至司徒、太尉）召集弟子讲《春秋左氏传》，于是他匿名，雇给崔烈的弟子做饭。每到崔烈开讲时，就站在小门或墙壁外偷听。已经知道崔烈所讲的不能胜过自己，便悄悄与崔烈的弟子说了崔烈所讲的短处和长处。崔烈听说后，猜不出是什么人。但平常听说过服虔的名声，怀疑是他。第二天早晨，崔烈便前往拜见，当到门时，服虔还未睡醒，崔烈便大声叫道：“子慎！子慎！”服虔惊醒，不知不觉地作了应答。于是两人成为好朋友。

服虔信服古文经学，撰有《春秋左氏传解谊》，行于世。他又以《左传》

驳东汉今文经学家何休，为人乐道。并著有赋、碑、诔、书记、《连珠》、《九愤》等十多篇文章。

行书之祖刘德升

刘德升，字君嗣，东汉颍川郡（治所在今河南省禹州市）人。他善学好思，对书法研究情有独钟。一天，他夜观星宿而突来灵感，于是首创璎珞篆。此篆体存古法之梗概，类似蝌蚪文，势同回鸾而宏远。实为天假其法，非学之功。虽诸家之法尽殊，而此书体一出，当时儒生纷纷学习。

汉桓帝、灵帝时，刘德升又以创制行书擅名，人称“行书之祖”。行书即正书之所变，务从简易，相间流行，所以称为行书。其书体虽务从简易，也丰姿绰约，风流妍美，可谓独步当时。书家胡昭、锺繇均是他的弟子。而胡书体肥，锺书体瘦，也各有其书体之美。唐张怀瓘《书断》卷上赞道：“非草非真，发挥柔翰。星剑光芒，云虹照烂。鸾鹤婵娟，风行雨散。刘子滥觞，锺胡弥漫。”

唐张怀瓘《书断》将刘德升的行书归为“妙品”。后世关于书法的著作，均对其书体赞赏有加。

在中国书法史上，能够称为书体始祖的为数不多。然而，中原大地却诞生了小篆之祖李斯、行书之祖刘德升、飞白之祖蔡邕、楷书之祖锺繇，这不能不说是河南的骄傲。

楷书之祖锺元常

锺繇（151—230），字元常，东汉颍川郡长社县（治所在今河南省长葛市东）人。出身于名门望族，曾祖锺皓博学善诗律，门徒众多。祖父锺迪因党锢不仕，后家境衰落。

锺繇幼时聪颖，得到族叔锺瑜的喜爱，将他带到洛阳，并供给他资费，使他能够专心学习。他少时，才思通敏，对书法情有独钟，初师胡贻学书16

年；又从刘德升入抱犊山（位于河南省栾川县三川镇）学书三年；与人相处，画地广数步；卧床画被穿表；如厕终日忘归；每见万类物象则摹画。后举为孝廉，迁为尚书郎、阳陵令，因病离职。又征召为廷尉正、黄门侍郎。在汉末群雄争斗中，因谋划汉帝脱险而拜御史中丞，升迁为侍中、尚书仆射，封东武亭侯。汉献帝建安中，曾以司隶校尉持节督关中诸军。

魏国初建，锺繇任为大理。魏文帝曹丕为太子时，曾赐他“五熟釜”，并为之铭，褒奖有加。汉献帝建安二十四年（219）九月，因西曹掾魏讽谋反，被免职回家。魏文帝曹丕即王位，复为大理，改为廷尉，进封崇高乡侯，升迁为太尉，转封平阳乡侯。魏明帝即位，进封定陵侯。其有膝疾，拜起不便，魏明帝使坐舆车，令虎贲抬上殿就座。又升迁为太傅，人称“锺太傅”。太和四年（230），锺繇去世，享年80岁。魏明帝素服临吊，谥成侯。

锺繇书法师法曹喜、蔡邕、刘德升，博采众长，兼善各体，尤精于隶、楷。史载其书擅三体：“铭石书”（刻石碑之书，隶体）、“章程书”（楷书）和“行狎书”（行书）。传世作品篆书有《正考父鼎铭》；楷书有《尚书宣示表》《贺捷表》《荐季直表》等；行书有《长风帖》；楷兼行意的有《白骑帖》《常患帖》和《雪寒帖》等。唐张怀瓘《书断》将其隶书、行书归为“神品”，将其八分、草书归为“妙品”。

锺繇的楷书绝世，刚柔兼备，点画之间多有异趣，可谓幽深无际，古雅有余。且其结体朴茂，出乎自然，形成了由隶入楷的新貌。锺繇被后世誉为“楷书之祖”，秦汉以来一人而已。后世将他与王羲之并称“锺王”。

隶书萌芽于秦朝，而兴盛于汉代，能于此际化繁为简，独创楷书，非有胆有识、学养深厚者莫能为之。而锺繇首开先河，后世可谓有幸。

说文解字许叔重

许慎（约58—约147），字叔重，东汉汝南郡召陵县（治所在今河南省漯河市召陵区召陵寨）人。早年拜贾谊九世孙贾逵为师，始为郡功曹，举孝廉，升迁为洨县（治所在今安徽固镇县濠城集）长，入京都为太尉南阁祭酒。

许慎性情淳笃，博学经籍，得到当时的大儒马融的推举和敬重，有“五经无双许叔重”之誉。又精通文字训诂，所著除《说文解字》外，另撰有《五经异义》（从汉郑玄《驳〈五经异义〉》中可以见其部分）和《淮南鸿烈解诂》（已散佚）。

《说文解字》创稿于汉和帝永元十二年（100），至安帝建光元年（121）九月病中，许慎遣其子许冲献给朝廷。该书从创稿到最后完成历时22年，是许慎辞官后呕心沥血的精心之作。其推究“六经”之义，分部类从，至为精密。该书原分14篇，叙目1篇，许冲献上时，以1篇为1卷，所以称15卷。

夏、商、周三代典籍都用篆籀古文字写就，但诸侯国的字体又不统一。秦、汉以降，小篆、隶书、行、草纷然杂出。许慎博综篆籀古文字体，以“象形、指事、会意、形声、转注、假借”六书分别解释，因形见意，收文字9353个，重文字1163个，均按540个部首排列，使读者能够上溯造字之原，下辨字体演变的轨迹，实为我国第一部说解文字原始形体结构及考究字源的文字学专著，开创了我国辞书的部首编排法，为后世留下了不可估量的文化宝贵财富。许慎被后世誉为“字圣”。

旷世逸才蔡伯喈

蔡邕（132—192），字伯喈，东汉陈留郡圉县（治所在今河南省杞县圉镇）人。祖父蔡携，汉顺帝时为新蔡长。父亲蔡棱清正耿直，不协于时，居家不仕。

蔡邕笃孝，母亲袁氏久病三年，倘若不是寒暑易节，他不曾解襟宽带，不卧睡的日子达十旬之多。母亲去世，结庐于坟侧，动静以礼。与叔父、堂弟同居三世从不讲分财，为乡亲所赞扬。

蔡邕少好学，初入嵩山学书于石室中，得素书八角垂芒，写史籀、李斯用笔势，读诵三年，通晓其理。后又拜太傅胡广为师。汉桓帝时，中常侍徐璜、左悺等五侯专权，闻蔡邕善于弹琴，于是告诉天子，敕陈留太守督促安排他到宫中弹奏，不得已，他行到偃师称病而归。在家闲居玩赏古籍，不交当世，作《释诲》以戒厉。汉灵帝建宁三年（170），蔡邕被推举到司徒桥玄府任职。桥玄非常敬重他，出补为河平长。召拜郎中，校书东观，升迁为议郎。熹平四年（175），蔡邕以经籍文字多谬、俗儒穿凿和贻误后学为由，与五官中郎将堂谿典、光禄大夫杨赐等奏求正定“六经”（实为“七经”）文字，汉灵帝许之。他便书丹于碑，使工匠镌刻，立于太学门外，世称“熹平石经”，一时学习者颇众。后因上书论朝政阙失，得罪中常侍曹节，遭到诬陷，被流放到朔方（今内蒙古鄂托克旗西北）。遇赦后，畏宦官陷害，远迹吴中 12 年。

董卓专政，蔡邕被迫为侍御史，又转侍书御史，迁尚书，三日之间周历三台，升迁为巴郡太守，又留为侍中。初平元年（190），授为左中郎将，人称“蔡中郎”。继而，封为高阳乡侯。董卓被诛后，他因故被司徒王允所捕，汉献帝初平三年（192）死于狱中，享年 61 岁。兖州、陈留两地百姓听说蔡邕去世，都画像而歌颂他。

蔡邕博学好著述，喜爱辞章、数术、天文，精操音律，能画工书。汉灵帝熹平年间（172—178）诏蔡邕作《圣皇篇》，篇成，蔡邕到鸿都门献上，当时正修饰鸿都门，他待诏门下，见工匠挥运蘸白灰的扫帚，得到启发，便回到家中乘兴创下了“飞白书”，其妙绝伦。汉末魏初并以飞白题署阁额。“飞白”造散隶之书，开张隶体，微露其白，尤得八分之精微，体法百变，穷灵尽妙，独步古今。因而蔡邕被誉为“飞白之祖”。唐张怀瓘《书断》卷上赞道：“妙哉飞白，祖自八分。有美君子，润色斯文。丝萦箭激，电绕雪雰。浅如流雾，浓若屯云。举众仙之奕奕，舞群鹤之纷纷。谁其覃思，於戏蔡君。”

蔡邕暮年的篆隶作品，动合神功。唐张怀瓘《书断》将其八分、飞白归为“神品”，将其大、小篆，归为“妙品”。梁武帝萧衍赞其书“骨气洞达，爽爽有神”。他的书法理论著作《笔论》《九势》对后代也有很大的影响。另外，他所著的诗、赋、碑、诔、铭、赞、连珠箴、吊、论议、《独断》、《劝学》、《叙乐》、《篆势》、祝文、章表、书记等 100 多篇，传于世。

妙解音律说阮咸

阮咸，字仲容，西晋陈留郡尉氏县（今河南省尉氏县）人。“竹林七贤”之一。“建安七子”之一阮瑀的孙子，三国魏武都太守阮熙的儿子，阮籍的侄子，与阮籍并称“大小阮”。

阮咸任性放纵，不拘礼法，处世不交人事。居母丧，纵情越礼。平素与其姑的鲜卑婢女私通，当姑要回丈夫家时，守孝中的阮咸得知，便借客人的马急追婢女。追得后，与婢女共骑一马而返，因此为世人所讥。阮咸历官散骑侍郎，补为始平太守。平素，阮咸善谈琵琶，妙解音律。

唐武后时，蜀人蒯朗于古墓中得到一个铜乐器，似琵琶而圆，项较长，上列有13柱。当时人没有能够认识它的。当太常少卿元澹（字行冲）见到此乐器，便说：“这是阮咸所造。”于是命匠人仿照它改为木制的，试弹，音韵清朗，但颇难命名。因它与晋《竹林七贤图》中阮咸所弹的类同，便权且称它为阮咸。后来，元澹觉得阮咸毕竟是名士，以其名称乐器，有失敬意，又因那乐器形似圆月，音声合琴，于是便称它为月琴。但是后人仍有称那乐器为阮咸的，或简称为“阮”。也有人说阮咸肥胖，创此乐器，倚膝弹拨，以代抚琴的艰辛，以其形似璧环，便称作“璧”。它实为古琵琶的一种，属于拨弦乐器。现也有三弦的阮，并有小阮、中阮、大阮、低阮四种。

杜育《荈赋》启《茶经》

杜育的《荈赋》，是我国历史上现存的第一篇颂写茶的文章，影响深远。

杜育（？—311），字方叔，西晋襄城郡定陵县（治所在今河南省舞阳县北）人。自幼聪颖过人，人称“神童”。及长，美风姿，有才藻，为时人所称赞。

杜育初与石崇、潘岳、陆机等为贾谧“二十四友”。晋惠帝永兴中（304—306），拜为汝南太守。晋怀帝永嘉中（307—313），升迁为右将军、国子祭酒。洛阳将陷，为敌兵所杀。后人敬称他为“舞阳杜孔子”。撰有《易义》若干卷，文集两卷。其《荈赋》尤为后世所乐道。

然而，时至今日，我们只能看到《荈赋》的残文：

灵山惟岳，奇产所钟。瞻彼卷阿，实曰夕阳。厥生荈草，弥谷被冈。承丰壤之滋润，受甘灵之霄降。月惟初秋，农功少休。结偶同旅，是采是求。水则岷方之注，挹彼清流。器泽陶简，出自东隅。酌之以匏，取式公刘。惟兹初成，沫沈华浮。焕如积雪，晔若春敷。若乃淳染真辰，色殨清霜。□□□□，白黄若虚。调神和内，倦解慵除。

全文大意是说，灵山作为山岳，是奇异特产所钟爱的地方。瞻望那蜿蜒的山陵，晚霞朗朗。那里生长着荈草，弥漫了整个山谷和山岗。其承受着丰腴土壤的滋润，享受的甘露从天而降。初秋之时，农耕稍休，茶农结伴，同来采收。泡茶用的水来自岷山清流，盛茶用的陶器出自东瓯。用瓢酌饮，效法于周朝的公刘。茶水刚刚泡成时，沫沈华浮，光鲜如积雪，灿烂如春花。其色天然成就，犹如青霜。清莹澄澈，白黄若虚。能调精神和内脏，解除慵倦，有益于健康。

《荈赋》描述了茶的产地、环境、采制、用水、器具、饮茶时的情景及其功效等。惟其如此，《荈赋》在我国茶文化史上有着重要的地位，为历代文人所推崇。唐陆羽的《茶经》是我国乃至世界的第一部关于茶的专著，影响甚巨。而在《茶经》中几次引用《荈赋》之句，除此之外，在“茶之事”中又提及其作者，文中还有不少论述是对《荈赋》语句的间接化用。于是，世间有了“清文既传于杜育，精思亦闻于陆羽”之说。

所以说，《荈赋》是中国茶文化的奠基之作，对于茶文化的形成和发展，具有不可多得的价值。

八斗之才谢灵运

谢灵运（385—433），名公义，字灵运，东晋至南朝宋陈郡阳夏县（今河南省太康县）人。东晋车骑将军谢玄的孙子。父亲谢瑍，生而不聪慧，官至秘书郎，早逝。

谢灵运幼时寄养于外，族人因叫他客儿，世称谢客。他幼小颖悟，为祖父谢玄所厚爱。少而好学，博览群书，文章写得美好，江左无人能比得上。袭封康乐公，食邑 3000 户。以国公例，任命为员外散骑侍郎，他不前往就职。为琅邪王大司马行参军，性奢侈阔绰，车服鲜丽，衣裳器物，多改旧制，世人共效法他，称为谢康乐。

晋安帝义熙二年（406），抚军将军刘毅镇守姑孰（今安徽省当涂县），以谢灵运为记室参军。刘毅镇守江陵，又以他为卫军从事中郎。义熙八年（412），刘毅反叛刘裕，兵败自杀。谢灵运被刘裕任命为太尉参军，后入京任秘书丞。因事免职。刘裕伐长安，骠骑将军刘道怜居守，任命谢灵运为谘议参军，转中书侍郎，又为世子中军谘议，黄门侍郎。

谢灵运奉使到彭城慰劳刘裕时，写下了著名的《撰征赋》。又任命他为宋国黄门侍郎，升迁为相国从事中郎，世子左卫率。因杀门生，被免职。刘裕即皇帝位，降谢灵运公爵为侯，食邑五百户。起任为散骑常侍，转任太子左卫率。平素，谢灵运言行过激，多违礼制，朝廷唯以文士对待他，不以实职相许。他自谓才能应参权要，既不被重用，常愤愤不平。庐陵王刘义真少好文籍，与谢灵运交情甚厚。刘义符（宋少帝）即位，权在大臣，谢灵运非毁执政，司徒徐羡之等忧惧他，将他外任为永嘉太守。永嘉郡有名山佳水，为他平素所好，出任为太守既不得志，于是肆意游遨，遍历诸县，动超十天或一月，民间审案，不再关怀。所至就为诗咏，以抒己怀。在郡一周，便称病离职，堂弟谢晦、谢曜、谢弘微等寄信劝止他，不听。谢灵运父祖并葬始宁县，并有故宅及别墅，于是他移籍会稽（今绍兴市），修营别业，与隐士王弘之、孔淳之等纵情娱乐咏唱。他每有一诗传到京都，贵贱无不竞写，旦夕之间，士子和百姓传遍，远近钦慕，名动京师。

刘义隆（即宋文帝）即位，诛徐羡之等，两次征召谢灵运为秘书监，他均推辞不赴任。宋文帝使光禄大夫范泰写信推崇褒奖他，才出来就职。于是使谢灵运整理秘阁书，补足阙文。又令他撰写《晋书》。他只是粗立条例，最终没有撰就。不久迁侍中，日夕引见，赏遇甚厚。谢灵运诗、书均兼独绝，每文结束，手自书写，宋文帝称为“二宝”。

谢灵运当初被召时，便以名士自许；既至，宋文帝唯以文士见接，每侍上宴，谈赏而已。王昙首、王华、殷景仁等，名位都不超越他，并被信任和重用，他心意不平，多称病不朝。出城游览或一日一百六七十里，经旬不归，既无上表告闻，又不请急假。宋文帝不想伤大臣，晓之以旨意令他自请解职。于是他上表称病，文帝赐假东归。他东归后，游娱宴集，夜以继日，又为御史中丞傅隆所奏，因以免官。

谢灵运因父祖留下的资产，家业甚厚。不仅奴僮众多，义友门生也有数百，凿山浚湖，功役无已。寻山登岭，必到幽峻处，岩嶂千重，无不备尽。他登山常穿木屐，上山则去前齿，下山去其后齿。人称谢公屐，为后世登山的人所效仿。

谢灵运平时喜欢戴曲柄笠，孔淳之对他说：“您向慕高远，为什么不能丢下那曲盖的形貌呢?”他答道：“将不畏惧自己影子的人，不能忘怀呀!”于是，时人也多效仿而戴曲柄笠。

谢灵运曾自负地对人说：“天下才有一石，曹子建独占八斗，我得一斗，天下共分一斗。”世人并不以为他是夸耀自己，却往往视他为“八斗之才”。

他曾自始宁南山伐木开道，直至临海，从者数百人。临海太守王琇惊骇，称作山贼，后知是灵运才安。在会稽也多有徒众，惊动县邑。太守孟𫖮奉佛精恳，而为他所轻，曾对孟𫖮说：“得道应须慧业文人，生天当在灵运前，成佛必在灵运后。”孟𫖮对此言深为恼恨。

宋文帝元嘉八年（431），谢灵运因决湖造田的事情，被孟𫖮告发。他上书申辩，文帝知其被诬，未予追究，任他为临川内史。但他依然荒废政事，遨游山水。司徒刘义康遣使收录，谢灵运兴兵拒捕，犯下死罪。宋文帝爱其才，降死一等，流放到广州。元嘉十年（433），有人告发谢灵运在广州参与谋反，宋文帝下诏，于广州行弃市死刑。该年，他年仅 49 岁。谢灵运开山水诗派之先河，人称山水诗派鼻祖。其诗歌与其文章并行于世，彪炳千秋。

谢灵运且善书。真草学习王羲之，俱造其妙。有人也说：王献之为谢灵运舅父，因而其得法为精。凡王献之所上表章，多在中书杂事中，谢灵运模临乱真，因以自己所书换王献之原作，连王献之本人也很难分辨真假。其隶书、草书，后世均给予很高的评价。

范宣子穷经洁行

范宣，字宣子，东晋陈留国外黄县（治所在今河南省民权县西北内黄集）人。东汉莱芜长范丹的后裔。他 8 岁时，在后园挖菜，误伤了手指，大哭，人问："痛吗?"他答道："不是为痛，身体发肤，不敢毁伤，因此哭呀!"家人都为他小小年纪说出此话而感到诧异。他 10 岁，便能诵读《诗》《书》。

范宣少年崇尚隐居，加以好学，手不释卷，夜以继日，于是博通群书，尤善"三礼"（《周礼》《仪礼》《礼记》）。他的家庭至贫，亲自耕种勤俭生活。父母去世，他背土成坟，结庐于墓侧守孝。太尉郗鉴任命他为主簿，诏征为太学博士、散骑郎，他一并不就职。安家于豫章，很少与人来往。太守殷羡见范宣茅屋简陋，想为他改宅，他坚决推辞。鄢陵庾爰之以范宣贫穷，加上年荒疾疫，便给与他以丰厚的财物，他又不接受。

范宣言谈不曾言及老庄，有客人问道："人生与忧俱，不知此语出自哪里?"范宣说："出自《庄子・至乐篇》。"客人说："君言不读老庄，因何识此?"范宣笑道："小时曾一览。"当时人对他不能测量。

韩伯，字康伯，颍川郡长社县（治所在今河南省长葛市东）人。为人清和有思理，为世人推服。韩伯任豫章太守时，见范宣洁行且廉洁俭约，便赠送他绢百匹，范宣不接受。减为 50 匹，仍不接受。如此减半为一匹，范宣最终不接受。韩伯后与范宣同车，就车中撕裂两丈绢与范宣说："人怎可使妻子无短裤呢?"范宣这才笑着接受了那两丈绢。

范宣虽闲居贫困，曾以读诵为业。谯国戴逵等都闻风宗仰，自远方而至。讽诵之声，有如齐鲁，时风随之而化。他 54 岁时去世。所著《礼论难》《易论难》，并行于世。

江士清仁孝笃学

江泌，字士清，东晋济阳郡考城县（治所在今河南省民权县王桥集）人。父亲江亮之，官任南朝宋员外郎。

江泌少贫穷，白天以制造木屐为业，夜晚随月光读书，月光斜照，便握卷登上屋顶借光而读。有时由于太困，从房顶掉下来，然后再爬上去继续读书。他为人至孝，母亲去世，坟墓为野火所烧，他痛哭三日，泪尽出血。

江泌性行仁义。他出任南中郎行参军，凡是平民服吏役的人得时病，他没有舍弃的。有人扶杖投靠他，他亲自抚恤。其人死，江泌为其买棺材。家中没有僮役，于是兄弟共抬着埋葬。他兼任国子助教，乘羊驾的车经过一个地方，见一位老翁步行，便下去请老翁坐车，自己则步行。

齐武帝以江泌为南康王萧子琳侍读。建武中（494—498），齐明帝害诸王后，江泌忧念萧子琳，便造访志公道人问他的祸福。志公覆香炉灰给他看说："都尽，无所剩余。"等萧子琳被害，江泌前往哭吊。又亲眼看着殡葬了他，才肯离去。

不久，江泌去世。江泌族人黄门郎江悆的儿子为兖州从事，与他同名。于是世人称江泌为"孝江泌"，以示区别。

江泌随月读书，为后世乐道，以作为激励人读书的范例。他笃行仁义的美德，也为世人所敬仰。

舞阴"二范"并称奇

范缜（约450—约510），字子真，南朝齐梁南乡郡舞阴县（治所在今泌阳县西北古城寨）人。东晋平北将军范汪六世孙。祖父范璩之，官至南朝宋中书侍郎。父亲范濛，官任奉朝请，早逝。范缜少孤贫，侍奉母亲孝顺谨慎。20岁前，从沛国刘瓛学习。刘瓛甚为看重他，亲自为他举办冠礼。

范缜在刘瓛门下积年，常穿粗布衣徒步而行。刘瓛门下多车马贵游，他在其间，毫不感到羞耻。及长，博通经术，尤精“三礼”（《周礼》《仪礼》《礼记》）。性质直，好危言高论。29 岁，便满头白发，于是作《伤暮诗》《白发咏》以自叹。

范缜仕齐为尚书殿中郎。齐高帝永明中，与北魏和亲，选拔才学之士以为使者，范缜与叔伯弟范云，以及萧琛、颜幼明、裴昭明相继奉命，都著名邻国。当时竟陵王萧子良盛招宾客，范缜也参与其间。曾侍奉萧子良，子良精信佛教，而范缜极称无佛。萧子良问道：“您不信因果，怎会有富贵贫贱?”范缜答道：“人生如树花同发，随风而堕，自有拂帘幌坠于茵席之上，自有关篱墙落于粪坑之中。坠茵席的，是殿下这样的；落入粪坑的，是下官这样的。贵贱虽又殊途，因果竟在哪里?”萧子良不能屈，但内心责怪他。范缜退论其理，著《神灭论》。以为：“神即形，形即神，形存则神存，形谢则神灭。形是神的质，神是形的用。因此形称其质，神言其用，形与神，不得相异。神对于质，犹如锐利于刀刃；形对于用，犹如刀刃于锐利。锐利的名不是刀刃，刀刃的名不是锐利，然而舍锐利无刀刃，舍刀刃无锐利。未闻刀刃没有而锐利存，难道容形失而神在?”此论一出，朝野喧哗。

萧子良于是召集僧人向他发难，但始终不能使他屈服。太原王琰于是著论讥讽范缜道：“呜呼范子！曾不知自己的先祖神灵所在。”想要杜绝范缜而后的应对。范缜于是应对道：“呜呼王子！知道自己的祖先神灵所在，却不能杀身以随从他们。”他的言论奇特透辟诸如此类。萧子良使王融对他说：“神灭既自非理，而您坚决持此观点，恐伤名教。以您的大美，还担心不至中书郎？而故意违逆为此，可要毁弃前途了。”范缜大笑道：“假使范缜卖论取官，已至令仆了，何必中书郎呢?”后任为宜都太守，性不信神鬼。当时夷陵有伍相庙、唐汉三神庙、胡里神庙，范缜便下令断其祭祀。

后来，范缜因母亲去世离职，居于南州。梁武帝至，范缜穿着墨色丧服来迎。梁武帝与范缜有旧情，看到他非常高兴。等建康城平定，便以范缜为晋安太守，他在郡清廉俭约，靠薪水生活罢了。4 年后，升迁为尚书左丞。待他还朝时，虽亲戚无所赠送，唯赠送前尚书令王亮东西。范缜在齐时，与王亮同台为郎，旧相友爱。此时王亮闲居在家，范缜自以首迎梁武帝，志在卿相之职，而所想未能实现，也闷闷不乐，因而私相亲结，以矫正于时。后梁武帝宣布佛教为国教，于天监六年（507）命王公贵族和僧正60多人反驳《神灭论》，仍不为屈服。

后来，范镇因王亮事而流放到广州。在南方多年，追还京都，任为中书郎，国子博士，去世于任上。有文集15卷，其文大多散佚。

范缜叔伯弟弟范云也颇为著名。

范云（451—503），字彦龙。6岁就其姑夫陈郡袁炳（字叔明）读《毛诗》，日诵九纸。陈郡殷琰以知人著名，当他拜访袁炳见到范云时，不无欣赏地赞道："宰相才呀！"

范云性机警，有见识，且善撰文，下笔便成，人们每每怀疑他是预先构思。当时吴兴沈约、新野庾杲之与范云父亲范抗同府为官，见到范云无不乐意与他交友。

范云始任郢州西曹书佐，转任法曹行参军。后任为员外散骑郎。齐高帝建元初年（479），竟陵王萧子良为会稽太守，范云为府主簿。萧子良准备登秦望山，令范云相随。范云知道秦望山上有秦始皇刻石，此文三句一韵，人多作两句读之，并不得韵；又皆大篆，人多不识，于是夜取《史记》读之令上口。第二天登山，萧子良令宾僚读之，都茫然不识。最后问范云，范云说："下官曾读《史记》，见此刻石文。"向前读之如流。萧子良非常高兴，因而以他为上宾。萧子良为丹阳尹，又为主簿，深相亲任。当时谒见齐高帝，遇有进献白乌的，帝问此为何祥瑞，范云地位低下，最后答道："臣听说做王的人敬宗庙，则白乌至。"当时拜谒宗庙刚刚结束，齐高帝说："卿言是呀。感应之理，一至此啊！"

萧子良治理南徐州、南兖州，范云并随府迁，常常向他陈述朝政得失。不久，任范云为尚书殿中郎。萧子良为范云求禄位，齐武帝说："听说范云逢迎侍奉你，按法应判流放他。"萧子良应对道："范云侍奉臣，动相规戒劝谏，谏书存的有百余纸。"齐武帝索要那谏书看，言都切至，赞叹很久，说："没想到范云如此，正要令他辅助你。"萧子良为司徒，又补任范云为记室。因与谢朓、沈约等人同为竟陵王萧子良门下属官，时称为"竟陵八友"。

齐武帝永明十年（492），范云出使北魏，还朝，升迁为零陵内史。他治郡有政绩，深为齐明帝所知，还都任为正员郎。又任为始兴内史，升迁为广州刺史、平越中郎将，所到之处，均有善政。

范云后助梁武帝登皇帝位，升迁为侍中。又升迁为散骑常侍、吏部尚书。以功封为霄城县侯。梁武帝天监二年（503），升迁为尚书右仆射，领吏部。不久，因违诏用人，免去吏部职，仍为右仆射。

范云性情淳厚和睦，侍奉寡嫂以应礼节，家事必先咨询她而后行。且好节尚奇，专急人之急。他年轻时与领军长史王畡友善，范云起宅新成，搬家刚毕，王畡去世于官舍，尸体无所归，范云便以东厢让出，将王畡的尸体自大门而入，亲自为他装殓，招魂复魄如礼，为时人所称赞。

范云为吏部时，责任重大，书牍盈案，宾客满门，他应答如流，无所壅滞，官曹文墨，举发若神，当时人无不佩服他高明。他治理郡，人称廉洁。入朝位高权重时，虽馈遗不少，但家无蓄积，随散之亲友。去世时，梁武帝舆驾临殡，诏赠侍中、卫将军，谥文。

范云有集30卷，今散佚。今有诗40多首，《诗品》称其诗“清便宛转，如流风回雪”。

清新惟尊“庾开府”

庾信（513—581），字子山，南北朝时期南阳郡新野县（今河南省新野县）人。南朝梁度支尚书庾肩吾的儿子。其家“七世举秀才”“五代有文集”。父亲庾肩吾为南梁中书令，亦以文才闻名。

庾信幼而俊迈，聪敏绝伦，博览群书，尤善《春秋左氏传》。及长，与徐陵一起担任萧纲的东宫学士。其既有盛才，文又绮艳，时人称其作品为“徐庾体”。庾信是由南入北的最著名的诗人，他饱尝分裂时代特有的人生辛酸，却结出“穷南北之胜”的文学硕果，其风格素以“清新”之气著称。杜甫赞其曰：“清新庾开府。”

梁元帝萧绎即位，任庾信为右卫将军，封武康县侯，加散骑侍郎。他奉命出使西魏，值西魏灭梁，被留长安，使任持节抚军将军、右金紫光禄大夫、大都督，晋升为车骑大将军、仪同三司。北周代魏后，更迁骠骑大将军、开府仪同三司，封临清县子，世称其为“庾开府”。北周孝闵帝宇文觉即皇帝位，封庾信为临清县子，任命为司水下大夫。出任为弘农郡守。后进爵义城县侯。不久拜洛州刺史。庾信多识旧章，为政简静，吏民安之。当时陈朝与北周通好，南北流寓之士，各许还其旧国。陈朝于是请回王褒及庾信等十数人。北周武帝宇文邕惟留庾信和王褒而不放。不久征庾信为司宗中大夫。当时，庾信颇有书名，群公碑志，大多相托于他。北周静帝大象初年（579），因病离职。

庾信在北方时，一方面身居显贵，被尊为文坛宗师，受皇帝礼遇，与诸王结布衣之交，另一方面又深切思念故国乡土，为自己身仕敌国而羞愧，因不得自由而怨愤。最终在隋文帝开皇元年（581）老死北方，时年69岁。有《庾子山集》传世，明人张溥辑有《庾开府集》。

当初，庾信从南朝初至北方时，文士大多轻视他。当庾信将所撰的《枯树赋》给他们看后，再无敢说轻视话的。当时，温子升作《韩陵山寺碑》，庾信读而书写其本文。当南朝有人问庾信“北方文士怎么样”时，庾信说：“唯有韩陵山一片石堪共语。薛道衡、卢思道少解握笔，其余驴鸣犬吠聒耳罢了。”

范晔著史后世彰

范晔（398—445），字蔚宗，乳名砖（母亲如厕产下了他，额头为砖所伤，因以“砖”为名），南朝宋顺阳郡南乡县（治所在今河南省淅川县南）人。东晋豫章太守范宁的孙子，金紫光禄大夫、加散骑常侍范泰的第四子。出继堂伯范弘之，继承武兴县五等侯爵。

范晔少年好学，博涉经史，善为文章，晓音律，且善弹琵琶。17岁时，州任命他为主簿，不前往就职。后为刘裕相国掾，彭城王刘义康冠军参军，随府转任右军参军，入补尚书外兵郎，出为荆州别驾从事史。不久召为秘书丞，父亲去世离职。守孝期满，为征南大将军檀道济司马，兼新蔡太守。檀道济北征，范晔怕随行，以脚疾相辞，皇帝不允许，使由水道统载器仗部伍。军队还，任为司徒从事中郎。不久，升迁为尚书吏部郎。

宋文帝元嘉元年（424）冬，彭城王太妃去世，将葬，范晔与人夜中酣饮，开北窗听挽歌为乐。刘义康大怒，将他贬为宣城太守。范晔郁郁不得志，于是删众家之作，撰为《后汉书》，为一家之言。数年后，升迁为长沙王刘义欣镇军长史，加任宁朔将军。兄长范皓为宜都太守，嫡母随范皓在官所。元嘉十六年（439），嫡母去世，范晔不按时奔丧；去时，又携妓妾自随，为御史中丞刘损所奏。宋文帝爱其才，不怪罪他。守丧期满，为始兴王刘浚后军长史，领南下邳太守。等刘浚治扬州，未亲政事，尽委任于范晔。不久，升迁为左卫将军、太子詹事。元嘉二十二年（445）秋，范晔参与孔熙先等谋迎立彭城王刘义康之事，事机不秘，被诛，时年48岁。

在范晔被捕狱中时，给他的外甥和侄子们写信自称："我已撰成《后汉书》，细观古今的著述和评论，几乎没有可中意的。班固最有高名，但任情撰写，毫无例法，不可称誉，只是他著述的志向可嘉罢了。在材料的丰富方面我可能比不上他，但对于材料的整理我未必感到惭愧呀。我的杂传论，都有精意深旨。至于《循吏》以下及六夷诸篇的序论，笔势纵放，实为天下的奇作。其中适当的篇章，往往不减贾谊的《过秦篇》。曾与班固所作相比，不只是不惭愧于他而已。赞语自然是我文章的杰出构思，大概无一字是虚设，奇变不穷，即使是内容相同而所用体式相异，竟然自己不知怎样称道它。此书行于世，一定应有赏识的知音人。自古以来结构宏大而思致精密的著作，还没有这样的。"

历史上，失意而著述者，不乏其人。范晔虽为人不无瑕疵，但毕竟在史学上赢得了不可越过的一席之地，给后世留下了一份宝贵的史学遗产，人们将他上匹班固，有着"班范"之称。

江郎梦笔传佳话

江淹（444—505），字文通，南朝宋齐济阳郡考城县（治所在今河南省民权县王桥集）人。宋丹阳县令江耽的孙子，南沙县令江康之的儿子。

江淹性沉静，少交游。20岁左右时，在家中被征召为南徐州从事，转奉朝请。宋建平王刘景素喜欢士，江淹随刘景素于南兖州。广陵令郭彦文获罪，供辞牵连江淹，因而他被判罪入狱。江淹在狱中上书喊冤，情真意切。刘景素览书，当日便放出了他。不久举荐为南徐州秀才，对策上等，转任巴陵王国左常侍。

宋后废帝刘昱即位，多失德。刘景素手握大权，部属都劝他谋反。惟江淹每每从容劝谏，但刘景素从不采纳。及镇守京口，江淹又为镇军参军事，领南东海郡丞。刘景素与心腹日夜谋议，江淹知祸机将发，便赠诗15首以晓谕他。刘景素借故贬他为建安郡吴兴令。宋后废帝元徽四年（476）秋，刘景素在京城建康反叛，不久即被平定。与刘景素一同谋逆的人都被诛杀，江淹只是免去了官职。宋顺帝升明初年（477），齐王萧道成辅政，听说江淹有才，便召任他为尚书驾部郎、骠骑参军事。升明三年（479）三月，宋顺帝任命太傅萧道成为相国，江淹补为记室参军事。

齐高帝萧道成建元初年（479），又任江淹为骠骑豫章王记室，兼东武令，参掌诏册，并掌管国史。不久升迁为中书侍郎。齐武帝永明初年（483），升迁为骁骑将军，掌国史。出为建武将军、庐陵内史。为政三年，还朝为骁骑将军，兼任尚书左丞。又以本官领国子博士，兼御史中丞。齐明帝即位，历任车骑临海王长史、廷尉卿、给事中，升迁为冠军长史，加辅国将军。出任为宣城太守，将军官职不变。在郡四年，还朝为黄门侍郎、领步兵校尉、秘书监。东昏侯永元中（499—501），崔慧景举兵围京城建康，城内许多官员纷纷投身于崔慧景，只有江淹谎称有病不去。叛乱平复之后，世人均佩服他有先见之明。永元末年（501），江淹又以秘书监兼任卫尉。等到萧衍带兵至新林，江淹微服投奔萧衍，萧衍任命他为冠军将军，秘书监官职不变，又兼任司徒左长史。齐和帝中兴元年（501），升迁为吏部尚书。中兴二年，转相国右长史，冠军将军官职不变。梁武帝天监元年（502），任命江淹为散骑常侍、左卫将军，封临沮县开国伯，食邑400户。该年，因病升迁为金紫光禄大夫，改封醴陵侯。梁武帝天监四年（505），江淹去世，享年62岁，谥宪伯。梁武帝萧衍感到惋惜，身穿素服前往致哀。

江淹少好学，6岁能作诗。13岁时父亲去世，家庭贫穷，他砍柴卖以奉养母亲。曾于砍柴的地方得到一顶貂蝉冠（侍中、中常侍的冠饰。以附蝉为文、貂尾为饰因名），将卖掉以供家需。他的母亲说："这是你的吉祥征兆呀，你才行如此，怎能长期贫贱呢？可留着，等到你为侍中时戴上。"后果如母言。

江淹年轻时仰慕汉司马相如、梁鸿的为人，不从事章句的学习，留情文章，因而早年便以文章显世，但晚年才思微退。他曾对人说：为宣城太守时，罢职归，船泊禅灵寺（故址在今江苏省南京市西南）旁，夜里梦见一人自称张景阳（张协字景阳，西晋文学家），对自己说："昔日以一匹锦相寄，今日可以还我。"江淹探怀中得数尺给与他，此人大怒说："怎能裁剩得快要完了呢！"回顾看见丘迟（字希范，南朝梁文学家），对他说："剩下这几尺，既然没有地方用上它，就赠送给你吧！"自此江淹文章便退步了。

江淹年少时，曾夜梦见人给他一支五色笔，自此文章日新。后宿冶亭（故址在今江苏省南京市朝天宫一带），一男子前来见他，自称是郭璞（字景纯。两晋文学家，精于卜筮），对他说："我的笔在您处多年，可以还我了。"江淹于是从怀中拿出五色笔，给了他。而后，他作诗绝无美句，当时人称"江郎才尽"。

江淹所著述百余篇，自撰为前后集。其诗歌代表作为拟作《杂体诗》30首。并著有《齐史》十志，并行于世。且工书，人称"墨妙笔精"。

"《文选》学"有李善传

李善（？—690），初唐江夏郡钟武县（治所在今河南省信阳市）人。自父亲李元哲迁居扬州郡江都县（今江苏省扬州市江都区）。

李善方雅清劲，淹贯古今，有士君子之风。但不善撰写诗文，所以被人称为"书簏"。曾注解南朝梁萧统《文选》，分为60卷，于唐高宗显庆三年（658）九月进上。唐高宗览后首肯，赐绢120匹，诏藏于秘阁。因而授他为潞王府记室参军。后为左侍极贺兰敏之所荐引，为崇贤馆学士，转为兰台郎。

唐高宗龙朔元年（661），李贤调任为沛王，李善又兼为沛王侍读。乾封中（666—669），出任经城令。咸亨二年（671），贺兰敏之因罪赐死，李善被牵连流放到姚州（今浙江省余姚市北）。后遇天下大赦得还，寓居汴州（今开封市）、郑州之间，以教授《文选》为业。生徒大多慕名自远方而至，受其学，传其业，世称为“《文选》学”。当初，李善注解《文选》时，释事而忘意，书成后，以问儿子李邕对其注解的看法，李邕不敢回答。李善诘问他，李邕才说出自己的想法，对其有所更改。李善说：“试为我增补它。”于是，李邕附事见义，而李善却不认可。后两书各有所长，并行于世。

李善于武后载初元年（690）病逝。另撰有《汉书辨惑》30卷，行于世。儿子李邕颇为知名。

人称李善为“书簏”，有贬低之意，实有几分冤枉，这是因有唐一代重诗文而轻训诂之学所致。“《文选》学”诞生于中原，于今不绝，李善功莫大焉。

崔颢题诗“诗仙”叹

崔颢（？—754），字亭伯，唐代汴州（今河南省开封市）人。唐玄宗开元十年（722）进士。他年轻时喜欢赌博，嗜好饮酒。娶妻选择貌美的，稍不满意就抛弃，前后共有四五娶。他早期的诗作多写闺情，流于浮艳。晚年历边塞，诗歌忽变常体，诗风雄浑奔放，风骨凛然，可与江淹、鲍照媲美。曾任太仆寺丞。唐玄宗天宝中（742—755），官至司勋员外郎。

当初，李邕听说崔颢的才名，空房屋而邀请他，崔颢至献《王家少妇》诗：“十五嫁王昌，盈盈入画堂。自矜年最小，复倚婿为郎。舞爱前溪绿，歌怜子夜长。闲来斗百草，度日不成妆。”当李邕看到“十五嫁王昌”句，便呵斥道：“小儿无礼！”于是不与他相见。

崔颢后游武昌，登黄鹤楼，感慨赋《黄鹤楼》诗：“昔人已乘黄鹤去，此地空余黄鹤楼。黄鹤一去不复返，白云千载空悠悠。晴川历历汉阳树，芳草萋萋鹦鹉洲。日暮乡关何处是，烟波江上使人愁。”等李白到来时，看到崔颢的题诗，便叹道：“眼前有景道不得，崔颢题诗在上头。”无作而去。崔颢此诗，使诗仙李白敛手，一时传为佳话。而李白自此不能释怀，后游金陵时，便模拟崔颢《黄鹤楼》诗，写了《凤凰台》诗：“凤凰台上凤凰游，凤去台空江自流。吴宫花草埋幽径，晋代衣冠成古丘。三山半落青天外，二水中分白鹭洲。总为浮云能蔽日，长安不见使人愁。”

崔颢生平苦吟咏，当病起清虚，友人跟他开玩笑说：“不是您的病如此，是苦吟诗瘦罢了！”此语于是成为人们的话柄。

崔颢题诗能教“诗仙”李白敛手，自然异乎寻常；黄鹤楼也因诗、因人而名于华夏。

人羡御批韩君平

韩翃，字君平，唐代南阳县（治所在今河南省南阳市卧龙区）人。他少负才名。唐玄宗天宝十三年（754），进士及第。平素挺立坚贞，沉默寡言，颇有诗名。所与他交游的都是当时的名士。然而荜门圭窦，家徒四壁。

有位李生，与韩翊友善，家累千金，负气爱才。他所宠幸妓柳氏，艳绝一时，且喜谈笑戏谑，善歌唱吟咏，与韩翃比邻。李生每至，必邀韩翃同饮。韩翃以李生为豁落大丈夫，所以常不拒绝。时间久了，更加亲近。柳氏每在闲暇日从墙壁的缝隙窥看韩翃所居，非常简陋。但闻客到，必是名人，因利用机会对李生说：“韩秀才穷得很呀！但所与交游的必是大名人，他必定不能长时间贫贱，应当依靠他。”李生深领她的意思。隔一日，备办酒菜邀请韩翃，酒酣时对韩翃说：“秀才是当今名士，柳氏是当今名色，以名色配名士，不也可以吗？”韩翃惊栗，避席说：“蒙君的恩情，慷慨施惠很久，怎能夺您所爱呢！”李生说：“大丈夫相遇杯酒间，一言道合，尚且相许以死，何况一妇人，哪里用着推辞呀！”坚决将柳氏给他，不让拒绝。又对韩翃说：“您家中贫穷，无以自振，柳氏资财数百万，可以接济。柳氏，是善人呀，应当侍奉夫子。她必能尽节操。”说罢长揖而离去，韩翃追赶推让不及，环顾不无自疑道：“此是豪达的人，已说得够清楚了，不必吃惊了。”不久就柳氏处居住。

来年，韩翃成名后，淄、青节度侯希逸，平素听说韩翃的名声，便请他为从事。因世正乱，韩翃不敢以柳氏相随，将她安置在京都，约定到一定时间来接她。唐玄宗天宝末年（756），安禄山叛军攻陷二京，士女奔惊，柳氏以艳独异，且怕不免于难，于是剪发毁形，寄身于法灵寺。唐肃宗即位，韩翃便遣人寻找柳氏，以白绢囊盛薄金题诗寄给她道：“章台柳，章台柳，往日青青今在否？纵使长条似旧垂，亦应攀折他人手。”当找到柳氏时，柳氏捧所寄物呜咽，左右人无不哀怜。柳氏回信答诗道：“杨柳枝，芳菲节，可恨年年赠离别。一叶随风忽报秋，纵使君来岂堪折。”后韩翃随侯希逸入朝，寻访柳氏，此时柳氏已为立功番将沙咤利所劫，宠之专房。韩翃怅然不能割舍，逢入中书省，至子城东南角，遇牛车便慢慢跟在后面，车中人问道：“莫非是青州韩员外吗？”韩翃答道：“是。”于是车中人揭帘说：“我是柳氏呀。失身沙咤利，无从自脱，明日还经此路，还愿再一来告别。”韩翃领悟她的话。第二天如期而往，牛车不久来到，车中投下一红巾，包一小盒子，内装满香膏，柳氏哭着说：“终身永远诀别。”车如电逝，韩翃望着远去的牛车，而泪如雨下。这天，临淄府设宴于酒楼，邀请韩翃，他应邀赴宴，怅然不乐。座上有人说：“韩员外风流，谈笑不曾不恰当。今日为何悲惨呀？”韩翃便将实情告诉了大家。这时，侯希逸部将许俊年轻，乘酒兴而起说：“本人曾以义烈自许，愿得员外手笔数字，当立即将柳氏带在您的面前！”一座人都赞赏他，韩翃不得已写了几言。许俊便急装起，乘一马，牵一马而驰去，径直到沙咤利的宅第，正遇沙咤利已出，便入内道：“将军坠马且不救，派遣我来请柳夫人。”柳氏惊出，许俊即以韩翃的信札让她看，随即挟她上马，奔驰而去。酒席未罢，就将柳氏放在韩翃面前，说：“幸不辱命！”一座惊叹。当时沙咤利初立功，唐代宗正优待他，大家害怕灾祸降临，便一同见侯希逸，向他诉说情况。侯希逸扼腕奋髯道：“这是我往日所为呀，而许俊今日又能做到！”立即写表上奏，言明沙咤利的罪过。唐代宗称叹很久，御批道：“沙咤利应当赐绢二千匹，柳氏却归韩翃。”

后来，韩翃因事罢职，闲居近十年，李勉镇守大梁夷门，又任韩翃为属吏。此时韩翃已届晚年，同职都是新进后生，不了解韩翃，对韩翃大不敬，韩翃很不得意，多以病为理由请假在家。有低级属吏韦巡官，也是知名士，惟独他与韩翃友好。一日夜将半，韦巡官叩门急促，韩翃便出来见他，韦巡官庆贺道："员外除驾部郎中，知制诰。"韩翃非常吃惊地说："必无此事，一定错了!"韦巡官就座道："节度留后官署有状报，制诰缺人。中书两次奏进所选人名，御笔不点出。又请，且求圣旨所明示，唐德宗批道：'与韩翃。'当时有与韩翃同姓名的人，为江淮刺史。中书又将二人的情况一同奏上，御笔又批道：'春城无处不飞花，寒食东风御柳斜。日暮汉宫传蜡烛，轻烟散入五侯家。'又批道：'与此韩翃。'"韦巡官又祝贺道："这不是员外的诗吗?"韩翃说："是呀。"这才知不误了。这已是唐德宗建中初年（780）的事情了。

后来，韩翃为驾部郎中知制诰，官至中书舍人。

韩翃工诗，唐代宗大历中（766—779），与卢纶、吉中孚、钱起、司空曙、苗发、崔峒、耿湋、夏侯审、李端，都以能诗齐名，人称"大历十才子"。韩翃有诗集5卷，流传于世。

韩翃因才华而得美人，失而又得御批而复为伉俪。又因诗著名而得御批为高官，在唐朝这个尚诗的国度里，虽在情理之中，但毕竟是一奇事。柳氏虽出身低贱，但能慧眼识才，钟情于韩翃，且能歌能诗，也可谓女子中出类拔萃者。

郑虔"三绝"诗书画

郑虔（691—759），字趋庭（一字弱齐），唐代郑州荥阳县（今河南省荥阳市）人。北魏赠镇北将军、相州刺史郑道昭六世孙。唐澧州司马、赠卫州刺史郑怀节的孙子，唐赠秘书少监郑镜思的次子。

郑虔自幼聪颖好学，行纯体素，精心文艺，克己礼乐。及长，明于阴阳，精于算术，对百家诸子了如指掌。20岁举秀才。之后，举进士落第，困顿长安，喜书，常苦无纸，听说慈恩寺贮柿叶数屋，便每日去取柿叶练习书法，日久将柿叶写遍。进士及第后，出仕补为率更寺主簿，转任监门卫录事参军、尚乘直长。唐玄宗天宝初年（742），任命为太常寺协律郎，抽闲集缀当世事，著书80余篇。有偷看其稿者，上书告郑虔私撰国史，郑虔仓皇烧掉，因而被贬谪十余年。还京师，为左青道率府长史。唐玄宗爱其才，想安置在自己左右，以他不事事，于天宝九年（750）更置为广文馆博士。

郑虔为人放荡嗜酒，落魄不羁，且善画山水，爱弹琴，与李白、杜甫为诗酒朋友。他曾自画《沧州图》并题诗以献，唐玄宗看后，非常高兴，书其画末道“郑虔三绝”。升迁他为著作郎。安禄山反，派遣张通儒劫百官置东都洛阳，胁迫郑虔接受伪官水部郎中。他托病婉拒，暗地里向唐肃宗写密信联络。叛乱平息，被贬为台州司户。于唐肃宗乾元二年（759）九月廿日，病逝于台州官舍，享年69岁。

郑虔深谙地理之学，山川险易、方隅物产、兵戍众寡，无不熟悉，曾著《天宝军防录》，言典事该。诸儒服其善著书，称他为“郑广文”。

郑虔在官贫俭澹如。杜甫《戏简郑广文虔兼呈苏司业源明》一诗描述了其窘况：“广文到官舍，系马堂阶下。醉则骑马归，颇遭官长骂。才名四十年，坐客寒无毡。赖有苏司业，时时与酒钱。”杜甫又在《故著作郎台州司户荥阳郑公虔》一诗中赞其道：“圭臬星经奥，虫篆丹青广。子云窥未遍，方朔谐太枉。神翰顾不一，体变钟兼两。文传天下口，大字犹在榜。昔献书画图，新诗亦俱往。沧州动玉陛，宣鹤误一响。三绝自御题，四方尤所仰。”从中不仅可窥郑虔的书法艺术造诣之高妙，也可见其与杜甫关系之一斑。

郑虔不仅诗、书、画“三绝”，为文也颇为丰赡，被诸儒誉为“郑广文”便是明证。他在官，能“贫俭澹如”，尤为值得称道。

张说雅评折文坛

张说（667—730），字道济（一字说之），唐代河南府洛阳县（治所在今河南省洛阳市）人。武后永昌元年（689），策贤良方正，张说所对第一，授太子校书，转任右补阙，参与修《三教珠英》。武后长安初年（701），升迁为右史、内供奉，兼知考功贡举事，提拔为凤阁舍人。忤旨被发配流放到钦州（今广西壮族自治区钦州市）。唐中宗即位，召还，授为兵部员外郎，转任工部侍郎，加弘文馆学士。唐睿宗即位，升迁为中书侍郎，兼雍州长史。唐睿宗景云二年（711），任命他为同中书门下平章事，监修国史。唐玄宗开元初年（713），进为中书令，封燕国公。不久，出为相州刺史，仍充河北道按察使。又因事贬谪为岳州刺史。唐玄宗开元九年（721），召拜为兵部尚书，知政事。敕令巡边。后为集贤院学士，尚书，左丞相。后以修《谒陵仪注》功，加开府仪同三司。开元十八年（730）十二月去世，享年64岁。赠太师，谥文贞。

张说前后三秉大政，为人敦气义，重然诺，喜延纳后进；掌文学之任达30年，为文俊丽，用思精密，尤长于碑文、墓志。当时，朝廷重要文件大多出自其手，与许国公苏颋并称“燕许大手笔”。

张说和徐坚（字元固）同为集贤院学士十余年，好尚颇同，情契相得。唐玄宗开元中，诸位学士相继去世，唯张说、徐坚二人健在。张说条列诸人姓名与徐坚共同观看，悲从中来。徐坚对张说说：“诸公昔年的文章都擅一时之美，请问谁为先后?”张说说：“李峤（字巨山）、崔融（字安成）、薛稷（字嗣通）、宋之问（字延清）的文章，都如良金美玉，用在任何地方均甚得当。富嘉谟（字不详）的文章，如孤峰绝岸，壁立万仞，丛云郁兴，震雷俱发，的确可敬畏了！如果施用于朝廷，则为吃惊了。阎朝隐（字友倩）的文章，则如丽色靓妆，衣服的绮绣，燕歌赵舞，使观者忘忧。但是类比于教化规范，则是罪人了。”徐坚说：“现在的年轻人的文词，谁的好?”张说说：“韩休（字良士）的文章，有如太羹玄酒（喻指古朴雅淡），虽雅有典则，而薄于滋味。许景先（名杲，字景先）的文章，有如丰肌腻体，虽秾华可爱，而乏风骨。张九龄（字子寿）的文章，有如轻缣素练，虽济时适用，而窘困于边幅。王翰（字子羽）的文章，有如琼林玉斝，虽烂然可珍，而多有缺点。如果能够规诫他们所缺失的，成就他们所擅长的，也是一时之秀呀！”张说如此雅评，徐坚认为甚为得体，也为后世士大夫所折服。

张说有《张燕公集》25卷传世。其诗法特妙，谪岳州之后，浮沅湘，游云梦，移天下之尤物，而聚于胸中，为诗更为凄婉，人称“得江山之助”。

张说为政，喜延纳后进；为文被誉为“大手笔”；为诗“得江山之助”，雅评当时诗人，为士大夫所折服；死后又得朝廷赠谥；可谓有唐士大夫的佼佼者。

百代画圣吴道子

吴道子（约685—758），名道玄，字道子，唐代东京阳翟县（治所在今河南省禹州市）人。他原名道子，出身寒苦，幼年丧父，从小跟人学画兼雕塑。后客游洛阳，向张旭、贺知章学习书法。学书不成，因而工画。因他勤奋和悟性极高，所以不到20岁，便穷尽丹青之妙。

吴道子曾在逍遥公韦嗣立府中做事，为小吏。后任为兖州瑕丘（今山东滋阳县）尉。唐明皇听说其画艺，便将他召入供奉，改其名为道玄（后人避唐玄宗庙讳，改为道元），又以道子为字，由此名震天下。唐玄宗开元四年（716）任命为内教博士，非有诏不得画。4年后又升迁为宁王友。至此，他得到了得天独厚的绘画条件，创作了大量的人物、山水等艺术作品。

他的人物画，尤其是佛道人物，“奇踪异状，无一同者”，形象逼真，富于想象力，“出新意于法度之中，寄妙理于豪放之外”。其画落笔雄劲，敷粉简淡，不以颜色取胜。其线描极富运动感，所勾衣线飘逸流畅，有“吴带当风”之誉。据《宣和画谱》卷二载，道子画驴于僧房，一晚而闻有踏藉破迸之声。他画龙则鳞甲飞动，每当天下雨则烟雾陡然而生。唐玄宗开元年间，将军裴旻守母丧，请道子画鬼神于天宫寺，以资母冥福。道子使裴旻脱去孝服，用军装缠结，驰马舞剑，激昂顿挫，雄杰奇伟，观者数千百人，无不惊骇战栗。而道子解衣磅礴，因用其气以壮画思，落笔风生，为天下壮观，一时传为美谈。又天宝中，唐玄宗忽思蜀道嘉陵江水，于是令吴道子前往写貌。及回日，唐玄宗问其情况。他回奏道：“臣无粉本，并记在心。”唐玄宗便令他在大同殿图绘。结果嘉陵江300余里山水，一日画就，得到唐玄宗的高度赞誉。

吴道子早年用笔精微细润，无异于春蚕吐丝；中年用笔则磊落雄伟，挥霍如莼菜条。对于他的画，唐张怀瓘简评："吴生之画，笔下有神，是张僧繇后身也。"宋苏轼也给予很高的赞赏，认为"画至吴道子，而古今之变，天下之能事毕矣"。其绘画风格对后世也影响深远，被后人尊为"百代画圣"，被民间画工奉为祖师。

诗圣光焰万丈长

杜甫（712—770），字子美，号少陵野老，唐代河南府巩县（今河南省巩义市）人。膳部员外郎杜审言之孙，奉天令杜闲之子。

杜甫自幼好学，七岁能属文。少贫不自振，客游吴越、齐赵间。李邕奇其才，先往见他。唐玄宗天宝初年（742），应进士不第，困顿长安。天宝末年（756），献《三大礼赋》，唐玄宗奇其才，使待制集贤院，命宰相试其文章，提拔为河西尉，不接受，改为右卫率府胄曹参军。安禄山军陷长安，唐玄宗入蜀，杜甫逃避于三川。唐肃宗立，杜甫自鄜州穿破旧衣服投奔他，途中为贼人所得。唐肃宗至德二年（757），杜甫夜逃至凤翔，谒见唐肃宗，被任命为右拾遗。

房琯布衣时与杜甫相友善。房琯时任宰相，请自帅师讨贼，唐肃宗应允了他。结果，房琯兵败于陈涛斜，因而罢相。杜甫上疏言房琯有才，不宜罢免。唐肃宗怒，贬房琯为刺史，出杜甫为华州司功参军。当时关辅大饥，杜甫便弃官而去，客居秦州，负薪采橡栗自给。后流落剑南，结庐于成都西郭，筑草堂于浣花溪上。召补为京兆功曹参军，他不前往就职。遇严武节度剑南东、西川，杜甫便前往依附他。唐肃宗上元二年（761）冬，黄门侍郎、郑国公严武镇守成都，奏请杜甫为节度参谋、检校尚书工部员外郎。唐代宗永泰元年（765）夏，严武去世，杜甫无所依，于是游东蜀依高适。既至，高适又去世。此年，蜀中大乱。杜甫便携家避乱荆、楚，而江陵也乱，于是溯沿湘流，游衡山，寓居耒阳。杜甫曾游岳祠，为暴水所阻，旬日不能食。耒阳聂令知之，自驾舟迎杜甫而还。耒阳令曾赠送他牛炙白酒，大醉，一晚去世，享年59岁。

杜甫儿子杜宗武，自此流落湖、湘，后于此地去世。唐宪宗元和中，杜甫的孙子嗣业自耒阳迁杜甫的灵柩，归葬于偃师县西北首阳山之前土楼村（今河南省偃师市城关镇杜楼村）。

杜甫的诗歌，尽得古今诗歌体势，而兼人人所独专，人称“诗圣”。杜甫少与李白齐名，时号“李杜”。又善陈时事，律切精深，至千言而不少衰，世号“诗史”。韩愈于文章慎许可，至歌诗，惟独推崇道：“李杜文章在，光焰万丈长。”杜甫一生写诗3000多首，流传下来的有1400多首，其中很多是传颂千古的名篇，“三吏”（《新安吏》《石壕吏》《潼关吏》）、“三别”（《新婚别》《无家别》《垂老别》）是他的代表作。其律诗尤为人称道，代表作为《登高》。并有《杜工部集》传世。

刘禹锡叹牛悟理

刘禹锡（772—842），字梦得，唐代河南府洛阳县（治所在今河南省洛阳市东北）人。刘禹锡在《汝州上后谢宰相状》中，自言“家本荥上，籍占洛阳”。父亲刘溆，官历州县令佐，世以儒学见称。

唐德宗贞元九年（796），刘禹锡进士及第，又登宏辞科。初在淮南节度使杜佑幕下，典记室。从杜佑入朝，为监察御史。贞元末年（805），王叔文于东宫用事，为王叔文赏识赞许，以宰相器看重他。唐顺宗即位，转任屯田员外郎、判度支盐铁案，兼崇陵使判官。王叔文败，刘禹锡受到株连，贬为连州刺史。在道上，又贬为朗州司马。刘禹锡在朗州十年，唯以文章吟咏，陶冶情性。唐宪宗元和十年（815），召还，作《游玄都观咏看花君子》诗，语涉讥刺，执政不悦，又出为播州刺史，改任为连州刺史。唐文宗大和二年（828），自和州刺史征还，任命为主客郎中。刘禹锡心怀前事未已，又作《游玄都观诗序》，这年再出为连州刺史，不久贬为朗州司马。居十年，召还京师。大和中，累转礼部郎中、集贤院学士。裴度罢知政事，刘禹锡求分司东都。最终以恃才褊心，又出为苏州刺史，就赐金紫。期满入朝，授为汝州刺史，迁太子宾客，分司东都。

刘禹锡晚年与少傅白居易友善，被白居易称为“诗豪”。唐文宗开成初年(836)，复为太子宾客分司，不久授为同州刺史。任期满，为检校礼部尚书、太子宾客分司。唐武宗会昌二年（842）七月去世，享年71岁，赠户部尚书。

刘禹锡撰有《刘梦得文集》传世。他的《叹牛》一文，颇有寓意，为人称道。

一日，刘禹锡行走在田野，见小路上有老头牵一头跛牛，便问道：“这牛形状为什么这样大？为什么腿病得这么厉害呀？今天看牛颤抖着，将牵到哪里去呀?”老头揽着牛缰绳而回答说：“牛形状大是精心喂养的结果，牛腿有病是使役太过了。请允许我给您好好说说。我租赁车以自给，曾赶着这牛拉着很重的货物北登太行，南并商岭，牵掣以拉回它，呵斥以惊动它。虽涉泥淖，登高岗，毂轮如飞蓬轻而辕不坏。到现在废了。看牛足虽伤但体肤还肥，喂养它则无用，屠夫看它则有获利，但法令禁止私宰牛，不敢做主。刚听说国君犒劳士卒，占卜为单日，这是牵往那里去的呀。”应当是要卖给屠夫。刘禹锡听此言，便对老人说：“对您来说是获利，对牛来说是悲哀，怎么办？我正贫穷且无长物，愿脱下裘衣以赎牛，将它放到丰草的乡野，可以吗?”老人不屑地笑道：“我卖牛是屈指计算了那价值，可以买酒而吃肥肉，给儿子买糖而给妻子买衣服。像这样放了它，要裘衣能做什么用？且过去精心地喂养它，不是爱它，是利用它的力气。现在送它去死，不是厌恶它，是为了获得财物。您怎么败坏我的事情呀?”刘禹锡揣度这老头不可说服，就用手杖敲着牛角而叹道：“所求的完了，所为利趋了。因此伍员的才能使吴国称霸，却赐予宝剑令他自杀；李斯成就秦国的帝业，却被腰斩于咸阳；白起于长平之战大振秦国的国威，却于杜邮赐死；韩信垓下擒敌，却被斩于长乐宫钟室；都是用尽身残，功成祸归，能不悲吗？能不悲吗？呜呼！守不竭的用处，而应对那不得法的役使，当时适宜它，无不是害我呀！如果拘于物形，器物用到头就会破败，道理已经分明了。”

刘禹锡一生沉浮，联系历史上功臣被杀的史实，借牛哀叹，寓意耐人寻味。

香山居士多美谈

白居易（772—846），字乐天，自号醉吟先生，晚年多署为香山居士。其先太原人。巩县令、酸枣令白锽的孙子，朝散大夫、大理少卿白季庚的儿子。他的母亲陈氏，颍川郡长社县（治所在今河南省长葛市）人，为坊州鄜城县令陈润的女儿。白居易于唐代宗大历七年壬子正月二十日生于郑州新郑县（今河南省新郑市）东郭里宅（其祖白锽任巩县令时所居。白锽于唐代宗大历八年去世于此）。

白居易自幼聪慧绝人，始生七月便能指"之""无"两字，虽试百次不差，人称"襁褓识之无"。九岁即谙识声律。十五六岁时，袖文一编，拜谒著作郎顾况。顾况能文，而性浮薄，后进文章无可满意者。当顾况细看白居易姓名后，说："长安米贵，居大不易。"当披览诗卷，读到他的《赋得古原草送别》"离离原上草，一岁一枯荣。野火烧不尽，春风吹又生"诗句时，叹道："有句如此，居天下不难。老夫前边说的是笑话啊！"于是后人便以"长安居大不易"讽刺顾况的轻浮，而赞颂白居易的诗歌新奇。

唐德宗贞元十四年（798），白居易进士及第，授为秘书省校书郎。唐宪宗元和元年（806）四月，白居易应才识兼茂、明于体用科，策入第四等，授盩厔县尉、集贤校理。他文辞富艳，尤精于诗笔。所著歌诗数十百篇，意存讽赋，针砭时代的弊病，补救时政的缺失。唐宪宗纳谏思理，渴闻正直的言论，于元和二年（807）十一月，召白居易为翰林学士。元和三年五月，任命为左拾遗。不久，又任命为左赞善大夫。白居易自以逢好文之主，想以生平所贮，仰酬恩造。任命之日，便献疏言事。元和十年（815）七月，因上表严缉刺杀宰相武元衡的凶手，得罪权贵，贬为江表刺史。又追贬为江州司马。其间，写下了脍炙人口的《琵琶行》诗。后江州人为他立祠而祭祀。

元和十三年（818）冬，调任为忠州刺史。元和十四年（819）冬，召还京师，任命为司门员外郎。第二年转任主客郎中、知制诰，加朝散大夫。唐穆宗长庆元年（821）十月，转任中书舍人。当时天子荒纵不法，执政非其人，河朔复乱。白居易累上疏论其事，天子不能用，于是求外任。长庆二年七月，任命为杭州刺史。其间，开始筑堤，以防御钱塘湖（即西湖），又泄其水，溉田千顷；并疏浚李泌六井，民赖以汲水。任期满，授为太子左庶子，分司东都。后人为纪念他，将西湖白沙堤改称为“白堤”。唐敬宗宝历中，白居易又出任为苏州刺史。

唐文宗即位，征拜白居易为秘书监，赐金紫。唐文宗大和二年（828）正月，转任刑部侍郎，封晋阳县男，食邑三百户。大和三年（829），称病东归，求为分司官，不久任命为太子宾客。大和五年（831），任命为河南尹。大和七年（833），又授为太子宾客分司。当初，白居易解职杭州，归洛阳，于履道里得故散骑常侍杨凭宅，竹木池馆，有林泉之致，与弟白行简、堂弟白敏中友爱，吟咏其间，自号醉吟先生。家有侍妾樊素善歌，小蛮善舞。他曾为诗道：“樱桃樊素口，杨柳小蛮腰。”于是后人便以“素口蛮腰”形容女子的美貌。

白居易既以尹正罢归，每独酌赋咏于舟中。唐武宗会昌中，请罢太子少傅，以刑部尚书致仕。与洛阳香山僧如满结香火社，每肩舆往来，白衣鸠杖，或月不茹荤，自称香山居士。唐文宗开成初年（836），又起任为同州刺史，不接受，改为太子少傅，晋封为冯翊县侯。唐武宗会昌初年（841），以刑部尚书致仕。会昌四年（844），出家资开凿洛阳龙门八节石滩以利舟民，散家妓以归民，也可谓“立德”之举。会昌六年（846），去世，享年75岁，赠尚书右仆射。唐宣宗以诗吊唁：“缀玉联珠六十年，谁教冥路作诗仙。浮云不系名居易，造化无为字乐天。童子解吟长恨曲，胡儿能唱琵琶篇。文章已满行人耳，一度思卿一怆然。”

白居易遗命薄葬，毋请谥，可葬于香山如满师塔之侧，家人从命而殡葬了他。白居易与元稹共同倡导“新乐府运动”，主张“文章合为时而著，歌诗合为事而作”。白居易每作诗，便向家中一老妇读，并问她是否理解，如老妇能理解，则录下，否则便换句，从而写下了不少感叹时世和反映人民疾苦的诗篇，对后世颇有影响。人们将此举，称作“老妪解诗”。

他著有《白氏长庆集》71卷传世。据清王士祯《分甘馀话》卷二载，

“白乐天写集三本，一付庐山东林寺，一付苏州南禅，一付龙门香山寺”。白居易于文章精切，尤为工诗。当时士人争传。鸡林（即新罗国）商人将白诗卖给他的国相，一篇能换得一金，并能以分辨白诗的真假为荣。当初白居易与元稹酬咏，世称“元白”；元稹去世，又与刘禹锡齐名，世又称“刘白”。因白居易《醉吟》有“酒狂又引诗魔发，日午悲吟到日西”句，所以人们便以“诗魔”称他。其堂弟白敏中为相，为白居易请谥，有司谥文。

白居易既善政，犹以诗歌名世，中外朝野有口皆碑。

元微之“梁州梦契”

元稹（779—831），字微之，唐代河南府河南县（治所在今河南省洛阳市）人。元稹八岁丧父，家贫。他的母亲郑夫人贤明，亲自教元稹读书认字，并教他书学。

元稹9岁能写文；15岁两经擢第；24岁调判入第四等，授秘书省校书郎；28岁登才识兼茂明于体用科，名列第一。于唐宪宗元和元年（806）四月，任命为左拾遗。他性情锋锐，见事风生。既居谏垣，不想碌碌无为，事无不言。唐宪宗召对，并问方略。因而为执政者所忌妒，出为河南县尉。遇母亲去世解职，守孝期满，任命为监察御史。后得罪宦官仇士良，被贬为江陵府士曹参军。

元稹聪警绝人，年少既有才名，与白居易友善。工诗，善状咏风态物色，当时言诗者，将其并称为“元白”。其诗，自衣冠士子，至平民百姓，都相传讽诵，人称为“元和体”。不久白居易也贬为江州司马，元稹遇恩赦迁职为通州司马。虽通州、江州悬远，但二人来往赠答不绝。凡所为诗，有自三十、五十韵乃至百韵者，江南人士，传道讽诵，声传于朝廷，里巷相传，为之纸贵。

元和十四年（819），元稹自虢州长史征召还京，为膳部员外郎。唐穆宗李恒为太子时，有妃嫔左右曾诵元稹歌诗以为乐曲的，知元稹所为，曾称其善，宫中呼为元才子。不多久，召入翰林，为中书舍人、承旨学士。元稹与知枢密魏弘简相善，被河东节度使裴度弹劾，元稹内职被罢免，授为工部侍郎。唐穆宗长庆二年（822），元稹任为平章事。遭人诬陷，出任为同州刺史。在同州二年，改任越州刺史、兼御史大夫、浙东观察使。其间，与诗人窦群酬唱，又称兰亭绝唱。每一词出，往往播之乐府。唐文宗大和初年（827），元稹就加检校礼部尚书。大和三年九月，入为尚书左丞。大和四年（830）正月，检校户部尚书，兼鄂州刺史、御史大夫、武昌军节度使。大和五年（831）七月二十二日暴病去世，享年53岁，赠尚书右仆射。著有《元氏长庆集》100卷和《类集》300卷，并行于世。又著有传奇《莺莺传》。

当元稹为御史时，曾于元和四年（809）三月出使梓潼勘察案件，当时白居易与弟白行简送他至城西而别。十日后，白居易在京与弟白行简、好友李杓直等游慈恩寺，后至李家饮酒。席间，白居易作诗一首《同李十一醉忆元九》：“花时同醉破春愁，醉折花枝作酒筹。忽忆故人天际去，计程今日到梁（一作凉）州。”表达对友人元稹远行的怀念。后元稹果然到梁州褒城，也梦见与白居易等同游曲江及慈恩寺，梦醒之后，作《梦游诗》（一作《梁州梦》）道：“梦君兄弟（一作同绕）曲江头，也向慈恩院院游。驿（一作亭）吏唤（一作呼）人排马去（一作去马），忽惊身在古梁州。”也对白居易表示深切的怀念。两人千里神交，合如符契，友朋之道不期而同！此事一时传为文坛佳话。

杨汝士诗压元白

杨汝士，字慕巢，小字沙哥，唐代虢州弘农县（今河南省灵宝市）人。唐宪宗元和四年（809），进士及第，后又登博学宏词科。唐穆宗长庆元年（821），任为右补阙，曾与礼部侍郎钱徽共掌贡举，因郑朗和他的弟弟杨殷士等14人都是官员子弟，被人弹劾，结果钱徽被贬为江州刺史，中书舍人李宗闵被贬为剑州刺史，杨汝士被贬为开江令。牛僧儒、李宗闵善待杨汝士，引荐为中书舍人。唐文宗太和七年（833）四月，任为工部侍郎。太和八年（834）秋七月，出任同州刺史。太和九年（835）九月，入京任为驾部侍郎，转任兵部侍郎。唐文宗开成元年（836）十二月，任检校礼部尚书，出任剑南东川节度使。杨汝士为白居易妻兄。此时，杨汝士携妻崔氏赴任。白居易代妻作诗庆贺他们道："刘纲与妇共升仙，弄玉随夫亦上天。何似沙哥与崔嫂，碧油幢引过东川。"

开成四年（839）九月，杨汝士入京任为吏部侍郎，官至刑部尚书。唐懿宗咸通二年（861），杨汝士与几个儿子并为公卿，居住在长安静恭里，兄弟并列门戟，当时人以为荣耀，称作靖恭杨家。

唐文宗宝历年中（826），仆射杨於陵自东洛入朝觐见皇上，儿子杨嗣复（字继之）率生徒迎于潼关。接着，大宴于长安新昌里第。杨於陵坐于正座，杨嗣复领诸生坐于两旁。当时杨汝士、元稹、白居易俱在，都即席赋诗。唯杨汝士诗后成最佳，使元、白看后吃惊叹服。其诗道："隔坐应须赐御屏，尽将仙翰入高冥。文章旧价留鸾掖，桃李新阴在鲤庭。再岁生徒陈贺宴，一时良史尽传馨。当时疏广（一作傅）虽云盛，讵有兹筵醉醁醽（美酒）。"杨汝士其日大醉，回家对子弟说："我今日压倒元白了！"

尽管杨汝士"压倒元白"之言，是醉后自诩，却为后世广为流传，遂成为文坛趣谈，也为后世所广泛运用。如明程登吉《幼学琼林》卷四"誉才高曰今日之班马（指班固、司马迁），羡诗工曰压倒元白"一句，即用此典。

杨汝士醉后以"今日压倒元白"为荣，从侧面可看出元稹、白居易的诗歌影响之大。唐诗人一诗"压倒元白"的情况，不乏其人。但以总体诗歌成就来说，能"压倒元白"者，微乎其微。

以诗名世话李涉

李涉，字清之，自号"清溪子"，唐代河南郡洛阳县（治所在今河南省洛阳市）人。祖父李玄珪，官至卫尉寺主簿。父亲李钧，殿中侍御史，以母丧不按时举办丧礼，被流放于施州。李涉与弟弟李渤均以为耻，不肯任官。

李涉早年客居梁园，为躲避北地兵乱而南迁。他喜游山水，与弟弟李渤一同隐居在庐山香炉峰下的石洞间。其间，他们曾养一头白鹿，甚为驯顺可亲，因名所居处为“白鹿洞”。后迁至终南山居住。继而被节度使陈许任命为从事行军。不久，以罪贬为夷陵宰。唐宪宗时为太子通事舍人。不久，被贬为峡州司仓参军。困顿十年，遇赦得还。于是访吴、楚旧游，登天台石桥，浮游潇湘。之后，隐居于嵩山少室山，亲自耕种。妻子纺纱织布，儿子砍柴捕鱼，以维持生活。平素饮酒自乐，罕交人事。唐文宗太和年间（827—835），由于宰相多次荐征，他才起任太学博士，世称“李博士”。有文集两卷，清彭定求等《全唐诗》辑录其诗一卷。

李涉于当时颇有才名，其诗词意卓荦，不群世俗。长篇叙事诗如行云流水，无可牵制，才名一时倾动。

当初，李涉曾到九江看望任江州刺史的弟弟李渤，临别时弟弟送的所有东西，他仅留书籍和所需食物，其余全部分给隐居庐山的友人。当他的船行至浣口西时，忽遇大风，只见一只大船乘风迎面而来，船上数十人都手执兵器而问道：“是什么人?”李涉的随从说：“是李博士的船呀!”那大船上的江盗首领说：“如是李涉博士，我们不须抢夺他的金帛。我听到他的诗名很长时间了，只希望得到他的一首诗，金帛不是最贵重的。”于是，李涉便写下一首绝句送给他，江盗首领馈赠他颇为丰厚，李涉也不敢推却，但看这人神情与众不同，眉宇间存有义气。于是，李涉便与他相约于扬州佛寺的日期，想效法晋陆机举荐戴渊那样举荐他为官。李涉到扬州，遍游历诸寺，遇到一位女子哭着拜他，自称是宋态。宋态，是已故吴兴刘全白员外的爱姬。刘全白与李涉旧有交情，因以诗赠她道：“尝忆云仙至小时，芙蓉头上绾青丝。当时惊觉高唐梦，唯有如今宋玉知。”又道：“陵阳夜宴使君筵，解语花枝在眼前。自从明月西沉海，不见姮娥二十年。”李涉叹道：“不见豪首（指江盗首领）而逢宋态，成终身之喜。遗憾的是无言于老朋友呀!”

后来，番禺举子李汇征客游于闽越，至循州（治所在今广东省惠州市东北五里）时，冒雨求宿，农民指给他韦氏的庄园，于是李汇征前往。韦氏见有客人来，便拄着拐杖迎宾，年龄已 80 多岁了，自称说：“野人韦思明，幸获敬奉!”李汇征与他饮酒谈论，或文，或史，逗留多日。李汇征善谈却不能胜他。论及诗语，韦思明吟道：“长安轻薄儿，白马黄金羁。”以李汇征年少而侍奉权贵人的缘故。李汇征还诗语道："昨日美少年，今日成老丑。"韦思明便喟然长叹道："老是丑了，为少壮所笑。"李汇征又道："白发有前后，青山无古今。"韦思明微笑道："白发不远于秀才，怎能对老夫忽视呢！"于是又还道："此翁头白真可怜，惜伊红颜美少年。"于是共论数十家歌诗的等次，当论及李涉的绝句时，韦思明极口称赞。李汇征便诵吟李涉《再宿武关》诗："远别秦城万里游，乱山高下出商州。关门不锁寒溪水，一夜潺湲送客愁。"又诵吟李涉《失题》诗："华表千年一鹤归，丹砂为顶雪为衣。泠泠仙语人听尽，却向五云翻翅飞。"韦思明也诵吟李涉的两首诗："因韩为赵两游秦，十月冰霜渡孟津。纵使鸡鸣见关吏，不知余也是何人。"（《晓过函谷关》）又吟道："滕王阁上唱伊州，二十年前向此游。半是半非君莫问，西山长在水长流。"（《重登滕王阁》）当李汇征又咏李涉的《赠豪客》诗时，韦思明的神情瞬间变得严肃起来，说："老身弱龄不肖，游浪江湖，交结奸徒，为不平之事，后遇李涉博士，蒙赠此诗，因而隐居。李公当年想举荐我为官，共辅朝廷，而我内心却藏起了这份情感，远隐罗浮山，经于一纪（即30年）。"李汇征告诉他李涉已经去世，韦思明追惋今昔，因而潸然泪下，便持酒杯而洒酒相祭，用衣袖擦泪而歌道："春雨潇潇江上村，五陵豪客夜知闻。他时不用相回避，世上如今半是君。"（李涉《赠豪客》）之后，将珍藏李涉当年所赠这首诗的墨稿拿出，与李汇征一起观赏。

白鹿洞主李浚之

李渤（772—831），字浚之，唐代洛阳（今河南省洛阳市）人。李涉的弟弟。专心于学问。唐德宗贞元年间（785—804），他与二哥李涉一起隐居于庐山白鹿洞，当时人称他为"白鹿先生"。后迁居于嵩山少室山。

唐宪宗元和初年（806），召李渤任为右拾遗，他不接受。洛阳令韩愈给他写书信道："昔孔子知不可为而为之，周游列国。今可为的时候，自藏深山，拒绝为官，即与仁义的人相异了。必审察而熟思这件事情。一定使自己的作为合于孔子之道。"李渤认为韩愈说得对，于是便迁家东都洛阳，每当朝政有缺失，就附章列上。元和九年（814），讨淮西，上平贼三术和《御戎新录》，召任为著作郎，升迁为右补阙。因直言忤逆皇帝旨意，贬为王府谘议参军，分管东都。元和十二年（817），因上言触逆权臣意，便以病辞职回家。

唐穆宗即位，召拜为考功员外郎。后为人弹劾外交方镇，出任为虔州刺史。唐敬宗宝历年间（825—826），调任江州刺史。白鹿洞在江州境内，为李渤昔日隐居的处所，于是就洞修建台榭，环以流水，种植花木。白鹿洞遂成为一州的胜景。由此，李渤也被世人誉为白鹿洞主。

他又率领百姓治湖水，筑堤七百步，从此百姓免除了涉水之害。后入京任为职方郎中，晋升为谏议大夫。提拔为给事中，赐金紫服。不久，因他论宦官骄横，出任为桂管观察使。有政绩。一年后，因病归洛。唐文宗太和五年（831），召拜为太子宾客，不久去世，享年59岁。赠礼部尚书。

白鹿洞一名，自李渤方显，至南唐李昪升元四年（940）始为学馆，称为白鹿国学（又称庐山国学）。北宋初年，名为白鹿洞书院。后经南宋朱熹修葺，订立学规，一时弟子众多，人才济济。白鹿洞遂为理学源澜之所，而李渤功不可没。

诗中鬼才李长吉

李贺（790—816），字长吉，唐代熊州福昌县（治所在今河南省宜阳县西韩城乡）人。唐皇室郑王李元懿后裔，家世早已没落，生活困顿。

李贺七岁能辞章，名动京师，韩愈、皇甫湜听说而怀疑说：“如是古人，我辈或许不知，是今人岂有不识之理！”于是相约到李贺家，使他赋诗。李贺总角穿着隐士服而出，欣然承命，旁若无人，援笔立就，如预先构思。其题为《高轩过》。二公大惊，亲为束发。自此声名鹊起。

李贺为人纤瘦、通眉、长指爪，能快速书写。每天早晨出去，骑弱马，跟随一个小男仆，背一条古锦囊，遇所得，便写之，投于囊中。从不始立题目，然后为诗。他母亲使仆女取出囊中的东西，见所写得多，即生气道：“是儿要呕出心才算罢呀！”

李贺曾任奉礼郎，因父名晋肃，“晋”与“进”音相同，而不肯举进士，韩愈为作《讳辨》，但最终也不就试。所著《乐府》数十篇，诸乐工都谱曲以弦管弹奏，于是补任他为太常寺协律郎。唐宪宗元和十一年（816）的一日，他白天梦见绯衣人骑赤虬，持一板书道：“上帝成白玉楼，召君作记。”李贺不得已，跟随他而去。于是病逝，年仅27岁。

与李贺相交游的有权璩、杨敬之、王恭元等人。李贺所撰歌诗，多为他们所取去。其诗多表现政治上不得意的悲愤，对统治者的昏庸腐朽、宦官专权、藩镇割据的现实，有所揭露和讽刺。李贺的诗歌想象丰富奇特、语言瑰丽奇峭，人称“诗鬼”。其文思体势，如崇岩峭壁，万仞崛起，当时文士从而效之，无能仿佛者。其代表作《金铜仙人辞汉歌》《李凭箜篌引》等，令人叫绝。李藩缀集其歌诗，因托李贺表兄访所遗失，并加以点窜，付以成本。杜牧作序的《李贺集》五卷，传于世。

趣话唐宋耆英会

唐宋间，耆年硕德，闲居里舍，游从诗酒之乐，风流雅韵，一时羡慕，后世想慕，绘而为图，传之后世，也是当时盛世的见证。其较为著名的耆英会如下：

香山九老会。唐武宗会昌五年（845），因九位老人集会于河南洛阳香山而得名。他们是：胡杲，以怀州司马致仕，时年89岁。吉皎（一作旼），以卫尉卿致仕，时年88岁。刘真（一作贞），以滋州刺史致仕，时年87岁。郑据，以龙武军长史致仕，时年85岁。卢真，以侍御史内供奉致仕，时年83岁。张浑，以永州刺史致仕，时年87岁。白居易，以刑部尚书致仕，时年74岁。所谓“七人五百八十四”岁。又续会的有2人：李元爽，洛中遗老，136岁。僧如满，95岁。

至道九老会。宋太宗至道元年（955），因九位老人预集会于京师（今河南省开封市）而得名。他们是：张好问，以太子中允致仕，时年85岁。李运，以太常少卿致仕，时年80岁。宋祺，以吏部尚书致仕，时年79岁。武永成，以庐州节度副使致仕，时年79岁。吴僧赞宁，时年78岁。魏石，以郢州刺使致仕，时年76岁。杨徽之，以谏议大夫致仕，时年75岁。朱昂，以水部郎中致仕，时年77岁。李昉，以司空致仕，时年71岁。议将集会，以蜀寇乱而罢。第二年，李昉去世，此事最终不成。

至和五老会。宋仁宗至和年间（1054—1052），因五位老人集会于南都（今河南省商丘市）而得名。他们是：杜衍，以丞相、祁国公致仕，享年80岁。王涣，以礼部侍郎致仕，享年90岁。毕世长，以司农卿致仕，享年94岁。朱贯，以兵部郎中致仕，享年88岁。冯平，以驾部郎中致仕，享年88岁。当时钱明逸镇守睢阳，为他们绘像而记叙其事。杜衍也有《五老诗社》纪其事："五老四百有馀岁，俱称分曹与挂冠。天地至仁难补报，林泉休致许盘桓。花朝日夕随时乐，雪鬓霜髯满尘寒。若也睢阳为故事，何妨列向画图看。"

元丰耆英会。宋神宗元丰五年（1082），文彦博以太尉留守西都（今河南省洛阳市），仰慕白居易香山九老会，于是召集洛中卿大夫年高德劭者为耆英会。以洛中风俗尚年龄，不尚官职，就资胜院建大厦，命名为耆英堂，命福建人郑奂绘像其中。他们是：富弼，以司徒致仕，时年79岁。文彦博，时年77岁。席汝言，以司封郎中致仕，时年77岁。王尚恭，以朝议大夫致仕，时年76岁。赵丙，以常少卿致仕，时年75岁。刘几，以秘书监致仕，时年75岁。冯行已，以卫州防御使致仕，时年75岁。楚建中，以天章阁待制致仕，时年73岁。王慎言，以朝议大夫致仕，时年72岁。张问，以大中大夫致仕，时年70岁。张焘，以龙图阁直学士致仕，时年70岁。当时宣徽使王拱辰，留守北京（治所在今河北省大名县），寄书信于文彦博愿意参与其会，时年71岁。惟独端明殿学士兼翰林侍读学士、太中大夫司马光年未到70岁，文彦博重其人，请入会。司马光以年龄不足不敢随班富弼、文彦博二公之后相推辞，文彦博不听从，令郑奂暗地绘司马光的像。又至北京绘王拱辰像。于是参与其会的共13人。文彦博以尽地主之谊携妓乐就富弼宅开始第一次聚会，而后依次为会。洛阳多名园古刹，有水竹林亭的胜景，诸老须眉皓齿，衣冠甚伟，每宴集，西都人都随相观看。

文彦博又为同甲会，朝议大夫司马旦，中散大夫程珦，司封郎中席汝言，都是丙午年生人，也绘像资胜院。其后司马光与数公又为真率会，约酒不过五行，食不过五味，惟菜无限。后楚正议违约，增饮食之数，于是被罚一会，颇为人乐道。

父子皆得状元第

有宋一朝，父子均为状元的仅有三家，河南省独占其二。

一是张去华、张师德父子。

张去华（938—1006），字信臣，北宋开封府襄邑（今河南省睢县）人。后迁居洛阳（今河南省洛阳市）。父亲张谊，字希贾，好学，不事产业，游学于洛阳龙门书院。后唐明宗长兴中（930—933），进士及第，历官耀州团练推官、充集贤殿修撰、礼部员外郎、侍御史。改仓部、知制诰，加任礼部郎中。后汉高祖乾祐初年（948），因不趋炎附势，被派遣为吴越宣谕使。此期间使酒任性，被贬为均州司户，改任房州司马，一年多去世。

张去华幼年励学，敏于撰写诗文，以荫补太庙斋郎。后周世宗平淮南，张去华18岁，慨然叹道："兵战未息，民事不修，不是治理国家的长久办法呀！"因而撰《南征赋》《治民论》到周世宗的巡行之处献上。召试，授为御史台主簿，隶属三院议事，但不能入坐。因而对所亲近的人说："簿领的职位，不是豪杰所为！"于是弃官归郑州，三年杜门不出。

宋太祖建隆初年（960），张去华始携文章游京师（今开封市），为中书舍人李昉所称道。建隆二年（961），举进士第一，任为秘书郎、直史馆。以年满不升迁，上章自诉，因言制诰张澹、卢多逊和殿中侍御史师颂文学肤浅，愿与他们比试优劣。宋太祖立即召张澹等与张去华临轩策试，命陶谷等主持其试。结果，只选用卢多逊一人，其余一并废黜。于是，提拔张去华为右补阙，赐袭衣、银带、鞍勒马。但朝议鄙视他躁进，因此后16年官职得不到升迁。曾得便殿对答机会，当宋太祖问及其家世时，便诉说父亲始不顺从权贵，因遭受重贬。宋太祖为之感动，任命他为道州通判。后为磁、乾二州知州，升迁为起居舍人、凤翔府知府。

宋太宗征太原，任命张去华为京东转运使。历任左司员外郎、礼部郎中。太平兴国七年（982），为江南转运使。雍熙中（984—987），王师讨幽州，任命他掌河北转运事。他撰《大政要录》30篇以献，宋太宗观览而嘉奖褒美，任命他为开封府判官。又拜左谏议大夫。后因事贬为安州司马。一年多后，召授为将作少监、兴元府知府，未行，改任晋州。升迁为秘书少监、许州知州。

宋真宗即位，又拜张去华为左谏议大夫，升迁为给事中、杭州知州。咸平二年（999），调任苏州。不久，因病求分司西京。景德元年（1004），改任工部侍郎致仕。敬德三年（1006）病逝，享年69岁。

张去华美姿貌，善谈论，有蕴藉，颇尚气节。曾献《元元论》，大意以养民务农为先，为宋真宗所嘉赏，命以缣素写其论为18轴，列置龙图阁的四壁。有集15卷。

张去华多子。儿子张师古、张师颜，均为国子博士；儿子张师锡为殿中丞。

其第十子张师德（978—1026），字尚贤，张去华最为器重。曾说："此儿必继我志！"大中祥符四年（1011），宋真宗祭祀汾阴，河南知府薛映荐举张师德学识和德行，他又献《汾阴大礼颂》于宋真宗巡视之所。该年，也举进士第一。任为将作监丞、通判耀州。升迁为秘书省著作郎、集贤校理。张师德曾奏事殿中，宋真宗以时事相访，条陈甚备，真宗高兴地说："我在藩王府知道卿父亲的名字，今又知道卿的才能。"因而，其后每遣使者，宋真宗便说："张师德可用。"契丹、高丽的使者来，大多以张师德与他们办理事宜。天禧初年（1017），张师德安抚淮南，得风眩病，改判司农寺。天禧二年（1018），选拔为右正言、知制诰，判尚书刑部。不久，出知颍州，升迁为刑部员外郎、判大理寺。再升迁为吏部郎中。因病，知邓州，调任汝州。升迁为左谏议大夫，罢知制诰。宋仁宗天圣四年（1026），病逝于左谏议大夫任上，享年49岁。

张师德孝谨有家法，不交权贵，不为执政喜欢，在中枢九年没有升迁。

有集10卷。有儿子四人：长子张景仙、次子张景宪、三子张景思、四子张景惠。次子张景宪，字正国，官至大中大夫。

二是安德裕、安守亮父子。

安德裕（940—1002），字益之（一字师皋），北宋河南府河南县（治所在今河南省洛阳市）人。父亲安重荣，后晋成德军节度。后晋高祖天福五年（940），安德裕生于真定（今河北省正定县）。在他未满周岁时，父亲安重荣举兵失败，乳母抱他逃入水洞中。将出洞时，被守兵发现，捉住以见军校秦习，秦习与安重荣有旧情，于是把他藏匿起来。秦习的养子石守琼到壮年无子，秦习便将安德裕交给石守琼抚养，因而姓秦氏。秦习世代为兵家，以弓箭、狗马为主修事业。而安德裕为幼儿即喜笔砚，遇文字就为诵读声，其他人都不以为然，惟独秦习感到奇异。成童后，秦习便让他就学，于是博贯文史，精于《礼》《传》，尤其嗜好《西汉书》。秦习去世，安德裕守孝三年，然后还本姓安。秦习家用布袋装白金万余两给他。安德裕推却道："这是秦氏的储蓄，于我有什么关系？大丈夫应当自树功名，以取富贵，怎能介意于他人所有呢！"听到此话的人，无不交口称赞。

宋太祖开宝二年（969），安德裕举进士第一。历任归州军事推官、大理寺丞、著作佐郎。宋太宗太平兴国中，升迁为秘书丞、知广济军。当时军城新建，安德裕作《军记》及《图经》三卷，宋太宗特予以嘉奖。不久，改任为太常博士。太平兴国八年（983），任为通判秦州，就知州事。雍熙初年（984），升迁为主客员外郎、通判广州，未行，宰相李昉言其有史才，即以本官直史馆。端拱初年（988），改任金部员外郎。淳化初年（990），任开封县知县，会备三馆职，改直昭文馆。淳化三年（992）春，廷试贡士，安德裕与史馆修撰梁周翰并为考官，宋太宗顾对宰相说："此都是有名之士，而老于郎署。周翰心胸狭窄，德裕嗜酒，我听说他们能改了。"于是并赐金鱼袋和紫衣。不久，升迁为司勋员外郎。至道初年（995），安德裕作《九弦琴五弦阮颂》以献，宋太宗称其词采古雅。至道三年（997），转金部郎中，出为睦州知州。还京师判太府寺。宋真宗咸平五年（1002）病逝，享年63岁。

安德裕性情耿介高洁，以风度和鉴识自负。在王禹偁、孙何初游词场时，安德裕力为延誉。当掌管考试时，孙何又选为进士第一。但他平素酣饮太过，所以不被奖擢。有集40卷。

儿子安守亮（生卒年不详），字不详。宋太祖开宝五年（972）闰二月，也举进士第一。宋太宗太平兴国中，曾任汉州（今四川省广汉市）知州，于太平兴国七年（982）献柏叶上的甘露一器。

历史上，父子均为状元，可谓光耀门庭。宋代另一家父子状元是郓州须城县（今山东省东平县）人梁颢和儿子梁固。

孙氏“大小状元家”

在中国的科举史上，兄弟三人，均为进士及第，且两人高中状元，实属罕见。北宋时期，孙庸的3个儿子孙何、孙仅、孙侑即是这样。

孙庸，字鼎臣，原为蔡州汝阳县（今河南省汝南县）人。后迁居颍川（今河南省禹州市），为颍川人。家世儒学，自唐以来为冠冕名族。祖父孙真，生五代间，性情恬淡，隐而不仕。父亲孙镒，后唐末年，秦宗权占据蔡州，强任命他为幕僚，称病不就职。在家以课徒教书为业。后周太祖显德中（954—959），孙庸献《赞圣策》九篇，周世宗奇其言，命中书考试，补任他为开封兵曹掾。宋太祖建隆初年（960），任为河南簿。宋太宗太平兴国六年（981），鸿胪少卿刘章举荐他，改任左赞善大夫。历殿中丞、龙州知州而去世。孙庸精通古学，藏书数千卷，平素用以教三个儿子。

长子孙何（961—1004），字汉公，10岁识音韵，15岁能撰文，笃学嗜古，为文必本经义，在贡士行列中颇有名声，与长洲人丁谓齐名并相友善。当时的翰林学士王禹偁非常器重他们，向宋太宗说：“丁谓、孙何可使白衣充修撰。”又赠与他们诗，极力赞道：“三百年来文不振，直从韩柳到孙丁。而今便合教修史，二子之才似六经。”由此声名鹊起。孙何曾作《两晋名臣赞》《宋诗》20篇和《春秋意》《尊儒教仪》，传阅于当时。宋太宗淳化三年（992）举进士，开封府、礼部、殿试俱为第一。任命为将作监丞、通判陕州。召入直史馆，升迁为秘书丞、京西转运副使。历右正言，改右司谏。

宋真宗初年（998），孙何献《五议》，真宗称善。咸平二年（999），任为待制。调任两浙转运使，加起居舍人。景德初（1004），判太常礼院。不久，任命为知制诰，赐金鱼袋和紫衣，掌三班院。该年冬病逝，享年44岁。宋真宗深为哀怜和痛惜，录他的儿子何言为大理评事。

孙何喜儒学，善交文人，尤其乐于称誉后进。但性情急躁，不能容人。在任两浙转运使时，遇事细究苛刻，每天都有人受杖击或鞭抽。州、县吏忧虑这事，于是有人寻求古碑字磨灭的纸本，挂在馆中，孙何至则读其碑，辨识文字，以指甲搔发垢而嗅之，便往往至暮，不复省察文案。又官属遭受谴罚的人甚众，所以随从依凭他的威势胡作非为，因而寒暑所至之处骚动不安。但孙何好学，著《驳史通》10余篇，有集40卷。

次子孙仅（969—1017），字邻几。少年勤学，与兄长孙何俱闻名于时。兄长孙何既中状元，黄州知州王禹偁观览孙仅的文章后说："明年再就尧阶试，应被人呼小状元。"宋真宗咸平元年（998），孙仅果然状元及第，兄弟连冠贡士行列，当时人以为荣光无比。初任舒州团练推官。遇诏举贤良方正的士子，知贡举赵安仁以孙仅著名，策入第四等，选拔为光禄寺丞、直集贤院。不久任为浚仪知县。景德初年（1004），任命为太子中允、开封府推官，改为本府判官，升迁为右正言、知制诰，赐金鱼袋和紫衣，同知审官院。该年冬天，任命为知永兴军府。孙仅是淳厚长者，为政颇宽。大中祥符元年（1008），加比部员外郎、知审刑院。不久，任命为右谏议大夫、集贤院学士、权知开封府。改左谏议大夫，出知河中府。归朝，又领审刑院，升迁为给事中。

天禧元年（1017）正月，孙仅病逝，享年49岁。录其子孙和为卫尉寺丞。孙仅性情正直诚谨，中立无竞，倾心于儒学，为士大夫所推崇。有集50卷。

三子孙侑（972—1017），字有可，倜傥任侠，好击剑，习兵法，羡慕古人立大功奇节。开始不肯勤看父亲的藏书，当二位兄长相继状元及第后，于是刻意为学。他天性敏悟超群，不数年，能随二位兄长的学业，于宋真宗咸平三年（1000），进士及第。当时契丹经常侵扰北部边境，官员们都选择东南为官以自便。惟独孙侑请补威虏军判官，希望乘时自奋，以建立功业。不久，契丹讲和，他的大志未能实现。再调任虢州军事推官，又授为大理寺丞，知同州白水县，改知开封府封丘县。宋真宗巡视亳州，三司使丁谓为顿递使，上表任他知襄邑县。转为殿中丞，升迁为太常博士。王随出知应天府，任他通判府事。王随政尚宽易，而孙侑则以严决相济，众务称治。

天禧元年（1017）八月十一日，孙侑病逝，享年46岁。以至和元年（1054）十月七日葬于河南府河南县太尉乡上官里父亲墓旁（在洛阳市万安山附近）。

孙侑有儿子两人：长子孙咸，官至太子中舍。次子孙周，历任比部员外郎、洺州知州，端介有吏干。有孙子五人，都谨厚向学，不坠家风。

孙侑性情阔达持重，但每听到人的善事，喜如己出；见违背道义的，甚于世仇；处身至廉，而轻财好施。到去世时，几无钱以为葬具，人们以此称服他。所莅临郡邑，强明而不苛刻，吏民敬爱。当淳化、咸平中，孙何、孙仅相继夺魁，孙侑又进士及第，为天下人所敬重仰慕，都称孙氏为“大小状元”家。人们教训子孙，必举孙氏以为例，惟独遗憾难以企及。

处士因诗享大名

杨璞（一作“朴”）、魏野都是宋真宗咸平、景德年间（998—1007）的隐士。二人都以善歌诗而闻名。

杨璞，字契玄，北宋郑州新郑县（今河南省新郑市）人。世居新郑县东里，自称东里野民。他嗜好吟诗，常骑驴往来郑州、圃田间。每当想作诗时，他即伏草丛中冥思苦想，或得句则一跃而出，遇到的人无不吃惊。他少时曾与宰相毕士安同学。毕士安举荐他，得到宋太宗的召见，他便面赋《蓑衣诗》道：“软绿揉蓝着胜衣，倚船吟钓最相宜。蒹葭影里和烟卧，菡萏香中带雨披。狂脱酒家春醉后，乱堆渔舍晚晴时。直饶紫绶金章贵，未肯轻轻博换伊。”授给他官，他不接受。宋太宗允许他还乡，以他的儿子从政为长水尉。归乡后，他便作《归耕赋》以见志。他曾拄杖入嵩山穷绝处，构思为歌诗，数年得百余篇。士大夫多传诵其诗。

大中祥符四年（1011）正月，宋真宗祭祀汾阴，路过郑州，召杨璞，又想让他做官，问他道："卿来，有以诗送行的人吗？"杨璞揣知帝意，便谎言道："无有。惟臣妻一首诗送我：'更休落魄贪杯酒，便莫猖狂爱作诗。今日捉将官里去，这回断送老头皮。'"宋真宗大笑，以束帛赐他，使他还乡。杨璞去世时，享年78岁。有《东里集》传于世。

魏野（960—1019），字仲先，自称草堂居士，北宋陕州陕县（治所在今河南省三门峡市西陕县老城）人。世代为农。他的母亲曾梦于月中得到玉兔而怀孕，生下了魏野。他少时虽聪颖好学，但未知名。一日他题河上寺柱道："数声离岸橹，几点别州山。"当时陕县有幕僚，本江南文士，见魏野题句大惊，邀与相见，赠诗道："怪得名称野，元来性不群。"并广为延誉。由此，人们始敬重他。及长，魏野嗜好吟咏，不求闻达，住在陕州的东郊，手植竹树，清泉环绕，旁对云山，景趣幽绝。又凿土窟南北一丈，命为乐天洞，前为草堂，弹琴其中。好事的人多载酒肴从他学习，啸咏终日。前后郡守，虽武臣旧相，都对他敬重，或亲自前往拜访。如宰相寇准便非常喜爱他，他曾有赠寇准诗句道："好向上天辞富贵，却来平地作神仙。"他不喜戴巾帻，无论贵贱，都戴纱帽穿白衣以见；出行则骑白驴。过客居士慕名前来交谈留题的，也不乏其人。

魏野为诗精苦，有唐人风格，多警策句。著有《草堂集》10卷。宋真宗大中祥符初年（1008），契丹使者至，曾言本国得到《草堂集》上册，愿购求全集。

大中祥符四年（1011）正月，宋真宗祭祀汾阴，遣陕县令王希召魏野，魏野闭户越垣墙而逃。宋真宗诏州县长吏常加存抚，又遣使到魏野住的地方观看。大中祥符五年（1012）四月，又遣内侍前往慰问。天禧三年（1019）十二月，魏野无疾而终，享年60岁。陕州上报其况。天禧四年正月，诏特赠秘书省著作郎，赠其家帛20匹，米30斛，州县常加存恤，免其外差和徭役。魏野有儿子魏闲，赋诗鼓琴，也不乐仕进，绰有父风。享年80余岁，颇得长生之术。皇祐三年（1051），宋仁宗褒嘉魏闲有高节，赐"清逸处士"之名。

魏闲去世，司马光为其撰写墓志。

魏野另有《东观集》10卷传于世，为其儿子魏闲整理。此集之所以题名为东观，是魏闲出于以志父亲赠秘书省著作郎荣宠的缘故。

杨璞和魏野都是一介之士，然而朝野敬重，与那指嵩山、少室为仕途捷径者，大相迥异。

宋氏兄弟“双状元”

宋庠（996—1066），字公序，北宋开封府雍丘县（今河南省杞县）人。宋仁宗天圣二年（1024）举进士，开封府、礼部试均为第一。提拔为大理评事、同判襄州。召试，升迁为太子中允、直史馆。历三司户部判官，同修起居注，再升迁为左正言、知制诰，兼史馆修撰、知审刑院。改权判吏部流内铨，升迁为尚书刑部员外郎，翰林学士。

宋庠初名郊，字伯庠。右谏议大夫李淑恐宋庠超过自己，因而向宋仁宗上言说：“郊，交呀。姓与国号同，而名交不吉祥。”宋仁宗不以为然，他日以此义晓谕宋庠，因而改名。宋仁宗宝元二年（1039），以他为右谏议大夫参知政事。宋庠为相儒雅，自执政，遇事分别是非，因与宰相吕夷简政见不同，出为扬州知州。不久，加任为资政殿学士，调任郓州，晋升为给事中。宋仁宗庆历五年（1045），又任为参知政事。庆历七年（1047）春，任为右谏议大夫。庆历八年（1048），升迁为尚书工部侍郎，充任枢密使。宋仁宗皇祐元年（1049），任为兵部侍郎，同中书门下平章事，集贤殿大学士。又迁为工部尚书。皇祐三年（1051），因宋祁儿子犯法，谏官包拯奏宋庠不管教子弟，罢为观文殿学士，出为河南府知府，调任许州，又调任河阳。宋仁宗嘉祐三年（1058），任为同平章事、枢密使，封莒国公。嘉祐五年（1060），出判郑州，调任相州。

宋英宗即位，移镇武宁军，加检校太师、改封为郑国公。他屡次请退，不许，出判亳州。在他请退不已的情况下，以司空致仕。宋英宗治平三年（1066），宋庠去世，享年71岁，赠太尉兼侍中，谥元宪。宋英宗亲篆其碑额

“忠规德范之碑”。

宋庠自应举时，与弟宋祁俱以文学名擅天下，天资忠厚，俭约不好声色，读书至老不倦。晚年尤精字学，曾手校郭忠恕《佩觿》3 篇。且善正讹谬，曾校定《国语》，撰《补音》3 卷。又辑《纪年通谱》，区别正闰，为 12 卷，《掖垣丛志》3 卷，《尊号录》1 卷，别集 40 卷。

宋祁（998—1061），字子京。与兄宋庠于宋仁宗天圣二年（1024）同时举进士，礼部奏宋祁第一，宋庠第三。章献太后不想以弟先兄，于是拔宋庠为第一，而置宋祁为第十。人呼“宋氏双状元”，又以“大宋”“小宋”相区别。

宋祁出仕任为复州军事推官，改任为大理寺丞、国子监直讲。召试，授直史馆，升迁为太常博士、同知礼仪院。参与修撰《广业记》，书成，升迁为尚书工部员外郎、同修起居注、权三司度支判官。后因兄宋庠执政，出任寿州知州，调陈州。还京师，任为知制诰、权同判流内铨。又以龙图阁直学士出任杭州知州，留任为翰林学士。继而，移知审官院兼侍读学士。兄宋庠复知政事，罢宋祁翰林学士，改为龙图学士、史馆修撰，与欧阳修等合修《唐书》。后升迁为右谏议大夫，充任群牧使。宋庠为枢密使，宋祁复为翰林学士。宋仁宗景祐中，因得罪温成皇后出知许州。数月后，又召为侍读学士、史馆修撰。祭祀明堂，升迁为给事中兼龙图阁学士。因其子犯法，出为亳州知州，兼集贤殿修撰。一年后，调知成德军，升迁为尚书礼部侍郎。三个月后，调定州。因他上《御戎论》七篇，加端明殿学士，特升迁为吏部侍郎、知益州。不久，又授为三司使。右司谏吴及曾弹劾宋祁在定州不治，在蜀奢侈过度。既而御史中丞包拯也言宋祁益州多游宴，且其兄宋庠方执政，不可任三司。于是加龙图阁学士、知郑州。《唐书》成，宋祁升迁为左丞，进为工部尚书。以病弱，请便医药，入判尚书都省。一个多月后，拜为翰林学士承旨。又任为群牧使。宋仁宗嘉祐六年（1061）五月，宋祁去世，享年 64 岁，追赠尚书。

宋祁去世之前，以《治戒》授其子。其中有“勿请谥，勿乞遗恩，勿为铭志，勿修佛事”之语。因而，其子定国、彦国、惠国、辅国、奉国、顺国、亮国、保国、俊国、广国遵《治戒》不请谥。后学士承旨张方平为他上言请谥，得谥景文。

宋祁兄弟均以文学显，而宋祁尤能文，善议论，所至之处，治事明峻，好作条教。因其词《玉楼春》中有“红杏枝头春意闹”之句，人称“红杏尚书”。但清约庄重不及其兄宋庠。宋祁参与修《唐书》十余年，自守亳州，出入内外曾以稿自随，撰写了《唐书列传》150 卷。有《出麾小集》《西川猥稿》等文集百卷，又撰有《大乐图》2 卷，《广乐记》65 卷。并参与修撰了《籍田记》《集韵》。他不但文章有显于世，其守边议兵，虽古代的名将，也不能超过他。他的章疏达于上者，尤切世务。但始终没有得到大用，时论为他惋惜。

当年，关于“二宋”的趣话很多。在“二宋”童年时，同在学校读书。有西域的僧人见到兄弟俩而对他们说：“小宋他日当魁天下，大宋也不失甲科。”10 多年后，春试罢，在道路上又遇到这西域的僧人，僧人拉着大宋手而吃惊地说：“您的风神绝异于昔日，像能活数百万生命的人。”大宋笑道：“贫儒有什么力量能做到这样？”这僧人说：“不是这样。细小能飞的生物都是生命呀。您不妨思考一下。”大宋思考良久，便笑着说道：“十日前，所住堂下有个蚂蚁洞，为暴雨所冲，一群蚂蚁围绕洞旁，我就游戏地编竹为桥以使它们渡过，因而蚂蚁的生命获全。难道是这事吗？”这僧人说：“这就对了呀。小宋今年本来应当考中状元，但是您不出于小宋之下。”弟兄俩私下相语道：“荒谬不合道理呀！一年绝没有两个状元。”等到宣唱及第进士的名次时，小宋果中首选。当时宋仁宗年幼，章献太后垂帘听政，说“不可以弟先兄”，于是以大宋为第一，小宋为第十。兄弟俩自此始信僧言实不虚妄。

二宋俱为晏殊的门生，后虽然非常显贵，诗文又为士子所宗，但为文必手抄寄给晏殊，恳求修改润色。宋祁曾给晏殊寄信，让修改自己的联语。其联语为：“白雪久残梁复道，黄头闲守汉楼船。”另注“空”字于“闲”字的旁边，说：“二字未定，更望指示。”晏殊于是在其信尾批道：“‘空’优于‘闲’，且见虽有船不御之意，又字好语健。”二宋尊师虚心，由此可见一斑。

二宋相较，各有千秋。宋庠通晓历史掌故，词采文章虽不及宋祁，但孤高的风度、品格和高尚的操守，却胜过宋祁很多。二宋的手足友爱之情，有宋以来也实不多见，为人乐道。

安乐窝主邵康节

邵雍（1011—1077），字尧夫，北宋卫州共城（今河南省辉县市）人。其先范阳（治今河北涿州）人，父亲邵古迁徙共城（今河南省辉县市），后迁徙洛阳（今河南省洛阳市）。

邵雍少年时，自雄其才，慷慨想树功名。他于书无所不读，始为学，即坚苦刻厉于苏门百泉山之庐，寒不生炉，暑不持扇，夜不就席者数年。不久叹道："昔人尚友于古，而我独未及四方。"于是逾黄河、汾河，涉淮河、汉水，遍及齐国、鲁国、宋国、郑国都城旧址。许久，幡然醒悟，回到洛阳说："道在这里了！"于是不再出游。北海人李之才为共城令，听说邵雍好学，曾造访他，对他说："您也听说物理性命之学吗？"邵雍回答说："有幸受教。"便拜李之才为师，向他学习《河图》《洛书》《宓义》和八卦、六十四卦图像。之后，邵雍探赜索隐，妙悟神契，洞彻蕴奥，汪洋浩博，多有所自得。及其学益老，德益劭，以观天地的运化，阴阳的消长，远而古今世变，微而走兽飞禽和草木的性情，深造曲畅，推衍伏羲先天之旨，著书十余万言行于世。

邵雍初至洛阳，蓬荜环堵，不蔽风日，亲自打柴做饭以侍奉父母，虽箪瓢屡空，而怡然自乐。当守父母孝时，哀毁尽礼。富弼、司马光、吕公著诸贤退居洛中，素敬邵雍，常相从游，为买园宅。邵雍岁时耕稼，仅能满足衣食，名自己的住所为"安乐窝"，自号安乐先生。早晨则焚香安坐，晚饭时酌酒三四瓯，微醺即止，常不及醉，兴至所至，便吟诗自咏。春秋季节他常出游城中，乘二人所拉的小车，惟意所适。士大夫家听到他的车音，争相迎候，童孺仆隶都高兴地相告说："我家先生到了呀！"不再称其姓字。或留宿两夜才离开。好事的人别作屋如邵雍所居，以候他来到，名叫"行窝"。司马光待邵雍如兄长，而二人纯粹的德行，尤为乡里所思慕向往，父子昆弟每相告诫说："不要做坏事，恐司马端明、邵先生知道。"凡士人路过洛阳，有不到公府的，但必造访邵雍。邵雍德气粹然，望之知其贤，但从不自我炫耀，不设防人之心，群居欢笑终日。与人交谈，喜欢说人家的长处，而不谈人家的缺陷。有向他问学的则回答，从不用教训的语气说话。人不分贵贱少长，一样诚恳地接待。所以有道德的人喜欢他的德行，无道德的人也佩服他的感化力。一时间洛阳人才特盛，而忠厚之风闻名天下。

宋仁宗嘉祐中诏求遗逸，留守王拱辰以邵雍应诏，授将作监主簿，又举逸士，补颍州团练推官，邵雍坚决辞让。虽勉强受命而最终称疾不就职。宋神宗熙宁年间，王安石推行新法，官吏逼迫甚紧，有的弃官而去。邵雍门生故友居州县的，纷纷写信向邵雍征求意见，邵雍则劝他们尽力而为，宽一分，则百姓受益一分，弃官无用。

宋神宗熙宁十年（1077），邵雍去世，享年 67 岁。河南知府贾昌衡上言邵雍行义闻于乡里，为乞赠恤，赠秘书省著作郎。宋哲宗元祐中，赐谥康节。

邵雍高明英迈，迥出千古，而坦夷浑厚，不见圭角，因此清而不激，和而不流，人与交久，更加尊信他。程颢初侍其父认识邵雍，论议终日，退而叹道："尧夫，内圣外王之学呀！"邵雍知虑绝人，遇事能预知。程颐曾说："其心虚明，自能知之。"邵雍患病，司马光、张载、程颢、程颐晨夕候之，将终，共议丧葬事于外庭，邵雍听到众人所言，召儿子邵伯温说："诸君想葬我近城地，当从先茔呀。"既葬，程颢为他撰写墓志铭，称邵雍之道"纯一不杂"。邵雍著有《皇极经世》60 卷，诗有《伊川击壤集》20 卷。

孟宗献连中四元

孟宗献，字友之，自称虚静居士，金代开封府（今河南省开封市）人。少年时，聪颖异常，擅长诗文，但由于过于自负，初试落第。于是，他发愤苦读，开辟一室，取名家赋贴于壁间，坐卧讽咏深思。不久，尽得其法，下笔直造微妙。

金世宗大定三年（1163），乡试《建官惟贤，天下治赋》，府试《立正惟人，不惟官赋》，省试《夙夜求贤，务在官民赋》，殿试《智临则臣民农夫服赋》，都是第一，天下称为孟四元。授为翰林，应奉文字，同知制诰。转为曹王府文学兼记室。不久，金世宗以他才华出众，授为奉直大夫，改为著作郎。因疾寻医，留意养生术，又拜全真教始祖王嚞为师，曾著《金丹赋》行于世。后授为同知单州军州事。

孟宗献母亲去世，为母守孝，由于哀毁过礼，病逝。他的律赋闻名有金一代。他的诗词后人也多有收录。

孟宗献落第后，能发愤荣获“四元”，对读书人颇有激励意义。然而，守母孝哀毁过礼，以致英年早逝，令人惋惜，也值得深省。

林虑三老以诗名

贾竹，字彦青，号竹轩，又号乖公，金代彰德府林虑县（今河南省林州市）人。他才思敏捷，下笔成文，不事雕琢。

贾竹的诗歌清婉，曾作《进酒歌》道：“君不见，浔阳隐士陶渊明，漉酒便脱头上巾。夏日高卧北窗下，偃然自谓羲皇人。又不见，山东豪士李太白，襟怀浩渺沧溟窄。长安吟醉不知休，知章一见呼仙客。乖公，乖公，真乖公，世人那复知心胸。权门要路招不得，羽衣禅衲欣相从。吾名以竹岂无谓，要见直节凌苍空。有时赤脚弄明月，有时散发吟清风。清风明月不用买，对景且喜三人同。相逢有酒辄与饮，醉倒不管箪瓢空。归去来，牛耕魏武殿，草没燕王台。伯夷化，盗跖死，北邙乱冢空崔嵬。归去来，且衔杯，百年三万六千日，都教是醉能几回！”所作《天平谷》诗道：“六峰耸翠白云间，顿使幽人眼界宽。早晚随师更深处，杖挑明月一轮寒。”

他 75 岁时，作《挥一颂》道：“七十五岁贾乖公，耳目聪明步似风。况是尔曹身外事，夕阳流水各西东。”写完，投笔而逝世。

由上，其旷达，略见一斑。

翟炳，字钦夫，号梅轩佚老，又号山翁，金代彰德府林虑县（今河南省林州市）人。他性情坦率，不喜修饰。能歌诗，而效白乐天。金世宗大定末年（1189），翰林学士王遵古曾寄一诗道："乐天兜率陀天客，不是蓬莱海上人。翟子老来无格似，香山无乃是前身。"他曾作一歌道："吾家无一有，中有书与琴。书载圣贤语，琴弹山水音。圣贤之语饱我腹，山水之音清我心。邻儿六尺不识字，秦楼一笑掷千金。"又有《邺台行》诗道："君不见，黄辉万丈当涂高，筑台邺下矜雄豪。觚稜直抵霄汉极，洪基欲比西山牢。危楼曲栏照金碧，云楣井藻分纤毫。美人侍宴悉倾国，词客赋咏皆英髦。樽前歌舞未知倦，军中戈戟难忘操。四征跋扈尚能战，三分汉鼎犹鸿毛。曹瞒海内归神武，临死何为视儿女。西陵松柏翠生烟，台上婵娟泣如雨。铜雀惟馀漳水流，金凤深埋城下土。邺台咫尺若有灵，好作移文来吊古。"

其诗里行间，洋溢着睥睨富贵王侯之气。

王鼎，字大鼐，号松轩，也称退翁，金代彰德府林虑县（今河南省林州市）人。他为人风仪严整，颇有诗名。其《咏梅花》诗道："溪桥翠坞小池塘，间有横枝出短墙。一种是花偏耐冷，十分如雪更含香。翰林遭放情逾适，沈约缘诗瘦不妨。卧月栖烟本来分，何须驿使为传芳。"又《游林虑山》诗："燕子来时春已赊，海棠开尽未还家。醉眠不觉东风恶，吹起衣襟满落花。"

贾竹、翟炳、王鼎三人均以诗歌闻名，且为人飘逸，当时人视为三仙翁。后人多绘像以侍奉，称之为"林虑三老"。

富珠哩翀独崇儒

富珠哩翀（1279—1338），姓富珠哩氏，名翀，字子翚，元代邓州顺阳县（治所在今河南省淅川县）人。一作孛术鲁翀。其先隆安（今吉林省农安县）人，祖父富珠哩德，从元宪宗南征，因安家于邓州的顺阳县，以军功封南阳郡侯。父亲富珠哩居谦，初为江西掾，以家属自随，生翀于赣江舟中。翀幼小颖悟。稍长，读书一览即记。因顺阳偏僻，为培养儿子，其父便迁居于邓州（今河南省邓州市）。

邓州名士李友端，号贞隐先生，见到翀说："这是佳士呀！"翀从其学习诗赋，同学没有人赶上他的。于是李友端将女儿许配于他。父亲去世，家事渐落，翀不顾及，学习更加努力。翰林闫宏见到翀说：“观你的才能，后必扬名于世，为何不远游以扩大见闻呢?”翀于是自顺阳前往江西拜谒学问大家萧𣂏。萧𣂏曾夜梦大鸟飞落在所住的屋上，翅膀覆盖院外，全家惊异，赶忙出去看，那鸟冲天而去。第二天，翀至。翀开始名叫思温，字伯和，萧𣂏因梦的缘故，于是为他改名翀，字子翚。

之后，翀学务博而约，自六经诸史传注，下至天文地理、声音历律、水利算数，无不涉猎，声闻大震，20多岁，便被人称作大儒。

翀为学一本于性命道德，文章典雅，深合古法。历官襄城学官、汴学正、监察御史、中书右司都事、右司员外郎、奉训大夫兼经筵官、礼部尚书、集贤直学士兼国子祭酒等，官至翰林侍讲学士，知制诰。

晚年，翀将于顺阳建博山书院，以培养人才，并分置六斋：治礼、治事、经学、史学、书学、数学。在经营书院期间，他不幸染病。临去世时，遗言丧祭一本于礼仪。于至元四年（1267）二月，翀去世于顺阳味经堂，享年60岁。赠通奉大夫、陕西行省参知政事护军；追封南阳郡公，谥文靖。该年四月，葬于邓州永昌乡西樊里四望山下。著有《菊潭集》60卷。

当初，翀为国子祭酒，元文宗以西人为师，当帝师至京师时，便下旨：朝臣一品以下，都乘白马到郊外迎接。大臣们俯伏敬酒，帝师不为动，只有翀举杯站着敬酒道：“帝师，是释迦的门徒，天下僧人的老师。我是孔子的门徒，是天下儒人的老师。请各不为礼。”帝师笑着站起，举杯尽饮。众人都为翀的举止而恐惧。

又，翀在翰林进讲罢，元顺帝问：“三教（儒、释、道）哪个为贵?”翀回答说：“释教如黄金，道教如白璧，儒教如五谷。”元顺帝说：“如果这样，那么儒教地位低贱了。”翀回答说：“黄金、白璧无也何妨，五谷于世，怎可一日缺少呢！”元顺帝对此比喻非常高兴。

对于儒、释、道三教，世有不同说法。富珠哩翀敢与佛教徒帝师抗礼，扬儒家凛然正气，令人敬佩。对于“三教”的比喻，也可谓恰切！

官思恕以文化盗

官思恕（？—1570），字子仁，明代汝宁府光山县（今河南省光山县）人。嘉靖三十四年（1555）举人。

官思恕喜任侠，走马燕山，有封狼居胥之意。归家，母亲彭氏去世，他哀毁几绝，结庐墓旁，有白鸟、冬笋之吉祥。住墓旁草庐时，他于百家之言无不涉猎，而尤喜读《易》，因而有悟，于是绝意仕进。南到楚地与天台耿定向（字在伦）、耿定理（字子庸）兄弟和焦竑（字弱侯）、杨希淳（字道南）交游。数年回，住天中山房，默坐研思，至忘寝食。他给友人的书信道："开始我从群书入，茫乎莫得。今从静中讨出端倪，才信此心原与天地万物无两道，大概在此了！"士人欣然向他学习。他所住的白沙关，山连两省，民俗顽梗，于是结社其间，讲明正学，发挥明太祖圣谕六言："孝顺父母，尊敬长上，和睦乡里，教训子孙，各安生理，毋作非为。"听者如堵。不久，有 48 人戴着鸡冠而佩刀请见，说："某等是柴山的盗魁。常闻先生的教诲，愿自洗濯以归圣化，如遭酷刑怎么办？"说完环拜而泣，童仆都被吓跑。官思恕从容对他们说："法律自首者免，你们果真洗心而来的吗？不要后悔，回去好好考虑此事。"之后，他反复研究明朝法律，才将这事情告诉县里，县里上报郡，郡太守史桂芳感到此事奇异，于是召那 48 人前来，询问实情，如以前所说。太守请于中丞御史，许他们不死。

这事情发生在明穆宗隆庆三年（1569）间。第二年，布政使、按察使同上疏举荐官思恕孝友，诏下征用，遇他病逝，令人惋惜。后入祀乡贤祠。

归德名士结雪苑

明清之际，归德府（治所在今河南省商丘市）上承千古文脉，人文鼎盛，文人雅士文采自著，躬行相砥，自现文化重镇的一时风流。

明崇祯三年（1630），雅士侯方域、贾开宗、吴伯裔、吴伯胤、侯方镇、徐作霖、张谓、刘伯愚等结成了雪苑杜。他们日相切磋诗文，砥砺唱和，一时声望鹊起，南北畏其锋，名声震海内。崇祯十五年（1642）三月，李自成农民军攻破归德府，原雪苑社文友吴伯裔、吴伯胤、徐作霖、刘伯愚等死于战乱。侯方域和贾开宗散之四方，徐作霖的弟弟徐作肃与其侄子徐世琛挥锄田野，雪苑社活动一时作罢。

清顺治二年（1645），侯方域自吴地返回商丘，贾开宗自淮阴返回商丘。徐作肃、徐世琛与二人相见，唏嘘不已。继而言及雪苑旧事，流连甚久，并议论结社事宜，恢复活动。侯方域根据大乱既定，人才正在成长之际，建议稍待来日。后徐邻唐、宋荦相继出类拔萃。于是于清顺治十年（1653），在侯方域的主持下，侯方域、贾开宗、徐作肃、徐邻唐、徐世琛、宋荦等又结为雪苑六子社。

后随着侯方域的英年早逝，雪苑社解散。雪苑社主要以制义文鸣于时，而古文辞、诗歌兼胜。在清初的文坛上产生了一定的影响。

从诸人的行迹中，可窥出其活动端倪。

侯方域（1618—1655），字朝宗，号雪苑，明末清初归德府商丘县（治所在今河南省商丘市睢阳区）人。明户部尚书侯恂的第三子。少倜傥任侠，才气英发。9 岁能诗文，被乡人称为“才子”。15 岁，回乡应童子试，县、府、道均为第一。与里中俊彦吴伯裔等人结雪苑文社，闻名大江南北。崇祯十二年（1639），侯方域到南京应乡试，结识了陈贞慧、吴应箕，参加复社活动。与复社文人一起展开对阉党余孽阮大铖的斗争，与方以智、陈贞慧、冒襄并称为复社“四公子”。他随杨延枢醉登金山指评当事人物，慷慨悲歌，有不可一世之慨。时人比之周瑜、王猛。此时，在秦淮河畔结识了名伎李香君。

明福王立，阮大铖用事，大兴党狱，侯方域四处避难。先依苏松巡抚张凤翔，又去扬州投靠史可法。顺治二年（1645 年）正月，随高杰的军队北上抗清。扬州失守，高军降清，南明亡。侯方域辗转归乡里，重建雪苑六子社，肆力于古文、诗歌的探讨和写作。痛饮悲歌，以寓其牢骚不平之气。侯方域深受儒家用世思想的影响，看重功名。而面对清政权，想保持气节，后终于在清政府的逼迫下，参加清顺治八年（1651）乡试，中副榜。为此，他悔恨交集，筑壮悔堂以明志。清顺治九、十两年（1652、1653）自编成《壮悔堂文集》《四忆堂诗集》。不到两年，抑郁而死，年仅 37 岁。

方域以散文见著于世，与魏禧、汪琬并称清初古文三大家。王世祯推以清初古文第一。诗追杜甫，多感时伤世之作。

贾开宗（1595—1661），字静子，明末清初归德府商丘县（治所在今河南省商丘市睢阳区）人。性不羁，日与里中少年为伍。间读书，为文奇异，举茂才第一，负才更加放纵，不事生业。破产葬其妻。东平侯刘泽清镇淮阴，奏为翰林孔目，掌书记，他不前往就职，则以平民身份从军，后辞归。顺治末年，筑茅屋于商丘城北，傍水而居，名为“溯园”，自号野鹿居士。顺治十八年（1661）十月去世，享年 67 岁。徐作肃为他撰写了墓志铭。

贾开宗少有大志，15 岁已背诵八股文千篇，但七次应举不第，作歌道：“自从廿载落魄余，不信天上有奎宿。”将所背诵的八股文全部焚烧，从此不以儒者自命。后接受了李贽的反道学思想，热衷于道家学说和佛教经理，晚年则研究儒家典籍。自谓与仙、释各得其旨，而天下人则视他为儒家。他一生著述颇丰。老年，追忆少游京洛，集所见闻，撰写了《帝都》《君德》《相术》三篇。游泰山观日出，撰写了《山灵》《地势》两篇。后来买舟金陵，泛游吴越，归来后，在星象、占纬、兵食、图籍等方面均有论说。并著有《策略》《清言》诸书，自编《溯园集》20 卷，《溯园语商》1 卷，《秋兴偶论》8 首等。清顺治十五年（1658），参与《永城县志》的修纂；顺治十六年，曾与徐作肃、徐邻唐等合编《商丘县志》；顺治十七年（1660），又参与《归德府志》的编纂。其《治河议》一文，颇有见地。

侯方镇（？—1642），字长华，号曼翁，翰林院侍读、南京国子监祭酒侯恪长子。以文学知名。工诗能书，尤嗜酒。平生诗文笔札，往往得之酒中为多。崇祯十五年（1642）三月，李自成农民军攻破归德府，殉难。著有《大晋山房诗集》8 卷。

徐作霖（？—1642），字霖苍，明归德府商丘县（治所在今河南省商丘市睢阳区）人。少颖异，好学深思，为文奇丽。崇祯三年（1630），河南乡试第一。崇祯七年（1634），因直言时弊而落第。凡四对策，都不遇。但始终不忘国事，日与同辈相砥砺。崇祯十五年（1642），李自成农民军攻打归德府，徐作霖、吴伯裔、吴伯胤相与集乡勇为守御，农民军攻围七日夜，以二月二十七日城被攻破，殉难。

吴伯裔（1607—1642），字让伯，明归德府商丘县（治所在今河南省商丘市睢阳区）人。少孤贫，与弟吴伯胤俱依舅父刘格。舅父家财颇富，于是请名师教他。明思宗崇祯九年（1636），中举。为人慷慨，有大志，淹通古今。好奖引文士。与侯方域、贾开宗、张谓、刘伯愚等为莫逆之交。崇祯十五年（1642）三月，李自成农民军攻破归德城，殉难。著有《墙东》《燕游》等集，今不传。

吴伯胤（？—1642），字延仲，风流文雅，美髯眉，为文温丽。崇祯十五年（1642）三月，李自成农民军攻破归德府，为军人所挟持，不知所终。著有《醉花庵集》。

刘伯愚（1603—1642），字千之，明归德府商丘县（治所在今河南省商丘市睢阳区）人。幼颖异，读书过目不忘。明末文体诡谲支离，而伯愚守其家学，力追先正，一时雪苑有“吴侯徐刘”之目。崇祯十五年（1642）三月，李自成农民军攻破归德城，刘伯愚投井而死。

徐邻唐（1611—1679），字迩黄，明末清初归德府商丘县（治所在今河南省商丘市睢阳区）人。自幼天资聪颖，7 岁入学，闻书便能解悟。好缮写，伏案濡墨无虚日。精讨于宋元明诸儒书，日夜研究，并手抄数百卷。中秀才后，绝意功名，后选贡于礼部而不赴试。侯方域、贾开宗等重其文，与之结雪苑六子社，声望鹊起，拜其门下称弟子者日益增多。侯方域病逝后，他弃文学而从事理学研究，并授徒讲学，谢去交游，求性命之学，颇有所得。

康熙初年（1662），归德知府闵子奇仰慕徐邻唐之名，延请他主持范文正公书院。四方学子慕名而至，络绎不绝。刘榛、田兰芳以及侯方域的女婿陈宗石都是他的弟子。

徐邻唐刚正清介，恬淡自守，不喜交往。晚号“我庵”，自作《我庵传》以明志。恶为词章，不事著述。康熙十八年（1679）去世，享年 70 岁。去世后，由弟子田兰芳集其问答之言，名为《我庵语略》；刘榛将其制义文结集，名为《徐迩黄制艺》；徐作肃为之序；弟子侯川如刻版行世。

徐作肃（1616—1684），字恭士，明末清初归德府商丘县（治所在今河南省商丘市睢阳区）人。自幼聪敏好学，于顺治八年（1651）中举。性疏散，狷洁孤高，终生隐居不仕。归德知府闵子奇曾召请他入主书院，终不可得。平素不妄交友，更不与权贵往来，但乐于与志同道合的文人坦诚相处，以文会友，切磋文法诗艺。著有《偶更堂集》传世。其诗兼擅众体，尤长于五古。清顺治年间，还曾参与《归德府志》《商丘县志》编纂，以及侯方域《四忆堂诗集》的编选。康熙二十三年（1684）十二月十三日去世，享年69岁。

宋荦（1633—1712），字牧仲，号漫堂，又号西陂，清初归德府商丘县（治所在今河南省商丘市睢阳区）人。父亲宋权，明熹宗天启五年（1625）进士，明末曾以佥都御史巡抚顺天；入清，为国史院大学士。宋荦幼逢离乱，随父往来戎马间。10岁能骑烈马，13岁始学声律、书法。14岁入朝中为三等侍卫，以勇猛见嘉。15岁考察第一，应受通判。其父以弱龄不谙政事，令读书乡里，追随侯方域、贾开宗讲习诗文，为雪苑六子社后起之秀。康熙三年（1664）授黄州通判，事母纯孝，筑将母楼于署中，以承欢时。康熙十六年（1677）补理藩院判，升迁为员外郎。历任山东按察使、江苏布政使。康熙二十七年（1688），选拔为江西巡抚，平定夏逢龙叛乱，有惠政。康熙三十一年（1692）调任江苏巡抚，持大体，省事宁民，赈荒抚饥，被朝廷誉为“清廉为天下巡抚第一”。康熙三十八至四十四年（1699—1705）间，康熙皇帝三次南巡，都曾住在苏州。对宋荦倍加器重和嘉奖，亲赐手迹和书画极多。康熙四十四年十一月，晋升为吏部尚书。康熙四十七年（1708）以衰老乞休回籍。出京都这天，士大夫以诗赠别者数百人，春明门外，车马盈道。清禹之鼎为之绘《国门送别》。康熙五十三年（1714）春，入朝祝康熙60大寿，加太子少师。该年九月去世于商丘家中，享年80岁。

宋荦不仅诗文为当代所推崇，鉴赏之精、收藏之富，也冠绝一时，且能书善画。著有《绵津山人诗集》《西陂类稿》《江左十五子诗选》等。其中《西陂类稿》被收入四库全书。

耆英社里雅士会

淮阳，古称宛丘（清雍正年间，避孔子讳，改丘为邱，今河南省周口市淮阳区），人文始祖伏羲氏和神农氏先后建都于此，是诗歌诞生的最早之地，自古有文人雅士相聚唱和之风。

中华民国2年（1913）三月上巳，淮阳周景濂、于云楼，邀商水李擢英、太康王新桢、西华凌甲烺和项城杨凌阁等结耆英社。其宗旨为讲求实学。李擢英年龄最高，推为社长。当日诸君限“英”“人”两韵，即席赋诗，一时传为佳话。

当日，李擢英《耆英社》诗：“久思结社会耆英，上巳同来细柳营。野阔雨酥鸿雁苦，尘消风送马蹄轻。看花共赏新诗草，携酒欣班故友荆。借问桃源何处觅，天涯戎马几纵横。君子人欤君子人，托孤寄命想纯臣。论文谬托风兼雅，入世何知旧与新。寿且多男徼福厚，词称幼妇见情真。愧余马齿微嫌长，愿得年年迭主宾。”

王新桢《耆英社》诗：“盟主群推盖代英，旧交洛社喜新营。尘埃经雨消除甚，珠玉临风咳唾轻。恰似芳园宴桃李，自惭诗草杂榛荆。酒如金谷罚须认，浇得胸中块垒横。”

周景濂《耆英社》诗：“上巳延来济济英，吟坛复整待经营。芝兰香萃谈心久，杨柳风和拂面轻。争赋新诗同搦管，重逢旧友共班荆。苍天欲把尘氛靖，喜雨初晴夕照横。”

凌甲烺《耆英社》诗：“相约同餐白雪英，东篱食品费经营。佳期好待重阳展，痛饮能教万事轻。阶下翩翩看谢树，堂前蔼蔼乐田荆。广陵解后知音客，惜少瑶琴案上横。

携来佳句早警人，匆匆传书倍主臣。洛社耆英闲话旧，山阴褉事又翻新。借乘自古谈何易（车马不便，未得参加），置酒从今恐是真。此会幸宽婪尾罚，秋期敢在续鸿宾。”

知人方能识其诗，我们不妨了解一下耆英社诸君。

李擢英，字子襄，清末民初陈州府商水县（今河南省商水县）人。生而颖异，孝友性成。六岁失怙，哀毁逾成人。当时父亲游学舞阳，闻父讣告，与兄长毓英匍匐前往，奉棺归葬。家贫，母携子女依外祖父雷兼山。于郾城学署，学问日进。同治十二年（1873），中举；光绪三年（1877），进士及第，在刑部直隶司行走。历任刑部秋审处行走、审处坐办、陕西司主事、云南司员外郎、直隶司郎中。后因功选拔为内阁侍读学士。特赏二品衔。光绪二十八年（1902），升迁为太常寺少卿。调任大理寺少卿。

清宣统元年（1909），授礼部参议。升迁为典礼院直学士兼礼学馆提调。该年七月，以衰老乞休归乡里。暇则饮酒赋诗，以娱晚年。平生受外祖父教养之德，设外祖父牌位于中堂，终身奉侍，并为请四品封典。处兄弟忍让无争，服官40年，服御一如寒素。虽退居林泉，心在君国。1912年2月，当得知宣统“逊位”时，揖让流涕竟日，终以忧国致疾，70岁在家中去世。著有文集暨骈体文若干卷，《退思斋诗草》4卷。庚子悉遭兵燹，所存者，仅《诗草拾馀》百十首，《蜀江竹枝词》40首，《云司慊心要案》1卷，《言责录存》2卷。

王新祯（1850—1931），字楷庭，清末民初陈州府太康县（今河南省太康县）人。以第三名中举后，主讲项城书院。光绪十二年（1886），进士及第。初为翰林院庶吉士散馆，光绪十六年（1890），任陕西洛南县知县。光绪二十九年（1903），调充山陕合闱同考官。不久，晋升为直隶州知州。宣统元年（1909），署甘肃省提学使。卸任后，被委办陆军学堂。辛亥冬，再署提学使。第二年辞职归里。既归，以隐居自乐。82岁时去世。其一生为学，恪遵程朱，生平又慕欧阳修为人，因而自号两一子。

周景濂，字芷湘，清末民初陈州府淮宁县（治所在今河南省周口市淮阳区）人。廪贡，受业于刘惕庵之门，不久入庠饩。父早逝。嫡母高氏性严厉，每含泪顺受。高氏去世，事生母梁氏孝益笃，名其楼曰“爱日”。光绪年间，岁荒捐谷，邑侯蒲公以“急公好义”额其门。后就教职，历署汝州、柘城。民国后，不复求仕。种菊赋诗以娱晚年。70岁去世于家中。

于云楼（？—1925），字海观，清末民初陈州府淮宁县（治所在今河南省周口市淮阳区）人。清光绪十一年（1885）选为拔贡。宣统二年（1910）会考后，分往陕西。国变回乡里。因土匪窜扰，寓居城内。民国14年（1925），路匪破城，被虏十数日，正气凛然，而舍生死义。其子深入匪穴，以巨赀赎骸归。抵家已百余日，面目如生。闻者无不惨痛。当其拔萃科，游学大梁、金台书院时，成绩屡列前茅。其在家敦勤俭，守祖训，凡修族谱，建墓碑，立宗祠，均任劳任怨。他秉性刚直公正，处乡里，服务地方，凡善举必先。人息讼解纷有不远百里而求一言者。太康翰苑王楷庭、商水刑部李子襄、西华选拔凌保生，都乐意相交。

凌甲烺（？—1924），字保生（因生于河北保定），一字叔炳，清末民初陈州府西华县（今西华县）人。雄县知县凌德长子。拔贡。幼读《孝经》，小学即解悟。肆业保定莲池书院。受文法于贵筑黄彭年，为文淡简如其人。高自期待，不为流俗所喜。40岁，为附学生学使。虽不善书，而嗜好书画。每欲网罗乡邦文献，辑佚拔尤为丛书，如《寒石集》等。又续《中州文征》，续《中州人物考》，惜未完成。他与项城袁氏有旧谊，端敏公袁甲三诸孙又从其学习。国变后，当事征召，不复出。清史馆河南分局聘任分纂，也不赴任。后去世于家中。所著诗文集，藏于家。

杨凌阁（？—1918），字仲唐，清末民初陈州府项城县人（后其乡里黄寨镇侯家楼村划归今商水县）。清光绪十五年（1889）中举。历任清礼学馆顾问、固始县教谕。曾主纂民国7年《商水县志》和《项城县志》。遗著有《遁庵先生遗集》。

宛邱耆英社，实为清末遗老的结社，由于诸君所住地不在同一个县，车马不便，再加上其年龄已长，昙花一现。

四、道德风尚

关龙逄从容赴火

关龙逄，夏朝豫州洛邑（今河南省洛阳市）人（一说豫州陕人，即今河南省三门峡市陕州区人），夏朝大夫。

夏朝帝桀时，一天帝桀让关龙逄陪他观看炮烙刑罚，向关龙逄问道："快乐吗?"关龙逄回答说："快乐!"帝桀纳闷说："观看这种刑罚为什么没有哀怜之心呢?"关龙逄回答道："天下人以为这种刑罚最残酷，而君王以为快乐。我是辅佐君王的得力大臣，为何不高兴呢?"帝桀说："听你劝谏，劝谏得当，我改正。劝谏不得当，我对你施加刑罚。"关龙逄说："我看君王的冠，是危石。我看君王的鞋，是春冰。从未有戴危石而不压，践踏春冰而不陷的。"帝桀笑道："这太阳灭亡，则与它一起灭亡。你知道我灭亡，却不知道自己灭亡吗？你就炮烙之刑，我看看吧!"关龙逄放声歌道："大自然用生存劳累我，我就炮烙之刑离开。因而进入新生地，我快乐而人不知呀!"于是从容赴火而死。

关龙逄的骸骨归葬灵宝县孟村（今属河南省灵宝市函谷关镇）的西原，冢大数亩。唐朝时又立碑，大书："夏直臣关公之墓。"在旧灵宝县城东关建有祠，春秋二季祭祀。

自关龙逄惨遭酷刑后，夏朝再无人敢于劝谏，以致帝桀更加肆无忌惮，商汤顺应民心一举推翻了其统治。帝桀最终落个惨死于流放地南巢（今安徽省巢湖市）亭山的下场。

谏纣曾经有“三仁”

殷帝乙的长子名启，是纣王的庶出兄长。因其封于微国，子爵，人称微子，位居纣王的卿士。纣王的叔父名胥馀，因封于箕国，子爵，人称箕子，位居纣王的太师。纣王的另一位叔父名干，字胥馀，因封于比国，人称比干，位居纣王的少师。这三人都有爱人利物的美德，被孔子誉为“三仁”。

箕子了解微子的贤才，曾向帝乙建议，立微子为世子，帝乙不听从。及纣即位，奢侈淫逸。微子屡次进谏，纣王不听。因有立世子的前嫌，所以微子也不敢强谏，想一死了之，但又迟疑不决。于是就去征求太师箕子和少师比干的意见，说道：“我们的殷商没有很好的治理政策，不能治理国家。我们的祖先在前代已经尽心尽力，而纣王却沉湎于酒，听信妇人的话，败坏祖先成汤的德政。现在的殷商，不论小孩或大人，都喜欢干草野盗贼犯法作乱的事情。官吏们也都互相仿效，犯下罪恶，犯罪的人竟一个也逮捕不到。而普通民众也群起仿效，互相仇视。现在殷商的典章制度就要丧失。如同要渡过一条大河，却没有渡口和岸边。殷商就要灭亡了，我是应该离开京城远行呢，还是应该保护自己的家庭免于灭亡？现在你们不指点我，我就会覆亡，怎么办呢？”太师箕子回答他说：“王子！上天降下严重的灾难，要灭亡我们的殷国，而纣王竟然不怕上天的惩罚，忘记先辈的教诲。殷商的老百姓也竟敢亵渎对天地神灵的祭祀。国家如果能够得到大治，虽死无憾。身死而国家还是不能治理好，倒不如早日离去。”微子也认为：“父子有骨肉之情，臣子与君主以义相属。所以父亲有过错，儿子三次劝谏不听，则随他而哭号。而君王有过错，臣子三次劝谏不听，则遵循那道义可以离开了。”于是微子逃离京城。

纣王当初用象牙筷子进餐，太师箕子忧虑地叹道：“今用象牙筷子，后必用玉杯。用玉杯、象牙筷子，必将食熊蹯、豹胎，进而讲究车马的舒适和宫室的豪华。这样，国家便无法振兴了。”果然被他言中。纣王荒淫无度，箕子进谏，不听。有人劝箕子说：“不用劝谏了，离开吧！”箕子说：“作为人臣，劝谏君王而不听便离去，这是彰显君王的过错，而自我讨取百姓的喜欢。我不忍心这样做呀！’于是披头散发假装疯癫而为奴隶。自此隐居，又常鼓琴以抒发悲情。后世就将箕子表现节操所弹的曲子，称为《箕子操》。当时，纣王听说箕子“佯狂为奴”，便派遣人将他囚禁起来。

比干于纣王，没有宿怨。他见箕子劝谏纣王，不仅不听，反而被囚禁起来，便说道：“君王有过错，如果不以死谏争，便会祸及百姓，那么百姓有什么罪！”于是他便独自极力劝谏，纣王发怒说：“我听说圣人的心有 7 个孔，相信有吗？”于是杀了比干，剖其心观看。

后来周武王伐商，列数纣王的罪行有：“剥丧元良，贼虐谏辅，囚奴正士。”便是为此三人而发。

周武王推翻殷商，微子带着殷朝宗庙的祭器，让人抬着棺材，袒露上身，双手捆缚背后，膝行向前，求见武王。武王亲自解开他的捆缚，接受那祭器而拂拭洁净，烧掉那棺材，并礼仪式地任命微子，恢复他的爵位。又命闳夭祭封比干之墓（位于今河南省卫辉市东北 15 里处。唐太宗又谥其为忠烈公）。命召公将箕子从监狱里释放出来。周武王虚心地向箕子求教殷朝灭亡的原因，问道：“我杀纣是对呢，或是错呢？”箕子不忍心说杀纣王的对与非。武王也觉得自己问得唐突，于是向箕子求教“天道”问题及其治国安民的方略，箕子便呈上《洪范》，陈述了天理伦常和治国安民的大法。箕子不想做周朝的臣子，便逃到朝鲜（今朝鲜半岛）。于是武王便将他封到朝鲜，不以臣属看待。箕子到朝鲜，以礼义、种田、养蚕教导百姓，并制定了多条法律，如杀人的，即以偿命；伤人的，以谷物赔偿；偷盗的，是男的没其户籍，为被盗者的家奴，是女子使她作为被盗者的奴婢；想自我赎罪的，每人五十万钱等。以致出现了妇人贞信、夜不闭户、路不拾遗的社会局面。

其后箕子朝见周天子，路过殷朝故墟，见宗庙宫室毁坏，禾黍丛生，悲从中来，作了一首《麦秀》诗：“麦秀渐渐兮，禾黍油油。彼狡僮兮，不与我好兮。”即：“麦子衍花，麦芒尖尖啊，禾苗长得繁茂。那纣王啊，不与我要好。”殷朝的遗民听到这首歌，无不感伤流泪。武王去世，成王年幼，周公旦执政，于是周公旦的三哥管叔鲜和他两个弟弟蔡叔度、霍叔处联合纣王的儿子武庚叛乱。周公以王命东征，诛武庚，杀管叔，终生监禁蔡叔，废霍叔为平民。又封微子启于宋（都今河南省商丘市），代武庚以奉殷祀。

甘棠遗爱万古传

东都洛邑建成后，周成王徙居于此，迁殷“顽民”于成周。由于召公奭营建此城有功，周成王便任命他为“伯”（统领一方的长官），而召伯则尽心尽责抚慰所辖之地的百姓。

当时，周朝正盛，召伯在朝，负责营造的部门请求为他营建园舍居住。召伯说：“唉！以我一身而辛苦百姓，这违背了我先君文王的意志呀！”于是出巡辖地接近百姓，在阡陌垄亩之间而听讼断狱。召伯露宿远野，结庐于树下，百姓大悦，种田养蚕加倍努力，以致物阜年丰，百姓富足。

一日，召伯来到东都西南 70 里的乡邑（今河南省宜阳县香鹿山镇甘棠村）巡视。当时正是采桑养蚕的季节，召伯不想打扰百姓，所以不进村中，结舍于一棵甘棠（俗称棠梨）树下。于此时，正遇到一对男女因婚姻问题而讼争不已。男的不行纳彩、问名之礼，而要强娶女方，女方坚决不答应。于是，召伯在甘棠树下耐心听了他们争讼的缘由，动之以情，晓之以理。结果此事得以妥善解决，使双方心悦诚服。

后来召伯封到燕国（今北京市一带），但人们看见此甘棠树，便思念召伯的施政风范。召伯决讼于甘棠之下，施礼于民，仁爱百姓。百姓爱召伯，而敬其树，思念而以歌赞美他。于是在当地流行有关于“甘棠”的歌谣，这就是后来被收集到《诗经》的《甘棠》三章：“蔽芾甘棠，勿翦勿伐，召伯所茇。蔽芾甘棠，勿翦勿败，召伯所憩。蔽芾甘棠，勿翦勿拜，召伯所说。”

意思是说，小小甘棠，不要剪枝，不要砍伐，是召伯所结草舍的地方。小小甘棠，不要剪枝，不要败坏，是召伯所憩息的地方。小小甘棠，不要剪枝，不要拔除，是召伯所留宿的地方。

其爱惜之心，敬仰之情，溢于言表，跃然纸上。宜阳县这棵甘棠树附近的村庄，也因而命名为甘棠寨；后魏时，该县曾一度命名为甘棠县，以示纪念。甘棠听讼为后世人们所乐道。召伯亲民化民，泽被后世，有口皆碑。甘棠有幸，与召伯万古共流芳。孔子说：“吾于甘棠，见宗庙之敬也。”文人也多有吟咏，撰文也往往言及，从而形成了“甘棠遗爱”的成语而流传千古。

弘演剖腹换复国

弘演（？—前660），春秋时期卫国（都今河南省濮阳县）人。卫国大夫。当时的卫国国君卫懿公赤淫乐奢侈，而又特别喜欢鹤，且筑有养鹤城，甚至鹤有与他一起乘坐轩（一种有帷幕而前顶较高的车）的。

鲁闵公二年（前660），大夫弘演奉命出使远方未回，北方狄人突然攻打卫国。于是，卫懿公要率领军队迎战。而他的士兵和百姓都说：“国君所看重而有禄位的，是鹤；所心爱的，是宫人。应该使鹤与宫人迎战，我们怎能迎战！”说着溃散而都离去。卫懿公只好带少数宫人向南逃，狄人在荥泽（治所在今河南省郑州市惠济区）追上了他，将他杀死，尽食他的肉，唯独舍弃他的肝脏。弘演回国，见此情景，悲痛不已，便一路向南寻找。当他找到卫懿公的肝脏，便行叩拜之礼而汇报情况。汇报毕，他又呼天抢地般地号啕大哭，倾尽哀情而后说：“像我做臣子的，也只有一死报君了！”于是，便自剖腹，将卫懿公的肝脏装入腹中，这才心安理得地死去。

齐桓公听说这件事情，感慨地说：“卫国的灭亡，是因为国君无道。今有大臣能够这样，这个国家不可不存。”于是率领诸侯打败狄人，恢复卫国，立卫宣公的孙子、卫戴公的弟弟辟疆（后改名毁）为卫国国君，即卫文公。这样，卫国国祚方得延续下去。

史鳍尸谏感国君

史鳍，字子鱼，也称史鱼，春秋时期卫国（都今河南省濮阳县）大夫。卫灵公时期，大夫蘧瑗贤明而得不到重用，弥子瑕不贤受宠而担大任。史鳍忧虑这件事情，便多次在卫灵公面前美言蘧瑗，卫灵公不听。

史鳍有病将死时，对他的儿子说："我就要死了，要在北堂给我治丧。我活着不能荐举蘧伯玉，而使弥子瑕退职，不能使国君行正道。活着不能使国君行正道的人，死不应当享受完备的葬礼。死而置尸于北堂，对于我来说就够了。"于是，他的儿子便遵照他的遗嘱如此办理。卫灵公前往吊唁，看到这种情况，便问其中原因，他的儿子以父言相回答。卫灵公听后，忧伤地改变脸色而醒悟说："我的过错呀！夫子活着就想进贤人而退不肖人，死了且不松懈。又以尸谏，可谓忠而不衰减呀！"于是，召蘧伯玉而进升为卿，废退弥子瑕。而后命人将史鳍的尸体移于正堂，举行完备的葬礼，沉痛吊唁后而去。

孔子听说此事，不无感慨地赞誉道："直哉史鱼！邦有道，如矢；邦无道，如矢。"（即："正直啊史鱼！国家政治清明，正直如箭；国家黑暗，正直如箭。"）

卫国自蘧伯玉执政后，得到了很好治理，以致国家政治清明，百姓安乐。

史鳍生以身谏，死以尸谏，可称得上直臣。史鳍"尸谏"映耀青史，对后世影响深远，历代忠臣以"尸谏"劝谏君王的不乏其人。

石碏灭亲彰大义

石碏，春秋时期卫国（都今河南省濮阳县）人。卫国上卿。

卫庄公（名扬，前庄公）五年（前 753），卫庄公娶齐国女子庄姜为夫人。庄姜貌美，《诗经·硕人》即是称颂她的，但她没有生育。卫庄公又娶陈国女子厉妫为夫人，生儿子孝伯，早死。接着，厉妫陪嫁的妹妹戴妫得到卫庄公的宠幸，生儿子完。戴妫死，卫庄公便将公子完交由庄姜夫人抚养，并立为太子。卫庄公有宠妾也生儿子州吁，州吁长而喜欢使枪弄棒，卫庄公便使他领兵。石碏劝谏卫庄公说："我听说喜爱一个孩子，应该用礼仪规范和道理去教育他，不使他走上邪路。骄横、奢侈、淫乱、放纵是让人走上邪路的原因，这四种恶习的养成，是父母给予的宠爱和禄位过度呀！如果想立州吁为太子，就请尽快确定这事情。如果不能下定决心，便会逐渐地酿成祸乱。如果不早定下这事，州吁必因您的宠爱而为祸乱。受到宠爱而不骄横，骄横而安于下位，安于下位而不生怨恨，怨恨而又能克制的人，很少啊！自身处下位便必定怨恨，怨恨便想叛乱而不能自安自重。低贱妨害高贵，年少欺凌年长，疏远的离间亲近的，新人离间旧人，弱小压迫强大，淫乱破坏道义，这是六件违背道义的事情。国君行事仁义，臣子坚决服从；父亲慈爱子女，子女孝敬父母；兄长友爱弟弟，弟弟敬爱兄长，这是六件符合伦理的事情。背离符合伦理的事情，效法违背道义的事情，是会很快招致祸乱的原因。作为君主，想将祸乱尽快除掉，恐怕不可以吧！”卫庄公不听。儿子石厚与州吁交往，石碏禁止他，不听。

卫庄公去世，太子完即位，史称卫桓公。石碏告老还家。

鲁隐公四年（前 719），州吁聚集卫国逃亡的人，趁机偷袭而杀掉卫桓公，自立为卫国国君。春秋时期，臣杀君，也自此开始。由于州吁平常骄横，所以他不能使百姓顺从，更得不到百姓的爱戴。于是便让石厚请教他的父亲。石碏说：“觐见周王便可以稳定民心呀！”石厚说：“凭什么能够觐见周王？”石碏说：“陈桓公现在有宠于周王，陈国、卫国正和睦，如果朝见陈桓公，使他从中请求，必可达到目的。”于是石厚将父亲的话告诉州吁，州吁认为他说得有道理，便使石厚随从自己一起到陈国去。这时，石碏便暗里使人前往告诉陈桓公说：“卫国狭小，老夫老了，无能为力了。州吁、石厚这二人，实为杀我国君的人，请立即诛杀他们。”当州吁、石厚二人到达时，陈国人立即将二人捉拿，而请卫国人前来自行处置。当年九月，石碏使右宰丑前往，在濮地（今河南省封丘县境内）将州吁杀死。又使自己的家宰（管家）獳羊肩前往陈国，将儿子石厚杀掉。十二月，石碏又派人在邢国（都今河北省邢台市）迎回公子晋即国君位，即卫宣公。

有德行的人听说这件事情，无不交口称赞道：石碏，是忠心事主、纯一不二的臣子呀！设计杀州吁，为国除害。杀掉与杀君贼子交往的儿子石厚，实为大义灭亲呀！

古今讨国贼者，代不乏人，或谋未发而机先泄露，或事未成而祸难已至。而石碏不烦干戈，大功告成，可谓忠心耿耿，老谋深算。其雄才劲节，英识大器，可敬可赞。而其临危善断，大义灭亲，千古难能可贵！

子罕以不贪为宝

子罕，乐氏，名喜，字子罕，春秋时期宋国（都今河南省商丘市）人。宋戴公的儿子衎的后裔。宋平公时为司城（即司空，因宋武公名司空，避其名讳而改）。

宋平公十八年（前558）十一月，宋国有人获得一块璞玉，将它献给子罕，子罕不肯接受。献玉的人说：“我拿着这块璞玉让治玉的人看了，治玉的人以为是宝玉，所以才敢献给您。”子罕说：“我以不贪为宝，你以玉为宝，如果将它给了我，我们都丧失了宝呀！不如人各有自己的宝。”献玉的人跪拜且告诉子罕说：“小人怀揣璧玉路过乡里，必为强盗所害。您接受它，是请求免死呀！”子罕认为他说得有道理，于是，令人将璞玉放到献玉人的乡里，使治玉人为他加工，卖玉得富后，才使献玉的人回到他的住处。

其实，子罕并非不爱宝物，而是“以不贪为宝”，且能体恤民情，可谓一代廉吏，千古楷模！

孙叔敖兴楚以仁

孙叔敖，芈姓，蒍氏，名敖，字孙叔，春秋时期楚国期思邑（今河南省淮滨县）人。楚国司马蒍贾的儿子。

孙叔敖幼有仁心。他还是儿童时，出去玩见一条两个头的蛇，便将它打死而埋掉。回家后，忧虑而不吃饭。他的母亲问什么原因，他哭着回答说：“我听说看见两头蛇的人必死，今天我出去看见了那两头蛇，恐离死不远了。”他的母亲说：“蛇现在在哪里？”他回答说：“我恐怕他人再看到，我已埋掉了它。”他的母亲说：“不要忧虑，你不会死的。我听说有阴德的人，上天一定报答他。好的德行能够战胜不吉祥，仁爱心能够消除百祸。上天虽处在上面，但能听到下面的事情。《尚书》不是说‘皇天无亲，惟德是辅’（即上天无亲无疏，只帮助行为善良的人）嘛。你不要声张，你必兴盛于楚国。”

及长，孙叔敖善学多思，德才兼备，少年便闻名乡里。

时值楚庄王立功强国心切，令尹虞丘子力不从心，便对楚庄王说道：“我为令尹10年了，百姓不能很好地得到治理，狱讼不息；处士不能任官职，淫祸不止。长时期占据高位，妨贤碍能，是我的罪呀。私下见乡里的士人孙叔敖，有德多能，性无贪欲，君王如果提拔而授给他官职，那么国家可得到治理，百姓可使顺从。”于是楚庄王以公车迎孙叔敖，使他代替虞丘子为令尹。

孙叔敖开始为令尹时，官吏和百姓都来庆贺。而狐丘（今河南省周口市淮阳区南）的一位老人穿着粗衣，戴着白冠，却来吊唁。孙叔敖说：“国王不以我不贤使我做楚国的相，国人都来庆贺，您单独来吊唁，难道有说法吗？”狐丘老人说：“是啊。我听说有三利，必有三患。您知道其中的道理吗？”孙叔敖局促不安地变脸色说：“小子愚笨，怎能知道其中的道理？敢问什么叫作‘三利’，什么叫作‘三患’？”狐丘老人说：“爵位高的人，人们嫉妒他；官职大的人，君主厌恶他；俸禄丰厚的人，怨恨归附他。说的就是这些呀！”孙叔敖再拜说：“听从您的训导，力求改变这种情况。我的爵位越高，我的情志越低；我的官职越大，我的内心越精细；我的俸禄越丰厚，我的施舍越广博。这样可以免除祸患吗？”狐丘老人说：“好啊！这些话对尧、舜说，大概也挑不出毛病吧！”

之后，孙叔敖的妻子不穿丝织品，马不喂粮食。他自己常乘坐用竹木制作的轻便车子，抽空暇时间去牧马。而冬天穿着公羊皮衣，谨慎而敬业，辅助楚庄王治理楚国，三年后便使楚国称霸天下。

孙叔敖幼杀两头蛇，便能想到为他人免祸，仁心可嘉。他后能成为国家的栋梁，其母功不可没。其为楚相，据“三利”而避“三患”，使楚国称霸天下，垂英名于后世，令人肃然起敬。

子产明察遗爱多

子产（？—前522），姬姓，国氏，名侨，字子产，春秋时期郑国（都今河南省新郑市）人。史籍又称公孙成子、公孙侨、国侨等。郑穆公的孙子，公子发的儿子。

子产为郑国卿大夫，先后辅佐了郑简公、郑定公。一天，子产在国内巡视，听到一位妇人哭，便使人捉拿而考问她。此妇人果然是亲手杀死丈夫的人。车夫好奇地问道："您怎么知道她是杀死丈夫的人呢?"子产说："人对于所亲的人，有病就忧愁，临死就害怕，已经死就悲痛。今天她的丈夫已死，哭不悲痛而害怕，因此知道有不法行为。"由于子产为政明识善察，以民为本，因而，他为相一年，浪荡子弟不再轻浮嬉戏，老年人不再奔波操劳，小孩子不再下地耕作。二年，市场物价稳定。三年，夜不闭户，路不拾遗。四年，人们耕种的田器不用带回家。五年，士民无须服兵役；国丧期间，不下令百姓便按照规矩而治丧。

子产在执政期间，既维护公室的利益，又限制贵族的特权，进行了自上而下的改革，主要措施是：为田洫，划定公卿士庶的土地疆界，将农户按什伍加以编制，对私田按地亩课税；作丘赋，依土地人口数量交纳军赋；铸刑书，修订并公布了成文法；实行学而后入政、择能而使之的用人制度；不毁乡校，愿闻庶人议政，有控制地开放言路。其政治经济改革，在一定程度上推动了当时社会的转型。在对楚、晋等国的外交方面，子产也取得了一定的成绩。郑国在子产的推动下呈现出中兴局面。

在世界观方面，子产提出：天道远，人道迩，非所及也。他认为天体运行的轨道与人事遵行的法则互不相干，否定占星术能预测人事。但子产仍保留灵魂不死观念，认为人生始化曰魄，既生魄，阳曰魂；匹夫匹妇强死，其魂魄仍能滋生淫厉。这是中国哲学史上对形神关系的初步探讨。他还提出了人性观念，认为"夫小人之性，衅于勇，啬于祸，以足其性而求名焉者"，成为中国哲学史上探讨人性问题的开端。

子产治理郑国26年而去世，家无余财。青壮年号啕大哭，老人像小孩般啼泣而悲痛地说："子产抛弃我们而去，百姓将依靠谁啊!"夫妇巷哭，三月不闻琴瑟之声。

孔子听说子产去世，流着泪说："古之遗爱也!"

高柴树德成高贤

高柴（前521—?），字子羔，又字子皋、季羔，春秋时卫国（都今河南省濮阳县）人。孔子七十二贤弟子之一，小孔子30岁。

高柴身高不满五尺，其貌不扬。从孔子学习，孔子以为他愚笨。但他行为端正，循规蹈矩，于动物惊蛰不杀，于植物方长不折。且为人至孝，为父母守孝期间，他三年哭泣无声如血出，不曾微笑。君子以为难能可贵。当他将要出任鲁国成邑宰时，成邑人有兄长死而不披孝服的，听说高柴将为成邑宰，便为兄长披起孝服。因而，成邑识礼仪的人说："蚕则绩而蟹有筐，范则冠而蝉有绥，兄则死而子羔为之缞。"（绩，即丝。蟹，即螃蟹。筐，指螃蟹的壳反过来如筐。范，即蜂。绥，指蝉喙长在腹下。这里指带子。即蚕茧抽丝而螃蟹有筐，蜂虫戴冠而蝉有长带，兄长死而高柴使他披了孝服。此语讥笑了那死兄长的人，披孝服不是为兄长，而是惧怕高柴而披。）

古代以孝感天动地的，不乏其例，而以孝使人惧的，仅闻高柴。为官一地者，能德化一方，其益莫大。

高柴在卫国任士师期间，曾执法对人施行刖足（砍去脚）的刑罚。鲁哀公十五年（前480），卫国发生了蒯聩（即后卫庄公）与儿子辄（卫出公）争夺君位的战乱。高柴说："父子争国，我为什么参与其间呢！"于是，剃去胡须，穿着妇女的衣裳逃出。当他逃到外城的大门时，守门人正是当年被他刖足的人。被刖足的人认出了高柴，便指给他说："在那里有个缺口。"高柴说："君子不翻越墙。"被刖足的人又指着一处说："在那里有个洞。"高柴说："君子不钻洞。"被刖足的人说："在这里有个屋室。"高柴于是进去。追赶他的人离去后，高柴将行，对被刖足的人说："我不能损害君主的法令而亲自砍掉你的脚，我在难中，这正是您报复仇怨的时候呀，为什么使我逃走？"被刖足的人说："我断脚呀，本来与我的罪相当，没有什么办法。但您将要治我罪时呀，偏离法令，先后让我申辩，很想免除我的罪，我心里是知道的。当我的罪行判定，您忧伤不高兴，在脸色上显现出来。我又知道，您哪能是偏爱我才这样呀，是天生爱人的心本来是这样的。这就是使您逃脱而感激您的原因呀！”

孔子听说这件事，说：“好啊！做官使用法令是一样的呀，但善于做官的树德，不善于做官的树怨。秉公执法，大概说的就是子羔这样的人吧！”

后来高柴逃到陈国梁山邑（今河南省太康县高贤乡）定居下来，在那里传经布道，以授徒为业。高柴去世，便葬在此处。人们仰慕他的高风懿行，便将梁山邑改名为高柴集，后又改为高贤集。

原宪甘贫不移性

原宪（前515—?），字子思，春秋时宋国（都今河南省商丘市）人。孔子七十二贤弟子之一。他在鲁国（都今山东省曲阜市）时，居住的屋室非常简陋，四周为土墙，屋顶是用蒿莱盖的，门是用蓬草编织的，以桑条做的门枢，以破瓮为窗户，且用破麻布塞着，上漏下湿。

一日，原宪端坐着弹琴歌唱，卫国的相、师兄子贡，乘坐着肥马高车，穿着黑红色的内衣而外披素白色的大衣，前呼后拥前来相访。由于小巷容不下高大的车子，子贡只好徒步拨开野草前往拜见。于是，原宪戴着楮树皮做的帽冠，穿着断了跟的鞋，拄着藜茎拐杖而到门相迎。当见面时，原宪正冠则帽缨断，捉襟则见肘，提鞋则脚后跟破裂。子贡曰：“嘻！先生为什么这样困窘呀?”原宪仰面而回答道：“我听说，没有财物叫作贫穷，学习而不能应用叫困窘。我是贫穷呀，不是困窘。至于迎合世俗而行，结党而为友，学习为求炫耀于人，教导为求显扬于己，仁义的邪恶，车马的华饰，衣裘的华丽，这是我不忍心去做的。”子贡听此言，颇有愧色，以自己说错话而感到羞耻不已。

原宪平时缓步拄杖，唱《商颂》而行。那歌声充满天地，如金石发出的声音。“天子不能够让他做臣子，诸侯不能够将他当朋友。所以保养自身的人，忘记家；守护志向的人，忘记自身。自身尚且不爱惜，谁又能够使他受侮辱呢?”

唐诗人吴筠《原宪》诗颂道："原生何淡漠，观妙自怡性。蓬户常晏如，弦歌乐天命。无财方是贫，有道固非病。木赐钦高风，退惭车马盛。"

子夏高风天下闻

孔子的七十二贤弟子子夏，小孔子43岁。他不仅以文学著名，而且喜好探究精深微妙的文义，当时人没有能够超过他的。相传《诗》《春秋》等儒家经典赖他传授下来。他的"死生有命，富贵在天"和"仕而优则学，学而优则仕"等名言，为人乐道。

一日，他回晋国去，路过卫国，有位读史书的人说："晋国的军队'三豕（猪）'渡过黄河。"子夏说："不是。是'己亥'呀。"后来那位读史书的人询问于晋国的史官，果然说"晋国的军队'己亥'渡过黄河"。于是卫国人以为子夏是圣人。孔子去世后，子夏在西河（今属汤阴县）教书，魏文侯拜他为师，并经常向他咨询国政。于是，子夏一时门徒众多，为一代名师。

鲁哀公曾问子夏道："一定学习，然后才可以安国保民吗?"子夏回答道："不学习而能安国保民的，从来没有这样的人。"鲁哀公说："那么五帝有老师吗?"子夏说："我听说，黄帝学于大坟（一说大真），颛顼学于禄（一作绿）图，帝喾学于赤松子，尧学于务成子附（一作跗。一说尹寿），舜学于尹寿（一说务成跗），禹学于西王国，汤学于贷子相（一说威子伯），周文王学于锡畴（一作铰时）子斯，武王学于太公望，周公学于虢叔（一作虢仲），仲尼学于老聃。这11位圣人，如果未遇到他们的老师，那么功名不能显著于天下，名号不能传于后世呀。"圣人之所以能成为圣人，就在于其谦逊好学，尊师重道。子夏可谓深知其理。

子夏老年丧子，因痛哭而失明。老同学曾参前来慰问他，哭着说："我听说老朋友失明，便痛哭。"子夏也放声大哭，说："上天惩罚我这无罪的人呀!"曾参听此话生气道："商（子夏名），你怎么无罪呀！我与你侍奉老师于洙水和泗水之间，你退而老于西河这里，使西河的百姓怀疑你的道德可与老师相比，这是你的第一条罪。你的父母去世，使百姓没有听说此事，这是你的第二条罪。你的儿子去世，哭得使你的眼睛失明，这是你的第三条罪。你说你怎么无罪呢！”子夏听此言，扔掉手杖而拜说：“我错了，我错了！我离群索居，也已很长时间了呀！”

“人谁无过，过而能改，善莫大焉。”子夏能悔过，不失为君子。曾子能够直言老同学、老朋友的过错，可谓诤友。

古谚云：“书三写，鱼成鲁，帝成虎。”（见晋葛洪《抱朴子内篇》卷四）这是因为“鱼”与“鲁”、“帝”与“虎（虒）”形近而易误的缘故。“己”与“三”、“亥”与“豕”也是如此。后来人们用“鲁鱼亥豕”来表示书籍传抄、刊印的文字错误，即是基于此而讲的。然而，清李光地等《御定星历考原》卷一则有：“干支相配，乙亥为一豕，丁亥为二豕，至己亥则三豕也。”也是一说。

子家以书救郑国

鲁文公十七年（前610）六月，为平定宋国的内乱，晋灵公以霸主身份约宋公、卫侯、蔡侯、陈侯、曹伯、许男等在郑国的扈地（今河南省原阳县原武镇西北）会盟。

令人奇怪的是，此次会盟虽然在郑国地盘召开，但却不准郑伯（穆公）参加。个中原因是晋灵公以为郑国暗地里与楚国通好，故此准备灭郑。郑国的执政大夫子家闻听此事，便立即修书一封派人送给晋国执政卿赵盾请他救郑。子家（？—前599），姬姓，郑氏，名归生，字子家。春秋时郑国执政大臣。郑灵公时，与子公（公子宋）同为郑卿。子家在信中说：“我国君即位第三年，便找到本来不服从贵国的蔡侯，与他一起来归顺晋国。九月，蔡侯来到郑国准备与我国君一道去朝见晋侯。不巧，我国发生了侯宣多的内乱，所以我国君不能够与蔡侯一起前往。十一月，刚刚平定侯宣多的内乱，我国君立刻便随着蔡侯朝拜晋侯，访问您。我国君即位第十二年的六月，我陪同我国太子夷，先到楚国去要求楚君允许陈侯朝见晋侯。第十四年的七月，我国君又朝见晋侯，以完成陈侯朝见晋的事情。第十五年的五月，陈侯随从我国到晋国朝见。去年正月，我大夫烛之武辅佐太子夷去晋国朝见。八月，我国君又去朝见。像陈、蔡两国离楚国那么近，而不敢对晋国有二心，那是我国的缘故。尽管我国如此服事晋侯，为什么还不能免罪呢？我国君即位以来，一度朝见晋襄公，而两度朝见今天的晋侯，太子夷、烛之武和我也经常来往晋国首都绛邑。虽然我国是小国，服事晋国的礼节没有谁能超过我们的。今您大国说：‘你还未满足我的愿望！’我国只有灭亡，没有什么办法再尽服事晋国的礼节了。古人有句话说：‘畏首畏尾，身其馀几？’（即前也顾，后也顾，身上还能剩下多少不顾）又说：‘鹿死不择音。’（即鹿临死的时候不会挑选荫凉的地方。）小国服事大国，你对我施恩德，我就按做人的原则对待你；不施恩德，我就像鹿一样，铤而走险，势急怎能选择呢？晋国的要求没有止境，我郑国也知道自己该灭亡了。将准备全部军事方面的人力物力，在边境儵地（晋、郑边界的一个地方）等候你们，只等待您的命令。我们文公即位二年，到齐国朝见；第四年，为齐国攻打蔡国，可也得到楚国的谅解，与我国订立了友好盟约。处于晋、楚两大国之间而服从强国的号令，难道有罪吗？大国如果不考虑这些，那就无所逃命的地方了。”

赵盾看过子家的信后，深为其恳切和坦诚所感动，便派遣大夫巩朔到郑国议和，又让晋卿赵穿和晋侯的女婿池到郑国做人质。该年冬十月，郑太子夷和大夫石楚到晋国做人质。晋、郑两国于是又结为友好盟国。

灌楚瓜以德报怨

梁国是汉代诸侯国中的大国，在今天河南商丘一带。宋就，西汉时梁国大夫。当年做梁国边地的县令时，其地与楚国的边地相邻。梁国的驿亭与楚国边地的驿亭都种一种瓜，由于梁国人勤劳尽力多次浇水，其瓜长势喜人，而楚国人懒惰而又很少浇水，其瓜长势不好。楚国县令就以梁国瓜长得美，而怒斥楚国边地驿亭的人种瓜不力。楚国边地驿亭的人厌恶梁国边地驿亭的人种瓜胜过自己，因而夜里前往偷拔梁国边地驿亭的瓜根，致使很多瓜枯萎。当梁国边地驿亭的人觉察到这事，就向县尉请求，以牙还牙，夜里也去偷拔楚国边地驿亭的瓜根。县尉就此事向宋就请示，宋就说："这是什么话！这是结仇怨、惹灾祸的途径呀。他人做错事也跟着做错事，心胸多么狭窄呀！我教你们，一定每夜晚令人前往偷偷为楚国边地驿亭的瓜地好好浇水，不要让他们知道。"于是，梁国边地驿亭的人每天晚上都去替楚国边地驿亭的瓜浇水。楚国边地驿亭的人第二天早上来到瓜地，发现瓜地已经浇过水，长势也一天天好起来。楚国边地驿亭的人感到奇怪而暗地察看，才知道是梁国边地驿亭人的功劳。楚国县令听说后，非常高兴，就把此事告诉了楚国国君，楚国国君听后忧思，感到惭愧和忧愁，就对主管官吏说："那些偷拔梁国边地驿亭瓜根的人，该不会还有其他罪行吧！这是梁国人在暗中谦让我们呀。"于是带上丰厚礼物，向宋就表示歉意，并请求与梁王交好。

老子也说："报怨以德。""楚瓜梁灌"赞美了宋就"以德报怨"的品格，体现了宋就治理郡县的能力。做好一件小事，就能够使两国关系友好，值得借鉴和令人深思。

"智囊"杀身为削藩

晁错（前200—前154），字不详，西汉颍川郡（治所在今河南省禹州市）人。曾从轵县张恢学习申不害、商鞅的刑名学说。后因他通晓文献典籍，被任为太常掌故。

汉文帝时，朝廷无人研究《尚书》，于是派遣晁错向90多岁的济南伏先生学习《尚书》。晁错学成归来，上书陈述便宜的计策，以《尚书》称引解说。汉文帝下诏任命他为太子舍人、门大夫、家令。晁错以他的辩才，深得太子的宠信，太子家称他为"智囊"。晁错数次上书汉文帝，建议削弱诸侯和修改法令。文帝虽然没有采纳他的建议，但很欣赏他的才能，便提拔他为中大夫。

汉景帝即位后，任晁错为内史，又升迁为御史大夫。晁错多次请求皇帝单独与他谈论政事，景帝每每听从。他所受的宠信超过了九卿，由此晁错修改了不少法令。当他再次提出削藩建议，景帝便召集公卿、列侯、皇族一起商议，但是没人敢非议晁错的建议。只有窦婴不同意，从此与晁错有了隔阂。晁错修改的法令有 30 章，诸侯为此十分痛恨他。晁错的父亲听说此事，就从颍川赶来，对晁错说：“皇上继位不久，你执掌政事，削弱诸侯权益，是在疏离人家骨肉情谊，人们都议论、怨恨你，你为什么这样做呢?”晁错说：“事情本该这样，不这样，天子不受尊崇，国家不会安宁。”晁错的父亲说：“照这样下去，刘家安稳了，而晁家就危险了啊！我要离开你回去了。”于是服毒自杀，临死前说道：“我不忍心看到祸及我身。”晁错父亲死后 10 多日，吴楚 7 个诸侯国果然以诛杀晁错的名义起兵反叛。当初，袁盎与晁错有矛盾。于是窦婴和袁盎觐见皇上，历数晁错的不是，汉景帝出于无奈，便下令让晁错穿着朝服，于东市斩杀了他。

当时，谒者仆射邓公为校尉，担任抗击吴楚军的将领。汉景帝问他：“晁错已死，吴楚罢兵了吗?”邓公说：“吴楚有谋反的心有几十年了，他们打着诛杀晁错之名，其实意图不在晁错……晁错只是担心诸侯强大了不能控制，所以才请求削藩以尊京师，这是万世之利的做法呀!”此时的汉景帝才如梦初醒，静默了很久，才开口说道：“你说得对，我对这事也是感到悔恨。”

晁错虽死，却留下了供后世统治者借鉴的《言兵事疏》《守边劝农疏》《论贵粟疏》《贤良对策》《募民徙塞下书》等文章，名垂青史。

直不疑诬不自辩

直不疑，西汉南阳郡宛县（治所在今河南省南阳市宛城区）人。汉文帝时曾任郎官。

当时，他同舍的郎官告假回家，却错拿了另外同舍郎官的金子。不久，金主郎官发现自己的金子不见了，便胡乱猜测是直不疑干的。直不疑不做辩解，并向该郎官道歉，随后买来同等的金子偿还给他。等到告假回家的郎官回来，把错拿的金子归还给这郎官时，他才羞愧难当。由此，直不疑被人称为有德行的人。

汉文帝称誉举荐他，升迁为大中大夫。朝廷相见时，有人诋毁他说：“不疑相貌英俊，但唯独拿他和嫂子私通之事没有办法呀！”不疑听见说：“我没有兄长。”但其他并不为自己辩解。

吴楚反叛时，直不疑毅然起兵平叛。汉景帝中元五年（前 145），任为主爵都尉。中元六年（前 144），由中大夫令改任为卫尉。后元年间（前 143—前 141），由卫尉升迁为御史大夫。因平叛吴楚有功，又封为塞侯。汉武帝建元年中（前 140—前 135），因过错与丞相卫绾一起免官。

直不疑服膺《老子》之言，所到之处，为官始终如一。且唯恐人们知道他为官的事迹，不喜欢树立个人的名声，为人们所敬仰。直不疑去世后，谥信侯。他的儿子直相如继承侯爵。

对于直不疑的德行，后人甚是称赞。明唐寅《百忍歌》云：“君不见，如来割身痛也忍，孔子绝粮饥也忍；韩信胯下辱也忍，闵子单衣寒也忍；师德唾面羞也忍，刘宽污衣怒也忍；不疑诬金欺也忍，张公九世百般忍；好也忍，歹也忍，都向心头自思忖。”将直不疑与历代能“忍”之人相提并论，可谓褒扬之甚。

刚正凛然申屠嘉

申屠嘉（？—前 155），姓申屠，名嘉，西汉梁国（今河南省商丘市）人。当初，申屠嘉以勇武有力跟随汉高祖刘邦攻打项羽，升迁为队率。后随刘邦攻打黥布叛军，改任都尉。汉惠帝时，任淮阳守。汉文帝时，张苍任丞相，申屠嘉升迁为御史大夫。张苍被免去丞相，申屠嘉任丞相，封故安侯。

申屠嘉为人廉洁正直，家中不接受为私事的拜访。当时太中大夫邓通正受汉文帝特别宠幸，赏赐的财物累计巨万。汉文帝曾在他家宴饮，可见其受宠的程度。申屠嘉曾上朝，见邓通站在皇上的旁边，举止怠慢，有失礼节。申屠嘉奏事完毕，便进言说：“陛下宠爱臣子，就使他们富贵；至于朝廷的礼仪，不可以不严肃！”皇上说：“您不要说了，我私下教训他！”下朝后，申屠嘉坐在相府中，写下一道手令，召邓通到丞相府，如不来，就斩了他。邓通害怕，赶紧进宫向汉文帝言说此事。汉文帝说：“你只管去！我现在使人召你回来。”邓通到丞相府，摘下帽子，光着双脚，顿首谢罪。申屠嘉坐着如平常，故意不予以礼待，责备他道：“朝廷，是高皇帝的朝廷啊！你邓通不过是一个小官罢了，却怠慢于大殿上，犯了大不敬的罪，判为斩首。来人，今天就将他推出斩首！”邓通吓得叩头不已，额头尽出血，申屠嘉就是不肯放过。汉文帝揣度丞相已困辱邓通，便派遣使者拿着符节召邓通，并且对丞相表示歉意说：“这人是我狎玩取乐的臣子，您放了他吧！”邓通被召回宫里，惊魂未定，哭着对汉文帝说：“丞相几乎杀了我呀！”

申屠嘉，励节行，正词色，谨法度，凛然立身于朝堂之上，非有陈平绝人之智，周勃震主之威，然而当时君臣均惧怕他，究其原因，实为他平素秉义守节，为人敬佩所致。

张苍不忘王陵恩

张苍（？—前152），西汉河南郡阳武县（今河南省原阳县东南）人。少聪颖。及长，身高八尺有馀，好读书，无所不观，无所不通，而尤善乐律和历法。

张苍初仕秦朝，任柱下御史，因罪逃回。当刘邦大军攻城略地经过阳武时，张苍投奔刘邦。后来，他作为宾客跟随刘邦攻打南阳。当时，由于张苍不慎犯法，被判为斩刑，当他脱衣伏在刑具上时，长大的身体肥白得如瓠瓜一般，王陵（后封为安国侯）看见而惊异他是美士，便劝言刘邦，赦免了他。于是他得以随刘邦向西入武关，至咸阳。刘邦立为汉王，入汉中，还定三秦，便以张苍为常山太守，颇有建树。西汉初年，张苍历任代国相、赵国相。汉高祖六年（前201），燕王臧荼叛乱，张苍随刘邦平叛有功，封为北平侯。后入朝为计相、主计。又升迁为淮南国相，入京为御史大夫。汉文帝四年（前175），任丞相。

张苍虽然显贵，但一直感激王陵的救命之恩。他经常毕恭毕敬地像对待父亲一样侍奉王陵。王陵去世后，张苍为丞相，每逢休假，常常先拜见王陵的夫人，献上美食后，然后才敢回家。

张苍任丞相15年，殚精竭虑。汉景帝前元五年（前152），在家去世，享年百岁有馀，谥文。张苍曾校正《九章算术》，制定历法，主张废除肉刑。并著书18篇（今佚失），言阴阳律历事，为西汉一代名相。

张释之跪而结袜

张释之，字季，西汉南阳郡堵阳县（今河南省方城县）人。汉文帝时，捐财货为骑郎，因与汉文帝谈论秦汉兴亡等事，深得汉文帝赏识。历官公车令、中大夫、中郎将，后官至廷尉。以严于执法、公正不阿闻名，当时人称赞道："张释之为廷尉，天下无冤民。"

当初，张释之担任公车令时，太子刘启与梁王刘武共车入朝，经过司马门时，却不下车。张释之追上去阻止二人，不让他们进殿门。并弹劾太子和梁王犯下了不敬罪。薄太后听说这件事，便向儿子汉文帝问明来由，汉文帝即摘下冠冕谢罪说："是我教导儿子不严呀！"薄太后这才派使者拿着诏书赦免太子和梁王，然后他们才得以进殿。自此，汉文帝对张释之另眼相看。

后来，汉文帝去世，太子刘启即位，即汉景帝。张释之因得罪过汉景帝，心里感到很害怕，便借口生病。他想辞官回家，又怕因此招来杀身之祸；想前往向汉景帝认错，又不知道应该怎样做。于是向朋友王生请教，用他的主意，向汉景帝当面认错，景帝没有责备他。

原来，王生深谙黄老之学，虽然没有官职，但是皇上的座上宾。那时的朝廷信奉黄老之学，对这些士人很是礼遇。有一次，王生被召进朝廷中，三公九卿都齐聚朝堂，听他给大家讲黄老哲学。这位老先生来到朝堂，对张释之说："我的袜带松脱了，帮我系一下袜带！"

再是皇上的贵客，但张释之此时的身份是朝廷的九卿之一，那是何等的身份。听到王生的吩咐，大家都看张释之如何答对。只见张释之什么话都没有说，跪着给这位老者结好袜带。

事后，有人问王生说："为什么要在大庭广众之下羞辱张廷尉，让他跪着结袜带？"王生说："我年老，又地位卑下。自己料想最终不能给张廷尉什么好处。张廷尉是天下名臣，我故意羞辱他，让他跪下结袜带，想用这种办法加强他的名望。”各位大臣听说后，都称赞王生的贤德而且更加敬重张廷尉。

其实，张释之当时并没有考虑这么多，只是觉得他是老者，弯腰不方便，所以就帮助了他。后来听说了王生的良苦用心，遂登门道谢。就这样，张释之和王生竟成了莫逆之交。

黄霸宽厚人称颂

黄霸（？—前51），字次公，西汉淮阳国阳夏县（今河南省太康县）人。少学法令，喜为官吏。汉武帝末年（前87），以待诏入钱赏官，补侍郎谒者，因兄弟有罪被免职。后又入谷沈黎郡，补左冯翊二百石卒史。冯翊以黄霸入财为官，不使他任高职，使为郡钱谷会计。他的账簿正确无误，以廉洁著称，察补河东均输长，又察廉洁任为河南太守丞。

黄霸为人严明苛察，心思敏捷，又熟悉法令条文，且温良谦让，足智多谋，善于管理下属。他为太守丞，决断合于法律，符合人心，深得太守信任和属吏、百姓的爱敬。

自汉武帝末年，至汉昭帝即位，法度严苛，官吏以严酷为能，而黄霸独用宽厚谦和为名。

汉宣帝未即位前，在民间时深知百姓以官吏严酷为苦，即位后，听说黄霸执法公平，召他任廷尉正。黄霸数决疑狱，人称公平。他为丞相长史，因公卿大议廷中，知道长信少府夏侯胜非议诏书大不敬，黄霸却从不举报弹劾，与夏侯胜一起交由廷尉处理，囚禁监狱，判为死刑。黄霸在监狱中得从夏侯胜学习《尚书》，三年后才出来。夏侯胜出狱，又为谏大夫，令左冯翊宋畸举荐黄霸贤良。他又口荐黄霸于汉宣帝，于是提拔黄霸为扬州刺史。三年后，黄霸以政绩显著升迁为颍川郡太守，官秩比两千石，又赐车盖，特高一丈，以彰显有德。

黄霸在颍川太守任上，选择良吏，分部宣布皇帝诏令，使百姓都知晓上意，使邮亭乡官都蓄养鸡、猪，以赡养鳏、寡、贫穷的人。然后为条教，设置父老、师帅、伍长，劝百姓为善防奸，致力于耕田和养蚕，节用和增殖财货。鳏、寡、孤、独的人有死无东西埋葬的，属吏前来禀报时，黄霸就说某地方有棵大树可以做棺材，某亭里有头猪可以用来祭祀，官吏前往一一照办。属吏和百姓无人知道他是如何想出的，都称他“神明”。

其间，颍川有富室兄弟同居，两家媳妇都怀有身孕。兄长的媳妇数月流产而隐瞒不说，当得知弟弟的媳妇产期到时，也卧产房，听说弟弟的媳妇生产一个男孩，便夜间盗取以为自己所生。两家争讼三年，县令迟迟不能裁决。此事反映到郡里，郡守黄霸于是出殿前，使人抱小儿于庭中，离两妇各十余步，使其妯娌俩竞相抱取小儿。短时间内两人都到，兄长的媳妇抱小儿甚猛，小儿大哭。弟弟的媳妇恐伤害小儿而放手，但表情非常悲伤。黄霸于是大声呵斥兄长的媳妇道：“你贪占家财，想得到小儿，怎能考虑伤着小孩呢？此事清楚了！”经责问，兄长的媳妇完全服罪。

黄霸力行教化而后惩罚，以致奸人离开进入他郡，盗贼逐日减少。他以外宽内明深得属吏和百姓的心，户口每年增加，治理为天下第一。朝廷征召他任为京兆尹，官秩二千石。因发动百姓治理国道不先报上，又因他事，连连贬秩。汉宣帝下诏使他回任颍川太守。

黄霸在颍川前后 8 年，郡中愈加太平。天子以黄霸治行最优，下诏称扬道：“颍川太守霸，宣布诏令，百姓向化，孝子、悌弟、贞妇、顺孙日以众多，田者让畔，道不拾遗，养视鳏寡，赡助贫穷，狱八年无重罪囚，吏民向于教化，兴于行谊，可谓贤人君子了……赐其爵关内侯，黄金百斤，秩中二千石。”后数月，征召黄霸为太子太傅，升迁为御史大夫。

汉宣帝五凤三年（前 55），黄霸代丙吉为丞相，封建成侯，食邑六百户。黄霸擅长于治民，及为丞相，总纲纪号令，风采不及丙吉、于定国等。但自汉朝兴起，谈到治民官吏，无不以黄霸为首。

黄霸为相 5 年，于甘露三年（前 51）去世，谥定侯。其子孙官秩至两千石的有五六人。

黄霸廉洁忠贞、宽厚谦和的品格和勤政爱民的作风，为后世为官者所效法。他察情以断疑案，合情合理，令人信服。此则中的殿前断子，颇有影响，后世官员断案，也往往效之。

“召父杜母”惠百姓

召信臣，字翁卿，西汉九江郡寿春县（今安徽省寿县）人。以明经甲科为郎官，出补为谷阳长。因考绩高等，升迁为上蔡长。他治理上蔡视民如子，为百姓称颂，越级提拔为零陵太守。因病归家。汉元帝时，又征召他为谏大夫，升迁为南阳太守，其治理如在上蔡一样。

召信臣为人勤劳有方略，喜欢为民兴利，一心想着使百姓富裕。他亲自劝勉农耕，出入田间地头，休息在田野，少有安居的时候。他的足迹遍布郡中，巡行视察郡中水泉，开通沟渠，筑堤闸数10处，使农田灌溉面积达三万顷之多。百姓得其利，蓄积有余。他又为百姓作均水约束，刻石立于田畔，以防纷争。同时，禁止嫁娶送终奢靡，务必出于俭约。如果府县官吏家的子弟喜好漫游，不以农田劳作为事情，就罢免其官职，更甚者便按其违法论处，借此显示自己的爱好和嫌恶。他的教化大行，郡中没有不努力耕地种庄稼的，以致外地百姓都纷纷而来，户口倍增，盗贼狱讼案件锐减而止息。官吏和百姓由衷地爱戴他，称他为“召父”。

荆州刺史上奏召信臣为百姓兴利，郡以殷富，朝廷赐黄金40斤，升迁他为河南太守。他的治行常为第一，又数增官秩赐金。汉元帝竟宁中（前33），征为少府，列于九卿，后以年老去世于任上。南阳为他立祠祭祀。

杜诗（？—38），字君公，东汉河内郡汲县（今河南省卫辉市）人。少有才能，仕郡功曹，以公平著称。更始帝时（23—25），授为大司马府属掾。光武帝建武元年（25），一年中三迁为侍御史。当时，将军萧广放纵士兵，暴横民间，百姓惊惶混乱。杜诗告诫晓谕他，仍不悔改，于是格杀萧广，回到朝中以状上报光武帝。光武帝召见，赐以棨戟，又使他到河东，诛杀投降的叛贼杨异等。又拜他为成皋令，治事三年，政绩尤异。再升迁为沛郡都尉，调任汝南都尉，所到之处，人们称赞。建武七年（31），又升迁为南阳太守。

杜诗性节俭而政治清平，在南阳，他因诛杀强暴而树立了威望。他善于谋略，惜爱百姓劳役，设计制作水排，铸为农器，使百姓在农耕时事半功倍，大大便利了百姓。又修治池塘，扩大耕地面积，使南阳郡家家户户富裕殷实。当时南阳人将他与召信臣相比，称颂道："前有召父，后有杜母。"

而杜诗却自以为无功劳，不应久居大郡，上疏求避他郡。光武帝爱惜他的才能，不答应。他在南阳郡 7 年，政化大行。建武十四年（38），病逝于任上。司隶校尉鲍永上书说杜诗贫困无田宅，丧无所归葬。光武帝下诏在郡府给他治丧，赠绢千匹。

义不往教说孙宝

孙宝，字子严，西汉颍川郡鄢陵县（今河南省鄢陵县）人。因通晓经术而任郡小吏。

御史大夫张忠征召孙宝为属吏，想让他教自己儿子经术，特地为孙宝打扫房舍，置备日用器物。孙宝见此情况，便自我弹劾，辞职要离开。经张忠再三挽留，他才留了下来。张忠内心感到不能理解。后来让孙宝任主簿，孙宝迁入房舍，又是祭灶，又是请邻居。张忠暗地里观察，感到奇怪，便让所亲近的人问孙宝："以前大夫为您安置并打扫大的房舍，您自我弹劾离开，想要表现自己高尚的节操吧。现在两府高士一般不做主簿，您却做了，搬进那个屋舍又很高兴，为什么前后不相符呀？"孙宝说："高士不做主簿，而大夫认为我可以，一府没有人说不当的，士怎么能独自清高呢？前日大夫的儿子想学文，而使我自己靠近他，'礼有来学，义无往教'（礼仪上有来学习的，道义上没有前往教的），道义不可使屈服，自身屈服又有什么妨害？再说不得志的人什么不可做，何况主簿呢？"张忠听说这话，甚为惭愧，便上书举荐孙宝通晓经书，为人正直，应当充任皇帝身边的大臣。于是，任孙宝为议郎，又升为谏大夫。

汉哀帝、汉平帝时，孙宝历任益州刺史、冀州刺史、丞相司直、广汉太守、京兆尹、大司农等。后以反对王莽遭诬陷免职，终老于家。光武帝建武中，录任昔日有道德的大臣，以孙宝的孙子孙伉为诸县长。

“大树将军”有懿行

冯异（？—34），字公孙，东汉颍川郡父城县（治所在今河南省宝丰县李庄乡古城村）人。喜好读书，通晓《左氏春秋》《孙子兵法》。

冯异原为郡掾，负责防守父城等五县，与父城长苗萌共守城，为王莽抗拒汉兵。刘秀占领颍川郡，攻父城不下，驻兵巾车乡。冯异出行属县，为汉兵所捉拿。当时他的堂兄冯孝和同郡丁綝、吕晏，都跟从刘秀，因共向刘秀推荐冯异。刘秀召见冯异，冯异说：“我一人的作用，不足为强弱。有老母在城中，但愿回去攻占五城，以报效功德。”刘秀说：“好！”冯异回去，又向苗萌晓以大义，后一起开门奉牛、酒迎刘秀。刘秀于是任冯异为主簿，苗萌为从事。冯异顺势推荐同乡铫期、叔寿、段建、左隆等，刘秀都任为掾史。

冯异对天下大势有着独到的见解。他对刘秀说：“天下同被王莽所苦，思念汉朝很久。更始帝的将领们又残暴横行，到处劫掠，百姓失望，无所依凭。现在，主公可不用请示，自行其是，广施恩德。有桀纣之乱，方显汤武之功。人久饥渴，易为充饱。应当立即分派官属，到各个郡县，处理冤案，广布惠泽。”刘秀从谏如流，采纳了他的建议。在转战之中，冯异对刘秀可谓关怀备至，饥奉豆粥，寒生热火。

冯异为人谦恭，从不自夸，路上与诸将相逢，总是把自己的车子引开让道。行军打仗，进退都有标识，军容整齐。每次驻扎休息，诸将坐在一起论功，而冯异常常一人退避树下。由此，军中称他为“大树将军”。当刘秀大军攻破邯郸时，便调整部分将领，将领们各有隶属，而军士们都愿意跟随“大树将军”。刘秀从此更加看重冯异。

冯异跟随刘秀，历任偏将军、孟津将军，封为应侯。光武帝建武二年（26）春，封冯异为阳夏侯。下诏使冯异回家祭祀坟冢，使太中大夫赠牛、酒，令二百里内的太守、都尉以下官员和宗族参与。建武三年（27），任命他为征西大将军。建武九年（33），又任命他为征虏将军。建武十年（34）夏，冯异与诸将攻打落门，未攻下，病发，去世于军中，谥节侯。汉明帝永平三年（59），其画像入洛阳南宫云台阁，为“云台二十八将”之一。

疾风劲草赞王霸

王霸（？—59），字元伯，东汉颍川郡颍阳县（治所在今河南省许昌市西南）人。他家世代喜好法律，父亲为郡决曹掾。

王霸年轻时曾任监狱官吏，常不乐于此职而感慨。他的父亲引以为奇，就送他到长安学习。汉兵兴起，刘秀路过颍阳县时，王霸就率领宾客前往拜谒，说：“将军兴起义兵，霸私下不自量力，贪慕将军威德，愿意参加您的部队。”刘秀说：“我做梦都在渴望贤士，愿与你共图功业，岂有他心呢！”于是，王霸跟随刘秀，在昆阳击破了王寻、王邑后，还乡休息。

等到刘秀担任司隶校尉，路过颍阳县时，王霸请示其父，希望跟随刘秀干一番事业。他父亲说：“我老了，不能胜任军旅生活，你去吧，好好干！”于是，王霸跟随刘秀到了洛阳。等到刘秀担任大司马时，以王霸为功曹令史。他跟随刘秀渡过黄河，来到河北。那些跟随王霸的数十名宾客，忍受不了来往奔波的军旅生活，都相继离开了。刘秀不无感慨地对王霸说：“颍川跟随我的人都已经离我而去，只有您独自留了下来。努力吧，疾风知劲草啊！”

后来，王霸追随刘秀，立下了汗马功劳，历任军正、偏将军、讨虏将军、上谷太守等职。先后封为关内侯、王乡侯、富波侯、向侯、淮陵侯等。于汉明帝永平二年（59），因病免职，数月后病逝。永平三年（60），其画像入洛阳南宫云台阁，为“云台二十八将”之一。

当道卧辙留侯霸

侯霸（？—37），字君房，西汉末东汉初河南郡密县（今河南省新密市）人。他为人矜持严肃，仪容庄重，家累千金，不事产业。而笃志好学，师从九江太守房元研究《穀梁春秋》，为元都讲（主持学舍的第一人）。汉成帝时，任为太子舍人。

王莽初年（9），由于五威司命陈崇的推举，侯霸升迁为随县宰。随县地界旷远，滨带江湖，而亡命之徒多为寇盗。侯霸到任，立即查办，诛杀豪猾，分捕山贼，从此县里清静平安。由此，侯霸再升迁为执法刺奸。其间，他纠查有权势有官位的人，无所犹豫和惧怕。后为淮平大尹（太守），理政颇有能名。王莽败时，侯霸保固自守，保全一郡。

更始元年（23），更始帝遣使征召侯霸，百姓老弱相携号哭，遮拦使者的车，有的当道而卧辙，都说："愿乞求侯君再留一年。"百姓以致告诫乳妇不能生育子女，侯君当去，必不能保全。使者见状，考虑侯霸就征，临淮必乱，因此不敢授给他玺书，回朝具以情状上报。恰遇更始帝败，征召侯霸的事情于是搁置下来。

建武四年（28），光武帝征召侯霸，拜为尚书令。第二年，代伏湛为大司徒，封关内侯。侯霸在位明察守正，奉公正直。建武十三年（37），侯霸去世，光武帝深为哀伤惋惜，亲自临吊。于是追封谥侯霸为则乡哀侯，食邑2600户。儿子侯昱嗣爵。

临淮官吏和百姓闻听侯霸去世，共为他立祠，四季祭祀。

茅容孝亲感名士

茅容，字季伟，东汉陈留郡（治所在今河南省开封市祥符区陈留镇）人。他家庭贫穷，40多岁仍在家种地糊口。

一日与同辈在田野耕作，避雨树下，众人都箕踞相对，唯独茅容端坐越加恭敬。太原人郭泰，字林宗，为天下名士，明性知人。当郭泰路过这里，见到茅容感到奇异，于是与他交谈。茅容因而请郭泰寓宿自己家里。第二天早晨，茅容杀鸡做饭食，郭泰以为为自己置办菜肴。结果，茅容分一半鸡肉让母亲吃，另一半则放进柜橱，自己却以粗劣的蔬菜与客人郭泰同吃。郭泰见此情景，不无感动，起而向他拜道："您的贤良，超人很远呀！我自己减少祭祀父母的"三牲"（牛、猪、羊），以款待过往的客人，而您却是这样，真是我的朋友呀！"于是劝茅容读书学习。茅容也不负友人所望，最终成为有德行的人。

汉桓帝延熹七年（164）春二月，邟乡忠侯黄琼去世。将下葬时，四方远近名士来吊丧的有六七千人。当初，黄琼在家讲授经书时，南昌人徐稚（字孺子）曾跟他询问要旨。当年黄琼地位尊贵时，徐稚与他断绝关系，不再交往。而这个时候，徐稚却前来吊丧，以酒祭奠后，哀痛地大哭后离去，人们都不知道。诸位吊丧的名士问主持丧事的人："徐孺子是否来过？"主持丧事的人回答道："没见到。但早些时候有一位书生来，穿的衣服粗薄而哭得哀痛，不记得姓和字了。"大家说："一定是徐孺子！"于是选派善于言辞的陈留人茅容，骑快马追赶他。在半路追到后，茅容为徐稚沽酒买肉，徐稚便与茅容一道饮食。当茅容问及国家的事情时，徐稚不回答。再问到种庄稼的事情，徐稚这才与他交谈。茅容返回后，将上述情况如实告诉了大家。有人感叹说："孔子说过：'可以和他说而不和他说，就错过了人才。'那么，徐孺子岂不是错过了人才吗？"郭泰说："不是这样。徐孺子的为人，清高廉洁，他饥饿时不会轻易接受别人的食物，寒冷时不会随便穿别人的衣服。而与季伟一起饮酒食肉，这是因为他已经知道季伟贤良的缘故呀！之所以不回答国家的事情，是由于他的智慧我们可以赶得上，他的故作愚昧我们赶不上呀！"

郭泰、徐稚都是一代名士，而茅容招待却截然不同。茅容前者为孝养母亲，后者为仰慕名士，所为都合乎情理。茅容知道郭泰善解人意，所以招待名士没有拘于常理。

战功卓著乘折辕

张堪，字君游，东汉南阳郡宛县（治所在今河南省南阳市宛城区）人。张氏是南阳郡大族。父亲早逝，张堪便把父亲留下的数百万家产让给侄子。16 岁时，他只身来到长安受业学习。由于品行超群，诸儒都称他为"圣童"。

光武帝刘秀未即位前，对张堪的志向和操守，素有耳闻，颇为叹赏。刘秀即位后，由于中郎将来歙的举荐，召拜张堪为郎中，多次升迁为谒者。后使他送粮草和缣帛，并领骑 7000 匹，前往大司马吴汉讨伐公孙述处，在道路上又追拜他为蜀郡太守。当时吴汉军仅余 7 日粮，暗地里准备船只想要逃去。

张堪听说，便快马加鞭驰往而拜见吴汉，据情分析公孙述必败，不应有退军的谋划。吴汉听从了他的劝谏，便示弱挑战。公孙述不知是计，贸然自出，而战死城下。成都既拔，张堪先入城，检看库藏，收其珍宝，全部列出清单而上缴，没有丝毫私藏。继而抚慰吏民，安定社会秩序，由此得到了蜀郡人的拥戴。

治理蜀郡两年后，朝廷征拜张堪为骑都尉。后领骠骑将军杜茂营，在高柳击破匈奴，拜为渔阳太守。张堪在任上，逮捕和打击诡诈狡猾的人，赏罚必守诚信，官吏百姓都乐意为他效劳。匈奴曾以一万人马进攻渔阳，张堪亲自率领数千骑兵奔击，大破匈奴兵，郡界从此安静。于是在狐奴开垦稻田 8000 余顷，勉励农民耕种。百姓因此殷实富足，由衷地歌颂道："桑无附枝，麦穗两岐。张君为政，乐不可支。"张堪担任渔阳太守 8 年，匈奴畏惧，不敢侵犯。

刘秀曾经召见各郡主管计簿的官吏，询问风土民情及前后太守县令的贤能与否。蜀郡计簿樊显进言说："渔阳太守张堪过去在蜀郡时，仁慈惠及百姓，声威震慑奸人。当公孙述被攻破之时，珍宝堆积如山，集聚掌握的财物，足以富贵十代人，而张堪离职的时候，只是乘坐折辕的车，仅有布被一囊而已。"刘秀听到这里，感叹良久。便拜樊显为鱼复长。当征召张堪时，遇张堪病逝，光武帝深感哀伤惋惜，下诏褒扬他，赐帛百匹。

"仇览栖鸾"德行高

仇览，字季智，东汉陈留郡考城县（治所在今河南省民权县王桥集附近）人。一名香。少为书生，敦厚寡言，乡里无了解他的人。

汉和帝年间，他 40 岁时，县召补为属吏，选为蒲亭长。他勉励百姓勤于从事赖以生存的农业，为他们制定法令条文，细致到种果树种菜的限额，以及养鸡养猪的定数。农事做完后，就把子弟们集合起来，到县学学习。对那些轻浮放荡的年轻人，就用耕田养蚕之事改造他们，并制定出严格的惩罚措施。他亲自帮助有丧事的家庭，赈济体恤贫穷孤寡的人。一年，蒲亭便有了很大的变化。

仇览初为蒲亭长时，当地有个叫陈元的人，单独与母亲居住，违背赡养之道，不顺从母亲，他的母亲到仇览处告陈元不孝。仇览吃惊地说：“我最近路过你家时，你儿子整顿耕耘按时，应不是恶人，当是教化不到。你作为母亲守寡养孤，苦了自身，临老为什么发怒于一朝，想置儿子以不义呢?”陈元的母亲听此言，感慨后悔，哭泣而去。仇览于是亲自到陈元家，与他们母子同饮，为陈元讲解人伦孝行，并用祸福之言开导他，又送陈元《孝经》一卷，让他诵读。陈元深自悔责，拜在母亲床下，说：“我从小失去父亲，为母亲所骄养。谚语说：‘孤犊触乳，骄子骂母。’我今后改正。”母子又相向哭泣。陈元便修孝道，最后成为品行优良的人。乡里为他传言道：“父母何在在我庭，化我鸣枭哺所生。”

当时，河内人王涣为考城令，政尚严猛，听说仇览以德化人，便任他为主簿，并对仇览说：“主簿听到陈元的过失，不去治罪而是感化他，难道没有一点鹰和鹯一样的忠勇志向吗?”仇览说：“我以为鹰、鹯不如鸾、凤。”王涣致歉，临别时对他说：“枳树和荆棘不是鸾、凤所栖息的处所，百里不是非常有道德才能人的道路。现在，太学里那些拖着长衣，名誉飞扬的人，都不如主簿呀。我出一个月的俸禄资助你去太学学习，勉励你成就具有崇高品德的人。”仇览入太学时，学生中有个同郡的符融有高名，与仇览住的相邻，宾客盈室。仇览常自守，不与符融说话。符融观其仪容举止，心中感到奇怪，便对仇览说：“与先生同郡壤，邻房牖。今京师英雄四集，志士交结之日，您努力于经学，何必如此固守它呢?”仇览便态度严肃地说：“天子修设太学，难道但使人游谈其中!”便高作揖而去，不再与他说话。后来，符融以此事告诉了郭泰，郭泰因与符融一起携带名帖走进仇览的宿舍拜访他。于是仇览请他们留宿，郭泰叹息，下床为拜。

仇览学习毕业，回归乡里，州郡并请，均以病推辞。虽平时闲居，仇览必以礼自整。妻子和子女有过错，就摘下帽子自责，妻子和子女在庭中认错，等候他戴上帽子才敢登堂上。家人没有人看到他喜怒哀乐的变化。由于仇览品德高尚，人们以“仇览栖鸾”赞誉他。后征召他为方正，遇病而逝。

门生故吏护忠良

汉桓帝时，外戚梁氏专权，枉杀大臣杜乔、李固，令人发指。

杜乔（？—147），字叔荣，东汉河内郡林虑县（今河南省林州市）人。少为诸生，举孝廉，初为司徒杨震府属掾。升迁为南郡太守，转东海相，入拜侍中。汉顺帝汉安元年（142），以光禄大夫按察兖州，表奏泰山太守李固政为天下第一。还京，拜为太子太傅，升迁为大司农。益州刺史种暠弹劾永昌太守刘君世以金蛇贿赂大将军梁冀，事发觉，以蛇输司农。梁冀向杜乔借观那金蛇，他不肯与，梁冀始为忌恨。当他升迁为大鸿胪时，梁冀小女儿死，令公卿会丧，唯独杜乔没有前往。梁冀又衔恨。后升迁为光禄勋。汉桓帝建和元年（147），代胡广为太尉。汉桓帝将纳梁冀的妹妹，梁冀想令以厚礼迎娶，杜乔据旧典始终不听。又梁冀举荐汜宫为尚书，杜乔以汜宫贪赃罪明著，不肯任用。因杜乔往往忤逆梁冀，于是与李固同遭到梁冀的诬陷，逮捕下狱。

李固（94—147），字子坚，东汉河内郡林虑县人。一说汉中郡南郑县（治所在今陕西省汉中市东）人。司徒李郃之子。少好学，曾改易姓名，不远千里，杖策驱驴，负笈寻师。学五经，积十余年，博览古今，明于风角星算，河图谶纬，仰察俯占，穷神知变。后五察孝廉，益州再举茂才，都不应。五府连任命为属官，都以病为借口推辞。汉顺帝阳嘉二年（133），因上疏直陈外戚、宦官专权之弊，任为议郎。永和中（136—141），任为荆州刺史、泰山太守，政绩显著。升迁为将作大匠、大司农。汉冲帝即位，任他为太尉，与大将军梁冀参录尚书事。汉冲帝死，他议立清河王刘蒜，梁冀不从，另立质帝。不久梁冀鸩杀质帝，想立蠡吾侯刘志（即汉桓帝）。李固再次请立清河王，为梁冀所忌，因被免职。后与杜乔俱被梁冀诬陷，逮捕下狱。

梁冀又将杜乔与李固俱置于法，并暴尸于城北，当时家属、朋友没有人敢去看的。

杜乔的故掾、平原令陈留郡杨匡（一名章，字叔康）听说这件事，哭泣着连夜赶到洛阳，戴着过去的赤色头巾，假托为夏门亭吏，守卫杜乔的尸体，驱护蝇虫达12日。都官从事将他捉拿上报朝廷，梁太后以他有义而不加罪于他。杨匡于是冒死到朝阙上书，并乞请李、杜二公骸骨归葬。梁太后最终允许他为杜乔收尸。于是杨匡便以礼殡殓杜乔，送丧还家安葬。并为杜乔穿孝服，隐居不仕。

李固的弟子汝南郭亮，年不满18岁，游学洛阳，也冒死到朝阙上书，乞求收李固的尸体，不许。因往临李固的尸体大哭，守丧不去。夏门亭长呵斥他说："李、杜二公为大臣，不能安上纳忠，而兴造无端。你们是何等迂腐的生徒！公犯诏书，你们敢冒犯有司吗?"郭亮说："亮含阴阳以生，戴乾履坤，义之所动，岂知性命。何为以死相惧?"亭长叹道："处于违反天道的世上，天高不敢不屈曲，地厚不敢不小步。耳目适宜视听，口不可以妄言呀!"梁太后听说而不杀郭亮。南阳人董班也前往哭李固，而愿为守护李固的尸体而死也不肯离去。梁太后怜惜他们，便由他们收尸装殓归葬。

二人也由此显名，三公并召董班为属吏。董班于是隐身，不知所归。

五百里内贤人聚

荀淑（83—149），字季和，东汉颍川郡颍阴县（治所在今河南省许昌市魏都区）人，荀卿的十一世孙。少有高行，博学而不好章句，多为俗儒所非，而州里称其知人。

汉安帝时，征拜为郎中，升迁为当涂长。后辞职还乡。当世名贤李固、李膺等都拜他为师。当梁太后临朝，有日食、地震灾情，于是诏公卿举贤良方正。光禄勋杜乔、少府房植举荀淑对策，他讥刺贵幸，为大将军梁冀所忌恨，出补朗陵侯相。荀淑临事明理，被人们称为"神君"。不久，弃官归乡，闲居养志。每当家中产业增加，便用以赡养宗族和知友。汉桓帝建和三年（149），荀淑病逝于家中，享年67岁。李膺时为尚书，自己上表呈请纪念老师。因而颍阴、襄县二县都为他立祠祭祀。

荀淑有子八人：荀俭（字伯慈，侍中荀悦之父）、荀绲（字仲慈，济南相，光禄大夫荀彧之父）、荀靖（字叔慈，隐身修学、动必以礼，太尉辟召不就）、荀焘（字慈光，举孝廉）、荀汪（字孟慈，昆阳令）、荀爽（字慈明，历任平原相、光禄勋、司空）、荀肃（字敬慈，舞阳令）、荀旉（字幼慈，司徒掾）。8 人并有德业，被当时人称为“荀氏八龙”。

陈寔（104—187）字仲躬（一作仲弓），东汉颍川郡许县（治所在今许昌市建安区张潘镇古城）人（今属长葛市古桥镇人）。出身寒微。少年时做县吏，后为都亭佐。而有志好学，坐立诵读，得到县令邓邵赏识，举荐他到太学就读。后为颍川郡西门亭长，不久转任功曹，以德行著称。司空黄琼选他任理剧，又补闻喜长，再升迁为太丘（治所在今永城市太丘镇）长。任上，陈寔修德清静，百姓以安。因沛国相征收赋税违法，陈寔便解印绶辞职，为属吏和百姓所思念不已。

党锢之祸，株连陈寔。他人多逃避求免，陈寔说：“我不就狱，众人无所依靠。”于是请求囚禁自己。后遇赦才得以出狱。

陈寔在乡里，平心率物。人如有争讼，便求他判正。他便公正分析、晓譬曲直，事情得以解决而没有怨恨的人。百姓由衷地赞叹道：“宁为刑罚所加，不为陈君所短。”当时，岁遇饥荒，有小偷夜里进入陈寔家中，躲在梁上。陈寔暗中发现，于是整理拂扫，叫来子孙，正色训斥道：“人不可不自勉。不善之人未必本来就不善，习惯成性，于是到了梁上君子这样呀！”小偷大惊，自己从梁上下来，跪地叩头请罪。陈寔慢慢开导他说：“看你的样子，不像坏人，应该深刻反省，去做好人。你这次应当是因为贫困所致。”命令家人送给他绢两匹。从此，一县当中再也没有盗窃的事情发生。

当党禁解除，大将军何进、司徒袁隗召他任官。他便辞谢使者说：“寔久绝人事，饰巾待终而已。”当时，三公每缺，议者认为非陈寔莫属，多次被征命，他最终不去就任，而闭门悬车，隐居养老。汉灵帝中平四年，在家中去世，享年 84 岁。海内前来吊唁的有 3 万余人，穿孝服的数以百计。大家共刊石立碑，谥为“文范先生”。

陈寔有子六人，陈纪（字元方，官至大鸿胪）、陈谌（字季方，官至司空掾，公车征不就）最有德有才。

一天，陈寔造访荀淑，由于贫穷俭约，没有仆人，便使长子陈纪（字元方）驾车，使四子陈谌（字季方）持杖在后随从，孙子陈群（字长文，陈纪儿子）还小，坐在车中。当到时，荀淑使三子荀靖（字叔慈）在大门应接，宾主寒暄后，谈天说地，论古道今，引经据典，妙语连珠。宴席上，荀淑又让六子荀爽依次斟酒，其余人上食物。荀彧（字文若）当时还小，坐在荀淑膝前。席间，宾主彬彬有礼，其乐融融。

当天夜晚，德星相聚。第二天早朝，太史上奏："五百里内有贤人聚。"

太史之说，固不可信。但以天上星宿比附人间事，自古皆然。东汉都城洛阳离许昌不远，朝中两家弟子或私淑弟子众多，太史有此上奏便毫不奇怪。荀、陈两家相聚，正应了"物以类聚，人以群分"之言，称其为"贤人聚"，亦甚恰切。

贾彪护民享高名

贾彪，字伟节，东汉颍川郡定陵县（治所在今河南省舞阳县北）人。自幼聪慧，少时在京师洛阳太学学习，志节慷慨，与同郡荀爽齐名。

初出仕州郡，举孝廉，补新息（今河南省息县）长。当时，新息百姓生活贫困，多不养子女。贾彪到任，了解此情后，便严格地定下制度，如有生子女抛弃或杀而不养的，与杀人同罪。

一日，报城南有盗抢劫害人的，城北有妇人杀子的。贾彪即出行查案，而属吏想引他到城南。贾彪生气地说："贼寇害人，此是常理，母子相残，逆天意而违背道义！"于是驱车北行，查验其罪。城南的贼听说此举，也双手反绑前来自首。数年间，人们养子女的数以千计，都说："贾父所长。"于是，生男起名为"贾子"，生女起名为"贾女"。

后世则将贾彪与人称"杜母"的杜诗相提并论。元陆文圭有："新息父贾彪，南阳母杜诗。束吏如官奴，护民如婴儿。"

古代官吏视民如子，民便视官吏如父母；反之则如寇仇。

韩仲黄辞官留驹

韩韶，字仲黄，东汉颍川郡舞阳县（今河南省舞阳县）人。初为颍川郡属吏，选拔为司徒府掾。

当时，泰山公孙举起兵，郡守、县令不能击败，大多因此罢职。汉桓帝永寿二年（156），尚书选拔三府掾能治理繁难事务的人，于是任命韩韶为嬴县（治所在今山东省莱芜市莱城区西北的城子县村）长。公孙举听说韩韶贤良，告诫兵将不入嬴县境内。其他县多被攻夺，因而耕桑多废。他县百姓流入嬴县界乞讨衣粮的甚众。韩韶怜悯流民饥困，便开仓赈济，所赈济的有万余户。管理仓库的人竭力劝阻，认为万万不可。韩韶说："能够使将填沟壑的人活下去而因此服罪，我便含笑地下了！"太守平素了解韩韶的名声和德行，竟不追究此事。

后来韩韶因病辞官，百姓听说，便相拥前往送行，一直送到水流湍急的河边。韩韶来嬴县时，曾骑一匹母马上任，到嬴县后这匹母马生了一个小马驹，韩韶颇为喜爱。临别时，韩韶指着老马身边的小马驹对百姓说："此驹生在嬴县，吃嬴县草，喝嬴县水长大，是嬴县的物产，应该留在嬴县。"说着让人把小马驹留下，自己跨老马而去。母马、马驹相恋，相互嘶鸣不已。人们被韩韶的廉洁所深深感动，于是将留马驹处的河流起名为"嘶马河"，并树碑以示纪念，上书："韩韶留驹处。"

后来，人们感念韩韶，纷纷来此居住，聚而成村，便成了如今的嘶马河村。

亡衣失冠说朱穆

朱穆（100—163），字公叔，东汉南阳郡宛县（治所在今河南省南阳市宛城区）人。丞相朱晖之孙。他五岁时便有孝名，父母生病，就不饮食，待其病情稍痊愈才如往常一样。等到壮年，好学专精，思考问题，每每终日忘记吃饭；行路坠入坑坎，丢失冠履，却不自知。他的父亲朱颉常常说他太过专心，近似愚笨，几乎不知道马有几条腿。

后来，朱穆通晓五经，性情矜严，疾恶如仇，不与志向不合、志趣不同的人相交往。20 岁为郡督邮，当迎新太守时，太守见朱穆说：“你年少便为督邮，是因家族势力且有好的美德呀！”朱穆答道：“郡中瞻望明府如仲尼，说非颜回不敢以迎孔子。”太守又问风俗人物，他对答得体，太守甚感诧异，说：“我不是仲尼，而督邮可称颜回呀！”于是视他为左右臂膀，举为孝廉。

汉顺帝末年，江淮一代盗贼群起，州郡不能禁止。有人就对大将军梁冀说：“朱公叔文武兼备，是海内奇士，如果以他为谋主，贼人不难平定。”梁冀也常听说朱穆的名声，于是提拔他掌管军事，对他倍加信任。到汉桓帝即位时，梁冀有权有势，朱穆写了一封奏折，劝谏梁冀能够扶持朝廷，但是梁冀不听。朱穆又常感时风浅薄，慕尚敦厚，于是相继撰写了《崇厚论》和《绝交论》，试图矫正时弊。

汉桓帝永兴元年（153），朝廷任朱穆为冀州刺史，所属令、长有贪污受贿的听说朱穆渡过黄河，解印绶离去的达 40 多人。后朱穆拜为尚书。之后，他多次劝谏梁冀，梁冀一意孤行，均不采纳。朱穆刚直不阿，痛恨宦官，于是上疏除掉宦官，得不到应允。而后郁郁不得志，以致患发疽疮，于汉桓帝延熹六年（163）病逝，享年 64 岁。

朱穆为官几十年，蔬食布衣，家中没有余财。朝廷策诏褒述，追赠为益州太守。蔡邕又与门人共述朱穆德行，谥为文忠先生。他所撰的论、策等共有 20 篇，传于后世。

朱穆耽于学习，善于思考，“亡失衣冠”而不自知，可谓专心致志；为官清廉，刚正不阿，使贪夫闻风而去，可谓清风正俗；忧国忘身，力陈除宦官一疏，其贤可知。

不畏强御陈仲举

陈蕃（？—168），字仲举，东汉汝南郡平舆县（今河南省平舆县）人。

祖父曾任河东太守。陈蕃15岁时，曾闲处一室，而庭院和屋舍脏污杂乱。父亲的朋友同郡薛勤来造访，对陈蕃说："小子为什么不洒扫以待宾客？"陈蕃应答说："大丈夫处世，当扫除天下，怎能侍候一室呢！"薛勤知其有让世道澄清的志向，引以为奇。

当初，陈蕃仕郡，举孝廉，任郎中。母亲去世，弃官行丧。守孝期满，刺史周景任他为别驾从事，以谏争不合而离去。后公府推举方正，不就职。太尉李固上表举荐，征拜为议郎，再升迁为乐安太守。当时襄城人李膺为青州刺史，名有威政，所属令、长都望风离去，唯独陈蕃以清绩留下。郡人周璆，是高洁之士，前后郡守招命，不肯到职，只有陈蕃能招致他。陈蕃对他大加宠异，只称字而不称名，并特为他置一榻，周璆离开便悬挂起来。

后来，陈蕃为豫章太守，到府便问徐孺子（徐稚字）所在，想先拜见他。主簿说："群情想让府君先入府衙。"陈蕃说："武王瞻仰商容的乡闾，席不暇暖，我礼贤士，有何不可？"于是以礼相待徐稚，任命他为功曹。陈蕃平常不接待宾客，但特设一榻，只有徐稚来才用，离开便也悬挂起来。

汉桓帝延熹年间（158—166），陈蕃历任尚书令、大鸿胪、议郎、光禄勋、尚书仆射，升迁为太尉。与李膺等反对宦官专权，为太学生所敬重，被称为"不畏强御陈仲举"。遇李膺等以党事下狱，陈蕃上疏极谏，因而被罢免官职。

汉桓帝永康元年（167），窦太后临朝，以陈蕃为太傅，录尚书事。他与外戚窦武谋诛宦官曹节等，计谋泄露。于是，他率领官属和太学生80余人，冲入宫门，事败入狱被害，享年70多岁。陈蕃虽然死节，但其英名千古传颂。

贞节先生范史云

范丹（112—185），字史云，东汉陈留郡外黄县（治所在今河南省民权县西北内黄集）人。一作范冉。少为县里小吏，18岁时，奉命迎督邮，以此为耻，于是逃去。到南阳，受业于易学名家樊英（今河南省鲁山县人）。又西游长安，从著名经学家马融学习经书，历年才还。

范丹常慕梁鸿（字伯鸾）、闵贡（字仲叔）的为人，与汉中李固、河内王奂相友善。王奂后为考城（治所在今河南省民权县王桥集附近）令，多次写书信请范丹，虽考城境接外黄县，但他始终不去。后王奂升迁为汉阳太守，将行，范丹才与弟弟共携酒食，于道旁等待。范丹见王奂车徒络绎，于是不上前相语，惟与弟共辩论于路。王奂听出他的声音，便下车与他相揖对话。王奂说："行路仓促，不是相叙友情的地方，可一起到前亭住宿休息，以叙分离之情。"范丹说："您前在考城，思考着想相从，却以贱身自绝豪友了。今您远往千里，会面无期，所以轻行相候，以示诀别之情。如果这样相追，将有慕贵的讥笑了。"便起身告别，拂衣而去。王奂瞻望不及，范丹则长去不顾。

汉桓帝时，以范丹为莱芜长，遇母亲去世，没有到任。后召为太尉府任职。范丹以性情急躁不能从俗，便常佩韦（熟牛皮）步行于官舍。他曾使儿子拾麦，拾得五斛，乡人送他一斛，并嘱咐他的儿子说："别使你的父亲知道。"儿子回家不敢不说。范丹即令送回六斛，说麦已掺杂在一起，无法分取。

范丹的清廉，为人共知。大臣们纷纷议论，想举荐他为侍御史。他听说后，便逃走于梁、沛之间，破服步行，卖卜于市，并纺线以自给。

后遭党人禁锢，于是推着小车，载着妻子，以拾取谋生计。或寓息于客舍，或依宿于树荫。如此十余年，结草室而居住。有时粮粒尽，穷居自若，言貌无改。乡里歌道："甑中生尘范史云，釜中生鱼范莱芜。"

当党禁解除时，太尉、司徒、司空三府相继召他，于是他便选作了司空掾属。此时西羌反叛，黄巾起义，朝廷下令诸府掾属，不得妄有去就。范丹首先请求自退，诏书特原谅他，不予定罪。又为太尉府所召，因病不前往就职。

汉灵帝中平二年（185），范丹在家中去世，享年 74 岁。临去世时，他告诫儿子，丧事一切从简。而三府分别派遣人前往吊唁，谥贞节先生。参与葬礼的有 2000 余人，刺史、郡守各为他立墓碑以旌表。

范丹不趋炎附势，俯仰自若，佩韦修身，廉洁自律，谥为贞节，名副其实。

人羡“二难”兄与弟

太丘（今河南省永城市）长陈寔与两个儿子陈纪、陈谌并享高名，当时人称为“三君”。

陈纪（129—199），字元方，陈寔的长子。与弟陈谌都以至德被人称道，兄弟孝养，闺门雍和。后进之士，都推慕其高风。及遭党锢，发愤著书数万言，人称陈子。父亲陈寔去世，哀痛呕血绝气。虽孝服已除，而积毁消瘠，几将灭性。豫州刺史嘉其孝行，上表于尚书，图像百城以厉风俗。党锢以后，陈纪多次被征召，但他闭门不就。董卓进入洛阳，强迫陈纪担任五官中郎将，陈纪不得已到京师，升迁为侍中，出任为平原相。又升迁为尚书令，拜为大鸿胪。后去世于任上，享年 71 岁。

陈纪的儿子陈群（？—236），字长文。他为儿童时，祖父陈寔常对他感到奇异，对宗人父老说：“此儿必兴我宗族！”陈群早年被刘备任命为豫州别驾。后归曹操，任司空西曹掾属，以考核优等，转任参丞相军事。曹操封魏公时，担任魏国的御史中丞。后来拜为吏部尚书，封昌武亭侯。汉献帝延康元年（220），向曹丕建议施行“九品中正制”，以选拔人才。曹魏建立后，历任尚书令、镇军大将军、中护军、录尚书事。魏文帝曾问陈群：“您与父、祖相比怎样？”他回答说：“臣祖寔不言而治，臣父纪言而行之。至于臣群有其言而必行。”曹丕去世，陈群受诏辅政。曹睿即位，任司空、录尚书事，封为颍乡侯。于魏明帝青龙四年（236）去世，谥靖侯。

陈谌，字季方，陈寔第四子。曾任司空掾，公车征召不就职，早逝。一次，有位客人问陈季方说：“您的父亲陈太丘有何功德而享誉天下重名？”陈谌回答说：“我的父亲就像桂树长在泰山之腰，上有万仞的高峰，下有不测的深渊；上面沾满甘露，下面被渊泉滋润。这个时候，桂树怎知泰山之高、渊泉之深？不知道有无功德。”

陈谌的儿子陈忠，字孝先，颇有辩才。有一天，陈群和陈忠争论各自父亲的才德，各不相让。就去问祖父陈寔。祖父告诉两个孙子说：“元方难为兄，季方难为弟。”

于是，后世便以“二难”形容兄弟才德难分伯仲。

后世诗文中多运用“二难”典故。如，唐包何《和苗员外寓直中书》诗有：“朝列称多士，君家有二难。”唐王勃《秋日登洪府滕王阁饯别序》有：“四美具，二难并。”明谢迁《祭蔡茂成宪副亲家文》有：“呜呼！人羡二难曰兄与弟，学贵家传曰诗与礼。”

孝义天下真隐士

申屠蟠，姓申屠，字子龙，东汉陈留郡外黄县（治所在今河南省民权县西北内黄集）人。九岁丧父，守孝哀伤损身而超过常礼。三年后，脱下孝服，不进酒肉十余年。每当父亲忌日，便三日不吃饭。

同郡缑氏女玉为父报仇杀人，捕吏捉拿玉以告外黄县令梁配，梁配将要以死刑罪杀玉。申屠蟠当时 15 岁，为诸生，向梁配进谏道：“玉的节操义行，足能够感动无耻的孙子，激励忍辱的儿子。不遭遇政治清明的时代，尚且能够表旌庐墓，何况您耳聪善听，难道不加怜悯！”梁配以为他说得好，便审判结案，以减去死刑论处。由此，申屠蟠深得乡人的赞誉。

申屠蟠家贫，被人雇为油漆工。当时的名士郭泰见到他感到奇异。同郡的蔡邕也非常看重他，当州里征召自己任职时，蔡邕便推辞而推举他说：“申屠蟠禀性深沉，性敏心通，丧亲尽礼，近于毁身。卓绝的品行和美好的义举，人所少有。安于贫苦，乐于下位，体察道理，保持自然本性，不因为心情的激动或冷静而失了轻重，也不因为困顿与显达而失了节操。我与他相比，论年龄他是兄长，论德行他是贤人。”后来郡里召申屠蟠为主簿，他不到任。于是隐居精心学习，博贯“五经”，尤治《京氏易》《严氏春秋》《小戴礼》，兼明“图纬”之学。当初，他与济阴的王子居同在太学学习，王子居临去世，将自己的身后事相托于他。王子居死后，申屠蟠便亲自推车，归葬王子居于家乡。在洛阳、巩县之间的路上，遇到司隶从事，从事被他的义举所感动，为他写公文让沿途护送他，他不肯接受，投公文于地而去。办完王子居的丧事后，他才回到太学。

太尉黄琼召他，他不就职。当黄琼去世，归葬江夏时，四方名士豪杰聚集帐下的六七千人，互相谈论，没有谁比上申屠蟠的。只有南郡一名后生与他应酬答对。但临分别时，这名后生拉着申屠蟠的手说："您不是被聘用，便是被征召，这样咱们便相见于京都了。"申屠蟠勃然作色道："开始我以为您是可与交谈的人，想不到竟是一个拘于礼教、贪图富贵的人呀！"于是甩手而去，不再与他说话。后再被清明廉洁的人举荐，也不就职。对于前后征召的文书，他从开始便一眼不看，全挂于树上。

在这以前，汝南人范滂等指斥朝政，自公卿以下的各级官吏都屈己尊重他们。太学生争相仰慕他们的风范，以为文学将要兴起，隐居的有才有德的人将重新得到起用。唯独申屠蟠叹道："过去战国时代，隐居的有才有德的人恣意议论，诸侯各国的君王，以至手持扫帚洒扫清道，为他们开路。最后导致了焚书坑儒的灾难，跟现在的情况相同呀。"于是他隐于梁、砀之间，就树搭屋，自己同佣人一般。两年后，范滂等果然遭党锢之祸，或被杀死，或受刑的数百人，申屠蟠免遭此难。后来申屠蟠的友人陈郡的冯雍因事收狱，豫州牧黄琬将要杀冯雍。有人劝申屠蟠前往救冯雍，他不肯去，说："黄子琰（黄琬字）为我的缘故，未必判罪。如果不听我的话，即使前往有什么益处！"黄琬听到这话，便免去了冯雍的罪刑。

大将军何进连召申屠蟠为幕僚，他不就职。何进一定要得到他，便使他的同郡黄忠写信劝他说："当前幕府初开，对于先生，特加礼遇，优待而不直呼其名，发挥写作的特长，设置有案几、手杖的座位。经过两年，而先生高尚的志向更加崇高，所崇尚的越加牢固。私下认为先生高尚的节操有余，但对于当今则没有用处。今颍川荀爽带病在路上，北海的郑玄已敬重地接受职务。他们难道乐意受羁绊牵制吗？了解时代是非，不可逍遥游乐呀。过去人的隐居，遭遇好的时代，便舍弃声名，消失行迹，栖在树巢，采食野菜。他们不得志时，便裸身大笑，披发狂歌。现在先生处平原，游人间，吟典籍，穿着成套的衣裳，情况与过去的隐士不同，而想远踏他们的脚迹，不也难吗？孔子可为效法，何必学伯夷、叔齐饿死首阳山呢？”申屠蟠不回信。

汉灵帝中平五年（188），申屠蟠又与荀爽、郑玄及颍川韩融、陈纪等14人被并征为博士，他不前去。第二年，董卓废立皇帝，申屠蟠及荀爽、韩融、陈纪等又一起被公车征召，惟他不到。众人都劝他，他笑而不应。过了不久，荀爽等为董卓所胁迫，迁都长安，京师扰乱。当皇帝西迁时，公卿多遇兵饥，室家流散，韩融等仅得以脱身。唯独申屠蟠处乱世，终全高志，在家去世，享年74岁。

申屠蟠居家至孝，处世至义，学富五车，屡为朝廷征召，而不动心，可谓真隐士。

疾恶如风朱伯厚

朱震，字伯厚，东汉陈留郡（治所在今河南省开封市祥符区陈留镇）人。性刚烈，疾恶如仇，与名士平舆人陈蕃相友善。

朱震任郡主簿时，户曹史袁叔稺犯了小错，太守郭琮发怒，关起门来惩罚他。众人都害怕，朱震推门直入，上前劝谏道：“袁史是前御史袁珍的孙子，为什么重罚？倘若有死亡的情况，怎么办？”于是太守释放了他。

当朱震被任为济阴郡从事时，他说：“我平素有病，勉强支撑病体上车，职重人轻，必不能久。”在任上，他看到济阴太守单匡放纵恣睢，便前往谒见说：“这样做应是鹰犬呀！”因而遭到单匡的厌恶。后朱震见单匡贪污受贿，肆意妄为，便上奏朝廷，并株连单匡的兄长、中常侍、车骑将军单超。汉桓帝下诏逮捕单匡，下廷尉监狱，并以此谴责单超，单超不得已到监狱谢罪。当时三公府中有谚语说：“车如鸡笼马如狗，疾恶如风朱伯厚。”

后来，朱震任铚县（治所在今安徽濉溪县临涣镇）令时，听说陈蕃被宦官杀死，便弃官赴京都雒阳哭他，而后收葬陈蕃的尸体，并将他的儿子陈逸藏匿到甘陵县（治所在今河北省清河县坝营镇冢子村）界中。此事被发觉，朱震全家戴枷锁囚禁于监狱。朱震受到百般拷打，誓死不说，陈逸因得以免除死劫。后来天下大赦，陈逸官至鲁国相。

朱震为臣忠，为友义，不畏权势，一身凛然正气，深受后世敬佩。

美德懿行话张迁

张迁，字公方，东汉陈留郡己吾县（治所在今河南省宁陵县黄岗镇）人。少年聪慧好学，研习《京氏易》。初为郡中属吏，恪尽职守，任为从事，政绩显著。

后征拜为郎，任为谷城（治所在今山东省平阴县东阿镇）长。任上劝课农桑，体恤罪囚。视察乡里，不烦于乡，不扰百姓，随就村落，存恤老人，以致路无拾遗，百姓犁种宿野。黄巾军初起，烧平城市，唯有谷城县得以保全，属吏和百姓无不感恩戴德。当他升迁为荡阴令时，谷城百姓扶老携幼，随送如云。

张迁去世后，他在谷城的属吏韦萌等人，思念他的恩德，便于汉灵帝中平三年（186）二月，刊石为他立碑颂德，篆额题为《汉故谷城长荡阴令张君表颂》。后世将其简称为《张迁碑》。

其碑阳正文15行，每行42字，追溯了张氏历代名人的美行懿德，赞颂了张迁为政以民为本的嘉行，将其比作甘棠遗德的周朝召伯、春秋的董安、战国的西门豹等，从而表达了故吏对张迁的无比敬仰和思念之情。

就《张迁碑》的书法艺术，后人给予了很高的评价。明王世贞评其书云："其书不能工，而典雅饶古意，终非永嘉以后所可及也。"清孙承泽评其书云："书法方整尔雅，汉石中不多见者。"

张迁深受谷城百姓的爱戴，虽《后汉书》无载，但此君英名不朽，有《张迁碑》为证。

天下至孝蔡君仲

蔡顺，字君仲，西汉末东汉初汝南郡安成县（治所在今河南省汝南县东南）人。以至孝著称。

蔡顺少年丧父，与母亲相依为命。他曾经出去寻找烧柴，有客人突然到家，母亲看蔡顺还没有回来，就咬自己的手指，蔡顺感觉隐隐心疼，便弃柴跑回，跪问母亲原因。母亲说："有客急来，我咬指以使你感觉呀！"

王莽末年，人相食。蔡顺拾桑椹，红的、黑的放在不同的容器中。当时遇到了起义的赤眉军，赤眉军人看到蔡顺把桑椹放入不同的容器，就问其原因，蔡顺答道："黑色的桑椹让母亲吃，红色的桑椹自己吃。"赤眉军被蔡顺的孝心所感动，就送给蔡顺白米两斗，牛蹄一只，让他回去孝敬母亲。蔡顺受而不食。

他的母亲以 90 岁高寿去世，还没来得及安葬，里中发生了火灾，大火将逼近他的房舍，蔡顺抱伏棺柩，号哭叫天。说来万幸，大火总算没有烧到他家，而得以免灾。

太守韩崇召蔡顺为东阁祭酒。蔡顺母亲平生怕雷，自去世后，每有雷震，蔡顺就围绕坟冢哭泣告求，说："顺在此。"韩崇听说这事，每打雷就为他派车马到墓所。后来，太守鲍众举荐蔡顺为孝廉，他以不能远离坟墓为由，不前往就任。80 岁时，在家中去世。

孝道是人类永恒的主题。蔡顺"拾椹异器""临火哭棺""闻雷哭坟"等，都是出于他对母亲的一片孝心。后人将其列为"二十四孝"之一。

毛孝先清廉化人

毛玠（？—216），字孝先，东汉陈留郡平丘县（今河南省封丘县）人。年轻时为县吏，以清廉公正著称。

曹操为司空丞相，以毛玠为东曹掾，掌管选举。他所举用的，都是清廉公正的士人。即使于当时享有盛名而品行不端正的，终不选用。毛玠且致力于俭朴以作为他人的表率，因此天下的士人无不以廉洁节操自我激励，即使是显贵得宠的臣僚，车舆冠服与各类仪仗不敢超越制度。曹操感叹道："用人如此，使天下人自我管理自己，我又费什么心呢！"

曹操的儿子曹丕任五官中郎将时，亲自拜访毛玠，让他照顾自己的亲属。毛玠回答说：“老臣因为能够尽忠职守，才有幸没有获罪。您现在所说的人不在升迁之列，所以我不敢遵命。”好个毛玠，此人难得！

当初，曹操平定柳城，分赏所获得的器物，特别以素屏风和素凭几赏赐给毛玠，说：“您有古人的风范，所以赐给您古人所用的器物。”曹操可谓知人！

毛玠后为尚书仆射，官居显要的地位，平常却身穿布衣，吃一般菜饭。他对兄长的遗子精心抚养教育，所得的赏赐大多赈济施舍给贫困的家族人，自己的家中却没有什么剩余的。

曹操曾黥人面，判人的妻子和子女为官奴。毛玠对此不无感慨地说：“上天久不下雨，就是因为这呀！”曹操听说后大怒，将毛玠逮捕下狱。当时桓阶、和洽都进言相救，毛玠才只受免官贬黜的处罚。

汉献帝建安二十一年（216），毛玠在家中去世。曹操赐给他棺木、器物、钱帛，又拜他的儿子毛机为郎中。

孟恭武清廉至孝

孟宗（？—271），字恭武，三国魏江夏郡鄳县（今河南省罗山县）人。后以避吴主孙皓字（元宗）讳，更名仁。孟宗父亲死得早。他少从南阳名士李肃（字伟恭）学习，母亲便为他做了厚褥和十二幅的大被，有人问那原因，他的母亲说：“小儿没有德行结友。学习的人大多贫穷，所以做宽被，但愿能与意气相投的接近吧。”后人于是将那大被称作“招贤被”。孟宗有志于学，早晚不懈怠。李肃博学多识，以善于品鉴人物著名，当他看到孟宗如此刻苦学习，不无赏识地说：“宰相器呀！”

孟宗初出仕，为吴国骠骑将军朱据的军吏，与母亲住在营中，既不得志，夜间下雨房屋又滴漏，因而起来哭着向母亲致歉。她的母亲劝他说：“应当努力！哪里值得哭泣呀！”朱据听说这件事，使他至雷池（位于今安徽省望江县东南）为监池司马，掌管看守鱼池。他自己结网捕鱼，作鲊以寄给母亲。当他的母亲看到寄来的是鲊，便退还给他，并附信说："你为监官，而以鲊寄给我，不是避免嫌疑呀!"自此，他的母亲三年不吃鱼。孟宗深知母亲的良苦用心，于是格外自律。

孟宗为人子至孝，为官清廉。任监池司马，恪遵职守。后使他掌管粮谷的事情，于是他上表陈述道："我过去为雷池监，母亲三年不吃鱼。我若掌管粮谷，我的母亲不可以三年不吃米。我因此以死守护粮谷。"由于他的敬业，迁为吴县令。当时禁令，为官不能带家属到官府。因而，每得到应时的食物必寄给母亲，不敢先吃。大帝孙权嘉禾六年（237），孟宗的母亲去世，当时禁令长吏不得奔丧，而他顾不得这些，犯禁弃官奔丧。继而自缚到武昌以听候判刑。丞相陆逊上表陈述他的平素孝行，吴主孙权特为减去死刑，后不得以此为例。又使他任官。

后来，当他祭祀母亲时，深知母亲特别喜欢吃笋，而冬节将到。于是他便入竹林哀泣，那竹笋也好像为他而生出，从而得以供祭母亲。当时人都以为是孝感所致。这就是后来"二十四孝"所乐谈的"孟宗哭笋"。

孟宗升迁为豫章太守时，爱民如子，离任后，百姓思念他的恩惠，路有赞颂他的歌谣，人们生子也往往以"孟"为名。会稽王孙亮太平三年（258），孟宗升迁为光禄勋。吴景帝孙休永安五年（262）冬，又升迁为右御史大夫。乌程侯孙皓即位，孟宗为避其讳，始更名为仁。宝鼎三年（268）春二月，拜为司空。

乌程侯建衡三年（271），孟宗去世。孟宗历仕三国吴四朝，以清廉至孝闻名于世。

应詹忠孝德行高

应詹（279—331），字思远，西晋汝南郡南顿县（治所在今河南省项城市南顿镇）人。三国魏侍中应璩之孙。父亲早逝，为祖母所养。十余岁，祖母又去世，守孝至哀，以孝闻于乡里。他家富多财，年又稚弱，于是请族人共居，委以资产，情若至亲。弱冠知名，素养高雅，以学艺文章著称。司徒何劭见他，称他为“君子”。

应詹初被召公府任职，为太子舍人。赵王司马伦以他为征东长史。司马伦被诛，他被免职。成都王司马颖任他为属掾。镇南大将军刘弘为应詹的舅爷，任他为长史，委以军政。由于政绩卓著，升迁为南平太守，督南平、天门、武陵三郡军事。京都洛阳倾覆时，天门、武陵溪少数民族一并反叛，应詹顺势讨降，与其酋长，破铜券为盟。因此所督数郡无虞。曾与陶侃破杜弢于长沙，虽金银珠宝满目，但应詹一无所取。镇南将军山简又授应詹督五郡军事。晋元帝司马睿授他为建武将军，监巴东五郡军事，赐爵颍阳乡侯。升迁为益州刺史，领巴东监军。不久，拜为后军将军。应詹多次上疏陈述政事，晋元帝雅重其才，一一采纳其建议。又出补为吴国内史，因朝廷事情而免。镇北将军刘隗以他为军司，加散骑常侍，升迁为光禄勋。王敦叛乱，晋明帝以他为都督前锋军事、护军将军、假节，都督朱雀桥南。叛乱平息，封他为观阳县侯。他上疏辞让，不许。又升迁为持节、都督江州诸军事、平南将军、江州刺史。后来他虽身患重病，但仍与陶侃寄书，委以国家大事。

晋成帝咸和六年（331），应詹病逝，享年53岁。册赠镇南大将军、仪同三司，谥烈，以太牢祭祀。长子应玄嗣位，官至散骑侍郎。次子应诞，有器干，历任六郡太守、龙骧将军，追赠为冀州刺史。

应詹著有文集三卷传于世。他与韦泓之间的情谊，尤为后人乐道。当初，京兆韦泓在永嘉之乱时，亲属因为饥饿和瘟疫都去世了，他从外乡来到洛阳，平时听说应詹名声，于是前来归附他。应詹与韦泓分甘共苦，情如弟兄。韦泓随从应詹多年，应詹给他建造住宅、娶妻，并把他推荐给晋元帝，说：“自从遭遇丧乱，人士容易改变操守，至于认命固穷、耿介守节的人就很少了。我发现议郎韦泓，38岁，字元量，固守清心，才识兼备，躬耕垄亩，任劳任怨，平时静默，不参与政事。往年流徙，来到我境内，遭遇贼寇，丧失财物，一身特立，粗布短衣难掩形体，青菜果品难以充饥，而高尚的志向更加砥砺，不与志向不合、志趣不同的人相交往。颜回称不改其乐，韦泓有颜回的精神。明公您辅佐光耀皇室，恢复维系宇宙，四门大开，英俊之士欢愉，收春华于京都，采秋实于山野。而韦泓抱璞荆山，犹如未剖的和氏璧。如若承蒙征召，任职官府，必能协助国政，成就事业呀。”晋元帝于是征召韦泓。此后，韦泓官至少府卿。

韦泓由于深受应詹再造之恩，当应詹去世的时候，他便穿戴朋友类的孝服，在应詹坟墓前哭泣祭拜，直追赵氏孤儿礼祀程婴、杵臼之义，并终生祭祀应詹。

褚彦回清廉高志

褚渊（435—482），字彦回，南朝宋齐河南郡阳翟县（治所在今河南省禹州市）人。南朝宋太常褚秀之的孙子，骠骑将军褚湛之的儿子。

褚渊少年便有美好的名声。宋文帝元嘉末年（453），北魏军逼近瓜步山（在今南京市六合区东南），百姓都挑担而立。褚湛之当时为丹阳尹，使其子弟并着芒鞋（草鞋类）于斋前练习行走。有人讥笑他，褚湛之说：“安不忘危呀！”当时褚渊10多岁，对父亲的这种做法面带惭愧的神色。他的父亲有一头牛，非常钟爱，无故落入办事厅前的井中，他的父亲率领左右人亲自营救，郡中喧扰，而褚渊却拉下帘子不看。又有父亲的门生偷他的衣服，褚渊遇见，对那人说：“可秘密藏起来，不要使人看见。”此门生羞惭离去，不敢再回来。后来那人做了官，便前来认罪，褚渊待他如初。

及长，褚渊娶宋文帝的女儿南郡献公主为妻，拜为驸马都尉，任命为著作佐郎，升迁为秘书丞。父亲去世，褚渊将全部家财给予弟弟褚澄，只取书数千卷而已。褚渊继承都乡侯爵位后，历位尚书吏部郎。宋前废帝景和中（465），宋孝武帝的长女山阴公主刘楚玉放荡，窥见褚渊而喜欢他，以此告诉前废帝。前废帝便召褚渊于西上阁，令他住上10日，于是山阴公主夜间靠近他，甚至于逼迫，褚渊整身而立，从晚至晓，不为她的威胁和利诱而改变志向。山阴公主对他说：“君须髯如长戟，为什么没有男子的情欲？”褚渊说：“我虽不聪慧，怎敢首为祸端！”

宋明帝即位，褚渊升迁为吏部尚书。有人求官，密于袖中带着一饼金，表面仰慕褚渊的风采素养而求与交友，交谈间趁机拿出那饼金让褚渊看，说：

"没有人知道。"褚渊说："您自应得官，不要借助此物。如果一定给予，那我就不得不相告朝廷了。"此人非常害怕，收金而离去。

宋明帝在封藩时，便与褚渊相友好，至此更是深相委任托付，对褚渊言听计从。改封褚渊为雩都伯。历任侍中，兼尚书右卫将军。褚渊美容貌，举止优雅，俯仰进退，都有准则，每当朝会百官及远国使者时，无不延首目送他。宋明帝曾慨叹地说："褚渊能迟行缓步，便得宰相了！"当时人将他比作三国的何晏。

褚渊后为吴郡太守。宋明帝患病危殆，使人急召他。及至召入，明帝自帐中流涕，以后事相托。宋明帝去世，遗诏以他为中书令、护军将军与尚书令袁粲受顾命，辅幼主。遇生母郭氏去世，褚渊数日中因过度哀伤而致精神委顿。一年不梳洗，唯泣泪。诏下断哭，禁吊客。葬毕，起任为中军将军，本官如故。宋后废帝元徽二年（474），桂阳王刘休范反，褚渊与卫将军袁粲入卫宫省，镇集众心。萧道成受命前往平叛。

褚渊当初治理丹阳时，与堂弟褚炤同车出，道逢萧道成，他举手指着萧道成的车，对褚炤说："此是非常人呀！"出任吴兴郡时，萧道成赠送东西相别，褚渊又对人说："此人才貌非常，将来不可测量呀！"及顾命之际，引萧道成参与其间。萧道成平定桂阳之乱后，升迁为中领军南兖州。这年任命褚渊为尚书令、侍中，又晋爵为侯。后改为授中书监、侍中，护军如故。当时淮地无鲍鱼，人有得到的，一枚价值数千钱。人有赠送褚渊鲍鱼30枚，褚渊当时虽为权贵，而家中贫穷得很。门生有人出主意卖掉那鲍鱼，说"可得10万钱"。褚渊变色道："我认为此是食物，不是财货，且不知能卖钱，因而接受了它。家中尽管再贫乏，怎可以卖人赠送的东西取钱呀！"于是全部与亲人朋友一起吃掉了那鲍鱼。第二年，嫡母吴郡公主去世，褚渊因过度哀伤瘦弱如初。葬毕，诏下复职，他坚决推辞。又上表解职，不许。苍梧王（宋后废帝）酷暴稍甚，褚渊想废掉他，袁粲劝阻。5年后，终于助萧道成称帝，国号齐，史称"南齐"。

齐高帝建元元年（479），任命褚渊为司徒、侍中，中书监如故。改封南康郡公，褚渊辞让司徒。不久加任尚书令。建元二年，重申前命，任他为司徒，又坚决辞让。当时朝廷机密事，褚渊多参与议谋。他所建议每每被采纳，礼遇甚重。

褚渊涉猎文义，善弹琵琶，齐太子（萧赜）在东宫宴集，赐褚渊金镂柄银柱琵琶。他性情和雅，有器度，不妄举动。宅邸曾失火，烟焰甚逼，左右惊扰，褚渊神色恬然，索性乘车离去。齐高帝去世，遗诏以褚渊为录尚书事。此年褚渊便患病，他上表让位，齐武帝不许，于是改授为司空骠骑将军，侍中，录尚书如故。不久病逝，享年48岁。他家无余财，且负债至数十万。诏给东园秘器，朝服一具，衣一袭，钱20万，布200匹，蜡200斤。赠太宰，侍中、录尚书、公爵不变。谥文简。

孔璋请代李邕死

孔璋，唐代许州（今河南省许昌市）人。

李邕（678—747），字泰和，唐代扬州郡江都县（今江苏省扬州市江都区）人。祖籍江夏郡钟武县（治所在今河南省信阳市），唐兰台郎李善的儿子。工文，善书。初为谏官，唐中宗即位（705），出为南和县令，又贬为富州司户。唐玄宗即位，召授他为左台殿中侍御史，改户部员外郎，又贬为崖州舍城丞。唐玄宗开元三年，选拔为户部郎中。贬为括州司马。后征为陈州刺史。唐玄宗开元十三年（725），李邕为陈州刺史时，因事下狱，判为死罪。

许州读书人孔璋与李邕从无交往，素慕李邕德行，于是上书救他，称李邕：学成师范，文堪经国；刚毅忠烈，难不苟免。昔日张易之、张昌宗二弟兄用权，人均畏惧，而李邕折其角；韦氏（唐中宗韦皇后）恃势，言出祸应，而李邕挫其锋。虽身受谪屈，而奸谋瓦解。且这人能拯孤恤穷，救乏赈惠，积而便散，家无私聚。今闻坐赃下吏，将至极刑，死在旦夕。我愿代李邕去死。我死了，不过是落下一毛；李邕活着，足能光耀千里。我与李邕，素昧平生。我知有他，他不知有我。知贤而举，是仁呀；代人任患，是义呀。我获仁、义而死，将不朽，那么又有何求！

此书言辞切切，大义凛然。书入，李邕得减死罪，贬为遵化县尉，孔璋则发配岭南而死。

李邕后于岭南讨贼有功，又转任括州、淄州、滑州刺史。唐玄宗天宝初年（742），任为汲郡、北海太守。

孔璋仁人义士，青史留名，可谓千古不朽。

智勇忠公娄师德

娄师德（630—699），字宗仁，唐代郑州原武县（治所在今河南省原阳县原武镇）人。20岁进士及第。授为江都尉，扬州长史卢承业见他感到奇异，赞叹道：“您是台辅器呀！我要以子孙相委托了。”

唐高宗上元初年（674），娄师德被任为监察御史。此际正遇吐蕃侵犯边境，刘审礼阵亡，他奉使到洮河收聚逃散士卒，接着出使吐蕃，晓喻国家威信，陈述利害，吐蕃为之敬畏。后朝廷招募猛士讨吐蕃，他自告奋勇，戴红抹额来应诏。唐高宗使他代理朝散大夫从军，有功，升迁为殿中侍御史，兼河源军司马，并知营田事。与敌战，八战八胜。

武周天授初年（690），授娄师德为左金吾将军，检校丰州都督。他身穿皮裤，率士屯田，积谷数百万，兵给因而丰饶。武周长寿元年（692），被授为夏官侍郎，判尚书事，进同凤阁鸾台平章事。又升迁为秋官尚书，封原武县男，改任左肃政御史大夫，并知政事。武周证圣年（695），与王孝杰拒吐蕃于洮州，战败，贬为原州员外司马。武周万岁通天二年（697），入为凤阁侍郎、同凤阁鸾台平章事。后与武懿宗、狄仁杰分道抚定河北，进为纳言，更封为谯县子、陇右诸军大使，复领营田。

武周圣历二年（699，一说圣历三年），突厥入侵，诏检校并州长史、天兵军大总管。该年九月，病逝于会州（治所在今甘肃省靖远县东北），享年70岁。赠幽州都督，谥贞。

娄师德任秋官尚书时，出使并州，接境诸位县令跟随他，日高至驿舍，恐人多烦扰驿家，令就厅同食。他的饭白而细，其他人的饭黑而粗。娄师德见状呼驿长责怪他说：“饭食为什么为两种？”驿长战栗地回答说：“突然到来，淅米不得，死罪!”娄师德说道：“有突然到的客人，没有突然到的主人，这又有什么妨害!”于是换取粗饭而食。

又，往梁州检校营田，先有乡人姓娄的，为屯官，犯贪赃罪。都督许钦明将要判他为死刑，姓娄的屯官使众乡人拜谒娄师德，想要救他。娄师德说：“犯国法，即使师德的当家儿子也不能放掉，何况他!”第二天宴会，都督与娄师德一起坐。娄师德说：“听说有一人犯国法，说是我的老乡，我实在不认识。但与他的父亲为小儿时一起放牛而已！都督不要因师德而放宽国法。”都督急忙令给姓娄的屯官开脱枷锁，当那人来到时，娄师德严厉责备他说：“你辞别父娘，求觅官职，不能谨洁，他们知道又怎么办!”于是将一盘蒸饼递给他说：“吃吧！去做个饱死鬼去!”都督因此放掉了那人。后娄师德为纳言平章事，又检校屯田。一日，咨询执事，早出，娄师德脚有病，等待马未来时，于光政门外的横木上坐。一会儿，有一县令不知他是纳言，告诉自己的身份和姓名后，与他并坐。县令有一儿子远远看到，便跑过来告诉父亲说：“纳言呀。”县令大惊，起身说：“死罪!”娄师德说：“人有不相识，法有什么死罪!”使至灵州，在驿舍用过餐，索马，判官要水喝，全不应承。娄师德说：“我已上马，与您料理。”便往呼驿长责怪他说：“判官与纳言到。为什么不与供给？拿杖来!”驿长恐惧，拜伏在地上。娄师德说：“我想打你一顿！大使打驿将因碎事，白白玷污了名声。如你州县说你的事，即不存生命了。暂且放了你吧!”驿将跪拜，流汗而狼狈地跑走。娄师德眼望着他，对判官说：“与您羞辱他了。”众人都怪叹。其行事大都如此类。

在京都时，李昭德为内史，娄师德为纳言，相随入朝。娄体肥行走缓慢，李顾待不即，以致发怒说：“可恶杀人的乡巴佬!”娄师德听到这话，反而微笑道：“师德不是乡巴佬，又能是谁?”

娄师德弟授为代州刺史，向他告别时，他对其弟说：“我以不才位居宰相，你今又得刺史，占据职位过分，人所嫉妒呀！将用什么保全先人发肤呢?”其弟长跪道：“自今虽有唾我面的，我也不敢言，但擦掉而已。以此自勉，大概可以免除兄长的忧虑了。”娄师德说：“这恰恰是我所担忧的呀！那人唾面，是发于怒呀，你今擦掉它，是厌恶其唾而擦掉它，这是违逆那人的发怒呀。唾不擦将自干怎么样?”其弟笑而接受。

狄仁杰未辅政时，娄师德举荐他，到他们同列为官时，多次排挤娄师德令他外使。武后则天发觉后，便问狄仁杰道：“师德有德有才吗?”狄仁杰回答道：“他为将谨守，至于有德有才则不知道。”武后又问：“他知人吗?”狄仁杰回答道：“臣曾与他同僚，不曾听说他知人呀。”武后说：“我用您，是师德举荐的呀，确实知人了。”狄仁杰听到此言非常惭愧，不无感慨地叹道：“娄公盛德，我为他所容却不知。我不如他，相差远了!”

娄师德守边要、为将相30年，恭勤朴忠，心无厚薄亲疏。武后多用酷吏，手段残鸷，人多不免，而娄师德独能以功名始终，与郝处俊相比肩，世人言忠厚长者，都称娄、郝。

魏元忠爱物得志

魏元忠（？—707），唐代宋州宋城（今河南省商丘市睢阳区）人。本名真宰，因避武则天母讳而改名。初为太学生，志气倜傥，不以举荐为意。

当初，魏元忠家并不富裕，惟有一侍婢。一日，侍婢在厨中烧饭，出去汲水回来，见老猿为她看火，侍婢吃惊地告诉魏元忠，他慢慢地说：“猿怜悯我无人力，为我看灶，很好啊!”又常呼奴仆未应，狗代为他呼叫。他又说：“此是孝顺狗呀，能代我劳。”又，他独坐时，有群鼠拱爪立在他的前面，他却说：“老鼠饥饿，向我求食呀。”便令人喂食它们。夜中鸺鹠（俗称小猫头鹰）在他家屋顶鸣叫，家人将拿弹弓弹击，他止住说：“鸺鹠白天不见物，所以夜间飞行。此天地所育，不可使它向南飞往越地，向北飞往胡地，将使它飞向哪里才能停下?”其后便绝无怪现象了。

魏元忠未出仕时，曾经谒见方士张景藏，张景藏待他甚薄。魏元忠向他询问自己的通顺与滞塞情况，也不回答。魏元忠于是大怒道：“我千里迢迢带着干粮而来，不是白来了吗?原认为明公有所见教，却以不开金口相待，极不尽悬切至诚之意呀!然而富贵正由上天决定，与您有何相干!”因拂衣长揖而去，张景藏急忙拉住他说：“君相正在怒中，后当贵极人臣!”魏元忠历任侍中、中书令、仆射。武则天去世，唐中宗守孝，诏魏元忠摄冢宰，百官均听他召唤三日。70余岁去世。竟如张景藏所言。

世人争传元德秀

元德秀（696—754），字紫芝，唐代河南府河南县（治所在今河南省洛阳市）人。父亲早亡，家贫苦读。侍奉母亲至孝。唐玄宗开元二十一年（733），进士及第，不忍离母亲左右，自背母亲入京师长安。母亲去世，结庐墓侧，食不盐酪，藉无茵席，刺血画佛像、写经。守孝期满，因穷苦调南和县尉，有惠政，选拔补为龙武军录事参军。

元德秀因家贫，母亲在时没顾及娶妻。母亲去世，终不肯婚娶，人以为不可以绝后嗣，他答道："兄长有子，先人得祭祀，我为何娶妻呢?"当初，兄长的儿子襁褓双亲去世，无钱财请乳母，元德秀便亲自乳侄子。数日后乳水流出，能食才止。侄子既长，将为他娶妻。由于家苦贫，于唐玄宗天宝中，求为鲁山县令。鲁山县有人为盗，县吏捕获囚禁于监狱。遇县界有猛虎为暴，残害百姓。盗人自我乞请道："感明府慈仁，我愿杀猛虎以赎罪。"元德秀哀怜应允了他。县属吏相劝说："强盗诡计，假如擅自放了官囚，恐怕要受牵累呀!"元德秀说："我不想负约。如有牵累，那么我坐罪，必向上面请求不连累各位。"于是打开枷锁放出那盗。第二天，那盗格杀猛虎而还。全县人慨叹不已。

元德秀诚信化人，大体如此类。

元德秀于鲁山县任职期满，见陆浑山水颇佳，便结庐于山角。遇歉年，尽管炊烟不继，而弹琴读书怡然自得。好事的人载酒肴拜访他，他不选择贤人或不肖，便与来者对酌，陶陶然遗身物外。琴觞之余，间以文咏，率情而书，语无雕刻。所著《季子听乐论》《蹇士赋》为高人所称。房琯每见他，叹息道："见紫芝眉宇，使人名利之心都尽!"

唐玄宗天宝十三年（754），元德秀去世，享年59岁，门人相与谥为文行先生。士大夫高其行，称他为元鲁山。

右补阙李华平素敬慕元德秀，待元德秀去世，满怀深情地撰写了《元鲁山墓碣铭》，称元德秀“《大易》之易简，黄老之清净，惟公备焉”，整篇碑文847字，颂扬备至。后来，《元鲁山墓碣铭》由太子太师、书法家颜真卿以楷书精心书丹；集贤院学士、书法家李阳冰欣然篆额。然而，其碑于唐德宗建中四年（783）才正式立起。之后，人们争相观看摹写，一时轰动。由于碑主元德秀的道德高尚，加上李华撰写的碑文清丽隽永，颜真卿的书丹沉着刚劲，李阳冰的篆额婉通遒美，人们便将其称作“四绝碑”。元德秀身后享此高誉，也可谓名实相副。

元德秀集中华“孝”“仁”“义”“信”的传统美德于一身，从而赢得了朝野的敬重，可谓几近完人。

慎终如始杜尚书

杜暹（？—740），唐代濮州濮阳县（今河南省濮阳县）人。自高祖至杜暹，五代同居，杜暹尤为恭谨，侍奉继母以孝著称。

杜暹始举于明经，补任婺州参军，任期满将归，州吏以纸万余张以相赠，盛情难却，杜暹只受一百纸，其余全部还给他们。当时与他相别的州僚属见而叹道：“昔日清廉官吏临别受一大钱，又与那有什么两样呀！”不久，授为郑尉，又以高洁的节操见称。华州司马杨孚，是公正正直的人，对杜暹非常赏识。当杨孚升迁为大理正时，杜暹因公事被定罪，杨孚对人说：“如此尉得罪，那么清廉无私的人士用什么相鼓励呢？”因而向执政特举荐他，由此提拔杜暹为大理评事。

唐玄宗开元四年（716），杜暹升迁为监察御史，出使碛西审查屯田收入，蕃人以重金赠送，杜暹坚决不接受，左右人说：“公远使绝域，不可失蕃人情面。”杜暹不得已接受，将其金埋在帐幕下，离开出境时，便通知蕃人收取那金。蕃人大惊，考虑追赶不上他而罢。后杜暹升迁为给事中，遇继母去世离职。开元十二年（724），安西都护张孝嵩升迁为太原尹，有人举荐杜暹往使安西，蕃人伏其谨慎勤勉，深思仰慕他，于是越级提拔他为黄门侍郎，兼安西副大都护。杜暹欣然单骑赴职。第二年，于阗王尉迟眺暗地里勾结突厥及诸蕃国图谋叛乱，杜暹密知其谋，发兵将他逮捕而斩掉，并诛其党羽50多人，更立其君长，于阗于是安定。杜暹以功特加光禄大夫。开元十四年（724），诏杜暹任同中书门下平章事，并派遣中使前往迎接。又赐绢200匹、马1匹、宅1区。后与宰相李元纮不谐，罢知政事，出任为荆州大都督府长史。又历任魏州刺史、太原尹。开元二十年（732），唐玄宗巡视北都，任命杜暹为户部尚书，又任为京留守。不久，代李林甫为礼部尚书，封魏县侯。

开元二十八年（740），杜暹病逝，享年60多岁，赠尚书右丞相。谥贞孝。

吕蒙正不忘贫贱

吕蒙正（944—1011），字圣功，北宋河南府河南县（治所在今河南省洛阳市）人。谥文穆。五代后唐户部侍郎吕梦奇的孙子，后周起居郎吕龟图的儿子。

当初，吕龟图多内宠，与妻刘氏不和睦，一怒之下，将刘氏与儿子蒙正一并赶出家门。因而吕蒙正自幼随母亲备受艰难困苦。他在洛阳龙门读书时，住在利涉院的土屋中，非常刻苦。一日行走在伊水岸边，看到卖瓜人的瓜，垂涎欲滴，非常想吃，但苦囊中羞涩，无钱可买。当时，见卖瓜人偶尔扔一坏瓜于地，吕蒙正便失意地拾起吃掉。

宋太宗太平兴国二年（977），吕蒙正状元及第。宋太宗、宋真宗时，二度为相，以敢言著称。并善奖掖后进，知人善任，所举荐的吕夷简、富弼，均为一时名相。

后来，吕蒙正买园于洛阳城东南，下临伊水，于此建亭，命名曰饐瓜亭。饐，腐败之义。吕蒙正建亭命名为“饐瓜”的良苦用心，是借以表达富贵不忘贫贱之意。

吕蒙正作为一代名相，富而不忘贫，贵而不忘贱，精神可嘉，令人钦佩。

钱若水巧断冤狱

钱若水（960—1003），字澹成（一字长卿），北宋河南府新安县（今河南省新安县）人。宋洺州知州钱文敏之子。钱若水幼聪悟，十岁能写文章。宋太宗雍熙二年（985），进士及第，授为同州观察推官。

在同州时，知州某性情急躁，多次以主观决事，判决不当。钱若水为此坚决争辩，但不能达到目的，便无奈地说："当陪奉罚款了！"不久，所判案件果然为朝廷和上司所驳回，州中官吏都以罚款论处，知州感到惭愧。过了一段时间，他又是这样，前后如此数次。

有富民家小女奴逃亡，不知逃到了什么地方。女奴的父母到州里告状，知州命录事参军审问此案。录事参军曾向富民贷钱，富民没有贷给他，于是判决富民父子数人共杀女奴，弃尸水中。在未见女奴尸体的情况下，或判为主谋，或判为从罪，都应为死刑。富民不胜棍棒拷打，自诬女奴为己所害。报上州官审覆，无相反意见，都以为此案审决得当。唯独钱若水怀疑，留察那案件，数日不决。录事参军找到钱若水，在厅上羞辱他说："你接受了富民的钱，想解除他的死罪吗？"钱若水笑着回答道："现在数人判为死刑，难道可以不少留，详细察看那狱词吗？"留察案件将近十日，知州屡次催促他，他总是不答应，上下人都感到奇怪。一天早晨，钱若水到知州那里，屏退其他人对知州说道："我之所以留那案件，秘密使人访求女奴，现在得到她了。"知州吃惊地问道："在哪里？"钱若水便秘密使人送女奴于知州，而后垂帘叫出女奴父母，问道："你们今天见到你们的女儿，还认识她吗？"女奴的父母回答说："怎能不认识呢！"接着从帘中推出女奴让他们看，女奴的父母哭着说："是我女儿呀！"于是将富民父子等都开枷锁放了。富民父子等号啕大哭不肯离去，说："假如没有使君的恩赐，那么我家要灭族了！"知州说："是钱推官的恩赐，不是我呀。"富民父子等紧跑到钱若水的办事厅，钱若水见状闭门拒绝他们，说："知州自求得到案件的真相，我哪里参与其间呢！"那些人不能进去，绕着垣墙而哭。后倾家资以赠僧舍，让他们为钱若水祈福。知州以钱若水为判为死刑的数人雪冤，将要为他上奏请功。钱若水坚决推辞说：“我但求狱事不冤死人而已，论功不是我的本心呀。且朝廷如以此为我的功劳，那么当置录事参军于何地呢！”知州叹服道：“如此就不可请功了！”录事参军听说这事，便到钱若水的办事厅，叩头惭愧地感谢他。钱若水扶起他说：“狱情难知，偶然有过误，感谢什么呀。”于是远近一致称赞钱若水。

不久，宋太宗听说这件事情，骤然晋级提拔钱若水，自幕职半年中为知制诰。两年中任为枢密副使。淳化初年（990），又以文学高第，召试翰林，选拔为秘书丞、直史馆。历官翰林学士、右谏议大夫同知枢密院事等。

宋真宗即位，钱若水以本官判集贤院事，受诏参与修《太宗实录》，书成80卷；又受诏参与重修《太祖实录》。不久，判吏部流内铨，改知开封府。后出知天雄军兼兵马部署，巡抚陕西缘边诸郡，制置边事，又拜为邓州观察使、并代经略使、知并州事。咸平六年（1003）十月病逝，享年44岁，赠户部尚书，谥宣靖。

钱若水事继母以孝闻；雅善谈论，尤轻财好施；所至推诚待物，委任僚佐，总其纲领，无不称治；且提掖后进，推贤重士，襟度阔大。其去世，朝野士林无不痛惜。有文集20卷传于世。

王子正知恩图报

王随（973—1039），字子正，宋代河南府河南县（治所在今河南省洛阳市）人。一说河阳（今河南省孟州市）人。宋真宗咸平五年（1002），进士及第。初为将作监丞，通判同州。还京师（今河南省开封市），直史馆。出任为西京转运使。

当时，王随父母在洛中，西京是其所管辖之地。宋真宗赐诗褒其行，又以羊、酒、束帛，使人到他家问候，时人以之为荣。调任淮南，召还京，任为侍御史知杂事。选拔为知制诰。王随于词命之文，非其所长。出任应天府知府，调任扬州。不久，授为开封府知府。赵祯（即宋仁宗）为皇太子，授为右庶子。周怀政犯罪，王随因借给他白金，降知制诰职位，改任给事中，知杭州。宋真宗乾兴初年（1022），又降为秘书少监，知通州。过了很久，又任为给事中，升迁为龙图阁直学士，知戎州。当时，戎州人多蓄养逃亡士卒，稍不如意，便执以报官求赏，所以犯法的人众多。王随到此地，下令能主动回归的免罪，仍隶属于旧籍，因而得以全活的人甚多。于是，选拔为御史中丞。宋仁宗明道二年（1033），任为参知政事。景祐二年（1035），知枢密院事。景祐四年，与陈尧佐动辄忿争，有失大臣体，被免职。授为彰信军节度使，同平章事，判河阳。宝元二年（1039）正月去世，享年67岁，赠中书令，谥章惠。

当王随未举进士前，家中贫穷，因逃人饭钱，被捉拿送到县衙。石务均的父亲为县吏，为他偿还了饭钱，又让他饱餐了一顿，使他住在自己的家中。石务均的母亲尤为以礼相待他。一天，石务均喝醉，令王随起舞，王随舞得不中节拍，石务均便殴打他。王随于是离去。第二年，王随登进士第。后来任为河东转运使。石务均害怕，逃窜。一日因事败露，文彦博治理县，逮捕他甚急。他只好前往投靠王随。当时王随已为御史中丞。此际恰遇石务均的母亲去世，王随便封一锭银至县里，以埋葬石务均的母亲。石务均的事情稍为松懈。不久，王随为参知政事，便上奏石务均担任教练使，石务均也改行自修。

人们对王随不忘一饭之恩的举措，纷纷赞赏，一时传为佳话。

我们说，“滴水之恩，当涌泉相报”。这是古人所遵循的理念。于今，也有一定的积极意义。

品性高远韩稚圭

韩琦（1008—1075），字稚圭，北宋相州安阳县（今河南省安阳县）人。他风骨秀异，学于百泉书院。宋仁宗天圣五年（1026），进士及第。授为将作监丞、通判淄州，入直集贤院、监左藏库。继之，历任开封府推官、三司度支判官、右司谏议、知制诰，升为枢密直学士。

宋仁宗宝元三年（1040），四路置帅，以韩琦兼秦凤经略安抚、招讨使。

韩琦与范仲淹在军队时间久，名重一时，天下称为“韩范”。庆历三年(1043)，西夏请和，被任为枢密副使。他请求外任，以资政殿学士知扬州，调郓州、成德军、定州，兼安抚使，进大学士，又加观文殿学士。又任为武康军节度使、知并州。他在并州任上，收回契丹冒占的土地，立石为界，并加强防御。后出知相州、大名等地。宋仁宗嘉祐元年（1056），拜为枢密使。嘉祐三年（1058）六月，拜为同中书门下平章事、集贤殿大学士。嘉祐六年（1061）闰八月，升迁为昭文馆大学士、监修国史，封为仪国公。后拥立宋英宗即位，加门下侍郎，进封卫国公。又任为右仆射，封魏国公。宋神宗立，拜韩琦为司空兼侍中。熙宁元年（1068）七月，又请知相州。河北地震、河决，调判大名府，充安抚使。当地百姓感恩，为他立生祠。王安石变法，韩琦屡次上疏反对。熙宁六年（1073），韩琦还判相州。熙宁八年（1075），换节永兴军，再任，未就职病逝，享年68岁，赠尚书令，谥忠献。著有《安阳集》50卷。

韩琦天资朴忠，早有盛名，晚年自称安阳戆叟。他为官，折节下士，无贱贵，礼之如一，尤以奖拔人才为先。相州人爱他如父母，有斗讼，传相劝止，说：“不要搅扰我侍中呀！”他临事从容，喜怒不形于色，识量宽宏，尤为人乐道。

韩琦领四路招讨时，驻军延安县。当西夏王元昊侵犯边境时，忽然深夜有人携匕首潜至韩琦卧室内，急掀起帷帐，韩琦坐起问道：“谁？什么事？”来人说：“我！来杀谏议。”韩琦又问道：“谁派遣你来？”来人说：“张相公派遣我来。”这时期，张元（字雷复）在西夏国正主持政事。韩琦于是又就枕说：“你携我的头去。”那人说：“我不忍心，但愿得到谏议的金带就满足了。”于是，那人取了韩琦的金带而出。

又，韩琦出镇相州时，因祭祀孔子，宿于斋馆。夜有小偷进入他的卧室，掀起帷帐，拔刀顾对他说：“不能自给，所以来向您求接济！”韩琦说：“几案上器具可值百千钱，全部给予你。”小偷说：“不是说的这些呀。愿得到您的头，以献给西夏人。”韩琦立即引颈，小偷于是投刀跪拜道：“因您的德量过人，所以来试探您。几案上的器物已承蒙您赐给，但愿您不要泄露呀！”韩琦说："好。"第二天，韩琦于自己家库取钱如数偿还小偷所拿走的器物，始终不以此事告诉人。之后，为盗的人，因为其他事情犯罪判为死刑，于市中临行前详细讲述此事，说："考虑我死后，可惜韩公留下的德泽不传于世呀!"

在韩琦镇守大名府的时候，有亲戚献玉盏一只，说是耕地的人从已破坏的冢墓中得来的。这只玉盏表里无丝毫瑕疵可指，的确是绝世宝物。于是，韩琦便以百金相酬答，尤其珍爱玩赏。每逢开宴招待客人，韩琦便让特设一桌，桌面用锦缎覆盖，将那玉盏放在上面。一日，招待漕使，将要用玉盏酌酒劝客人，忽然被一属吏失误碰倒桌子，玉盏全碎，在座的客人都大惊失色。那属吏吓得趴在地上等待处罚。韩琦神色不动，笑着对在座的客人说："大凡东西的成毁，也自有时数。"又回头对那属吏说："你是失误，不是故意的，有什么过错!"全座客人都为韩琦的宽厚赞叹不已。

更令人感动佩服的是，韩琦为帅定州时，夜晚写信，令一侍兵持火把在旁边。侍兵向旁处看，火把燃烧了韩琦的胡须，韩琦急用袖子摩擦，而写信如常。过了片刻，当韩琦看到已经换掉了那人，恐怕主管此事的属吏用鞭子抽打那人，便急忙喊叫主管此事的属吏，看着他说："不要换，他已经懂得怎样拿火把了!"

韩琦的雅量，由此可见一斑。

韩琦每与人说："自少至老，终始所践履的，惟在一部《论语》，中间未尝须臾散离。"韩琦晚年镇北门，已有60多岁。韩玉汝为都转运使，到韩琦卧房中探病问候时，在其几案间不见他物，只有一个唾壶和一本《论语》。韩琦三朝为相，施行仁政，慎战薄敛，与民休息，爱惜人才，奖掖后进，品性高远，不失为君子之风。

韩琦每临大事有静气，猝然加之而不惊，实为养之有素。大凡能担当大任的人，大多有雅识宏量。然而，如韩琦者，世所罕匹。难怪欧阳修赞叹道："累百欧阳修，何敢望韩公!"

韩亿喜宴严训子

宋仁宗庆历二年（1042），"桐木韩氏"之韩亿为亳州知州。该年进士放榜，“桐木韩氏”有三人同登甲科榜：三子韩绛名列第30名，六子韩缜名列第31名，孙子韩宗彦（长子韩纲儿子）名列第9名。此情况，世上绝无仅有，一时轰动天下。

当时，正值次子韩综（宋仁宗天圣八年进士）自西京副职任上来亳州省亲。韩亿逢此喜事，便设酒宴招待僚属中感情深厚的，使诸子坐于角落。而五子韩维遇此情况而多加深思，知道父亲必有义方的训教，于是托病不赴宴。饮酒期间，韩亿在座中忽然说：“二郎，我听说西京有疑狱复审的案件，那详细情况怎样？”韩综思考后，不能说明情况。韩亿便生气地斥责他。再问，还是不能回答。于是韩亿推翻那酒案寻索棍杖，大骂道：“你食朝廷厚禄，任一府副职，事无巨细，都应当专心研究。死刑奏案尚不能记，那么细小事务不举可知。我在千里外，无所干预此种事情，犹能知道它。你贪图俸禄，有什么脸面报答国家！”说着，就要抽打他，众宾客竭力劝解才罢。其他儿子双腿战栗，多日不能放松。

韩亿教子蹈循礼仪，忠于职守，家法之严，名不虚传，所以子孙多有贤才。

可以说，良好的家风家教，是稳定国家的根本。其既能治家，也能兴国。历代有担当的士大夫，无不是以“修身齐家治国平天下”为己任的。韩亿喜不忘忧，教子有言教，且有身教，可谓为官的一代楷模。

司马君实独乐园

司马光（1019—1086），姓司马，字君实，号迂叟，其先河内（今河南省温县）人，后家陕州夏县（今山西省夏县）涑水乡，世因称其为涑水先生。宋真宗天禧年间，其父司马池为光山县令，天禧三年（1019）十月司马光生于光山县衙，父亲因此为其取名“光”。

司马光7岁，凛然如成人，听讲《左氏春秋》，即了其大意。后游学于嵩阳书院。宋仁宗宝元元年（1038），中进士甲科。历任奉礼郎、苏州判官、武成军判官、大理评事、国子直讲、并州通判等。宋仁宗末年（1063），任天章阁待制兼侍讲知谏院。又授为翰林兼侍读学士。司马光常忧虑历代史繁，君主不能遍览，于是便立志编纂《通志》。治平三年（1066），撰成战国至秦朝的八卷献上。宋英宗览后非常高兴，命置局秘阁，续撰其书。宋神宗则赐其名为《资治通鉴》，并亲自作序。

王安石执政，推行新法，司马光坚决反对。宋神宗熙宁三年（1070）二月，任命他为枢密副使，他则以“不习军旅”为由，坚决推辞，并连上五封札子，自请离京。后则以端明殿学士身份出知永兴军（治所在今陕西省西安市）。熙宁四年（1071）四月九日，司马光看到他的好友范镇因直言王安石变法而被罢官，便愤然上疏为范镇鸣不平，并请求任职西京留司御史台，得到允许。他退居洛阳后，以书局自随，绝口不论政事，继续编撰《资治通鉴》。宋神宗对《资治通鉴》尤为看重，多次促使完成，并将自己的旧书2400卷赐给他。至元丰七年（1084），《资治通鉴》成书，加司马光为资政殿学士。宋哲宗即位，召司马光入相，拜左仆射。元祐元年（1086）九月，司马光病逝于东京（今开封市），享年68岁，赠太师、温国公，谥文正，赐碑名为“忠清粹德”。

司马光退居洛阳期间，在国子监的旁边买了20亩地，营建了独乐园。10多年于其中会友、著书、潜心研究学问。

独乐园狭小，不可与洛阳其他名园相比。那名读书堂的，仅几间屋子而已；浇花亭更小；弄水轩、种竹斋，尤其小；名见山台的，高在八尺与一丈之间；名钓鱼庵、名采药圃的，又特结竹梢落蕃蔓草搭建。司马光亲撰《独乐园七咏》，分别对读书堂、钓鱼庵、采药圃、见山台、弄水轩、种竹斋、浇花亭进行了歌咏，其中又分别以东汉董仲舒（字广川）、东汉严光（字子陵）、东汉韩康（字伯休）、东晋陶潜（字渊明）、东晋王徽之（字子猷）、唐白居易（字乐天）、唐杜牧（字牧之）为效法楷模，从而借以抒情达志。这些诗歌传于世，为人们所钦敬。

熙宁六年（1073），司马光又特撰《独乐园记》，叙述其建独乐园的始末和其中的景况，表述了命名独乐园的由来，从而表达了自己与众不同的志向。

独乐园虽然狭小、简素，但因司马光的缘故，颇有名气。当时看管院子的人姓吕，因性情敦厚耿直，司马光便给他起名直。在独乐园大门的旁边，吕直有草屋两间。每当春天时，洛阳士人必来游园。按照当时洛阳的惯例，人们游园期间，看园子的人所得茶水钱，到闭园日须与主人平分。一天，吕直扛着所得的十千茶钱，来交给司马光，司马光问其原因，吕直以洛阳众家的惯例相回答。司马光说："这是你自己的钱，可以拿走了。"吕直推辞再三，想让司马光留下这钱。直到惹司马光生气，吕直才扛着离去，并回头说："只有您端明学士不爱钱吗?"后十多天，司马光见园中新创一个井亭，问明结果，原来是看园子的吕直用那十千钱所造的。司马光对吕直此举颇加赞美。

士大夫对独乐园也多有歌咏。宋苏轼便有《司马君实独乐园》诗："青山在屋上，流水在屋下。中有五亩园，花竹秀而野。花香袭杖屦，竹色侵盏斝。樽酒乐馀春，棋局消长夏。洛阳古多士，风俗犹尔雅。先生卧不出，冠盖倾洛社。虽云与众乐，中有独乐者。才全德不形，所贵知我寡。先生独何事，四海望陶冶。儿童诵君实，走卒知司马。持此欲安归，造物不我舍。名声逐吾辈，此病天所赭。抚掌笑先生，年来效瘖哑。"此诗描述了独乐园的景物和士大夫与司马光的交游情景，以及司马光当时的社会威望，并表达了作者对司马光的敬佩之情。

由上可见，独乐园为人所欣慕的，不惟是园中的景物，更重要的是其人文内涵。

应该说，园不在大，有儒则名；景不在多，有文则灵。园名独乐，是温公独享自然之乐，而又何尝独乐。司马光与仆人的融洽关系，由此可见。司马光主仆都不爱钱，并非矫情，一诚而已。

张孝基容人自新

张孝基，北宋许州许昌县（治所在今河南省许昌市建安区陈曹乡许田村）人。知书达礼。

张孝基娶了同乡富人的女儿。富人只有一个儿子，不成器。富人生气便将儿子赶出家门。富人有病将要死时，将全部家财交给张孝基。张孝基便按照丧葬礼仪给富人办理了后事。过了很久时间，富人的儿子在路边乞讨，张孝基看见这种情况感到悲伤，对他说："你能浇灌园圃吗?"富人的儿子回答道："如果能够浇灌园圃而吃上食物，是多么幸运呀!"张孝基便使他浇灌园圃。富人的儿子很尽力，张孝基感到奇怪，又对他说："你能管理仓库吗?"富人的儿子回答道："能浇灌园圃，已出乎我的意料，何况管理仓库呢？又是多么幸运呀!"张孝基又使他管理仓库。富人的儿子很和顺谨慎，没有其他过错。张孝基慢慢观察他，知道他能够自新，不再有过去的坏毛病了，于是将他父亲所委托的财产全部归还给他。富人的儿子自此治家砥砺节操，终为乡间有德行的人士。

不几年，张孝基去世。他的不爱人财、容人自新的美德在乡里被广为传颂。

铁铉忠烈抗燕王

铁铉（1366—1402），字鼎石，明代南阳府邓州（今河南省邓州市）人。洪武中，由国子生授礼科给事中。调都督府断事。曾审疑狱，真相立白。明太祖大喜，于是给他起字"鼎石"。

明惠帝建文元年（1399），任铁铉为山东参政。靖难兵起，燕王朱棣破李景隆，陷德州，其他城堡都望风而溃。于是燕王军攻打济南。铁铉乘城守御，尽毁燕兵攻具。燕兵发大炮击城，铁铉书太祖高皇帝牌高悬城上，燕王军相顾不敢发射。燕王非常愤怒，掘济水灌城，铁铉便诈降，引诱燕王进城，伏壮士城上，以呼"千岁"为号，急下铁板，而别设伏、断桥。谋尽歼燕王军。当燕王入城时，铁板忽下，却击中燕王马首，燕王在侍从扶持下仓皇逃去。铁铉率众掩击，大败燕王军，斩获无算。于是复得德州，晋升为兵部尚书。又与盛庸大败燕王于东昌，斩其大将张玉。燕王逃归北平。

后燕兵渐逼，明惠帝命辽东总兵官杨文将所部10万与铁铉合兵，以绝燕兵后路。杨文师至直沽，为燕将宋贵等所败，无一至济南的。建文四年（1402）四月，燕军南缀王率兵驻扎于小河，铁铉与诸将时有斩获。而盛庸败绩。燕兵渡江，铁铉屯驻淮上。燕王用计，以致铁铉兵败被捕。

燕王即皇帝位（1402），执铁铉至。铁铉反背坐廷中谩骂。令他面北跪下，终不可。燕王便令剜下他的膝盖，令面北一顾又不可。继之，割下他的耳鼻，寸磔而死。他至死，骂不绝口。铁铉死时，年仅37岁。明宣宗宣德中，谥忠烈。

刘公墩与“父母”情

刘干（？—1425），字孟桢，明代怀庆府修武县（今河南省修武县）人。明太祖洪武二十六年（1393）举人。始授为岷王朱楩府纪善。明成祖永乐初年（1403），浙西大水，刘干随从户部尚书夏原吉治水，改任长洲县丞，兼理农事。任职期满，以母丧离任，百姓遮留恳切。事情上闻，又让他继续留任。

刘干宅心仁厚，性操廉白，每出劝农，周行田垄，问田夫野老饥寒病苦，慈孺之色溢于眉面。他所至，百姓欢迎道：“父母来了！”遇歉年，百姓缴纳皇粮后期，上官谴责，他便以身当之说：“这是我做县丞的怠职呀，请代他们受惩罚！”人有过错应当受笞刑，他惟晓之以理，终不下鞭笞，人们无不心服。县衙所居不障风雨，弊服恶食，他由之泰然。

明仁宗洪熙元年（1425），刘干病逝于任上，无以为殓，乡民严思敬等殡他，安顿于长洲城西僧舍。及将归葬乡里，百姓祭奠道旁，悲悼如丧父母。读书人郭仪因人心眷慕之深，留其衣冠，聚土葬于虎丘，立石表题为：刘公墩。郡人楼文渊又为他撰《刘公墩记》。

磊落邦彦高克明

高鉴（1452—1518），字克明，明代开封府太康县（今河南省太康县）人。曾祖父高智，建文帝时，官为副千户，明成祖永乐初年（1403），贬守信阳，子孙于是安家那里。父亲高琼，明代宗景泰元年（1450）举人，任为祁州司训。高鉴有兄长高铎。他两岁时，父亲去世于任上。母亲李氏携他们兄弟回到信阳。

高鉴11岁时，与群儿玩耍，钓于学宫池上说：“我钓鳌也如此呀！”指挥刘宗听此言，感到此儿奇异，便向提学副使陈选推举他，收为弟子员。明宪宗成化十一年（1475），高鉴进士及第，授为武选主事。当时崇王朱见泽封于汝宁府，请设置守备，汝宁大司马以信阳已设置守备，而于汝宁重置困难，于是召集属吏商议，高鉴进言道：“此事不难，调信阳守备安置汝宁，使兼管信阳，则事妥而官可不重置。”大司马高兴地说：“主事所议便妥！”于是常请高鉴参与计事，称他道：“我的益友呀！”

高鉴做官有了名声，不时对世事有所愤恨，后言事抨击受宠的宦官。那宦官注写高鉴的姓名于屏风上，最终找借口逮捕了他，之后将他贬为镇远府通判。在镇远，高鉴为都御史钱钺所器重，不时向他咨询边务。夷族有想反叛的，便使高鉴前往安抚，高鉴深知他们心中不服，便夜迁住他山，虚设帷帐住所，黎明前往，卧榻已粉碎。高鉴从容束带出帐前，商议调解纷争的事情，夷人窥见而以为他是神，都叩首服从。明孝宗弘治改元（1488），调往山东青州。第二年，升迁为镇江同知。曾理署郡事，遇日本使臣过，以自己的诗献给高鉴，高鉴和答立就，使臣俯首叹服道：“中国诗人呀！”其间，因政绩显著，不久，自镇江升迁为夔州知府。一年后，致仕归于乡。之后，与乡人游宴觞咏，自得其乐。明武宗正德十三年八月十四日，去世于家中，享年67岁。

高鉴体貌修伟，才气磊落，而精神秀朗，见者倾悦。又喜谈辩，时出诙谑；晓音律，能自度曲；书画兼善，奇健可观，自成一家。而尤长于诗，诗语豪宕，篇章流播，时人珍之。他虽负有公辅之器，然而不为时重用，但他却言：“人生如快意，何必至卿相呢！”人们敬称他为铁溪先生。著有《铁溪集》若干卷。明何景明有《怀高铁溪先生》诗四首，其三有诗句“磊落真邦彦，襟期亦我师”，抒发了对高鉴的怀念和敬仰之情。

几上惟有《自警编》

古朴（？—1428），字文质，明代开封府陈州（治所在今河南省周口市淮阳区）人。明太祖洪武年间（1368—1398），他以太学生清理郡县田赋、图籍，还隶五军断事，司理刑。自陈家贫愿出仕，期冀得到俸禄以赡养母亲，明太祖嘉赏他，任他为工部营缮主事。他得以迎母就养京师。过不久，他的母亲去世，官府供给舟船归葬。守孝期满，改任兵部。历升为武选员外郎、郎中。明惠帝建文三年（1401），提拔为兵部右侍郎。

明成祖即位，古朴改任户部。永乐七年（1409），明成祖北巡，皇太子监国，召古朴辅佐夏原吉治理户部。明仁宗洪熙元年（1425），改任南京通政使。第二年，升迁为户部尚书。

当初，户部主事刘良不检，考绩下等，刘良乞求受宠的宦官，求考绩上等。古朴说："贪婪奢侈的人，幸亏没落职，如不改正，终会败身。上等考绩不可得呀！"刘良于是以他事诬奏古朴，将他逮捕后，明成祖察觉被诬陷，便释放了他。后刘良果然因贿赂而身败名裂。

古朴曾患病，礼部侍郎杨士奇去看他，见所居萧然无他物，几上惟有《自警编》1 帙。此与宋韩琦卧处惟有《论语》、唾壶事颇类似。

古朴在朝 30 余年，自郎署至六曹，兢兢畏慎，守身如处子。所治事情，回家不曾告诉其家人。明宣宗宣德三年（1428）去世。

明太子少傅兼工部尚书杨荣有《挽古尚书朴》诗："华发萧萧坐庙堂，南京政简足徜徉。明时共喜芳名播，晚节欣逢泰运昌。己荷恩荣颁紫诰，宁期梦寐入黄粱。司徒清鉴当时重，简册他年定有光。"

"顾独坐"严毅清白

顾佐（？—1446），字礼卿，明代开封府太康县（今河南省太康县）人。明惠帝建文二年（1400），进士及第。任为庄浪知县。端阳日，守将集官僚校射。以顾佐是文士，轻视他，而顾佐持弓矢，连中三发，且进止安暇，观者无不惊叹，守将大服。遇父亲去世，离职守孝。守孝期满，于明成祖永乐初年（1403），选拔为监察御史。

永乐七年（1409），明成祖在北京，命吏部选御史有才能的赴行在所，顾佐被选中。他奉命招抚庆远府蛮人；督采木于四川；从北征，巡视关隘。之后，升迁为江西按察副使，召任为应天府尹。他刚直不挠，吏民畏服，人们将他比作宋代包拯。北京定都后，改任顾佐为顺天府尹。后权贵人大多以顾佐任顺天府尹不方便自己行事，于是将他出任为贵州按察使。明仁宗洪熙元年（1425），召任他为通政使。

明宣宗宣德三年（1428），都御史刘观以贪污被黜，大学士杨士奇、杨荣举荐顾佐，言其公廉有威，历官并著风采，为京尹，政清弊革。明宣宗欣喜，立即提拔他为右都御史，赐敕奖勉，令他洗涤积弊，进贤人，退不肖。顾佐于是奏知县孔文英等 14 人，教谕杨禧等 24 人，都堪任御史。又奏御史严暟等 30 人及都事赵玭、司务段凯等若干人，都应黜降。又奏水军右卫仓官宋忠侵欺粮 14500 石有余，户部郎中黄纪受赂免盘审讯已明，法当重拟。又奏廷臣近来请谒公行以奢侈相尚，宴饮必用娼妓，酣歌恒舞，朋淫亲昵，上下观效，法纪废隳，此非清明之朝所应有的，但愿一切禁止。诏都采纳。宣德四年（1429），官吏有遭鞭刑的，搜集顾佐的过错，说他受皂隶的金子而放他们回家，都署着姓名以报上，明宣宗让杨士奇看，杨士奇回答说："所诉之事确实有，今朝官月俸只给米一石，薪炭马喂的食料都取给于宅，不得不遣一半回去，使他们以备所用。皂隶也得归耕，实为两便。京朝官都是这样。自永乐以来如此。仁宗知之，想用以增加朝官的俸禄。"明宣宗叹道："朝臣的艰难竟然如此！"因对告顾佐的人发怒道："朝廷用一好人，就为小人所排斥！"于是以官吏所诉状交给顾佐自治，顾佐叩首退，召官吏让他们看所告的状纸，官吏非常恐惧，顾佐说："皇帝命我治你，我暂且宽恕你，但要改行为善！"竟不再问。明宣宗听说这事，高兴地说："顾佐识大体呀！"过了不久，有囚犯告顾佐多次以重罪冤枉人，明宣宗大怒道："此必有重囚教他排斥顾佐！"于是，命三法司察明这事，原来是千户臧清所指使。臧清当时杀一家无罪三人，当判为极刑。明宣宗立命将臧清施于酷刑。

宣德五年（1430）八月，明宣宗巡边，命顾佐居守京城。宣德八年（1433）十月，顾佐以疾乞归。不许。明宣宗遣中使多次前往问候。顾佐病愈入见，明宣宗非常高兴，亲赐慰谕，免其朝参，视事如故。

明英宗正统初年（1436），顾佐以病上章请求致仕，得允。赐敕奖慰，赠钞50贯，命户部到其家慰问。顾佐居家10年，于正统十一年（1446）九月去世。赐祭葬。

顾佐性孝友，操履清白；性严毅，不口毁誉人。旦晚候朝，站立双藤朝房外，百僚骑马而过的，都折旋避开他。他入内直庐，独处小夹室，非议政不与诸司群坐。人称他为“顾独坐”。

明神宗万历三年（1575），巡抚王世贞为顾佐奏请，赠少保，谥端肃。立祠，春秋致祭。后入祀乡贤祠。

邱凤清廉盗亦敬

邱凤，字鸣岐，明代河南府新安县（今河南省新安县）人。因居方山，所以号方山。明武宗、世宗年间人。少年刻苦学习，始补臬司吏。于案牍中得陈天台先生名迹，便潜心模仿。为开府掌书记，得《洪武正韵》，见字下所注古人的善迹，便随时录记。

邱凤在开府任职期间，一名武职人员因故当落职，便以百金贿赂邱凤，求他暗里解救，被他拒绝。又某宪使赠金也不接受。于是人称他为邱清吏。入京办理山林川泽事务，经费每年千金，他从不沾染。归家省双亲，以使父母喜悦为目的。并最善垦田，弟弟田地荒芜，埋怨分自己的地为沙石地，于是他就将自己家的土地与弟弟的相交换。弟弟家田地又荒芜，又相交换。

邱凤莅官任，更是清谨，一仆人，一被子，外无长物。代掌任邱县等，供给不妄取，爱民如子，不取民间一钱。司徒陈瓒每对人说：“邱丞，是我的老师呀！”有德高望重的前辈以诗赠他道：“门掩苔花依旧贫，千载清廉第一人。”不久，越级提拔为南京龙骧卫经历。将打算归家休养时，郡守陈公赠送他俸禄五金，临行，拒收那馈赠。陈公叹道：“昔日司马温公每叹刘秘丞（刘恕）不受冬褥，今见邱丞了。”到达南京，但闭户弹琴读书。考绩后，赐封他的父母，于是他仍归方山。

邱凤好读书，对《大学》《中庸》《礼记》《论语》尤为加意。平素常以轻负人，轻怒人，轻谈人过为每日参省，每念性气动处，恨学力不实。

邱凤曾遇江中大盗，便从容地告诉那盗说："我是邱凤呀。"那盗吃惊地说："是邱清吏呀！"鞠躬而急离去。海内名公过其地，多式其庐，而尤时熙、孟化鲤两位理学大家，尤为看重他。

邱凤去世，乡人公举他和孟化鲤为乡贤，又特将他与尤时熙并祀于川上书屋。

刘状元殉节亡明

刘理顺（1582—1644），字复礼，号湛露，明代开封府杞县（今河南省杞县）人。生下满月父亲便病逝，母亲精心抚育他。他成童侍奉母亲至孝，母亲稍失意，便涕泣，直到母亲高兴才罢，且侍奉兄长如严师。由此，得到了宗族乡党的赞美。

刘理顺刻苦学习，20 岁时中举，所住一茅屋，清修自励，不逐时趋。他的长子于明思宗崇祯初年（1628）也中举，偶有为人打通关节，刘理顺便鞭笞儿子而还人钱财。他中举 28 年，非常贫困但不改其志，以风教人伦为己任，恬澹自持，乡里无不看重他的为人。

崇祯七年（1634），刘理顺第十次赴会试，始中进士。廷试时，惟独刘理顺所对称明思宗意。明思宗亲自点他为状元，并高兴地对左右人说："我今日自选拔得一德行高尚的老人！"于是，授刘理顺为修撰，掌管起居注，管理六曹章奏，并参与纂修《大明会典》及《程子》《武经七书》等。刘理顺为经筵讲官，讲述详尽而贴切，明思宗每每赞许并采纳。

刘理顺为太子侍讲时，虽面对少主，也倍为庄毅。典试闽中，与吴甘来声气孚合，一榜都称得人。后任为知制诰，他不事丽辞，专以矜重端庄为体。

崇祯十六年（1643），晋升为左中允。此时李自成军相继攻陷中原诸城，刘理顺深知明诸将无心抗敌，每于众中论天下大势，以为积薪厝火，祸将不救。汴城围急，他又议援剿之策，请分屯河北，训练死士以图恢复。当权者都以为他狂，不用他的谋策。继而李自成军攻破潼关，进入三秦，刘理顺叹道："大事完了！"于是使长子回老家，留妻妾于京师，自料必死无疑。甲申年（1644）三月，李自成军逼近京城，刘理顺搜得家中150金送到城上，犒劳守城将士。十九日黎明，刘理顺整衣冠入朝，想请皇帝发国库金，募死士为背城一战，当他到长安门时，警卫散落，一片寂静，遇一宦官说："皇帝已不知所在，还想拜谒谁呀！"这时城中李自成军骑兵满城都是。刘理顺又听说明思宗已殉社稷，悲痛欲绝。他还至寓所，有门人傅翰林来拜谒，问他所向，刘理顺说："既到我门，应辨得一个'忠'字，不要多说了。"送傅出门，他关门整冠袍，执笏拜谢君亲，令妻子万氏、妾李氏，各自上吊自尽。一个儿子还幼，嘱咐家僮好好看管他。于是取纸书道："成仁取义，孔孟所传。文信践之，吾何不然！既占科名，岂肯苟全。三忠祠里，无愧前贤。"字字端楷，其神不乱。又告诉仆人说："他日来取我的尸体，恐沿途有劫发的，可暴露我的灵柩让他们看。"于是也上吊自尽。一老仆人将他的尸体装殓后，也从他而死。

不久，李自成军数百人到他的寓所说，来此想保护刘状元。见他已死，便围绕着他的尸体下拜号啕大哭而去。这是因为李自成军中大多是中州人，平素了解刘理顺的德行。

刘理顺生平学问以诚为主，一言一动必准于礼，造次颠沛，不曾稍违。亲戚子弟无少长，每见必正容揖让，即密友终未见他嬉笑燕惰之色。人有过错，必婉曲引导，直到那人改正方罢。有贫困疾病濒于死亡的，他便设法救济，保全人性命甚众。至遇时事有缺失，则痛哭流涕，披露肝膈，即使触嫌犯危，也从不考虑。最后至国变，从容殉节以死，非诚所积，岂能如此！

后赠詹事，谥文正。清朝定鼎，赐谥文烈。顺治九年（1652），祀乡贤。顺治十年，给予田70亩，春秋致祭。

五、传说典故

燧人钻火化腥臊

远古的时代，人们食野果、野菜和河蚌鱼虾，以及饮血、喝冷水等，腥臊恶臭和冷寒，伤害腹胃，以致多疾病而短寿。有圣人上观星辰，下察森林之火等自然现象，做钻燧（取火器材），教人钻木取火。当时民众不知衣服为何物，于是他教民众夏天多积柴薪，至冬烤火；民众不知烹炮，饮血而茹腥，于是他教民众烧烤食物，以化腥臊，养人利性，减少了疾病；从而得到百姓的喜爱，使他做天下的王，称他为燧人氏。

后世结合“五季”的“五方”色彩，又进一步完善其钻木取火的方法。因为榆树、柳树木头青，枣树、杏树的木头赤，桑树、柘树的木头黄，柞树、槱树的木头白，槐树、檀树的木头黑，所以春天用榆树和柳树的木头，夏天用枣树和杏树的木头，季夏用桑树和柘树的木头，秋天用柞树和槱树的木头，冬天用槐树和檀树的木头。

燧人氏去世后，葬在今河南省商丘市阏伯台西北。其墓，人称燧皇陵。由于钻燧取火促进了人类的文明发展，因而燧人氏为历代人们所敬仰和纪念。

人文初祖伏羲氏

伏羲氏，风姓，成纪人。相传，其母华胥氏在一个叫雷泽的地方游玩时，因踩了巨人的足迹而怀孕，生下了聪颖的伏羲氏。伏羲长而有圣德，继燧人氏而做天下的王，列为三皇之首。

当时的先人只知其母不知其父，无知如草木，有欲如禽兽。质美的人，守护着朴素的内心；感情充沛的人，蕴藏着纯真的本性；都不知器物使用的便利，更不知纲常的伦理。伏羲面对此种情况，选择天下的贤人，一起共事。他充分利用自己的聪明才智，仰则观象于天，俯则观法于地，又观察鸟兽的行迹和地理分布情况，近取于自身，远取于万物，于是将具象的物体抽象为义理化，开始造书契以代结绳之政；用阴“－－”、阳“—”符号作“八卦”，以通晓神明的本质，以仿类万物的情感；仿照蜘蛛结绳而做罔罟，以教百姓打猎捕鱼；圈养“六畜”以充庖厨所用，以养圣贤，所以民众称他为庖牺氏（在古文献中，庖牺、伏羲、虙羲、虙戏、宓羲、宓牺、伏牺、庖羲、包牺等，属读音相同而书写不同而已）。又始创家庭婚姻制，以俪皮作为聘礼；据“龙”的瑞象，将“龙”作为图腾，作龙书，以龙名设官，号称龙师，从而规范放荡的民众，肇始了龙文化；创制35弦瑟，以愉悦民众。于是夫妇别，君亲尊，臣子顺，群生和乐。立都于宛丘（位于今河南省周口市淮阳区）。因居于东方，所以以木德王天下，东封泰山。立110年，去世，葬在宛丘。民众追思他的道德，称他为帝太昊，称他的葬处为太昊陵。

女娲炼石补苍天

相传，女娲是伏羲的妹妹。伏羲去世，女娲袭承帝位，号称娲皇。

当女娲执政的时候，发生了共工怒触不周山的事情，结果支撑天的四根柱子毁坏了，大地因此陷入四分五裂的境地；天不能完全覆盖大地，地也不能遍载万物；大火延烧而不能熄灭，洪水汹涌而不能停止；凶猛的野兽吃掉善良的百姓，凶猛的禽鸟抓取老人孩童。在这时，女娲冶炼五色石来修补苍天，砍断海中大鳌的脚来做撑起四边天空的栋梁，杀死水怪来救济冀州，积起芦灰来堵塞洪水。天空得到了修补，天的四边支撑的柱子摆正了，洪水得到了控制，冀州得到了平定。恶禽猛兽都死了，善良的百姓活下来了。

这则长期流传于中原大地的神话故事，反映了古代劳动先民与大自然抗争的不屈不挠的精神：女娲挺身而出、救民于水火的高尚行为，源自人类渴望征服自然、创造美好生活的愿望。

其实，这是远古时代，当有限的人力、物力解决不了人与自然的矛盾，人们便用想象创造了无所不能的神和英雄，来完成自己无法完成的征服自然、驾驭自然的任务。可以说，用想象来表达与自然抗争的精神是这则故事的主题，也是世界各民族神话传说中经久不衰的主旋律，而之所以产生这种想象，是由于原始社会低下的生产力——因为能力有限、希望无限，所以要用想象来填补、来发挥、来创造。当然，这也是在赞扬我们祖先中的英雄，颂扬造福苍生的功德。

女娲炼石补天的寓言，《列子·汤问》《淮南子·览冥训》都有记载。

夸父逐日堪可夸

相传黄帝时代，在北方大荒中，有一座大山，拔地而起，高与天齐，故曰“成都载天”。那山削岩绝壁间云雾缭绕，松柏挺立，一派雄伟壮丽的景色。在这仙境般的大山上，居住着大神后土传下来的子孙，叫夸父族。他们个个身材高，力气大，专门喜好替人打抱不平。当北方蚩尤被黄帝打败，派人来夸父族求援时，夸父族多数觉得应该帮助弱者，于是决定出兵参加反对黄帝的战争。蚩尤族人得到了夸父族人的帮助，如虎添翼，再和黄帝作战时已经势均力敌，相持不下了。黄帝的军队暂时败北，急得黄帝一筹莫展。于是上泰山去找各路神仙帮忙，有一个自称“玄女”的妇人前来拜见黄帝，教他兵法。接着又有人给黄帝送来了昆吾山的红铜，供他造宝剑用。这把宝剑断金切玉，削铁如泥，显示了上古青铜时代的冶炼技术。从此，黄帝借此所学行军布阵，在涿鹿大战中，终于击败联军并杀死蚩尤，剩下的夸父族人跑回了原住地。不久，大地发生了严重的旱灾，太阳像个大火球，烤得大地龟裂，江湖干涸，一片荒凉。夸父族全体出动找水抗旱，但江湖涸干，到哪找水呀？夸父首领气急了，发誓要把太阳摘下来。太阳见夸父真发火，也有点心慌，加快速度向西落去。夸父首领拔腿就追。太阳滑行得更快了，一面向夸父射出热力，想阻止他前进。夸父尽管汗如雨注，却不肯停步。追呀追呀！夸父瞬间已追了万里。看看快追到太阳落下的地方——禺谷，“看你往哪逃！”夸父高兴极了！太阳眼看无处可逃，冷笑几声，杀了个回马枪——将所有的热量一齐向夸父射去。夸父一阵头晕目眩，眼前金星乱冒，口干舌焦，双手不觉软垂。“不能倒下去！”夸父一面鼓励自己，一面俯身去饮黄河的水，想喝点水后再捉太阳。哪知他喝干了黄河，连渭水也喝干，还是感到口渴难忍。倔强的夸父决心去喝大泽的水，再去和太阳较量。大泽又叫瀚海，是鸟雀们孳生幼儿和更换羽毛的地方。夸父刚走到大泽边，还没俯下身来，一阵头晕，轰的一声，像座大山似的颓倒了。夸父遗憾地看着西沉的太阳，长叹一声，把手杖奋力往太阳抛去，闭上眼睛死了。第二天早晨，太阳神气活现地从东方升起，一看颓然而倒、化成大山的夸父，也不由暗暗钦佩夸父的勇气。说也奇怪，经太阳光一照，夸父的手杖竟化成一片桃林，满树挂着硕大的果实。

那是这位热心公益、不辞劳苦的夸父巨人族的领袖夸父，为后人最后一次留下的好处啊！夸父追日的行为是一种大无畏的精神，虽然不切实际，却也显示出原始社会人们心灵和思维的简单。

《夸父逐日》是古代先民企图超越有限生命的束缚以及对生命永恒的渴求。夸父是一个巨人型的神祇，而这一类巨人型神祇在中国古文化里是不多见的。这似乎可说明先民已认识到追赶、超越时间的艰巨性和重要性，于是才赋予与日相逐的夸父以巨大的力量。此则神话，《山海经》《列子·汤问》均有记载，表现了人们对夸父弘大气魄的赞美，以及对其死后造福民众的崇高精神的歌颂。

愚公移山感“上帝”

中华大地，有太行、王屋两座山，方圆七百里，高七八千丈，本来在冀州的南边、黄河的北边。

相传北山一位叫愚公的人，年纪将近 90 岁，面对着山居住。他苦于山的北面交通堵塞，出来进去都要绕路，就聚集全家来商量说：“我跟你们尽全力铲除险峻的大山，使道路一直通向豫州的南部，到达汉水南岸，可以吗？”大家纷纷表示赞成。他的妻子提出疑问说：“凭借您的力量，连魁父这座小山都不能铲平，又能把太行、王屋这两座山怎么样呢？况且把土石放到哪里去呢？”众人纷纷说：“把它扔到渤海的边上去，隐土的北面。”于是愚公率领子孙中能挑担子的三个人上了山，凿石掘土，用箕畚装了土石运到渤海的边上，邻居姓京城的寡妇有个孤儿，才七八岁，也蹦蹦跳跳前去帮助他们。冬夏换季，他们才往返一次。

河曲有个叫智叟的先生知道这件事后，嘲笑并阻止愚公，说：“你太不聪明了！就凭你残余的年岁和剩下的力量，甚至不能毁掉山上的一棵草木，又能把山上的泥土、石头怎么样呢？”愚公长叹说：“你思想顽固，顽固到了不可改变的地步，还不如寡妇、孤儿。即使我死了，我还有儿子在；儿子又生孙子，孙子又生儿子；儿子又有儿子，儿子又有孙子；子子孙孙没有穷尽，然而山却不会增加高度，何必担忧挖不平？”河曲智叟没有话来回答。

这时候，手里拿着蛇的山神听说了这件事，怕他不停地干下去，便向天帝报告了这件事。天帝被他的诚心所感动，命令大力神夸娥氏的两个儿子背负着两座山，一座放在朔东，一座放在雍南。从此，冀州的南部到汉水的南岸，没有高山阻隔了。此故事出自《列子·汤问》一书。

《愚公移山》是一篇具有朴素的唯物主义和朴素的辩证法思想的寓言故事。它借愚公形象的塑造，表现了中国古代劳动人民有移山填海的坚定信心和顽强毅力，说明了“愚公不愚，智叟不智”，只要不怕困难，坚持斗争，定能获得事业上的成功，这对人们有很大的启发。

这个故事从前也和别的普通寓言一般，鲜为人知。自从1945年毛泽东在中共七大致闭幕词时引用该典故，对其重新诠释，赋予崭新的时代内涵，愚公移山精神就成为中国共产党人坚忍不拔、不懈奋斗精神的写照。从此以后，这个故事就变得家喻户晓。说明无论遇到什么困难，只要有恒心有毅力地做下去，就有可能成功。

在新的历史条件下，习近平总书记在几次讲话中提倡要发扬愚公移山精神，他在讲话中谈到的踏石留印、水滴石穿、久久为功、功成不必在我、战略定力、咬定青山不放松、善作善成等，实际上就是在新的历史条件下，呼吁发扬光大愚公移山精神。强调要让劳动最光荣、劳动最崇高、劳动最伟大、劳动最美丽的观念蔚然成风，要让崇尚劳动、尊重劳动者成为全社会的价值追求。因此赋予了愚公移山精神以新的内涵。

精卫填海永不屈

传说，炎帝有个女儿叫女娃，女娃聪明伶俐，活泼可爱，美丽非凡，炎帝十分喜欢她。一天，她走出小村，找小朋友玩耍，看到一个大孩子把小孩子当马骑。小孩都累趴下了，大孩子还不肯罢休。女娃走过去，指着大孩子的脑门怒斥道："你这个人太坏了，欺负小孩子算什么本事，有力气，去打虎打熊，人们会说你是英雄。"

大孩子见女娃是个小姑娘，生得单薄文弱，根本不把她放在眼里。他从小孩背上跳下来，走到女娃面前说："我是海龙王的儿子，你是什么人？竟敢来管我！"女娃说："龙王的儿子有什么了不起，我还是神农的女儿呢，以后你少到陆地上撒野，小心我把你挂到树上晒干。"

龙王的儿子说："我先让你知道知道我的厉害，往后少管小爷的闲事。"说着动手就打。女娃从小跟着父亲上山打猎，手脚十分灵活，力气也不小，见对方蛮横无理，并不示弱，闪身躲开对方的拳头，飞起一腿，将龙王的儿子踢个嘴啃泥。

龙王的儿子站起来，不肯服输，挥拳又打，被女娃当胸一拳，打了个仰面朝天。

龙王的儿子见打不过女娃，只好灰溜溜地返回大海。

过些天，女娃到海中游泳，正玩得十分开心，刚巧让龙王的儿子发现了。他游过来，对女娃说：那天在陆地上让你捡了便宜，今天你跑到我家门前，赶快认个错，不然我兴风作浪淹死你。

女娃倔强地说："我没错，认什么错。"

龙王的儿子见女娃倔强，根本没有服输的意思，立即搅动海水，掀起狂风恶浪，女娃来不及挣扎，就被淹死了，永远不回来了。

女娃不甘心她的死，她的魂灵变化做了一只小鸟，名叫“精卫”。精卫长着花脑袋、白嘴壳、红脚爪，大小有点像乌鸦，住在北方的发鸠山。她被悲恨无情的海涛毁灭了自己，又想到别人也可能会被夺走年轻的生命，因此不断地从西山衔来一条条小树枝、一颗颗小石头，丢进海里，想要把大海填平。她无休止地往来飞翔于西山和东海之间。

可是那咆哮的大海嘲笑她道：“小鸟儿，算了吧，就算你干上百万年，也别想将我填平!”

但是翱翔在高空的精卫坚决地回答说：“就算干上一千万年、一万万年，干到世界末日，我也要将你填平!”“你为什么恨我这样深呢?”“因为你呀——夺取了我年轻的生命，将来还会有许多年轻无辜的生命要被你无情地夺去。”“傻鸟儿，那么你就干吧、干吧!”大海哈哈大笑起来。

精卫在高空悲啸着：“我要干的！我要干的！我要永无休止地干下去的！这叫人悲愤的大海啊，总有一天我会把你填成平地!”

她飞翔着，啸叫着，离开大海，又飞回西山去；把西山上的石子和树枝衔来投进大海。她就这样往复飞翔，从不休息，直到今天她还在做着这种工作。

这个神话来自《山海经·北山经》，它着重彰显的是一种伦理道德品质，即精卫不顾影自怜，不自怨自艾，它不畏大海的浩瀚无情，为了拯救千千万万可能被大海继续夺去生命的人而不懈奋斗，歌颂的是一种敢于反抗、敢于斗争、敢于牺牲的精神。

嫦娥奔月故事奇

相传，帝喾的臣子后羿以射箭闻名，他射下了危害人间的9个太阳，留下1个，造福人类，帝喾便把女儿嫦娥嫁给了后羿。后羿射下9个太阳后受到百姓的尊敬和爱戴，不少志士慕名前来投师学艺。而奸诈刁钻、心术不正的逢蒙也混了进来。后羿向西王母求得一包长生不老药，交予嫦娥保管。逢蒙趁后羿外出，逼迫嫦娥交出不死药，嫦娥在危急之时吞下不死药，不多时便飘离地面，飞落月亮上成了仙。后羿回家寻妻不得，捶胸顿足，仰望月亮千呼万唤地呼唤嫦娥名字。他的呼唤惊动了上天，皎洁的月亮上，果然出现嫦娥的身影。后羿急忙摆上香案，放上她平时最爱吃的蜜食鲜果，遥祭在月宫里的嫦娥。而百姓们闻知嫦娥奔月成仙的消息后，也纷纷在月下摆设香案，遥祭嫦娥。后来月母被后羿的真情所打动，允许嫦娥在月圆之日与后羿在月桂树下相会。从此，中秋节拜月的风俗在民间传开了。

由于嫦娥在月宫中非常寂寞，于是后世的月宫又有了砍伐桂树的吴刚。这吴刚，是西河人氏，因学仙有过，被贬谪到月宫砍伐桂树。那月桂高500丈，随砍随合。吴刚的劳苦，可想而知。后又有了捣灵药的玉兔与之相伴。于是广寒宫中蟾蜍、玉兔、吴刚和桂树相得和谐，具有了生活气息。

自此，“嫦娥”“玉兔”成为墨客骚人笔下月亮的代名词。嫦娥奔月也为后世文人歌咏不已。至于明代方孝孺的《题李白对月图》诗句：“仙人伐桂树，玉女倚琼楼。顾盼暂相悦，弃去终莫留。昨日已浩浩，今日复悠悠。人生如飞光，及时不饮空白头。君不见，月中玉兔捣灵药，不能医此万古愁。”则是跨过时空将广寒宫与人间有机地联系在一起了。

关于嫦娥奔月有诸多说法，是中原大地广泛流传的故事。在古人的想象中，月宫是个极好的清静地方，在那里可以避免尘世的烦扰。然而，其寂寞非异人则无法忍受。嫦娥奔月，表达了古人对月宫的向往之情，也是一个千古不朽的文学话题，充满了浪漫主义色彩。

避尧禅让说许由

许由（约前2323—前2244），字武仲。阳城槐里（今河南省登封市）人，许姓始祖。许由自幼农田躬耕，不营世利，讲道义，守规矩，邪膳不食，邪席不坐。夏天树上筑巢而寝，冬天挖地窖居住。食山果、饮河水，且无杯器，手捧而饮。

相传，尧帝86岁时，深感衰老，儿子丹朱不肖，不愿因爱子而误天下。

他听说许由清高大志，便派人求贤，欲禅让帝位。许由说：“匹夫结志，固如盘石，采山饮河，以求陶冶情操，非求禄位；纵情游闲，以求安然无惧，非贪天下。”尧得知许由不轻移其志，便登门拜访。许由仍推辞说：“我年纪大了，需求无多，还是当个臣民吧。”于是连夜逃往箕山颍水旁，农耕而食。后来帝尧又派人找到了他，还是想请他出任九州长官，他又跑到颍水边洗耳，表示不愿意听这种话。许由以自己淡泊名利的崇高节操赢得了后世的尊敬，从而被奉为隐士的鼻祖。战国时代的思想家荀子就曾称赞说：“许由善卷，重义轻利行显明。”许由之所以不愿接受尧的禅让，是因为他认为自己德才不如虞舜，又担心尧的几个儿子不服，引起内乱误了国家大事，让百姓受苦，所以便隐居起来。当时他的好友巢父牵着牛犊正要饮它，看到许由洗耳朵，便问其原因。许由答道：“尧想召我为九州长，厌恶听这声音，因此洗耳朵。”巢父说：“你若处在高岸深谷，人道不通，谁能见你？你故意漫游想出名，求那名誉。你这洗耳水会脏污我牛犊的口！”于是牵牛犊到上游去饮。

至今，在河南省的登封市、许昌市、禹州市、鄢陵县一带，沿颍河流域，还流传着许多有关许由的传说，保存着大批有关许由的遗迹。唐颜师古在《急就篇注》中说：“许氏，许由之后也。”南宋文天祥在《五云夏造许氏初修族谱序》中说：“按许氏，自由隐许，遂以为姓。今许州箕山有由所葬之处，即其地也。”许由是许姓的始祖，登封箕山及颍水流域的许昌市鄢陵县等地是许姓的祖居地。西周初年，周武王访三皇五帝之后封之以奉祀，找到炎帝之后，四岳伯夷的裔孙姜文叔，把他封在许地，为男爵。春秋时许国为郑、楚等国所逼，辗转迁徙，公元前506年迁于容城（今河南省鲁山县东南），到战国初，传至国君元公结时，被楚国灭掉（一说灭于魏），子孙为纪念故国，以国名为氏，又形成了一批许姓居民，这就是《新唐书·宰相世系表》所说的“许氏出自姜姓。炎帝裔孙伯夷之后，周武王封其裔孙文叔于许，后以为太岳之嗣，至元公结为楚所灭，迁于容城，子孙分散，以国为氏”的由来。这些许国子民中有一部分原本并不姓许，为了纪念故国，即以许国国名为姓，这成为早期许姓的又一个重要来源，是许姓的另一个得姓缘由。所以，今河南省登封市箕山及颍水流域的许昌市鄢陵县等地是许姓发源地。

刘累驯龙隐尧山

刘累是帝尧陶唐氏的后裔，生时有文“刘累”在手，因以为名。

相传，帝舜时，有位叫董父的人，平常非常喜欢龙，能了解龙的嗜好，给龙饮食。天下的龙听说后，大多来归附他。于是他便豢养龙以服事帝舜。帝舜因他驯龙有方，便赐他姓为董氏，为之豢龙，又将他封到鬷川（位于今山西省闻喜县东镇境内）。

至夏朝，孔甲立为帝。早年，刘累曾向豢龙氏董父学豢龙、御龙技术。约公元前1879年，夏孔甲帝时，天降龙于今河南省临颍县豢龙城东南角龙荡沟处。孔甲派刘累到此养龙，长达7年之久。因刘累养龙御龙有功，孔甲封他为御龙氏，后因一雌龙死，刘累把龙肉加工成美食，送给孔甲吃，孔甲享用后，感到味道鲜美，又向刘累求食，刘累怕死龙事发，孔甲追究问罪，便于约公元前1873年迁徙到尧山（俗称石人山）东麓，今天的河南省鲁山县隐居，隐匿了原来的名字，改称“丘”，人称“丘公”，称隐居的地方为“邱公城”。刘累既居鲁县，便立尧祠于西山以祭祀，又将西山改称尧山。孔甲知道后，不再追究，丘公改为刘累，刘累族人遂改姓刘氏，中华刘姓遂繁衍生息。早在明代前，后人把邱公城附近的耿集镇（古称竹峪寨）雅称“豢龙故里”，又在西寨门迎门额上镶刻“豢龙故里”门额石记之。刘累终卒于今河南省鲁山县邱公城，葬于邱公城东北30米处。20世纪50年代，此处修昭平湖水库，刘累墓便没于昭平湖中。

鲁县有西山，为伏牛山的东段，海拔虽然不高，但风景独特，是滍水（今称沙河）所出之处。

汉张衡《南都赋》的“奉先帝而追孝，立唐祀于尧山”句，便是说的此段历史。

玄鸟生商兴东夷

在远古的黄河之滨，一只“玄鸟”唱着歌儿从空中飞来，带给人们无穷无尽的遐想——它是天的使者，原始部落的人们一个个对它顶礼膜拜。一个叫简狄的女人，吞服“玄鸟”下的蛋后，怀孕生下一个儿子叫契。契，即中国古代东南沿海东夷族的一个首领，也就是传说中的商之始祖。《诗经·商颂·玄鸟》曰：“天命玄鸟，降而生商。”这就是“玄鸟生商”的故事。契自幼聪慧，长而有才。在帝尧末年，契被任命为司徒，实施“五教”（父义、母慈、兄友、弟恭、子孝）有功。帝舜即位后，因契有“五教”之功，乃赐姓为子，而封他于商地（今河南省商丘市）。此后，世有官守，14 世至汤，则顺应天下人的愿望讨伐夏桀，定鼎天下，取先祖契之所封商以为国号。这个传说和故事，是东夷族兴旺发达的一个标志。

所谓东夷，在考古学上是指从距今 8300 年前的后李文化起，历经北辛文化、大汶口文化、龙山文化、岳石文化的一个部族和承载者。称呼上是对黄河流域下游畎夷、于夷、方夷、黄夷、白夷、赤夷、玄夷、风夷、阳夷的总称，或是对东方各民族的泛称。早期的东夷是华夏族的族源之一。

伯夷叔齐拒周粟

商汤封孤竹国（都今河北省卢龙县）于辽西。其国君为炎帝后裔，姜姓，墨胎氏。传至商纣时，孤竹国君名初，字子朝。伯夷、叔齐是孤竹君初的两个儿子。

伯夷，名允，字公信，孤竹君初的长子，谥夷，因史称伯夷。叔齐，名致，字公达，孤竹君初的第三子，谥齐，因史称叔齐。孤竹君生前想立三儿子叔齐继承君位。及其去世，叔齐将君位逊让给兄长伯夷，伯夷说：“让你即位是父命呀！”于是逃离。叔齐也不肯即位，而随伯夷逃去。孤竹国只好立孤竹君初的二儿子为国君。

伯夷、叔齐听说西伯昌（即周文王）善养老，便一起去那里。行至孟津县东（今河南省孟津县东的扣马村，与偃师市邙岭乡接壤），听说西伯昌去世，周武王载着木牌位，尊他为文王，正率领大军伐纣。于是伯夷、叔齐便前往扣马而谏说：“父死不葬，又动干戈，可谓孝吗？以臣弑君，可谓仁吗？”

左右人要杀他们，太公吕尚说："这是义士，算了吧！"让人扶他们离开。武王已灭纣，天下归周，而伯夷、叔齐以之为羞耻说："我们听说古代的士子，遭治世不回避任官，遇乱世不为苟且活命。今天下乱，周德衰减，而天下却一并于周，这要玷污我们身体呀！不如避开它，以纯洁我们的行迹。"于是仗义而不食周朝的粮食，隐于首阳山（位于今河南省偃师市邙岭乡），采薇（蕨菜）而食之。并作辞而歌："登上那西山啊，采那薇而食。以暴易暴啊，不知其错。神农、虞、夏快速无声啊，我们将归向哪里？哎呀一切过往啊，天命衰败了。"山野有妇人见他们这样，便说："你们不食周朝的粮食，此薇也是周朝的草木呀。"于是二人绝食，饿死于首阳山。

历代关于伯夷、叔齐所隐之处，说法不一。"扣马而谏""不食周粟"，饿死以成其廉，虽是"忠君"思想，但不分是非，则是迂腐而不识时务了。

紫气东来圣人至

谈到"紫气东来"，必从尹喜说起。尹喜，字公度，号文始先生，周朝的大夫。自幼与众不同，少好学习三坟五典。及长，又善于研究天文、秘纬和占卜、望气之学，仰看俯察，无不洞悉。后任函谷关令。

周敬王元年（前 519）的一日，尹喜登函谷关楼四望，见东方有紫气向西飘浮而来，心中暗自高兴道："应有圣人路过此地。到时一定不失时机地向他请教。"于是告诫守卫函谷关大门的官吏说："如果有老翁从东方来，乘青牛薄板车的，不要让他过关。"

周敬王元年冬十二月二十五日这天，果然见一老翁乘青牛车从东方而来，要求过关。守卫大门的官吏立即进去禀告尹喜。尹喜说："好！今天来了，我要拜见圣人了。"于是穿戴整齐佩带印绶出迎。当见面后，方知是自己仰慕已久的德高望重的柱下史李耳，于是恭敬地向李耳行弟子礼。当他得知李耳厌烦了尔虞我诈的"无义战"时局，辞官要往西找个清静的地方去生活，便求李耳写一部著作留下来，以便人们好好学习，并表示如果不写便不放他出关。李耳也素闻尹喜的德行，于是答应了他。之后，李耳根据自己对世事的感悟，倾心写下了五千言的《道德经》。尹喜读后，喜不自胜，佩服得五体投地，将其尊称为《老子》。尹喜也自著书9篇，名为《关令子》。

而后，尹喜辞官随老子一起西行流沙，遂不知所终。

趣传蚁穿九曲珠

孔子周游列国时，离开卫国（都今河南省濮阳县）到陈国（都今河南省周口市淮阳区）去，途中见两位女子采桑，孔子说："南枝窈窕（美好），北枝长。"女子答道："夫子（指孔子）游陈必绝粮。九曲明珠穿不得，着来问我采桑娘。"

孔子不听而去。到了陈国，陈国大夫发兵围困，令他用线穿过九曲珠，才放过他。孔子不能，便想起采桑女的话来，于是使弟子颜回（字子渊）和端木赐（字子贡）返回请教采桑女子。二人返回采桑处，不见二位女子，但见桑枝上有土一块，地下遗留糠三堆。颜回对端木赐说："木边加土必姓杜，糠三堆，必名康三姐姊妹。"二人问到了采桑女子家，其家人谎言女子出外，以一瓜献给二人。子贡说："瓜子在内，你的女儿一定在家中呀！"这样，采桑女子的母亲才叫女儿出来与他们相见。采桑女子教他们说："用蜜涂珠丝以系蚂蚁，蚂蚁将系丝，如不肯过，用烟熏它。"二人回去，将此法告诉了老师。孔子依照她的话，才将线穿过了九曲珠。至此孔子师徒已经绝粮七日了。

后人的诗词歌赋中多用此典。如唐杨涛《蚁穿九曲珠赋》，宋苏轼《祥符寺九曲观灯》诗："金鼎转丹光吐夜，宝珠穿蚁闹连宵。"都是用的此典。

此故事出自六朝佚名《冲波传》，事涉不经，且也俚俗。但此故事说明"高手在民间"。圣人并非无所不能，民间也不乏高人。

哀婉凄美相思树

春秋末期，宋康王的舍人韩凭，娶何氏（河南封丘人）为妻。何氏长得貌美，宋康王将她攫为己有。韩凭非常怨恨，宋康王于是把他囚禁起来，继之判为修筑青陵台4年的劳役。

韩凭的妻子何氏根据自己的处境，便作一首《乌鹊歌》以表达心思道："南山有乌，北山张罗。乌自高飞，罗当奈何？乌鹊双飞，不乐凤凰。妾是庶人，不乐宋王。"又暗里送韩凭一封书信，言辞隐讳地说："其雨淫淫，河大水深。日出当心。"不久，宋康王得到这封信，将信让左右人看，左右人没有理解那意思的。大臣苏贺解释说："'其雨淫淫'，是说忧愁而且思念。'河大水深'，是说不能往来。'日出当心'，是说心里有死的想法呀！"

后来没过多长时间，韩凭自杀了。他的妻子就暗里将自己的衣服弄腐朽。一天，宋康王携何氏一起登上青陵台赏景时，何氏便纵身投向台下，宋康王的左右人急忙拉她，由于她的衣服经不住手拉，便摔在台下而死。她在衣带上写下了遗书说："王以我生为利，我以死为利。但愿将我的尸骨赐给韩凭，让我们合葬。"宋康王听了大怒，不答应她的请求，命当地人埋葬她，并使她的坟与韩凭的坟分离相望。宋康王不无嘲弄地说："你们夫妇相爱不已，如果能使两坟合在一起，那么我就不阻拦了。"

不料，早晚之间，便有两棵梓树分别生于二坟的顶上，当两棵树长到一抱粗时，它们的树干就弯曲相依就，树根相交于地下，树枝交错于天空。又有一对雌雄鸳鸯，常栖息树上，早晚不离去，交颈悲鸣，声音感人。

宋国人哀怜它们，于是称这两棵树为"相思树"。"相思"的名称，便开始于此时。南方的人称鸳鸯鸟，是韩凭夫妇的精魂所变成。在晋朝时，睢阳（今河南省商丘市）还建有韩凭城。关于韩凭夫妇的歌谣在那里广泛流传着。

据清王士俊等《河南通志》载，这个故事发生在今封丘县，那里有韩凭妻的墓和青陵台（在今河南省封丘县城东北）。

这一殉情的凄美故事对后世颇有影响，诗人多歌咏之。如唐李白《白头吟》诗有"古来得意不相负，只今惟有青陵台"之句。唐李商隐《相思》诗有："相思树上合欢枝，紫凤青鸾并羽仪。"唐白居易《长恨歌》里的"在天愿作比翼鸟，在地愿为连理枝"诗句，也是化用了此事典。

鲁阳公挥戈反日

鲁阳公，即公叔文子，是楚平王的孙子，司马子期的儿子，楚国大夫。于战国初期的纷乱时代，文子以忠勇见称。楚惠王想以梁地（今河南省汝州市西部一带）封与文子，文子推辞道："梁地险要，而又在楚国北境，惧怕子孙有二心。即使我现在答应去，但死后，怕因梁地险要而断了我的香火。"楚惠王说："您有仁爱之心，不忘子孙，将影响楚国。敢不允从您！"于是将文子封到鲁阳邑（今河南省鲁山县）。当时楚国国君已称王，其守县大夫都称公，因而人们称文子为鲁阳公。

一日，鲁阳公与韩国交战，战斗正激烈时，夜幕降临。这时鲁阳公持戈向太阳挥去，大喝一声，令太阳返回，太阳也竟然为他返回"三舍"（即90里的光景），恢复了光明。鲁阳公也因此战胜了敌人。

后鲁阳公去世，葬在离鲁山县城25里的露山东北。其墓碑镌有"鲁阳公墓"四字，不知何人书丹。后世人们则以"挥戈反日"赞颂鲁阳公力能回天的英勇气概。

关于"鲁阳公挥戈反日"，后世不乏质疑者，认为鲁阳公志在于战，因日暮，岂能一挥而能令日返回？其实，此故事充满了人们大胆的想象，具有浪漫主义色彩，可以说是楚地百姓对鲁阳公英勇气概的褒扬。传说故事在事实方面不必较真。

卢敖得道卢氏县

卢敖，战国末期燕国人。秦始皇统一中国后，听说卢敖为高士，便召他为博士，使他寻求长生不老之药。卢敖逃走不返，云游四海。

他先去北海（指北方沙漠以北），经过太阴（地名），进入玄阙（北方山名），登上蒙谷山。这时，他见到一位士人，深眼睛而黑鬓毛，流着眼泪而两肩高耸，额头宽广而下巴尖，正飘飘然迎风而舞。那人回头看见卢敖，慢慢地垂下胳臂，逃遁到碑阴。卢敖走近看去，他正像乌龟缩着头吃蛤蜊。卢敖与他说话道："您以为我卢敖是背离众人，离开乡里，遍游于六合之外的人，而责怪我。我从小喜欢游览，至长不改。环行四极，只有北阴还没有窥看。今天终于看到您在这，您大概可与我为朋友了。"那人露牙笑着说："嘻！您是中州的人，怎么肯远到这里！这里尚能见到日月的光亮，阴阳所运行，四季所产生。而那叫不上名字的地方，昏暗不明，如我向南游于冈㝗的原野，向北休息于沉墨的乡间，向西穷尽昏暗的地方，向东开启自然混沌的先河。这地方下无地而上无天，听不到声音，看不到什么东西，远望那外边，尚且有四海的岸边。其余一举动而千万里。我尚未到这地方。今您游览始于这里，便说穷观，岂不差得远吗？那么您在这吧，我与汗漫相期于九垓之外，我不可以长时间逗留在这里呀！"说着，那人举臂而竦身，须臾不见踪影。卢敖怅然若失，不愉快地说："我与这人比，犹如黄鹄与幼虫，终日行不离咫尺，而自以为远，岂不悲哀啊！"

于是，卢敖来到三川郡的莘地（今河南省卢氏县），结茅于山中而潜心修行。后来，无人知道他的去处。据方士传言，卢敖得道成仙而升天。西汉时，因卢敖修行于此地，便于此地置卢氏县，属弘农郡。卢敖结茅修行的遗址，位于今卢氏县城的东大街。后周显德四年（957）卢氏人曾于其遗址建观祭祀。

厄井双鸠拯大汉

荥阳县（今河南省荥阳市）西南15里有厄井。相传汉高祖刘邦与楚霸王项羽作战，败于京索，无路可走，逃入此井。当时，蜘蛛网其井口，一双斑鸠在其上鸣叫。项羽将士追到此处，见此状，认为井中不会有人，然后离去。刘邦于是躲过此次厄难。因而，后人将此井称作厄井。当地流传有顺口溜："汉祖避时难，隐身厄井间。双鸠集其上，谁知下有人。"汉刘邦躲过此难，最终夺得天下，登上皇位。亦可谓"厄井双鸠拯大汉"。

后来，汉朝每逢夏历正月初一，便放双鸠，典故即源于此。

刘秀饮马扳倒井

西汉末年，相传王莽追赶刘秀，汉军路过南阳裕州（治所在今河南省方城县）一个地方，当时正值盛夏，将士们饥渴难忍，战马尤其急需饮水。刘秀正在焦急，忽见路旁有一口井，急忙来到跟前，但见清水凌凌，可没有水桶，眼看追兵就到，刘秀焦急万分，无奈对着那井大喊："水井呀，水井，你就不会歪歪，让我们喝点水吗?"谁知话音刚落，那井便忽地歪了，泉水流出井口，刘秀人马抓紧喝水，一番解渴后，又往前奔走。至今这口井仍然歪着，人们称它为"扳倒井"。百姓传说，因刘秀本是帝王，说话是"金口玉言"，"井"也得听，所以井就"倒"了。这当然是后来神化刘秀的。明代于谦到此，感此典故，欣然命笔，写下了《题光武扳倒井》诗："天相中兴不偶然，等闲平地涌清泉。灵源千古蛟龙蛰，时出人间救旱年。"

在河南和全国很多地方，都有叫扳倒井的地方，故事传说各不相同，但各有趣味。

王乔飞凫天下传

王乔，东汉河东郡（治所在今陕西省夏县北）人。汉明帝时，王乔原为尚书郎，后出任为叶县令。

据传，王乔有神术，每当月初一和十五，常自叶县到朝廷。汉明帝奇怪他来得快，又不见他的车骑，便密令太史察看情况。太史说每当他来临时，就有双凫（俗称野鸭）从东南飞来。于是等候那双凫至，便举罗网张捕，仅得到一双舄（鞋）。汉明帝下诏审视那舄，原来是永平四年（61）中所赐的尚书官履。于是叶令飞凫的故事，便在民间盛传了。

更令人奇怪的是，每当早朝时，叶县县衙门下的鼓不击自鸣，闻于京都雒阳。后来，上天降下一具玉棺于县衙堂前，属吏们推排，始终不能摇动。王乔说："天帝独想召我呀!"于是沐浴，穿上服饰躺在其中，棺盖便立即覆盖。后葬于叶县城东，土自成坟。那天晚上，叶县境内的牛都流汗喘乏，而人没有知道是什么缘故的。后来百姓便为王乔立庙，称为叶君祠。

后来的牧守每临叶县，都先到叶君祠谒拜他。汉明帝时，迎取其鼓，置于都亭下，但已无自鸣声了。同时又令太史候望，叶令在雒阳城西门上，占卜星辰，省察气象。于是，人们传言此叶令，即东周时的仙人王子乔。

萧旷弹琴遇宓妃

传说唐文宗太和年间（827—835），处士萧旷游于洛东，夜休息于巩县（今河南省巩义市）孝义村旅舍。萧旷善弹琴，时值月朗风清，于是取琴弹奏。半夜，琴调甚为凄苦。不久，听洛水边有长叹者，渐相近，是一位美人。萧旷因放下琴而向她作揖道："请问是什么人呀？"这女子说："洛浦神女呀。昔陈思王有赋，您不记得吗？"萧旷说："是。"萧旷又问道："听说洛神即甄皇后，去世后，陈思王（曹植）遇其魂魄于洛水滨，于是写了《感甄赋》。后觉事不妥，改为《洛神赋》，托意于宓妃，有这事吗？"女子说："我即甄后呀。因为仰慕陈思王的才情，惹文帝（曹丕）发怒而被幽禁，死后精魂遇陈思王于洛水之上，叙述自己的冤情，感动了陈思王而撰写了赋。觉得事不典雅，更换了那题目，是不错呀。"

继而，有一个丫鬟拿着草席，准备了酒肴而来。神女对萧旷说："我为袁家（袁熙）新妇的时候，性好弹琴，每弹至悲风及三峡流泉，不曾不整夜而停下。刚才听您琴韵清雅，但愿一听那曲。"萧旷于是弹奏《别鹤操》及《悲风》。女子长叹道："真可与蔡中郎（蔡邕）媲美呀！"神女又问萧旷道："陈思王《洛神赋》怎么样？"萧旷道："这赋铺陈事物，抒写情志，流畅爽利，为梁昭明（萧统）所精选呀！"女子微笑道："状写我的举止，云'翩若惊鸿，婉若游龙'，该不会周密了。"萧旷问道："陈思王的精魂现在哪里？"神女说："现为遮须国王。"萧旷说："什么是遮须国？"神女说："刘聪（南匈奴汉王）的儿子死而复生，对他的父亲说：'有人告诉我说，遮须国很久无主，等待你的父亲来做主。'就是这个国家呀。"

不久，有一青衣引着一女子来到，说："织绡娘子到了！"神女说："洛浦龙王的处女，善织绡于水府，刚才使人召她了。"萧旷因对织绡娘子说："近日，人世或传柳毅灵姻的事情（指唐代落第书生柳毅与洞庭龙女婚姻），有这事吗？"织绡娘子说："十有四五的事情。其余都是藻饰言词，不可迷惑呀。"萧旷说："听说龙怕铁，有这事吗？"织绡娘子说："龙的神化，即使铁石金玉也可通过，怎能独怕铁呢！怕铁的，是蛟螭辈呀。"萧旷又说："雷氏（晋雷焕）的儿子（雷华）所佩的丰城剑，至延平津跃入水而化为龙，有这事吗？"织绡娘子说："虚妄呀。龙，木类。剑是金。金既克木而不相生，能变化，岂不是与雀入水为蛤，野鸡入水为蜃一样吗？但宝剑是灵物，金水相生而入水，雷生自认为不能沉于泉，相信在水下，搜剑不获，乃妄说化为龙了。且雷焕只言化去，张司空（张华）但言俱合，终不说为龙化剑的灵异。且剑是人锻造的，不是自然之物。由此知道，剑终不能化为龙了。"萧旷又说："梭化为龙，怎么样？"织绡娘子说："梭，是木头。龙本属木，变化归木，又有什么奇怪呀。"萧旷又说："龙的变化如神，又为什么有病而求马师皇治疗呢？"织绡娘子说："师皇是上界高真，可怜马的负重引远，所以为马医，治愈有疾病的马有一万多匹。上天降那疾病于龙唇吻间，想验证一下师皇的医术。龙后来背驮他而登天，不是龙真有病呀。"萧旷又说："龙嗜饮燕子血，有这事吗？"织绡娘子说："龙的清虚，食饮夜间的水气，如食燕血，怎能现身和隐藏？嗜血的是蛟蜃辈，不要相信那编造的，都是梁朝四公（四位神仙）荒诞虚妄的言词呀！"萧旷又说："龙喜欢什么？"织绡娘子说："好睡。大睡千年，小睡不下数百岁，俯仰于洞穴、鳞甲间，聚其沙尘。或有鸟衔木，实遗弃其上，是甲拆生树，至于合抱，龙方觉悟，于是振迅修行，脱其体而入虚无；澄其神而归寂灭；自然形化与气相随，其化用散入真空，如未形成胎胚，如未凝结如物，在恍惚精奇杳冥之间。当此时，虽百骸五体尽可入于芥子之内，随举止无所不自得，还元返本之术可与造化争功了。"萧旷又说："龙的修行从哪门而得到的？"织绡娘子说："与高真所修炼的道术没有什么区别，上士修炼形神兼备；中士修炼神超形沉；下士修炼形神一起衰落。且当修炼的时候，气爽而神凝，有物出去，即老子所说的'恍兮惚兮其中有物也'。其对于幽微不敢泄露，恐为上天谴责贬谪呀。”

神女于是命左右传杯，叙语昵洽，兰艳动人，如左琼枝而右玉树，缱绻整夜，感畅内怀。萧旷说：“遇二仙娥于此，真所谓双美呀！”忽闻鸡鸣，神女便留诗道：“玉箸凝腮忆魏宫，朱丝一弄洗清风。明晨追赏应愁寂，沙渚烟销翠羽空。”织绡娘子也留诗道：“织绡泉底少欢娱，更劝萧郎尽酒壶。愁见玉琴弹《别鹤》，又将清泪滴真珠。”萧旷答二女诗道：“红兰吐艳间夭桃，自喜寻芳数已遭。珠珮鹊桥从此断，遥天空恨碧云高。”神女于是出明珠、翠羽二物赠萧旷道：“此是陈思王赋云‘或采明珠，或拾翠羽’，所以有这赠，以成《洛神赋》之咏呀。”龙女也出轻绡一匹赠萧旷道：“如有胡人购它，非万金不可卖。”神女说：“您有奇骨异相，当出世。但淡味薄俗，清襟养真。我当为暗里助您。”说罢，超然凌空而离去，无所见了。

后来萧旷宝其珠、绡，多游嵩岳，友人曾遇到他，备写他的事情。而后萧旷游栖嵩岳不出。后人于此孝义村曾建有双美亭，以美扬此事。孝义村，即今巩义市西南洛水东岸的孝义镇。

以讹传讹树成“神”

张助，西汉汝南郡南顿县（治所在今河南省项城市南顿镇）人。一天，张助于田中种禾苗，见一枚李核，考虑想带回家中，回头看见一棵中空的老桑树中有土，因而种植其间，并以所喝剩余的水浇灌上面。

后来人们见桑树中生了一棵小李树，感到神奇，便相互转告。有一个害眼痛病的人休息在那树阴下，说：“李君如令我的眼睛痊愈，我就以一个小猪豚答谢您。”后眼痛止，病也随着自愈，以致众犬吠声，以讹传讹，传为盲人能够看见东西。因而远近的人聚集其下，车骑常达数千百辆，祭祀的酒肉堆积滂沱。

一年多后，张助外出远方回来，见到这种情况，吃惊地说：“此有何神？是我所种的李核长出的。”于是，操起斧头将那李树砍掉。

自此，人们才如梦初醒。

在现实生活中，人们祷告“神灵”保佑，有时确有一定的精神安慰作用。但说到底，它还是一种迷信。此则故事，颇能说明问题。

石“贤士”显灵“治”病

西汉汝南郡汝阳县（治所在今河南省商水县张庄乡城上村）彭氏墓路头立一石人，在石兽后。一天，有位农家老太太到集市买了数片糕饼，由于暑热行疲，她便在石人阴下小憩，加上太累，小睡了一会儿，不小心遗掉下一片糕饼，离开时也没察觉到。

后来，有过路人看见石人下有片糕饼，感觉很奇怪。他回家后，有客人正到门，他因与客人谈起这糕饼的事来，客人跟他开玩笑说：“石人能治病，是病愈的人来答谢的糕饼吧！”此话传开后，头痛的人，来抚摩石人的头；腹痛的人，来抚摩石人的腹；也有抚摩石人他处的。凡是来抚摩石人而病自愈的，都说得到了石人的神力，因而称石人为“贤士”，以致辎辇毂击，千里之外的人前来抚摩石人治病。祭品初为鸡、豚，后用牛、羊，并为石人立帷帐，管弦不绝，其音声闻数十里，以致县尉部常常派人前来维护秩序。

如此数年后，当年买糕饼的老太太听说这件事的原委，便将遗掉糕饼于石人处的事情给人说了。于是祭祀石人看病的事情才消停下来，又恢复了以往的平静。

这个故事，看上去滑稽荒唐，但也反映了人们“有病乱求医”的心理。时至今日，此类事情的出现，还是不乏其例。

大雁遭难见恩义

明孝宗弘治年间（1488—1505），河南虞城人捕获一只雌雁，捆缚它的翅膀，蓄养于场圃，以引诱其它的大雁。

到第二年大雁飞过时，那雄雁与群雁飞鸣而过，场圃的雌雁辨认出一个声音，仰空号鸣。雄雁也认出雌雁的声音，于是飞落场圃中。两雁交颈悲号，其声呜呜，如相互哀诉分离的情况。过了一段时间，那雄雁飞起半空将要离去，往来徘徊，看那雌雁不能飞，又落地上，旋转叫号，声音更加悲恻。如此者三四次，知道终不能逃飞去，它们便共咬啮脖颈蹂蹴，最后相愤触而死。

长沮桀溺答子路

长沮、桀溺，春秋时期楚国叶邑（今河南省叶县）人。

鲁哀公五年（前490）的一天，长沮、桀溺二人并肩拉耙磨田于叶邑的方城山（今方城县独树镇西北的黄石山）下。孔子与弟子们自蔡国进入叶邑，路过这里，见山下有条河流，便使弟子子路（仲由字）向长沮、桀溺询问津（渡口）在哪里。长沮说："那车上手持马缰绳驾车的是谁?'子路回答道："是孔丘。"长沮说："是鲁国的孔丘吗?"子路说："就是呀。"长沮说："这人是知道渡口的。"子路问于桀溺，桀溺说："您是谁?"子路说："是仲由。"桀溺说："是鲁国孔丘的门徒吗?"子路回答道："是。"桀溺说："混乱的现象，天下都是这样，而谁能改变它?而且你与其跟从躲避人（指昏君）的人（指孔子），倒不如跟从躲避社会的人（指自己一样的隐士）呀!"说着，磨田碎坷垃而不停止。

子路将这情况告诉孔子，孔子失望地说："人是不可与鸟兽同群共处的。我不与社会上的人们交往还与谁交往呢?天下如果政治清明，还用得着我孔丘改变它吗?"

历史上"问津"一词，即典出于此。长沮、桀溺并非二位隐士真名，而是以他们的体形和面部表情而言。一人长而沮丧，即叫他长沮；另一人桀然高大而脸色阴沉得出水，即叫他桀溺。隐士选择避世，孔子选择入世，道不同，不相与谋。长沮、桀溺针对子路所问，不但不给结果，反而予以奚落。孔子周游中原列国的窘境，由此可略见一斑。

荷蓧丈人是与非

鲁哀公五年（前490）的一天，孔子与弟子们离开叶邑（今河南省叶县）

返回蔡国。

子路跟随孔子出行，落在后面，遇上一个老人，用拐杖扛着除草器具。子路问他："您看见我的老师了吗?"老人说："四肢不劳动，五谷分不清。谁是你的老师?"说着，把他的拐杖插在地上，就去锄地。子路拱着手站在那里。老人留子路到他家里过夜，杀了鸡、做了黍米饭给他吃，并且让他的两个儿子拜见子路。

第二天，子路走了，赶上孔子，把上面的情况告诉孔子。孔子说："这是个隐士呀!"便叫子路转回去看他。子路到达他家时，他已经出门去了。

子路对他的两个儿子说："不做官，是不合道理的。长幼之间的礼节，是不能废弃的；君臣之间的正常关系，又怎么可以废弃呢?想要保持自身的清洁而隐居不仕，却破坏了君臣关系的准则。君子出来做官，是做他应该做的事。至于自己的政治主张不能推行，那是早就知道了。"

在儒家看来，君臣之间是恩义关系：君对臣有恩（赐其俸禄），臣对君就应有义（守其大义）。所以，荷蓧丈人这样有才能、有学识的人就应该出来做官，帮助君主平定天下，这是义不容辞的责任。所以说："不仕无义。"他们认为：连长幼之间的礼节都不可废除，君臣之间的大义怎么可废除呢?荷蓧丈人为了在乱世之中保持自己洁白之身，却忘记了君臣之间的大伦，是错误的。这是因为君子出仕，不过是为了践行这种君臣的大义，即使自己的学说不被当政者采纳，也应该出仕，继续作出不懈的努力。所以孔子认为，不逃避现实，积极行道，是人臣应尽的职责。这种"知其不可而为之"的态度，比起隐士来是积极的。

问鼎中原楚庄王

楚庄王（?—前591），又称荆庄王（出土战国楚简作臧王），芈姓，熊氏，名旅（一作侣、吕），楚穆王之子，春秋五霸之一。楚穆王十二年（前614），穆王去世，庄王熊旅即位，年龄尚不足20岁，国内矛盾重重，爆发了公子燮与公子仪的叛乱。在复杂的形势下，他采取了以静观动、以感辨奸的对策，三年不问政事，弄清了各方势力的基本情况。后重用伍举、苏从等忠直之臣，攻灭了前来进犯的庸国，使楚国开始强盛。又任用孙叔敖为令尹，重视社会生产，发展经济，充实国力。为了争当中原霸主，他同晋国进行了长期战争，双方互有胜负，于楚庄王十七年（前597）在邲之战中大获全胜，楚国声威大震。不久，楚庄王灭掉了萧国，并连续三年攻伐宋国，迫使宋国向楚求和。楚庄王饮马黄河，问鼎中原，实现了称霸的愿望，人称其“不鸣则已，一鸣惊人”。

楚庄王知道，大禹所铸的九鼎，由于夏桀无道亡国，九鼎为成汤所得，成汤所以建立了商朝。商朝到纣王时，由于暴虐亡国，九鼎又为姬发所得，建立了周朝。到这个时候，他认为自己已经有了称霸中原的实力，因而想取周而代之。他于公元前606年，借伐陆浑之戎（今河南省嵩县东北）之机，把楚国大军开至东周的首府洛阳南郊，举行盛大的阅兵仪式。即位不久的周定王忐忑不安，派善于应对的王孙满去慰劳。楚庄王见了王孙满，劈头就问道：“周天子的鼎有多大？有多重？”言外之意，要与周天子比权量力。王孙满委婉地说：“统治天下在乎德而不在乎鼎。”庄王很不服气地说：“你不要依仗九鼎，我楚国有的是铜，我们只要折断戈戟的刃尖，就足够做九鼎了。”王孙满说：“大王您别忘了，当初夏禹是因为有德，天下诸侯都拥戴他，各地才贡献铜材，启才能铸成九鼎以象万物。后来夏桀昏乱，鼎就转移给了商；商纣暴虐，鼎又转移给了周。如果天子有德，鼎虽小却重得难以转移；如果天子无德，鼎虽大却是轻而易动。周朝的国运还未完，鼎的轻重是不可以问的。”楚庄王这时无话可说了。从此以后，人们就将企图夺取政权称为“问鼎”。“问鼎中原”这个典故就是这样来的。

围魏救赵孙庞斗

庞涓（？—前341），战国初期魏国名将。相传与孙膑［本名孙伯灵（山东孙氏族谱可查），战国时期著名军事家，孙武的后代］同拜于隐士鬼谷子门下，一起学习兵法。庞涓后来出仕魏国，担任了魏惠王的将军，但是他认为自己的才能比不上孙膑，于是暗地派人将孙膑请到魏国加以监视。孙膑到魏国后，庞涓嫉妒他的才能，于是捏造罪名将孙膑处以膑刑和黥刑，剔去了孙膑的膝盖骨，想使他埋没于世不为人知。当齐国使者出使至魏国首都大梁（今河南省开封市）时，孙膑以刑徒的身份秘密拜见齐国使者，用言辞打动了他。齐国使者觉得孙膑不同凡响，于是偷偷地用车将他载回齐国。

公元前354年，赵国进攻魏国的盟国卫国，夺取了漆及富丘两地（均在今河南省长垣县），此举招致了魏国的干涉，魏国派兵包围赵国首都邯郸（今河北省邯郸市）。次年，赵国派使者向齐、楚两国求救。齐威王召集大臣商议，邹忌反对救援，而段干朋则建议齐威王分兵，一路向南攻打襄陵（今河南省睢县）来疲劳魏军，然后趁魏军攻破邯郸后救援赵国，这样既救援了赵国，又同时削弱了魏、赵两国。齐威王采纳段干朋的建议，兵分两路，一路齐军围攻魏国的襄陵，一路由田忌、孙膑率领救援赵国。

公元前353年，齐军兵分两路，一路与宋国景敌、卫国公孙仓所率部队会合，围攻魏国的襄陵，一路由田忌、孙膑率领救援赵国。

此时魏军主力已攻破赵国首都邯郸，庞涓率军8万到达茬丘，随后进攻卫国，齐国方面田忌、孙膑率军8万到达齐、魏两国边境地区。田忌想要直接与魏军主力交战，但被孙膑阻止。孙膑认为魏国长期攻打赵国，主力消耗于外，老弱疲惫于内，国内防务空虚，应当采用声东击西、围魏救赵的战术，直捣魏国首都大梁迫使魏国撤军，魏国一撤军，赵国自然得救。田忌接受了这一建议。

据此，孙膑建议南下佯攻魏国的平陵（今山东省定陶县东北），因为平陵城池虽小，但管辖的地区很大，人口众多，兵力很强，是东阳地区（指魏国首都大梁以东的地区）的战略要地，很难被攻克；而且平陵南面是宋国，北面是卫国，进军途中要经过市丘，容易被切断粮道，佯攻此地能很好地迷惑魏军，造成庞涓产生齐军主将指挥无能的错觉。田忌采纳孙膑的计谋，拔营向平陵进军。接近平陵时，孙膑向田忌建议由临淄（今山东省淄博市）、高唐（今山东省高唐县）两城的都大夫率军直接向平陵发动攻击，吸引魏军主力，果然攻打平陵的两路齐军大败。孙膑让田忌一面派出轻装战车，直捣魏国首都大梁的城郊，激怒庞涓迫使其率军回援；一面让田忌派出少数部队佯装与庞涓的部队交战，故作示弱使其轻敌。田忌按孙膑的要求一一照办，庞涓果然丢掉辎重，以轻装急行军昼夜兼程回救大梁。孙膑带领主力部队在桂陵（今河南省长垣县西南）设伏，一举擒获庞涓。这是中国历史上一个著名战例，也是成语“围魏救赵”的来源。

庄周悟思雕陵鹊

庄周（约前369—前286），字子休，战国时期宋国蒙邑（今河南省民权县）人。因为其德高博学，故人称庄子。

一日，庄周游览于魏国雕陵（今河南省扶沟县曹里乡刁陵村）的园圃，看见一只奇异的鹊鸟自南方飞来。那鹊鸟翅膀宽七尺，眼睛圆大有一寸，触到庄周的额头而落于栗林。庄周说：“这是什么鸟啊！翅膀虽大，却不能远飞；眼睛虽大，却看不见东西。”于是提起衣裳快步走过去，手拿弹弓而伺机射杀它。这时，看见一只蝉正得到一处美好的树荫，却忘记了自身。而一只螳螂利用树叶的遮蔽，正准备攻击那蝉，见猎物可得却忘记了自己的形体。那奇异的鹊鸟见螳螂有利可图便跟了过去，见利却忘记了自身。见到此景，庄周惊惧地说：“噫！万物本来相互牵累，两两物类相互召引呀。”他于是扔掉弹弓，返身便跑，看守园子的人发现后，边追赶边责问他为何不打那鸟。

庄周回去后，三个月没有坐过庭中。他的弟子蔺且感到奇怪，便问他道：“老师为什么近来不坐庭中呢？”庄周说：“我为养生之学却忘记了自身所适宜的，观看于混浊的水，却迷惑于清水渊。我听诸位先生说，进入乡里要随从那里的风俗。今我游览于雕陵却忘记了我自身，那奇异的鹊鸟触我的额头，飞落于栗林却忘记了自身。看守栗林的人羞辱了我一顿，我所以不坐庭中呀！”

这则故事告诉人们：“天下最愚蠢的事情，莫过于贪前利而不看后患。”“螳螂捕蝉”“庄生捐弹”“雕陵之鹊”“庄生之悟”等典故，均出于此。汉赵晔《吴越春秋》卷三也有“螳螂捕蝉，黄雀在后”之喻。

庄惠濠梁快乐辩

惠子（约前370—约前310），姓惠，名施，战国时期宋国（都今河南省商丘市）人。曾做过魏国相。名家（先秦时期诸子百家之一，以思维的形式、规律和名实关系为研究对象的哲学派别，所以称“名家”，也称“辩者”“察士”）代表人物，主张“合同异”（即合万物之异），以善辩出名，是庄子的好朋友。

一日，庄子与惠子在濠水（发源于今安徽省定远县凤阳山北麓）的桥上游玩。庄子说：“白鲦鱼在河水中游得那么悠闲自在，这是鱼的快乐呀！”惠子说：“您不是鱼，怎知道鱼的快乐呢？”庄子说：“您不是我，怎知道我不知道鱼的快乐呢？”惠子说：“我不是您，固然不知道您了；您本来不是鱼，您不知道鱼的快乐可以肯定了！”庄子说：“请循着那开始的话题。您说‘您怎知道鱼的快乐’的话，便已经知道我知道鱼的快乐而问我。我是在濠水桥上知道那鱼的快乐呀！”

这是名家与道家的一次有趣辩论。按名家理论，以形迹来看，万物与我无同形。按道家理论，以理来看，万物与我无异性。所以，名家惠子以形观形，所以有此问。道家庄子以性观性，所以有此相答。庄子知道鱼的快乐，与梦为蝴蝶之意相同，是庄子“齐物”思想的表现。

郑人买履贻笑柄

春秋时期，有一个郑国（都今河南省新郑市）人准备去集市上买一双鞋，他在家先量量自己脚的尺码，而随手将量好的尺码放在自己的座位上。等到了集市上以后，他却忘记了拿那量好的尺码。拿到鞋后说：“我忘了拿量好的尺码了。”于是，返回家取那量好的尺码。等到他再返回时，集市已经结束了，鞋没有买到而徒劳往返。

有人了解到此种情况，便向买鞋人说：“你为什么不用脚试着买？”那个郑国人回答道："我宁可相信量好的尺码，也不相信自己的脚呀！"

郑人买履，成为千古笑柄。然而，在现实生活中，如买履的郑人这样刻板而不知随实际状况变化者，也不乏其人。

朝三暮四说狙公

古代宋国（都今河南省商丘市）有一个养猴子的老人叫狙公，他很喜欢猴子，养的猴子成群，他能懂得猴子们的心意，猴子们懂得那个人的心意。那位老人因此减少了他全家的口粮，来满足猴子们的欲望。但是不久，家里缺乏食物了，他将要限制猴子们的食物，但又怕猴子们生气不听从自己，就先骗猴子们："我给你们的橡树果实，早上 3 颗，晚上 4 颗，这样够吗？"众多猴子一听很生气，都跳了起来。过了一会儿，他又说："我给你们的橡树果实，早上 4 颗，晚上 3 颗，这样足够吗？"猴子们听后都很开心地趴下，都很高兴对那老人服服帖帖了。

这个故事原来的意义，是阐述一个哲学道理，是《庄子·齐物论》中一则重要的寓言故事，无论是朝三暮四还是朝四暮三，其实众猴子所得到的并没有增加或减少，猴子们喜怒为用就显得很可笑。狙公好比是载众生的"大块"（天地），而猴子就像是纷乱红尘中的众生。那些追求名和实的理论家，总是试图区分事物的不同性质，而不知道事物本身就有同一性。最后不免像猴子一样，被朝三暮四和朝四暮三所蒙蔽。告诫人们要放开计较得失的凡心，因为人的一生一死、一得一失都是一时的，到最后我们将会发现我们并没有失去什么，也没有得到什么。因为无论形式有多少种，本质只有一种。宋《二程全书·遗书·十八·伊川先生语》："若曰圣人不使人知，岂圣人之心是后世朝三暮四之术也？"遗憾的是，后来应用这个成语的人，并不十分清楚朝三暮四的出处，把它和"朝秦暮楚"混淆了。而后者指的是战国时期，秦、楚两大强国对立，有些弱小国家一会儿倒向秦国，一会儿倒向楚国。朝三暮四本来与此无关，但以讹传讹，天长日久，大家也就习惯把"朝三暮四"理解为没有原则，反复无常了。

此则故事是成语“朝三暮四”的出处。始见于《列子·黄帝》，《庄子·齐物论》也载此。由狙公用智慧驯养群狙，到圣人用智慧治理众愚，道理相通。二者能使所治对象高兴，颇值得肯定。

杞人日夜忧天倾

杞国（约前2000—前445），是中国历史上自夏代到战国初年的一个诸侯国，由华夏族所建立，国祚延绵1500多年，国君为姒姓，大禹的直系后裔。周朝初年，杞国重新建国，周天子始封杞国为公爵，后至春秋时又降为伯爵。周武王灭亡商朝之后，寻找夏朝开国君主禹的后裔，结果找到了杞东楼公，便封他到杞地，延续杞国国祚，主管对夏朝君主的祭祀。杞国王族出自华夏，夏商周三代分封诸侯国一直奉行“夏君夷民”的做法。

战国时，有一年一个杞国人担忧天会塌地会陷，自己无处存身，于是整天睡不好觉，吃不下饭。又有一个为他的忧愁而担心的人，就去开导他，说：“天不过是积聚的气体罢了，没有哪个地方没有空气的。你一举一动，一呼一吸，整天都在天空里活动，怎么还担心天会塌下来呢?”那个人说：“天如果是气体，日月星辰不就会坠落下来了吗?”开导他的人说：“日月星辰也是空气中发光的东西，即使掉下来，也不会伤害什么。”那个人又说：“那地坏了又怎么办呢?”开导他的人说：“大地是土块堆积成的罢了，填满了四处，没有什么地方是没有土块的。你行走跳跃，整天都在地上活动，怎么还担心会陷下去呢?”经过这个人一解释，那个杞国人放下心来，很高兴；开导他的人也放了心，很高兴。这就是成语“杞人忧天”的来历。

其时，有位楚国的思想家名叫长卢子的，在听说了杞国人和朋友的对话之后，不以为然，他笑着评论道：“那些彩虹呀，云雾呀，风雨呀，一年四季的变化呀，所有这些积聚的气体共同构成了天；而那些山岳呀，河海呀，金木火石呀，所有这些堆积物共同构成了地。既然你知道天就是积气，地就是积块，你怎么能断定天与地不会发生变化呢？依我看，所谓天地，不过是宇宙间的一副小小物体，但它在有形之物中又是最大的一种，其本身并未终结，难以穷尽；因此人们对这件事也很难想像，不易认识，这都是很自然的。杞国人担心天会塌地会陷，这确实有点想得太远；然而他的朋友却说天塌地陷是根本不可能的，这也不对。天与地不可能不坏，而且终究是要坏的，有朝一日它真的要坏了，人们又怎么能不担心呢？”

对于这场争论，列子认为：“说天与地会坏，是荒谬的；说天与地不会坏，也是荒谬的。天地到底会不会坏，我们目前尚不知道。不过，说天地会坏是一种见解，说天地不会坏也是一种见解。这就好像活人不知道死者的滋味，死者也不知道活人的情形；未来不晓得过去，过去也不能预测未来。既然如此，天地究竟会不会坏，我又何必放在心上呢？”

毫无疑问，如果用今天的科学常识来看待天和地，我们完全可以断言，那个杞国人和他的朋友，以及古代思想家长卢子和列子的观点都有偏颇。但这则故事仍然说明：对于一个时代所无法认知和解决的问题，人们不应该陷入无休止的忧愁之中而无力自拔。人生还是要豁达些好。

宋人守株待兔来

宋国（前1114—前286），周朝的一个诸侯国，国都商丘（今河南省商丘市）。周初被周天子封为公爵，国君子姓、宋氏。西周初期，周公旦辅佐周成王平定三监之乱，遵循“兴灭继绝”的传统，于公元前1039年封商纣王的兄长微子启于商朝的旧都商丘，建立宋国，特准其用天子礼乐奉商朝宗祀，与周为客。宋国地位特殊，被周天子尊为“三恪”之一。春秋时，宋国一度成为春秋五霸之一。战国时，宋康王“行王政”，实行改革，宋国日益强盛。后来，齐、楚、魏三国联手灭宋，瓜分了宋国领土。

战国时，宋国有一个农民，日出而作，日入而息。遇到好年景，也不过刚刚吃饱穿暖；一遇灾荒，可就要忍饥挨饿了。他想改善生活，但他太懒，胆子又特小，干什么都是又懒又怕，总想碰到送上门来的意外之财。但是一直没有意外之财，每天过着一样的生活。

人生里总会有一点好运气，终于，奇迹发生了。深秋的一天，他正在田里耕地，周围有人在打猎。吆喝之声四处起伏，受惊的小野兽没命地奔跑。突然，有一只兔子，不偏不倚，一头撞死在他田边的树根上。当天，他美美地饱餐了一顿。从今往后，他便不再种地。一天到晚，守在那被兔子撞上的树根旁，等着下一个兔子来撞。这就是成语“守株待兔”的来历。

韩非所编的这个故事说明，妄想不劳而获，或死守狭隘的经验，不知变通是不行的。做人做事，不要存有侥幸心理，不要想着不劳而获，不能死守狭隘经验、墨守成规，如果不付出努力，而寄希望于意外，结果只能是一事无成。

洛阳纸贵话左思

左思（约250—约305），字太冲，齐国临淄（今山东省淄博市临淄区北）人，西晋诗人、著名文学家。左思家世儒学，出身寒微。其父左熹，字彦雍，起于小吏，曾任武帝朝殿中侍御史、太原相、弋阳太守等。

左思家族世代学习儒学，家学氛围浓厚，父亲左熹从小对左思和左芬兄妹二人进行儒学教育。可左思小时候很顽皮、不爱读书，学习锺繇、胡昭的书法，并学鼓琴，都没学成。左熹对朋友说：“左思通晓、理解的东西，比不上我小时候，看来没有多大出息了。”小左思听到这话非常难过，觉得自己不好好念书确实很没出息，于是暗下决心、勤奋向学。

日复一日，年复一年，左思渐渐长大了，由于他坚持不懈发奋读书，终于成为一位学识渊博的人，文章也写得非常好。少年时他就写成《齐都赋》，显示出文学方面的才华。后来，他废寝忘食，潜心研究，以三国时魏、蜀、吴首都的风土、人情、物产为内容，用了整整10年时间，写成《三都赋》。一时间豪门贵族之家争相传阅抄写，竟然导致京城洛阳的纸张供不应求，价格大涨。成语“洛阳纸贵”即源于此。

左思的妹妹左芬同样才华横溢，以文采扬名，但相貌丑陋，晋武帝司马炎仰慕其文才将她纳入后宫。泰始八年（272）封为修仪，后晋封为贵嫔，世称左嫔妃。司马炎对她的词赋才华非常满意，常夸赞她：“言及文义，辞对清华，左右侍听，莫不称美。”

左思的家乡临淄是古代齐国都城，曾是十分繁华的大城市。据《战国策·齐策一》记载，当年苏秦这样描述齐国都城：“临淄之中七万户……临淄甚富而实，其民无不吹竽鼓瑟，击筑弹琴，斗鸡走犬，六博蹴鞠者。临淄之途，车毂击，人肩摩，连衽成帷，举袂成幕，挥汗成雨，家敦而富，志高而扬。……”左思对自己家乡的历史非常自豪，《齐都赋》是他少年时代历时一年完成的处女作。据说在《齐都赋》中，左思描绘了齐都临淄经济繁荣、文化昌盛、风光优美的景象，引人入胜。可惜，《齐都赋》全文已经散佚，未能流传于世，只有少数散文残章被收录在《水经注》与《太平御览》等古籍中。

大雪纷飞立程门

杨时（1053—1135），字中立，号龟山，学者称龟山先生。祖籍弘农华阴（今陕西省华阴县东），南剑西镛州龙池团（今福建省三明市将乐县）人。北宋哲学家、文学家、官吏。

杨时自幼天资聪慧，他于北宋熙宁九年（1076）进士及第。他历任徐州、虔州司法和浏阳、余杭、萧山等县知县以及无为军判官、建阳县丞、荆州府学教授、南京敦宗院宗子博士、秘书郎、迩英殿说书、右谏议大夫、国子监祭酒、给事中、徽猷阁直学士、工部侍郎、龙图阁直学士等职。

在中原游学时，有一次，他与学友因对某问题有不同看法，为了求得一个正确答案，就去拜见当时全国著名的大学者程颐［1033—1107，字正叔，洛阳伊川（今河南省伊川县）人］。到了程颐家门口，门上的书童对他说：“程先生正在书房瞑目而坐，他休息了，你还是回去吧，过两天再来。”

杨时回答说：“没关系，我在这里等一会儿好了。”

那个书童见杨时不肯走，也就自己进去了。

过了一会儿，天上下起了鹅毛大雪。书童出来对杨时说：“这位相公，天上开始下雪了，你还是赶快回去吧，等改天天气好了，你再来见先生吧！”

“没关系，我还是在这里等先生吧！”杨时坚持站在雪地里等候程颐结束瞑坐，好向他请教问题。

“谁知道先生什么时候结束瞑坐呀？也许他今天一个下午都会瞑坐呢！先生经常是这样的。”书童提醒杨时。

“没关系。麻烦你等程颐先生瞑坐结束以后，替我通禀一声，就说杨时在门外恭候先生教诲。”杨时仍然执意要在程府外等候。

等到程颐瞑坐结束，书童立即把杨时在门外冒雪静候先生的情形向程颐禀报。

程颐一听此事，马上问：“这个年轻人现在还在门外吗？”

“禀先生，这个年轻人还在门外。”书童回答说。

“快，快，快开门。不知他是不是冻坏了。待老夫亲自出门去接这个年轻人进来。”程颐吩咐书童赶快搀扶他出去看杨时。

等到书童把门打开，所有的人都惊呆了。原来外面的雪已经积了一尺多深了，而杨时仍然一动不动地站在那里，连脚都没有动一下。

“快，快！你们快把杨相公扶进屋子里来。”程颐命令家人道。

“嗨，你这个年轻人，怎么那么傻呢？改天再来不就是了！”程颐一边要家人抬着杨时到书房里去，一边连声地责怪着杨时。

“不！晚生既然要向前辈请教，当然应该恭恭敬敬地在门外等着。”杨时冻得浑身直发抖，说话时也直打战。

程颐见杨时求师心切，又那么懂礼貌。心里非常高兴，就收下了杨时这个门徒，而且还把自己哲学思想的精髓全都教给了他。

后来杨时果然学有所成。他同游酢、吕大临、谢良佐并称程门四大弟子。又与罗从彦、李侗并称为“南剑三先生”，被后世尊为“闽学鼻祖”，他将“二程”洛学传播至东南等广大地区，在“二程”和朱熹之间起到了承前启后的作用，为闽学及其思想体系的形成打下了坚实基础，为理学南传及中华文化的传播作出了重要贡献。

后来，“程门立雪”的故事也成为尊师重道的千古美谈。

六、奇闻轶事

邓析戏人自取辱

邓析（前545—前501），春秋郑国（都今河南省新郑市）人。郑国大夫。他“不法先王，不是礼义”，“以非为是，以是为非”。不满子产所铸的刑鼎，便自己编了一部刑书，写在竹简上，称为“竹刑”。并以此传授门徒，从其学习的人甚众。

郑国的圃泽（今河南省中牟县）有很多有道德而隐居的贤人，东里有很多治理政事的才人。一天，圃泽有位叫伯丰子的贤人路过东里，遇到了以善辩闻名的郑国大夫邓析。邓析回顾自己的弟子而笑道：“我为你们戏弄那来的人，如何？”他的弟子们说：“我们但愿能听到。”邓析对伯丰子说：“你知道养与被养的道理吗？被人养而不能自己养自己的，是狗、猪之类呀；养物而使物为自己所用的，是人的能力。使你们这些人白白地吃得饱、穿得暖并得到休息，是我们这些掌握政权人的功劳。而你们老少群居在一起，为的是吃到牛牢、猪圈和厨房里的食物，这与狗猪一类的动物有什么区别？”伯丰子不理会。伯丰子的随从，不循次序而进言道：“大夫没有听说过齐国和鲁国有很多有巧能的人吗？有的善于建房屋，有的善于制作五金和皮革制品，有的善于研究声乐，有的善于研究文字和术数，有的善于带兵作战，有的善于宗庙祭祀活动，各种各样的人才都具备了。但却没有居相位的人，没有能管理和使用他们的人。而居高位的人，不能知众人所知，不能为众人所能，群才并为其所用，却不位于知能之地。你们这些掌握政权的人，都是我们所管理和使用的，您有什么值得傲慢的呢？”

邓析无话以应答，示意他的弟子都离去。在这里，邓析戏人，适得其反，自取其辱。

伍子胥与分国城

春秋时期的郑国有个分国城，一名界城。关于此城的来历，还须从头说起。

当初，楚平王听信太子少傅无忌的谗言，杀害了太子太傅伍奢和他的长子伍尚。又遣人捕拿伍奢的次子伍员。伍员又名伍子胥（前559—前484），名员（一作贠），字子胥。伍子胥文武全才，听说情况，于是带着弓箭逃离楚国。楚平王听报，即发大军追伍子胥到江边，后失其所在，不获而返。

伍子胥行至大江，在林泽之中仰天大哭道：“楚王无道，杀我父兄。我发誓借助诸侯的力量以报仇！”他听说楚国太子建在宋国作人质，想去那里随从太子建。于是逃奔到宋国。宋元公对国人不讲信用，国人厌恶他，大夫华氏谋杀宋元公，宋国大乱。伍子胥便与太子建一起逃奔到郑国，郑人非常礼待他们。太子建又到晋国，晋顷公对他说：“太子既在郑国，郑国相信太子了。太子能为内应而灭掉郑国，就将郑国封给太子。”太子建回到郑国，想与私下和他交往的郑国人密谋此事，当那人知道其阴谋后，便将此事告诉了郑国执政，郑定公与子产便派人诛杀了太子建。太子建有儿子名胜，伍子胥便与胜一起逃向吴国。到昭关（位于今安徽省含山县城北），关吏要捉拿他们，伍子胥骗他说：“国君追拿我，是因为美珠呀！今我已逃亡了，您去取它吧。”关吏因而放了他们。追兵在后，几乎不能逃脱，至江边，江中有渔父乘船，从下方逆水而上，伍子胥便呼叫他：“渔父，渡我过江！”像这样再三呼叫。渔父将要摆渡他们，正遇旁边有人窥看，因而高歌道：“日月明亮于渐升得快，与您相期于芦苇的岸边。”伍子胥即到芦苇的岸边，渔父又歌道：“日已落了啊，我心忧悲。月上升快啊，为什么不渡江？事情紧急啊，怎么办？”伍子胥入船，渔父知其意，于是摆渡到偏僻的渡口。伍子胥渡过江，渔父看他有饥色，就对他说："您在此树下等我，为您取饭食。"渔父离开后，伍子胥怀疑他，便藏身于深深的芦苇中间。过了一会，渔父端着麦饭、鲍鱼羹、浊酒到树下找他，不见，因歌而呼他道："芦中人！芦中人！难道不是穷士吗？"像这样呼叫了几次，伍子胥才从芦苇中答应着出来。渔父说："我见您有饥色，为您取饭食，您为什么怀疑呢？"伍子胥说："性命属天，今属老人您，怎敢有怀疑呢？"二人饮食毕，将要离去，伍子胥便解下价值百金的宝剑以给渔父，说："这是我先父的宝剑，中有七星，价值百金，以此相报答。"渔父说："我听说楚国的法令，能捉到伍子胥的人赐给粮食五万石、高官爵位，怎么贪取百金的剑呢！"于是推辞不接受，并对伍胥说："您赶紧离去，不要停留，否则将为楚国所捕获！"伍子胥说："请问老人姓、字？"渔父说："今日惶恐，两贼相逢。我所谓渡楚贼呀！两贼相得，得形于心相应，何用姓、字？称您为芦中人，我为渔老人。得富贵莫相忘呀！"伍子胥说："好的。"将离开时，又告诫渔父说:"掩盖您的浊酒，不要使它露着。"渔父说："好的。"伍子胥行数步，回头看渔父，已将船弄翻，自没于江水之中了。

后来，伍子胥深得吴王阖闾信任，兴兵攻破楚国郢都，伍子胥于是掘楚平王的墓，出其尸抽他 300 鞭，左足踏着他的腹，右手挖他的眼睛，讥消地说："谁使你听信谗谀之言，杀我父兄，难道不冤枉吗？"即让吴王阖闾以楚昭王夫人为妻子，伍子胥、孙武、白喜也以楚国其他高官的妻子作为妻子，借以侮辱楚国的君臣。

之后，伍子胥又引军攻打郑国。郑定公因杀了太子建，以及逼追过伍子胥，因此非常恐惧。便下令国中说："有能使吴国退兵的，我与他分国而治！"这时，渔父的儿子接受招募说："我能使吴国退兵，不用尺兵斗粮，得一船桨而行歌道中，即可以使吴国退兵了。"于是，郑定公使人给渔父的儿子一船桨。伍子胥大兵将到时，渔父的儿子当道扣打船桨而歌道："芦中人！芦中人！"如此呼叫再三。伍子胥听到此语，非常吃惊地说："为什么对我说这样的话，您是什么人呢？"他回答道："渔父的儿子。我国君恐惧，下令于国中，有能退吴军的人，与他分国而治。我念父亲与您相逢于途，今向您乞求郑的国家。"伍子胥叹道："悲哀呀！我承蒙您父亲的恩泽，才达到如今的地步。

上天苍苍，怎敢忘呀!”于是便放掉郑国，退军守护楚国。

郑国因筑城以与渔父的儿子分国治理，人称此城为分国城。据传，在黄水河东岸，有双冢高耸，即是渔父父子的坟墓。

接舆凤歌笑孔丘

陆通，字接舆，春秋时期楚国人。尝耕种于叶邑南的方城山（今河南省方城县独树镇西北的黄石山）下，以自给自足。

楚昭王（前515—前489）时，陆通见楚国的政治无常，于是披发佯狂不做官，因而当时人称他为“楚狂”。鲁哀公六年（前489），孔子到楚国，楚狂陆通游走到他的车前高歌道:“凤啊，凤啊！为什么道德如此衰弱呀？过去的不可以挽回啊，未来的尚且可以赶上。天下政治清明，圣人便会成就自己的事业；天下政治混乱，圣人便只能保全生命。当今的时代，仅仅能避免刑戮。幸福比羽毛还轻，没有人知道怎样去承受它；灾祸比大地还重，没有人知道怎样去躲避它。罢了，罢了！用道德面对人。危险了，危险了！画地为道而让人遵循。荆棘呀荆棘，不要妨碍我走路。弯弯曲曲的道路不要伤害了我的双脚！山上的树木自身招致砍伐，油脂燃烧自取熔煎呀。桂树皮芳香可以食用，所以遭到砍伐。漆树可以利用，所以遭受割划。人们都知道有用的用处，却不知道无用的用处呀!”孔子下车想与他交谈，陆通紧走不已，孔子终不能与他相交谈。

陆通对孔子的一番“凤歌”嘲笑，后来很快在楚国传开了。楚昭王听说以后，认为陆通也不是等闲之辈，决定重金聘请他出来做官。一天，陆通见两驾华丽的驷乘大马车停在自己门前。车上下来两位衣冠楚楚的使者，见了陆通便行个大礼，恭恭敬敬地奉上百金之聘礼，说是奉楚昭王之命，请他去做治理江南一带的长官。陆通一听是请他做官，立即便装疯卖傻，只是望着这两个使者一脸傻笑，一句话也不跟他们说。两位使者等了半天，见陆通呆子一样只会傻笑，连话都不会说，想来他嘲笑孔夫子的传说并非实有其事，于是悻悻然上车，回去复楚王的命了。

到了晚些时候，陆通的妻子从集市里回来，一见门前有那么多又深又宽的车马印迹，满脸不高兴，质问他道："你年轻的时候志气高洁，还算得上是有道义的人，怎么人老了反而要违背自己的节气呢？你老实告诉我，门外为什么会有那么深、那么杂乱的车迹？"陆通于是把楚昭王派使者前来聘他做官的事情跟她讲了。妻子一听这事，皱起眉头问他："那么你答应他们了吗？"陆通开玩笑似地说："人人都愿去做官，人人都愿意去争取富贵，你又何必那么厌恶我去做官呢？"妻子一听他还真想做官，于是正色教训他说："妾听说真正有道之人，平生最快乐的事情唯有践行道义，绝不会因为贫困而改变操守，也不会因富贵而改变一惯的行为。你今天受了别人的封赏，难道就要变节了吗？"陆通一听这话心里高兴，知道妻子果真与自己志同道合，于是便告诉她实情，说自己并没有答应楚王。妻子一听，这才松了一口气，接着却又有些担心地跟他说："虽然你没答应，但你的名声已经被别人知道了，再在这里住下去，将来麻烦一定不少。不如我们搬家，找一个不为人知的地方去生活吧。"

夫妻俩说搬就搬，陆通背起家里的铁锅瓦盆，妻子则背着草席衣物，二人连夜离开了楚国，楚国再没有人知道他们的下落了。据《太平御览》记载，陆通夫妇离开楚国之后，一路隐姓埋名，向西而行，最后隐居在峨眉山上。

鸡鸣函谷走孟尝

孟尝君，姓田，名文，战国时期齐国（都今山东省淄博市临淄区）人。靖郭君田婴的妾生儿子。他以养门客多而著称，与平原君赵胜、信陵君魏无忌、春申君黄歇并称战国四公子。

齐愍王二年（前299），孟尝君出使秦国。秦昭王思贤若渴，即以孟尝君为秦国的丞相。秦大臣有人劝说秦昭王道："孟尝君虽然贤明，但他是齐侯的同宗，如今为秦国的丞相，必定先考虑齐国，而后考虑秦国。秦国将要危险了！"于是秦昭王罢免了孟尝君的丞相职务，将他囚禁起来，继而谋划要杀掉他。

当孟尝君了解内情后，便使人到秦昭王的宠姬处请求解救。那宠姬说："我希望能够得到孟尝君的白色狐皮裘。"当时孟尝君有一件白色狐皮裘，价值千金，天下无双，无人不知。孟尝君进入秦国时已经将这白色狐皮裘献给了秦昭王，更无其他的皮裘。孟尝君面对那宠姬这一要求，不无发愁，就遍问门客，有谁能想出解决的办法来。门客们面面相觑，这时门客中有个能力较差但能装扮狗偷盗东西的，乘机说："我能得到白色狐皮裘。"于是，他在深夜装扮为狗，潜入秦宫的仓库中，取回所献的那件白色狐皮裘，将它献给秦昭王的宠姬。宠姬便为孟尝君向秦昭王说情，秦昭王经不住枕边风，便释放了孟尝君。

孟尝君获释后，立即更换了出境证件，改换名姓与门客一起逃出城关。夜半时分到了函谷关（位于今河南省灵宝市东北王垛村）。这函谷关因在谷中，深险如函而得名，号称天险，是秦国的东大门。秦昭王不久即后悔放出了孟尝君，便命人寻找他，这时他已经逃去。秦昭王便立即派遣人乘传车飞奔追赶他。孟尝君与门客到了函谷关，按照关法鸡鸣时才能开关放过往客人。孟尝君恐怕追兵至，非常着急。这时，门客中有个能力较差但能学鸡鸣的，于是他便学鸡鸣，而附近的鸡也随着一齐叫起来。函谷关刚打开大门，孟尝君便立即向关兵出示证件逃出。逃出约一顿饭时间，秦国追人果然到关，但已落在孟尝君的后面，也只好回去禀报实情。

当初，孟尝君安排能学"狗盗""鸡鸣"之徒为门客时，其他门客都感到与他们为伍而羞耻。到孟尝君有此灾难，最终靠此二人解救。自此以后，门客们便更加佩服孟尝君了。

其实，在生活中往往小技也能够解决大问题。因而，不可轻视有一技之长的人。后人为纪念此事，便于函谷关筑鸡鸣台，与尹喜望气台相对。宋代范镇有感于此，赋诗道："古人惟恃众心城，何事秦皇苦好兵。本设函关禁奸诈，不知半夜有鸡鸣。"

因小失大堪唏嘘

春秋时期，鲁宣公二年（前 607）二月，郑国（都今河南省新郑市）公子归生（字子家）受命于楚国，率领军队攻打宋国（都今商丘市）。宋国华元率领军队在大棘（今河南省睢县南）迎战。交战之前，华元杀羊犒劳将士，唯独没给他的车夫羊斟一份。等到开战时，羊斟说："前日分羊肉的事情您做主，今日驾车的事情我做主。"说着，便将战车赶入郑国军阵。结果，宋国军队惨败，华元被郑国军队俘获。羊斟因没吃上羊肉的私怨，使宋败国殄民，令天下人唏嘘不已。

又鲁宣公四年（前605）春，楚国献鼋鱼于郑灵公。有一天早晨，公子宋和公子家一起去朝见郑灵公。突然，公子宋的食指跃跃跳动起来，公子家觉得很奇怪，公子宋说："每次我的食指跳动，那天必有异味可尝。像前次我出使晋国，尝了石花鱼的鲜味；后来出使楚国，又尝到了天鹅的美味。不知道今天又能尝到什么好吃的东西？"两人进了朝门时，就听说楚人送来了一只大鼋，灵公命人烹煮，准备和朝内的大夫们一起尝尝。公子宋及公子家听了，不禁相视而笑。"你们今天为什么这么高兴呢？"灵公问。公子家把公子宋食指跳动的情形说了一次。灵公听了，笑了笑说："这能不能灵验，主动权还操在我的手里呢！"于是命令鼋羹改由下席分到上席来。当鼋羹分发到公子宋的时候，正好分完了。灵公大笑着说："你的食指还灵验吗？"公子宋走到灵公的座前，伸手在他的碗里取了一块鼋肉吃，说道："我已经尝过鼋味，谁说不灵呢？"郑灵公见他非常无礼，欲杀公子宋。公子宋知道后准备先动手。他原来与公子归生在一起时，公子归生曾说过："畜牲老了尚且需要杀，更何况君主呢？"公子宋即以此对公子归生进行要挟，公子归生害怕而听从了他。时间不长，他们一起杀了郑灵公。

郑灵公召公子宋而不给他吃鼋鱼羹，实属给他开个玩笑，想使他"食指动，必尝异味"的征兆不灵验，但却遭杀身之祸。

陈女歌诗拒骚扰

春秋时期，晋国大夫解居甫出使宋国（都今河南省商丘市），路过陈国境内（今河南省开封市祥符区陈留地域），道遇一位采桑的女子。他见女子颇有姿色，便停下而调戏她说：“你为我唱歌，我将与你同宿。”采桑女于是为他唱歌道：“墓门有棘，斧以斯之。夫也不良，国人知之。知而不已，谁昔然矣。”（出自《诗·陈风·墓门》。即：“墓门有酸枣树，用斧头将它砍掉。这个人呀不善，全国人都知道他。知道他却不肯停止，是过去造成这样了。”）

解居甫不以为耻，又说：“为我唱那第二首歌。”采桑女接着唱道：“墓门有梅，有鸮萃止。夫也不良，歌以讯之。讯予不顾，颠倒思予。”（即：“墓门有梅树，有猫头鹰栖在上面。这个人呀不善，用唱歌来警告他。警告他不理睬我，栽了跟头才思考我的话。”）解居甫说：“那梅树则有，那猫头鹰在哪里?”采桑女说：“陈国是小国呀，夹在大国的中间，内部饥荒相连，外部军队相侵犯。那人将要灭亡，更何况猫头鹰呢!”解居甫听了这番话，非常佩服，便不再纠缠她了。

有道德的人听说这件事情，赞道：采桑女坚贞端方而有文辞，柔顺而有操守啊!

韩娥歌哭绕三日

韩娥，春秋末期韩国（都今河南省禹州市）人。善于歌唱，颇有造诣。

韩娥为谋生计，便向东到富饶的齐国。当到齐国境地时，她已匮乏食粮。于是，路过齐城的雍门时，便卖歌换食物。她唱完离去，而余音绕梁欐，三日不绝，人们以为她没有离开。她路过旅店，旅店人见她是一位女子，就侮辱她。韩娥因长声哀哭，一里老幼听到她的哭声，无不悲愁垂泪，相对三日不吃东西。有心人见此情景，便急忙追赶韩娥，说明缘由。韩娥返回，又为他们放声长歌，一里老幼都喜跃抃手而舞，不能自禁，忘记了以前的悲哀。于是，雍门的人送给韩娥丰厚的财物让她走了。

齐城雍门的人后来大都善歌哭，都是韩娥歌声的影响所及。此则故事出自《列子·汤问》，也是“绕梁三日”成语的来源。

“间谍”修渠富关中

郑国，战国末期韩国（都今河南省新郑市）人，水利家。韩国知道秦国好兴战事，便谋划如何使其国家疲困，以达到不让其东伐的目的。于是在秦王政十年（前237），派遣水利家郑国做间谍游说秦国，令凿泾水，自中山西抵瓠口（即谷口）为渠，并北山东注洛水，以灌溉300余里的秦国田地。

秦王政听郑国说得有道理，便采纳了他的建议。于是，征集了大量的民工，由郑国主持进行施工。这样一来，便涉及了秦国一些宗族大臣的封地，从而遭到了他们的反对。其纷纷向秦王进言，说郑国修渠居心不良。后来秦王也发现了郑国的意图，便要杀掉郑国。郑国为自己辩解道：“开始我为间谍，能使韩国延长数年的祚命。但此渠修成，也是秦国万世的福利呀!”秦王以为他说的有道理便赦免了他，最终让他完成修渠任务。渠修好后，引肥效颇佳的泾水灌溉秦国4万余顷的盐碱地，当年亩产大幅度提高，以致关中为沃野，无凶年，秦国因而富强。秦国为旌表郑国修渠之功，便将此渠命名为郑国渠。

后来，秦国百姓将汉武帝太始二年（前95）赵中大夫白公主持修建的白公渠与郑国渠相并称，为歌道：“田于何所，池阳谷口。郑国在前，白公在后。举锸成云，决渠为雨。泾水一石，其泥数斗。且溉且粪，长我禾黍。衣食京师，亿万之口。”

天下事不乏歪打正着的。郑国渠使秦国富饶，为秦统一中国打下了坚实的物质基础。秦王政吞并诸侯，可以说郑国渠功不可没。

灌夫使酒遭杀身

灌夫（？—前131），字仲孺，西汉颍川郡颍阴县（治所在今河南省许昌市魏都区）人。本姓张，因父亲张孟曾为颍阴侯灌婴（？—前176，今商丘市人）的家臣，为其举荐至两千石官秩，所以冒灌氏姓为灌孟。

吴楚七国之乱之时，颍阴侯灌何（灌婴子）为将军，属太尉周亚夫，请灌孟为校尉。灌夫以1000人与父亲一起前往平叛。灌孟年老，战死吴军中。按军法，父子俱从军，有死事，能与丧归。灌夫不肯随丧归，发誓以报父仇。吴军破败，灌夫以勇猛名闻天下，因军功，封为中郎将。数月，犯法获罪罢职。后安家长安，长安中诸公无不称赞他。汉景帝时，任代国相。汉景帝去世，汉武帝即位，调任灌夫为淮阳太守。建元元年（前140），入京为太仆。次年，灌夫与长乐宫卫尉窦甫饮酒，醉而与窦甫对打。窦甫是窦太后的弟弟。汉武帝恐太后诛杀灌夫，调任他为燕国相。几年后，灌夫犯法获罪罢职，居住长安。

灌夫为人刚直使酒，不好当面恭维人。贵戚和有权势者在己之上的，不仅不加礼敬，反而侵犯他；诸士在己之下的，越贫贱，越加敬重。往往于稠人广众时，荐宠下辈。因而士也多赞誉他。

灌夫且不喜文学，好任侠，重然诺。与他交往的，无非豪杰或大奸巨猾。其家财数千万，食客每天数十百人。在田园中筑池蓄水，尽兴灌溉。其宗族宾客争权夺利，横行于颍川。于是颍川小儿歌道："颍水澄清，灌家安宁；颍水浑浊，灌家灭族。"

灌夫家居虽富，但失势后，达官贵人和宾客逐渐疏远他。只有魏其侯窦婴失势后，与灌夫相结交，两人相为引重，相知恨晚。

汉武帝元光四年（前131）夏，丞相田蚡娶燕王女为夫人，田太后有诏，召列侯宗室都前往祝贺。魏其侯窦婴拜访灌夫，想邀他一起去，灌夫推辞道："我数次酒醉失礼得罪了丞相，丞相现在对我有怨恨，不宜去呀！"窦婴说："这事情已经和解了。"于是勉强拉灌夫与他一起去。酒饮尽兴时，田蚡起身敬酒，满座人都离席伏身。窦婴敬酒时，只有老朋友避席，其余半数人只是以膝跪在席上。灌夫不高兴，起身依次斟酒。当灌夫斟酒至田蚡，田蚡跪在席上，说："不能饮满杯。"灌夫很生气，就嬉笑着说："将军是贵人呀，一定饮尽！"田蚡不肯。斟酒至临汝侯灌贤（灌婴孙），灌贤正与程不识说悄悄话，又不离开席位，灌夫正无处发泄怒气，于是骂道："你平生诋毁程不识不值一钱，现在长辈敬酒，却像女孩辈与他叽叽咕咕！"田蚡对灌夫说："程、李俱东西宫卫尉（程不识为长乐宫卫尉，李广为未央宫卫尉），现在当众羞辱程将军，仲孺就不替李将军留点余地吗?”灌夫说：“今日斩我的头，穿我的胸，全不顾，管什么程将军、李将军呢!”座上的人见情况不妙，便起身借口去厕所，渐渐离去。魏其侯窦婴也起身离去，并挥手示意灌夫快走。田蚡于是发怒说：“这都是我让灌夫骄横的过错!”就命令骑士扣押灌夫。灌夫想出去不能。田蚡门客籍福起身为灌夫赔礼，并按着灌夫的后项令他谢罪。灌夫更加恼怒，不肯谢罪。田蚡于是令指挥骑士将灌夫捆起来，丢置在传舍，并召长史道：“今日召宗室赴宴，是有太后诏的。”于是弹劾灌夫骂座，犯了“不敬”之罪，将灌夫拘禁起来。同时，追查灌夫以往的事情，遣官吏分头追捕灌家的旁支亲属，一律判杀头示众罪。魏其侯窦婴非常惭愧，多法解救而不能。但田蚡的属吏都是窦婴的耳目，诸灌氏都得以逃匿。灌夫最终被杀头示众。

灌夫知义好勇，但不学无术，任侠使酒，屡触虎威，焉有不败之理！天下刚愎自用而不好学者，应引以为戒。

琼厨金穴郭况家

郭况（10—59），西汉末东汉初真定国藁城县（治所在今河北省藁城市丘头镇）人。东汉光武帝刘秀郭皇后的弟弟。

光武帝建武元年（25），授郭况为黄门侍郎，时年 16 岁。建武二年（26），又封为绵蛮侯。郭况身为国戚，宾客辐辏。他又恭谦下士，颇得声誉。建武十四年（38），升迁为城门校尉。建武十七年（41），改封为阳安侯。建武二十年（44），升迁为大鸿胪。光武帝多次到他的府邸，会公卿诸侯亲家宴饮，赏赐他金钱缣帛，丰盛莫比。以致累金数亿，家僮 400 余人。于是，他以黄金为器，工冶的声音远震于京郊。当时人称“郭氏之室，不雨而雷”，是说他家铸锻的声音特大。他的庭中起高阁长庑，置大秤于其上，以称量珠玉。其阁下有藏金穴，并列有武士以守卫。又错杂宝玉以装饰台榭，悬明珠于四边，白昼看它如星，夜晚看它如月。百姓有语道：“洛阳多钱郭氏室，夜日昼星富无匹。”在他家中，受宠爱的人都以玉器盛食物，所以京都人都说“郭氏家为琼厨金穴”。

然而，郭况小心谨慎，虽居富势，闭门优游，不曾干预世事，人称智慧。永平二年（59），郭况去世，赠赐甚厚，汉明帝亲自临丧，谥节侯。

古代王侯国戚奢侈情况，由此可略见一斑。郭况虽富无匹，但能得善终，这与其“不曾干预世事”不无关系。

锺氏兄弟性迥异

锺毓（？—263），字稚叔，三国魏颍川郡长社县（治所在今河南省长葛市东）人。太傅锺繇的长子。机捷谈笑，有父风。14 岁为散骑侍郎。魏明帝太和初年（227），诸葛亮率兵攻打魏国，围祁山，魏明帝想要西征，锺毓便上疏谏止。当时又要大建洛阳宫室，他认为不妥，又上疏劝谏。魏齐王曹芳正始中（240—248），大将军曹爽盛夏兴师，攻打蜀国不克，曹爽要增兵，锺毓致书劝阻。曹爽无功而还，对锺毓心存不满，将他出任为魏郡太守。当曹爽被诛，锺毓入京都为廷尉。

正元中（254—255），平定三叛，锺毓参与有功，官至都督荆州。魏元帝景元四年（263）病逝，追赠车骑将军，谥惠侯。

锺会（225—264），字士季，太傅锺繇的小儿子，司马昭重要谋士，被当时人称作张子房。少年敏慧博学，13 岁能诵《周礼》《礼记》。及壮年，有才略技艺，且精练名理，夜以继昼，自此声誉鹊起。正始年间，锺会为秘书郎，升迁为尚书、中书侍郎。正元帝曹髦即位，赐爵关内侯。及司马昭为大将军、辅政，锺会升迁为黄门侍郎，封东武亭侯，食邑 300 户。因助司马昭作战有功，升迁为太仆，晋爵陈侯，均屡让不受。后升迁为司隶校尉。锺会书有父风，兼美行草，尤工隶书，美姿独秀。

魏元帝曹奂景元三年（262）冬，升迁为镇西将军、假节都督关中诸军事。但其兄锺毓并不看好他，曾秘密启奏司马昭：“会挟术难保，不可专任。”魏元帝曹奂景元四年（263），与邓艾分军灭蜀。当年十二月因功迁为司徒，进封县侯，增邑万户。次年，谋叛被杀。

锺氏两兄弟少有美誉，魏文帝曹丕听说他们，对其父亲锺繇说：“可令您的二子前来！”于是敕命进见。当两兄弟见到魏文帝时，锺毓面有汗，魏文帝问他：“卿面为什么出汗？”锺毓回答道：“战战惶惶，汗出如浆。”又问锺会：“卿为什么不出汗？”锺会回答道：“战战栗栗，汗不敢出。”

又，两兄弟小时候，正值父亲午睡，因而共偷服药酒。锺繇当时发觉，便装睡以观察他们。锺毓拜而后饮，锺会饮而不拜。过一会儿，锺繇问锺毓为什么拜而后饮，锺毓说：“酒使礼完备，不敢不拜。”又问锺会为什么饮而不拜，锺会说：“偷酒本就违礼，所以不拜。”由此可见二人秉性。

蔡家父女谙琴音

汉代蔡邕素善弹琴，为人们所共知。当年在陈留郡圉县（治所在今杞县圉镇）老家时，他的邻人以酒食相邀他。等他前往时，那主人已饮得酣畅。

客人有在屏风处弹琴的，蔡邕至门前静听那琴声而诧异道：“嘻！邀我饮酒，其乐声有杀心，为什么？”于是返回。主人发觉，便急忙出去追赶，问蔡邕返回的原因。蔡邕只好将听到的情况告诉了他。主人不解，便问弹琴的人。弹琴的人说：“我前面弹琴，见螳螂正向着鸣蝉，蝉将离去而未飞，螳螂为之一前一退，我心耸然，惟恐螳螂失掉了它。这难道是杀心吗？”蔡邕笑道：“此足以相当了呀！”

蔡邕长女蔡琰，颇妙于音律。她9岁时，父亲蔡邕在夜间弹琴，弹的过程中突然断了一根弦，蔡琰就说，是第二根弦断了。蔡邕又故意弄断另一根弦考问她，她说是第四根。蔡邕就说，你这不过是偶然说中罢了。蔡琰回答说：“从前季札在鲁国观风俗，能辨知国家的治乱兴衰。晋国的乐师师旷吹奏律管，能识南风的不振。以此推断，我怎会不知道呀！”

蔡邕听此言，口中不赞，心中却暗自欣喜。因此说，蔡家父女有师旷之聪，闻弦歌而知雅意。

猿子拔箭邓芝叹

邓芝（？—251），字伯苗，三国魏南阳郡新野县（今河南省新野县）人。东汉司徒邓禹的后裔。汉末进入蜀国，未被重视优待。

当时，益州从事张裕善观相，邓芝便前往拜访。张裕对邓芝说："您年过七十，位至大将军，并能被封侯。"邓芝听说巴西太守洛阳人庞羲好士，便前往附依他。刘备定益州，提拔邓芝为郫令，升迁为广汉太守。所在清严，有治绩，入京都为尚书。

蜀汉主刘备去世，邓芝曾奉命出使吴国，修复两国关系。蜀汉后主建兴十二年（234），诸葛亮病逝，邓芝升迁为前军师、前将军，领兖州刺史，封阳武亭侯。不久督领江州。蜀汉后主延熙六年（243），升迁为车骑将军，后授假节。延熙十三年（250），邓芝率军平定涪陵叛乱。此间，见一只黑猿抱子在树上。他平常喜欢用弩，于是引弩射那黑猿，射中了猿母。其声凄厉，而猿子便为母拔箭，并卷树叶塞那伤口。邓芝见状叹道："我违逆动物的性情了，自己将要死了！"说着，便将那弩投入水中。

延熙十四年（251），邓芝病逝。他为大将军20多年，赏罚明断，善恤卒伍，不治私产，妻子不免于饥寒，死后家无余财，为人敬仰。

邓芝见猿子为母拔箭，触动仁心，悲从中来，也是人之常情。

孙登长啸苏门山

孙登，字公和，三国魏汲郡共县（今河南省辉县市）人。于汲郡苏门山为土窟居住，夏则编草为裳，冬则被发自覆。好读《周易》，抚一弦琴，见者都亲近喜欢他。

孙登性无愤怒，有人想观他发怒，便将他投入水中。孙登既出，哈哈大笑。他时时游人间，所经人家或设衣食的，一无所辞，离开就扔掉。他曾住宜阳山中，有烧炭人见他，知道不是常人，与他说话，孙登也不应。但人们都知道他有一个特长，即善啸。

三国魏文帝听说他的事情，便使阮籍前往探视。阮籍也善啸，以为孙登啸与自己啸的水平应该大致相当。当阮籍前往拜访孙登时，孙登正披发坐。阮籍再拜而请求，顺风而请者三，承风而请者再，孙登神色自若，竟无所应对。阮籍因长啸数十声而离去。孙登料阮籍还未走远，因以“清角”（比“角”音高半音）而啸，至发四五声，阮籍但觉林峦草木都有异声。片刻，飘风暴雨忽至，不久各种鸟雀缤纷而至，不可胜数。阮籍既惧又喜，因而归家撰写下来，仅是十得其二，称作苏门啸。

唐孙广撰《啸旨》一篇说：气激于喉中而浊谓之言，激于舌而清谓之啸。人出其言善，千里应之；出其啸善，万灵受职。孙登获得啸的秘诀，得道而去，无所传授。阮籍又得少分。其后湮灭再也听不到了。《啸旨》有十五章：一叫权舆，二叫流云，三叫深溪，四叫高蝉，五叫空林鬼，六叫巫峡猿，七叫下鸿鹄，八叫古木鸢，九叫龙吟，十叫地动，十一叫苏门，十二叫刘公命鬼（仙人刘根所作），十三叫阮氏逸韵，十四叫正章，十五叫毕章。啸有十二法：叫外激，叫内激，叫含，叫藏，叫散，叫越，叫大沈，叫小沈，叫疋，叫叱，叫五太，叫五少。其第十一叫苏门章。即孙登隐居苏门山所作。十三叫阮氏逸韵，指的就是阮籍所啸。

后嵇康又从孙登学习三年，问他所图，始终不答，嵇康每每叹息。将分别时，嵇康对他说：“先生居然无言吗？”孙登才说：“您认识火吗？火生而有光，而不用其光，结局在于用光。人生而有才，而不用其才，而结局在于用才。因用光在于得到薪柴，所以保其光耀；用才在于识真，所以保全其天年。今您才多识寡，难免于今世了！您无求了吧？”嵇康最终不能悟孙登言，果遭非命，于是作《幽愤诗》道：“昔惭柳下，今愧孙登。”

孙登长期隐居苏门山，人们竟不知所终。今苏门山有啸台遗址，即为孙登长啸处。尉氏县东则别有啸台，是阮籍吟啸处。

魏晋阮氏多嗜酒

魏晋时期，陈留郡尉氏（今河南省尉氏县）阮氏，名士辈出，尤以嗜酒闻名于世。

阮籍（210—263）字嗣宗，阮瑀之子。作为“竹林七贤”之一，尤为嗜酒。司马昭想到阮家为他的儿子求婚，阮籍便醉60日，竟不得言而止。后任从事中郎时，他听说步兵厨营人善酿酒，贮美酒数百斛（五斗为斛），于是求为步兵校尉。

一次，王戎造访阮籍，当时兖州刺史刘昶（字公荣）在座。阮籍对王戎说：“恰有二斗美酒，当与您共饮。那公荣就不让参与了。”二人交杯互相敬酒，全不顾及刘昶，须知刘昶也是善饮的人。尽管刘昶不能饮一杯酒，也不生气，言语谈戏，三人无异。有人问到这种情况，阮籍说：“胜过公荣的人，不能不与他饮酒；不如公荣的人，不可不与他饮酒；惟有公荣可不与他饮酒。”其原因，是因酒太少的缘故。

阮籍邻居家有美妇，当垆卖酒，他便常去饮酒。酒醉，便在妇旁酣睡。美妇丈夫开始怀疑，观察了一段，才觉阮籍终无他意，惟酒而已。

当时的王恭问王忱道：“阮籍与司马相如相比怎么样？”王忱说：“阮籍胸中有磊块，所以须用酒浇它。”可称得上相知之言。

阮咸，字仲容，阮籍的侄子。“竹林七贤”之一。性任诞，不拘小节。与姑母家的奴婢私通，姑母搬家他地，开始说该奴婢留下，后便带走。阮咸当时正守孝，听说后便急忙借客人的驴追上，连骑而返。因而获议论于世，被废弃很长时间，后官始平太守。他与宗族共饮，不用杯酌，以大盆盛酒，团坐相向。一次饮酒时，有群猪来饮其酒，阮咸索性直接去其盖，使它们与人共饮。他常醉骑马歪歪仄仄，人称他：“这老子如乘船游波浪中！”

阮修（270—311），字宣子，阮咸的侄子。曾步行，每天以百钱挂杖头，至酒店便独酣畅，尽管一时家无储粮，也坦然自如。朋友吴衍好饮，因醉骂权贵，于是戒饮。阮修让他饮酒，他说：“近日断饮。”阮修以拳捶他的背说：“看看老癖，痴汉忍心断杯中物吗？”接着强使他饮了酒，方才罢休。

阮孚（279—327），字遥集，阮咸的次子。晋元帝以他为安东参军，蓬发饮酒，不以世务挂心。转任从事中郎，终日酣纵，常为有司所按察。后升迁为散骑常侍，曾以金貂衣换酒。又为所司弹劾。为晋明帝所宽宥。官至镇南将军、领平越中郎将、广州刺史。为“兖州八伯”（陈留郡阮放为宏伯、阮孚为诞伯、蔡谟为朗伯，高平郡郗鉴为方伯、刘绥为委伯，泰山郡胡母辅之为达伯、羊曼为沓伯，济阴郡卞壸为裁伯）之一。

阮放（280—323），字思度，阮咸同族侄子。少与阮孚齐名。此时的阮放，明知北伐无望，于是寄情于山水之内，放纵于酒色之中，甚至于散发裸体，酗酒至大醉。官至交州刺史。去世赠廷尉。为“兖州八伯”之一。

善饮酒，为魏晋名士的特色之一。当时的名士刘恭说得好：“名士不必须奇才，但使常得无事，痛饮酒，熟读《离骚》，便可称名士。”当时，饮酒，也是逃世的一种手段和交友方式。然而，嗜酒有癖且玩世不恭，堪为世戒。

老妪吹篪降贼人

朝云，北魏秦州刺史元琛的婢女。元琛，字昙宝，北魏河南尹洛阳县（治所在今河南省洛阳市东北）人。文成帝拓跋濬之孙，齐郡王拓跋简之子，袭爵河间王。宣武帝时为定州刺史，以贪纵被胡太后废免于家。后向侍中刘腾行贿，出任秦州刺史。

当时，洛阳富贵人家竞相斗富，家家修筑花林曲池，园园有桃李夏绿、竹柏冬青。而河间王元琛，最为豪首，常与高阳王元雍争富，自称富比石崇。他造文柏堂，形如徽音殿，置玉井金罐，以五色丝绪为绳。家中有伎女300人，尽为国色。唯婢女朝云与众不同，善吹篪，能为《团扇歌》《垄上声》等。元琛为秦州刺史时，诸羌外叛，屡讨伐，不投降。元琛令朝云假扮为贫妪，吹篪而乞讨。诸羌士卒听到这声音，尽为流涕，互为相告道：“我们为什么背井离乡，在山谷作贼寇呢?”便相继归降。

元琛在秦州多无政绩，只知遣使向西域求名马，其事多不被人所记。唯有“老妪吹篪”而使诸羌归降这事，有口皆碑。秦州百姓有语道：“快马健儿，不如老妪吹篪。”

音乐能抒情，能使人产生共鸣，具有一定的教化作用。此故事与垓下“四面楚歌”，有异曲同工之妙！

绿珠杀身为石崇

绿珠（？—300），姓梁，西晋白州博白县（今广西壮族自治区博白县）人。绿珠生双角山下，美而艳。说到绿珠，不能不提石崇。

石崇（249—300），字季伦，渤海郡南皮县（治所在今河北省南皮县东北古城）人。初为修武令，后升迁为侍中。晋惠帝永熙元年（290），出任荆州刺史，以劫夺远道使臣和杀客商而致巨富。与贵戚王恺等争相侈靡，曾与王恺斗富，以蜡代薪，作锦步障50里。邀集达官贵人宴会，令美人行酒，客饮不尽的，便使给事黄门斩美人。当年，王导与王敦常共造访石崇，王导素不能饮，便自强以至于沉醉。至王敦，他故意不饮，以观石崇色气，石崇便命连斩三人，王敦终不为之所动。

后石崇为交趾采访使时，路过博白县，见绿珠美艳，便以真珠三斛换得。石崇有别庐，在洛阳金谷涧中，是石崇就川阜而建的园馆，名为金谷园。石崇回来便让绿珠住在秀美的金谷园中。

绿珠能吹笛又善舞，石崇便以《明妃曲》教她。又为绿珠自制新诗道："我本良家子，将适单于庭。辞别未及终，前驱已抗旌。仆御涕流漓，辕马悲且鸣。郁郁伤五内，涕泣沾珠缨。行行日已远，遂造匈奴城。延伫于穷庐，加我阏氏名。殊类非所安，虽贵非所荣。父子见凌辱，对之惭且惊。杀身良不易，默默以苟生。苟生亦何聊，积思愤且盈。愿假飞鸟翼，乘之以遐征。飞鸿不我顾，伫立以屏营。昔为匣中玉，今为粪上英。朝华不足欢，甘与秋草并。传语后世人，远嫁难为情。"石崇且制《懊恼曲》以赠绿珠。二人可谓情意融洽。

石崇的美艳姬妾有千余人，选择数十人妆饰一等，使婢女同样侍候她们，不相分别。又刻玉为倒龙珮，镂金为凤凰钗，使她们佩戴。高兴时使她们结袖绕楹柱而舞；想有所召，不呼姓名，全听珮声，视钗色，珮色轻的居前，钗色艳的居后，以为行次而进。

赵王司马伦，听说绿珠美艳出众，便令宠信孙秀使人索求绿珠。当时，石崇正登高临清水，妇人侍侧，使者以告来意，石崇便出蕴兰麝而披罗绮的侍婢数百人以让他看，并说："任凭选择。"使者说："君侯役使的，丽则丽了。但受命索取的是绿珠，不知哪个是？"石崇勃然变色说："我所爱，是不可得的！"使者回禀，孙秀便趁机诬陷石崇，司马伦便下令发兵灭他族。当大兵忽至时，石崇对绿珠说："我今天是为你获罪呀！"绿珠哭泣道："愿效死于君前！"石崇拦挡不及，绿珠坠楼而死。石崇也被弃尸东市。当时人名其楼为：绿珠楼。

后来，墨客骚人到此，往往为绿珠而吟咏。诗人题歌舞伎者，也以绿珠为名。

灵曜真君郭文举

郭文，字文举，西晋河内郡轵县（治所在今河南省济源市东南轵城镇）人。少爱山水，崇尚隐遁。30岁，每游山林，经旬忘返。父母去世，守孝毕，不娶，离家游名山。历华山之崖，以观石室的石函。

永嘉之乱，洛阳被攻破，他便徒步挑担，入吴兴余杭大辟山中穷谷无人的地方，倚木于树，草苫覆其上而居住下，也无壁障。当时山中猛兽为暴，入屋害人，而郭文独宿十余年，终无患害。常着鹿裘葛巾，不饮酒食肉，区种菽麦，采竹叶木实，换盐以自供。有人贱买他的东西，也就给与。后来人们认识了郭文，不再对他的东西压价。食有多余的粮食，他就用来抚恤穷苦人。人有好的馈赠，他取那粗的，以示不逆人意而已。有猛兽杀大母鹿于庵侧，郭文告诉他人，人买走母鹿，分钱给他。他说："我如果须这样，自当卖了它。所以相告诉，正因不需要钱呀。"听到此言的人，无不赞赏他。

一日，有猛兽忽张口向着郭文，郭文看它口中有横骨，便以手探入拿掉横骨。那猛兽第二天早晨叼了一头鹿放在他的住室前。打猎的人时常前来寄宿，郭文夜为担水而无倦色。余杭令顾飏与道士葛洪共来造访他，而携手与他们一起归。顾飏以郭文山行或需要皮衣，赠以皮袴褶一具，郭文不要，辞归山中。顾飏便派遣使者将皮袴褶放到他的室中而离去，郭文也无言，皮衣以至烂于门内，竟不穿用。

东晋侍中、司空王导听说郭文的贤名，便派遣人前往迎接他。郭文不肯就船车，挑担徒步而行。既至，王导将他安置在西园。西园中果木成林，又有鸟兽麋鹿，因而使郭文居住那里。于是朝士都来观看他，郭文则颓然踑踞，旁若无人。中书令温峤曾问郭文道："人都有六亲相欢娱，先生放弃了它有什么快乐？"郭文说："本行学道，不料遭世乱，想归无路，因此来了。"又问道："饥而思食，壮而思家室，这是自然之性，先生怎能独无情欲呢？"郭文说："情由想念而生，不想念所以无情。"又问道："先生独处穷山，若遭疾病亡命，则为乌鸦等所食，而不残酷吗？"郭文说："藏埋的人也为蝼蚁所食，又有什么两样呢？"又问道："猛兽害人，人所畏惧，而先生难道不畏惧吗？"郭文说："人无害兽的心，则兽也不害人。"又问道："如世不宁，身不得安。今将用先生以救世，怎么样？"郭文说："山草般的人，怎能佐世！"

王导曾召众客共集，丝竹并奏，试着使人呼他。郭文瞪眸不转，迈步华堂如行林野。当时在座的人都有钩深味远的话语，郭文常称不晓应酬语，天机幽远，没有人能窥见其门。温峤曾称道："郭文有贤人之性，而无贤人之才，是柳下惠、梁踦（古代高士）次一等的呀！"晋明帝永昌中（322—323），大疫，郭文染病也危重。王导赠送他药，郭文说："命在天，不在药。夭寿长短，时呀！"

郭文住王导西园 7 年，不曾出入。一天忽求还山，王导不答应。后郭文逃归临安，结庐舍于山中。临安令万宠迎来他，安置县中。及苏峻反，破余杭，而临安独全，人都感到奇异，以为郭文知机。自后不再说话，但举手挥指，以表达他的意思。病重，求还山，想枕石安尸，不令人殡葬，万宠不听。他不食 20 余日，仍然正常。万宠问道："先生又可得几日？"郭文三举手，果然于 15 日后去世。万宠将他安葬于所居的地方而祭哭，名士葛洪、庾阐并为他作传，赞颂其美。

五代后梁太祖乾化三年（913）七月，郭文被封为灵曜真君。今临安冲虚宫、武康郭林、余杭天真仙洞，也各有其遗迹。

立雪断臂话慧可

慧可（487—593），俗姓姬，名光，北魏荥阳郡武牢县（治所在今河南省荥阳市汜水镇虎牢关。曾避石虎名讳，改“虎”为“武”）人。父亲姬寂未有儿子时，曾自念：“我家崇德向善，难道令我无子？”后生下一男婴，因有异光照室，于是便给男婴起名光。

姬光自幼志气不群，博涉诗书，尤精玄理，但不事家产，好游山水。后览佛书，他超然自得，即到洛阳龙门香山，依宝静禅师，出家于永穆寺。他周游讲堂，遍学大小乘义，33 岁却返香山，终日宴坐。又经 8 年，于寂默中恍惚见一人对他说：“将要受正果，为什么滞留此地呢？大道不遥远，你要向南了！”他觉得这是神助，因而改名神光。第二天，他觉得头痛如刺，他的师傅要给他治疗，空中似有声音道：“此是换骨，不是一般的疼痛呀！”他于是将此语告诉了师傅，师傅看他的头顶骨，即如五峰秀出，便说：“你的骨相吉祥，当有所证。神令你向南的地方，那是少林寺。达摩大士，必定是你的师傅呀。”神光受教，于是造访于少室山，拜师于达摩。达摩常端坐面壁，从不教导诲励他。神光自思道：“昔人求道，敲骨取髓、刺血济饥、布发掩泥、投崖饲虎，古尚若此，我又是什么人！”这年十二月九日夜，天大雨雪，神光在达摩门前坚立不动，黎明时积雪过膝。达摩怜悯地问道：“你久立雪中，当求何事？”神光悲痛地哭着说：“惟愿和尚慈悲开甘露门，广度群品。”达摩说：“诸佛无上妙道，旷劫精勤，难行能行，非忍而忍，怎能以小德小智，轻心慢心，想希望得到真乘？徒劳勤苦。”神光闻达摩诲励，暗里取利刀，自断左臂，放于达摩的前面。达摩见状，断定他是传播佛法的材料，便说：“诸佛最初求道，为法忘形。你今断臂我的前面，求也可在！”达摩于是给他改名为慧可。

自此，慧可得到达摩真传。至北齐时，得弟子僧璨，传其衣钵。后往邺都，随宜说法，一音演畅，四众皈依。像这样，积 34 年，于是韬光混迹，变易仪相，或入各酒肆，或过于屠门，或习街谈，或随奴仆。有人问他说：“师傅是道人，为什么像这样呀?”慧可说：“我自调心，关你什么事!”

隋文帝开皇十三年（593）三月十六日，慧可圆寂，享年107岁。葬在磁州滏阳县（今河北省磁县）东北70里。佛界称为二祖。唐德宗追谥大祖禅师。

为警慎言刺子舌

贺若敦（517—565），姓贺若，名敦，南北朝河南郡洛阳县（治所在今河南省洛阳市东北）人。其先祖居漠北，世为部落大人。曾祖贺若贷，北魏献文帝时为都官尚书，封安富县公。祖贺若伏连，官居北魏云州刺史。父贺若统，勇健不好文学，以祖荫为秘书郎，后为东魏颍州长史。西魏文帝大统三年（537），执刺史田迅以州降。至长安，即拜右卫将军、散骑常侍、兖州刺史，赐爵当亭县公。不久命为北雍州刺史。去世，赠侍中、燕朔恒三州刺史、司空公，谥哀。

贺若敦少有气干，善骑射。跟从河内公独孤信在洛阳被围时，他弯三石弓，箭不虚发。独孤信言于西魏重臣宇文泰（北周太祖），引至麾下，授都督，封安陵县伯。曾从宇文泰校猎甘泉宫，当时围人不齐，野兽大多逃逸。宇文泰大怒，随从都胆战心惊。围内唯有一鹿，不久也突围而逃走。贺若敦跃马去追，鹿上东山。他弃马步追，至山半腰，便掣鹿而下。宇文泰非常高兴，诸将因得免责。后升迁为太子庶子。

西魏废帝二年（553），任贺若敦为右卫将军。不久，加骠骑大将军、开府仪同三司，晋爵广乡县公。当时巴西人谯淹据南梁州，与梁西江州刺史王开业共为表里，煽动群蛮。贺若敦奉令讨平，晋爵武都郡公，拜典祀中大夫。不久为金州都督。北周明帝武成元年（559），入为军司马。南朝陈将侯瑱、侯安都等围逼湘州，遏绝粮援，贺若敦奉令渡江赴救。他连战破侯瑱，乘胜驻军湘州。当时秋水汛溢，江路不通，粮援既绝，恐侯瑱等知其粮少，于是于营内多为土聚，以米覆在上面，借以迷惑对方，又施巧计，得以回国。但因军中病死者占十分之五六，晋公宇文护以贺若敦失地无功，除其名。

北周武帝保定二年（562），任贺若敦为工部中大夫。不久出为金州总管、七州诸军事、金州刺史。保定五年（565），任中州刺史，镇函谷关。贺若敦恃功负气，环顾同辈均为大将军，惟独自己不是，兼以湘州之役，全军而返回，不蒙旌赏，反被除名，每怀怨怒。遇有朝中台使至，口出怨言。宇文护听说大怒，于是召贺若敦还朝，逼令他自杀，时年49岁。临刑时，他呼儿子贺若弼，对他说："我很想平江南，但没有实现。你应当完成我的志向。我因舌死，你不可不思！"因拿锥刺贺若弼的舌头出血，诫以慎言。

北周武帝建德初年（572），追赠为大将军。谥号烈。儿子贺若弼，有文武才略。北周末年，位至开府仪同大将军、扬州刺史、襄邑县公。

"润笔"始自郑译来

郑译（540—591），字正义，隋荥阳郡开封县（治所在今河南省开封市祥符区朱仙镇古城村）人。北魏太常郑琼的孙子，北魏司空郑道邕的儿子。

郑译颇有学识，知钟律，善骑射。北周武帝时，始任命为给事中士，拜为银青光禄大夫，转左侍上士。与官任仪同的刘昉常侍帝侧。郑译当时丧妻，帝命郑译娶南梁的安固公主为妻。后任御正下大夫，转为太子宫尹。太子奉诏西征吐谷浑，打败敌人之后，郑译因为功劳最大，赐爵开国子，食邑300户。后来因为他和皇太子过于亲密，惹周武帝大怒，除去官名，贬为平民。太子又召他回来，郑译仍像过去那样与太子嬉戏。等到周武帝去世，太子继位，即周宣帝，破格任命他做开府、内史下大夫，封归昌县公，食邑1000户，并把朝政托付给他。不久升迁为内史上大夫，加封为沛国公，食邑5000户，监国史。

郑译为政颇为专权，当时周宣帝巡游东京洛阳，郑译擅自取用官家的材料，为自己建造房屋，因此获罪，再次被除去官名，贬为平民。刘昉多次在皇帝那里进言，周宣帝又把他召回来，像以前那样对待他，命令他负责内史事。

当初，杨坚与郑译有同学的交情，郑译又一直知道杨坚相貌奇特，于是倾心与他结交。等到杨坚做了大冢宰，总揽朝政，便任命郑译兼管天官都府司会，总管六府的事务。不久晋封为上柱国，规定他可以犯10种罪行，都可以宽恕，不处死。等到杨坚受禅即皇帝位，郑译在上柱国公的位子上致仕。

后郑译被奴婢控告从事妖术，被弹劾不孝顺母亲，因此遭到贬官。不久，有诏书让郑译参加撰写法律，又授他开府、隆州刺史。郑译请还治疾，有诏征召他，接见于醴泉宫。隋文帝赐宴甚欢，因对郑译说："贬退已久，情相怜悯。"于是恢复他的爵位沛国公，位上柱国。隋文帝顾对侍臣说："郑译与我同生共死，历危涉难，每念及此，何日忘他！"隋文帝命内史令李德林立作诏书，丞相高颎就开玩笑对郑译说："笔干。"郑译则答说："出任为州郡官，因病请求回京，不得一钱，用什么润笔。"隋文帝大笑。不久，诏郑译参议乐事。郑译以周代七声废缺，自大隋受命，礼乐应新，于是修音乐"十二律"，名为《乐府声调》，共8篇，奏上，受到隋文帝的赞赏。不久，升迁为岐州刺史。在职一年多，又奉诏定乐于太常，所论乐事甚详。隋文帝慰劳郑译说："律、令是您制定的，音乐是您修正的。礼、乐、律、令，您占其三，确实值得赞美呀！"之后，还岐州。

隋文帝开皇十一年（591），郑译病逝于任上，享年52岁。谥达。隋炀帝即位，追封郑译为莘公。

郑译应对丞相高颎的戏言，随口说出"润笔"一词，遂成为后世的语典和"规矩"。自此，"润笔"一词多出现于文人的笔下。唐宋翰苑官草制任官公文，便例奉润笔物。后人也将付给作诗文书画之人的酬劳称作"润笔"。

刘希夷因诗丧命

刘希夷（651—约679），一名庭芝（一说字庭芝），初唐汝州（今河南省汝州市）人。少有文华，美姿容，好谈笑，落魄不拘小节。唐高宗上元二年（675）进士，善弹琵琶。

刘希夷的诗以歌行见长，多写从军闺情诗，辞意悲苦。曾作《白头翁咏》，其诗句有："今年花落颜色改，明年花开复谁在。"不久，便自后悔：

“我此诗谶与石崇‘白首同所归’何异?”于是又作一联道:“年年岁岁花相似，岁岁年年人不同。”不久，又叹道:“此句又似以前谶语了。但死生有命，岂能由此。”于是将前后诗句都写于《代悲白头翁》中，其诗为:

洛阳城东桃李花，飞来飞去落谁家。洛阳女儿好颜色，坐见落花长叹息。今年花落颜色改，明年花开复谁在。已见松柏摧为薪，更闻桑田变成海。古人无复洛城东，今人还对落花风。年年岁岁花相似，岁岁年年人不同。寄言全盛红颜子，应怜半死白头翁。此翁白头真可怜，伊昔红颜美少年。公子王孙芳树下，清歌妙舞落花前。光禄池台开锦绣，将军楼阁画神仙。一朝卧病无相识，三春行乐在谁边。宛转蛾眉能几时，须臾鹤发乱如丝。但看古来歌舞地，惟有黄昏鸟雀悲。

此诗成未满一年，他便被奸人所杀。也有人说，这首诗歌未传于人时，刘希夷的舅父宋之问苦爱“年年岁岁花相似，岁岁年年人不同”一联，向他恳求得到此诗。他开始答应，但最终不给。宋之问怒其欺骗自己，便找人用土囊将他压死于一个屋舍。当时他还未满30岁，人们都感到惋惜。

之后，唐孙昱(字季良)撰《正声集》，以刘希夷诗为集中之最。由此，他的诗歌大为人们所称赏。也有人说，宋之问害刘希夷后，而以此诗为己作，保存在《宋之问集》中。

原有《刘希夷集》10卷，《刘希夷诗集》4卷传于世，今佚失。清彭定求等《全唐诗》录存其诗1卷。

百代文宗醉红裙

唐韩愈(763—824)，字退之，唐代河南府河阳县(治所在今河南省孟州市)人。自谓郡望昌黎，世称韩昌黎。

韩愈生三岁父亲去世，由嫂郑氏鞠养成人。自幼勤奋读书，刻苦学儒，日记数千百言。唐德宗贞元八年(792)，进士及第。始任监察御史，因事贬为阳山县令。赦还后，曾任国子博士、刑部侍郎等职。因谏阻唐宪宗迎佛骨，被贬为潮州刺史。后官至吏部侍郎。去世谥文，世称韩文公。著有《昌黎先生集》，行于世。

韩愈有二妾，名叫绛桃、柳枝，都能歌善舞。且一人擅弹琵琶，一人擅弹古筝。每有好友来，韩愈往往使二人出来，或歌，或舞，或琵琶古筝合奏，借以佐酒助兴。韩愈初使朝廷时，有《夕次寿阳驿题吴郎中诗后》："风光欲动别长安，春半边城特地寒。不见园花兼巷柳，马头惟有月团团。"即是寄意二位美妾的。有一年他外出，柳枝越垣墙逃去，家人追回。韩愈归来后作《镇州初归》诗："别来杨柳街头树，摆弄春风只欲飞。还有小园桃李在，留花不放侍郎归。"即记此事，自此以后便专宠绛桃了。

韩愈曾有讥笑长安众富儿诗句："不解文字饮，惟能醉红裙。"（《醉赠张秘书》）但晚年却为姬妾所累，嗜好食硫黄，终因此致身不寿。张籍《祭退之》有"乃出二侍女，合弹琵琶筝"诗句。白居易也有《思旧》诗："闲日一思旧，旧游如目前。再思今何在，零落归下泉。退之服硫黄，一病讫不痊。"

韩文公起布衣，谈笑而麾之，天下靡然；文起八代之衰，而道济天下之溺；忠犯人主之怒，而勇夺三军之帅；可谓道德君子，百代文宗。但亦为红裙所醉，不禁为后人扼腕。

曙后星孤说崔曙

崔曙（？—739），宋州宋城县（今河南省商丘市）人。他年少丧父，家中贫困。读书勤奋刻苦，不应荐辟，志况疎爽，择交于方外。早年栖隐在嵩山少室山中，和薛据是好朋友。

唐玄宗开元二十六年（738），状元及第。当时，东都洛阳的明堂改为听政殿，顶上金火珠迥出空外，望之赫然。于是朝廷令举子以《明堂火珠》为试题，其中崔曙的《奉试明堂火珠》诗，最为清拔。其诗为："正位开重屋，凌空大火珠。夜来双月满，曙后一星孤。天净光微灭，烟生望若无。还知圣明代，国宝在神都。”唐玄宗阅后大为赞赏，取为状元。授为河内县尉。不幸的是，第二年，崔曙便病逝了。他死后只留下一女，名叫“星星”。有人认为他的“曙后一星孤”似是谶语。

崔曙工诗，言词款要，情兴悲凉。如《登水门楼，见亡友张贞期题望黄河诗，因以感兴》《对雨送郑陵》，读之催人泪下。清彭定求等《全唐诗》卷一百五十五辑其诗一卷。

扶沟良医有“二甄”

甄权（541—643），字不详，唐代许州扶沟县（今河南省扶沟县）人。曾因母病，与弟甄立言钻研医方，得其旨趣。

隋文帝开皇初年（581），甄权任秘书省正字，后自称有病免职。隋鲁州刺史厍狄嶔痛苦风疾，手不得拉弓，诸医疗治不愈。甄权对他说：“但将弓箭向着靶子，一针下去便可以射了。”厍狄嶔照此办理，甄权针刺他的肩隅一穴，应时就射出了。甄权的疗疾，大多此类。贞观十七年（643），甄权103岁，唐太宗到他家，视他的饮食，访以药性，因授朝散大夫，赐几杖和衣服。不久，甄权去世。他所撰《脉经》《针方》《明堂》等传于世。

甄立言（545—?），字不详。唐高祖武德中（618—626），升迁为太常丞。与兄甄权以医术同享誉当时。御史大夫杜淹患风毒发肿，唐太宗令甄立言给他诊治。甄立言诊后，上奏道：“从今更十一日午时必死。”果如其言。又有尼明律，60余岁，患心腹鼓胀，身体羸瘦，已经两年。甄立言给他诊脉后说：“你的腹内有虫，当是误食头发等什么东西而造成的呀。”因使他服雄黄，须臾吐出一虫，如人手小指。他的病于是痊愈。

甄立言于唐太宗贞观年间（627—649）去世。撰有《本草音义》7卷、《本草药性》3卷、《本草集录》2卷、《古今录验方》50卷，现均已散佚。

陈抟大笑坠白骡

陈抟（？—989），字图南，自号扶摇子，宋初亳州真源县（今河南省鹿邑县）人。相传，陈抟四五岁时，在涡水岸边玩耍，有青衣老妇给他喂乳，自是聪悟日益。及长，读经史百家之言，一见成诵，全无遗忘，颇有诗名。后唐明宗长兴中（930—933），以山水为乐，居武当山九室岩，服气辟谷历20余年。

后周世宗喜好炼丹术，有人将陈抟的行迹告诉他，于是于显德三年（956），周世宗召陈抟到朝廷，留止禁中月余，从容问其术。陈抟则劝他“当以治理天下为念”。周世宗并不责备，任命他为谏议大夫，陈抟坚决不接受。周世宗便赐号白云先生，将他放还。

陈抟曾骑白骡，有恶少年数百跟从，将入汴州（今河南省开封市），中途听说宋太祖即位，大笑坠骡道：“天下于是安定了！”于是入华山，修葺唐代云台观居住那里。宋太祖召而不至。太平兴国初年（976），陈抟应宋太宗召，穿着羽衣拜见宋太宗于延英殿。宋太宗待之甚厚。太平兴国九年（984）十月，又至朝廷，宋太宗更加礼重，对宰相宋琪等说：“陈抟独善其身，不干势利，是所说的方外之士呀！”因遣中使送他到中书拜见宰辅，丞相宋琪问道：“先生得静默修养之道，可以教人吗？”他回答说：“我不知吐纳养生的道理，假使白日升天成为神仙，对治理社会有什么益处呢？现在天子博达古今，深究治乱，真是圣明仁爱的君主。如今正是君臣同心同德治理国家的时候，勤行修炼，无外于此。”宋琪称叹，以陈抟的话语上奏，宋太宗听到此语，更加礼重他，特赐号希夷先生。宋太宗开始以讨伐河东的事情相问，陈抟不答，后师出果然无功。陈抟还华山数年，宋太宗再召见他时，他对宋太宗说：“河东的事情现在可以了。”于是宋军攻克了太原。宋太宗以陈抟善相人，使他到开封府南衙去见三儿子襄王赵元侃。他到门立即返回，问他缘故，他说：“王门干杂事的劳役都是将相呀，何必见王呢？”于是，立赵元侃为皇太子（改名为赵恒）的事情便定了下来。

赵恒即位（即宋真宗），陈抟已去世多年。宋真宗西祀汾阴时，特到云台观拜谒陈抟的祠堂，倍加礼敬。

历史上，人们都以为陈抟为神仙，尤善相面术。其实，陈抟虽为道士，并未出世，对世事观察，可谓洞若观火。就立太子而言，其作用堪比“商山四皓”。

放荡无羁郭忠恕

郭忠恕（？—977），字恕先（一字国宝），五代宋初河南府洛阳县（治所在今河南省洛阳市东北）人。郭忠恕七岁能撰文，通晓史书、文字学、九经，举童子及第，富有文学。

后汉乾祐初年（948），湘阴公刘赟镇徐州，任郭忠恕为从事与记室。刘赟被毒死后，郭忠恕窜迹山野。后周广顺中（约952），召他为宗正丞兼国子书学博士，改《周易》博士。宋太祖建隆初年（960），因酒醉与监察御史符昭文于朝堂愤怒相争，被御史弹奏，郭忠恕大声呵斥台吏，夺其奏撕毁，因贬为乾州司户参军。又乘醉殴打从事范涤，擅离贬所，被削籍流放到灵武（今宁夏回族自治区灵武市）服劳役。其后流落，不再求仕进。多游岐、雍、陕、洛等州县间，纵酒放荡，逢人不分贵贱，便呼“猫”。一地若有佳山水，即淹留十天不能离开。他或旬日不食无恙；或盛暑暴露日中无汗；或寒冬凿河冰而浴，人们都感到奇异。

郭忠恕善画，妙于山水屋木，尤精界画。他所画的屋室重复之状，颇极精妙。他平素多游王侯公卿家，有的待他以美酒，预先布置好素绢，他便倚于壁乘兴而画之。如果他不想画，即使王侯公卿们坚决请求，也一定发怒而去。郭从义镇守岐山，把他请到山亭，设绢素粉墨于座上。经数月，他忽乘醉就绢素画一角，作远山数峰而已。郭从义也视作宝物。岐山有个富人的儿子，喜画，每日供给郭忠恕醇酒，待他很厚。很久才向他求画，且拿出一匹素绢。郭忠恕在其上先画一小童持线车放风筝，引线数丈才满绢。那富人的儿子见他如此画，大怒，于是将其画撕断。人们无不为之惋惜。

当时，他经常与役夫、小民入酒肆饮食，说：“我所交游的，都是你们这些人呀！”

宋太宗即位，听说他的名声，召授为国子监主簿，赐袭衣、银带、钱五万，馆于太学，令刊定历代字书。郭忠恕性无检局，放纵败度，宋太宗爱其才，每每优容他。如此更加使他于酒肆妄议朝政，且擅卖官物，取其钱。按当时法律，罪当死刑。诏下减去他死刑，处以杖刑，流放登州，时值太平兴国二年（977）。当行至齐州临清时，他对押送的官吏说："我今天要去世了！"因挖地为穴，揣度可容其面，俯窥而死。押送他的官吏用草席卷体将他草草埋葬于路旁。后数月，朋友取其尸改葬，但有衣被存在。人们相传说他"尸解"了。

郭忠恕所定古今《尚书》并释文，并行于世。所著《佩觿》3 卷，阐述文字变迁，考证传写错误，对辨别一般形音义相近的字有参考价值。又编著有《汗简》3 卷。

名臣奢俭迥相异

寇准（961—1023），字平仲，华州下邽（今陕西省渭南市）人。宋太宗太平兴国五年（980），进士及第。授大理评事。后历任归州巴东县知县、大名府成安宰、殿中丞、郓州通判、右正言直史馆、三司度支推官、盐铁鬫司判官、尚书虞部郎、中枢密院直学士等。淳化五年（994），授为参知政事。至道二年（996）出知邓州。宋真宗景德元年（1004），拜相。时值辽兵犯宋，他力主真宗亲征，促使宋辽订立了"澶渊之盟"。后因王钦若等人排挤，辞去相位。晚年恢复宰相职务后，于天禧四年（1020）又被丁谓等人排挤，辞去相位，封莱国公。后被贬于雷州，病逝于贬所，享年 63 岁。宋仁宗即位，复其莱国公爵位，追赠中书令，谥忠愍。

当初，寇准知邓州时，因出生于富贵之家，自少年时就不点油灯，以蜡烛照明。他尤好夜宴剧饮，虽寝室也燃烛达旦。当他离职时，人至那官舍，见厕所间烛泪在地，往往成堆。后邓州花蜡烛名著天下，虽京师也不能造，相传所用的便是寇准制烛法。

杜衍（978—1057），名衍，字世昌，越州山阴（今浙江省绍兴市）人。宋真宗大中祥符元年（1008），进士及第。历任天章阁待制、枢密院直学士、御史中丞、龙图阁学士。宋仁宗康定元年（1040），同知枢密院事，改副使，出为河东宣抚使。庆历四年（1044），拜相兼枢密使。庆历五年罢相。庆历六年，以太子少师致仕。皇祐元年（1049），特迁太子太保，称疾固辞。又进太子太傅、太子太师，封祁国公。既退，寓居南都（今河南省商丘市），第室低陋，自得其乐。于嘉祐二年（1057）去世于家，享年 80 岁。赠司徒兼侍中，谥正献。

杜衍为人清俭，不治私产。在官，傍晚不曾点燃官署蜡烛，只是油灯一炷，荧然欲灭，与客相对清谈而已。于家，用餐惟有面饭。有人赞美其节俭，他说："我本是一个贫寒读书人，名位、爵禄、冠冕、服用，都是国家所给，剩余以给亲族中贫困的。一旦名位、爵禄国家夺走，却再成为一个贫寒读书人，又将用什么自养呢！"

寇准、杜衍二公都是北宋名臣，而奢俭迥异如此。应该说，杜衍虽贵，却不忘贫贱之时，一生清俭。而寇准贵至相位，晚年却有南贬之祸。二人行迹，从一个侧面对后世为官者具有一定的鉴戒意义。

作词竟得俏佳人

宋祁才貌俱佳，声名远播。一次他过东京繁台街，路遇皇宫中的车子，有掀开车帘的人呼道："小宋呀！"宋祁听到此呼叫，望着远去的皇家车子，心神随之而去。

归家后，宋祁浮想联翩，于是创作了《鹧鸪天》一词："画毂雕鞍狭路逢，一声肠断绣帘中。身无彩凤双飞翼，心有灵犀一点通。金作屋，玉为笼。车如流水马如龙。刘郎已恨蓬山远，更隔蓬山几万重。"此词随后在京都不翼而飞，一时传唱开来。

当传到皇宫里时，宋仁宗了解到了事情的原委，便问宫女乘坐的是第几辆车子，何人呼叫的"小宋"。有宫女自我陈述道："不久侍御宴，见宣翰林学士，左右内臣说'小宋'。当时在车子中偶然看见他，便呼了一声。"于是，宋仁宗便召宋祁赴宴，从容对他谈及此事。宋祁闻言，惶恐无地自容。宋仁宗笑道："蓬山不远。"于是，将那宫女赐予了他。宋祁作词得一佳人，人们对此津津乐道。

井中异狱终得解

北宋时期，河南杞县一民家女，将出嫁，令栉工（为人梳头理发的人）整容。栉工见民女貌美心动，不能自持。在民女出嫁的夜晚，随女至她的夫婿家。当时，人杂乱不辨，婆婆在厨房置办菜肴，公公和夫婿在堂上陪客人，唯独民女在新房帐帷中。栉工便装作她的夫婿，径直进去牵民女从他门出去。民女不知何意，便跟从他出来。

夫婿家失去新妇，便举火寻找。栉工看见火光，心想是追赶自己，跑得更急。路旁有干枯的井，于是将新妇推了进去，独身逃去。夫婿家找不到新妇，便报了官。官府派人调查，有人说："那夜见一个人像栉工的。"于是便拘讯栉工，栉工只好说了实情，称新妇在枯井。官府派人捞起，却是一个死了的长髯男子，并不是新妇。官府不解其中的缘故，便将栉工戴上枷锁囚禁狱中。

原来是新妇堕进井中的第二天早晨，有两个商人路过井旁，听见有呼救声，走进井旁一看，是位女子。两个商人商量，解下布袋中的绳子，以一人下去系住女腰，以一人在上持绳拉女。当女子上来时，拉绳的商人看到她绝美，又贪图井下商人布袋中的金子，竟然害死井下的商人，携女子及布袋径直跑到吴地的嘉定（今上海市嘉定区）居住下来。既得美妇，又富有金子，这商人于是骄纵起来，稍不如意，便抽打民女。民女怨恨，私下将实情告诉了邻居老太太。于是邻居老太太便报了官，经官府审问清楚，将这商人与民女拘赴河南杞县，始知那个长髯男子便是原来下井的商人。

后来，官府将井上的商人与栉工一并置法；将民女归于她的丈夫，这样两人才得以合婚。

苏轼不回"换羊书"

韩宗儒，生于"桐木韩家"，性饕餮。宋哲宗时，韩宗儒任大理寺丞，苏轼为翰林学士，二人多有交往。

当时的殿前都指挥使姚麟，字君瑞，为武臣中的铮铮者，有威名，与兄长姚兕并称“二姚”。他非常喜欢苏轼的书法作品，而苦无缘与苏轼相交。韩宗儒得知这一情况后，每当得到苏轼的一书帖，便到姚麟处换回羊肉十数斤。“苏门四学士”之一的黄庭坚知道后，给苏轼开玩笑说：“昔日王右军字为‘换鹅字’，您的一书帖能换羊肉十数斤，两丈书可称为‘换羊书’了！”苏轼大笑。

一日，苏轼在翰林院撰写关于宋哲宗生诞节的制诰，比较繁忙。而韩宗儒日作数简书，以图苏轼的回书。使人站在大庭下，催讨回书甚急，苏轼笑着对那人说：“传语：本官今日禁止屠宰！”

东晋王羲之写字换鹅，传为千古佳话。宋苏东坡的字可以换羊，也可谓千古笑谈。

米芾戏回捕蝗书

米芾（1052—1108），字元章，宋代襄州襄阳县（今湖北省襄阳市）人。后定居润州（今江苏省镇江市）。以其母亲侍候宣仁后藩邸旧恩，补浛光尉。历知雍丘县、涟水军，太常博士，知无为军，召为书画学博士，赐对便殿。他能诗文，擅书画，精鉴别。

宋哲宗元祐七年（1092）至元祐九年（1094），米芾任雍丘（今河南省杞县）令。其间，蝗虫大起，百姓忧虑。邻县县尉下令捕捉掩埋后，仍旧滋生蔓延，于是命令各保正（统领五百家的人）负责尽力捕除。有保正说尽是雍丘县驱逐过来的。于是这县尉便撰写书信上载保正的话语，寄给雍丘县令米芾，请各行打扑，收埋本处，不要以邻为壑。当时米芾正与客人饮酒，看过此书信哈哈大笑，取笔书其后道：“蝗虫本是飞空物，天遣来为百姓灾。本县若能驱得去，贵司何不打回来。”后来，凡是知道写此诗的人，无不折服。

各复故妻堪称奇

南宋建炎三年（1129），宋高宗出巡暂住在建康（今江苏省南京市）。随行军校徐信得暇与妻子夜出游逛市景。当他们少憩茶肆旁时，一人偷看他的妻子，目不转睛。徐信感到这人奇怪，便携妻子离去。那人却在后边脚跟脚到门前，依依不忍离去。徐信疑惑，追问那人原因，那人拱手道歉说：“心有情实，将吐露于您，您不发怒，才敢说。愿您稍移步至前坊静处，幸得倾诉事情的缘由。”徐信听从了那个人的说法。那人问道：“您的妻子不是某州某县某氏吗?”徐信吃惊地说：“是呀！你怎么知道?”那人掩面哭泣道：“她是我的妻子呀。我家住郑州，才娶三年，就遭靖康之乱，流离奔窜，夫妻离散。不料她如今竟在您室。”徐信听此言，也为之感怆，说：“我是陈州（治所在今河南省周口市淮阳区）人，遭战乱失妻。至淮南一村店，遇妇人散衣蓬首，露坐地上。她自言为乱兵所掠，到此不能行。我便解衣并给她食物，留一二日，才与她一起到江南来。初不知为您妇，今天将怎么办呀?”那人说：“我现在也别娶她人，靠资财以自给，这情势无理由再寻旧好。倘使暂会一面，叙述悲苦，然后诀别，虽死也不遗憾了!”徐信本来是慷慨义士，即答应了他，约明日为期，令他与新妻一起来，以免邻里误会。那人高兴地拜谢而离去。

第二天，那人夫妇登徐信门拜访，徐信于是出门相迎。当徐信望见那人的新妻时，情不可遏，顿时大哭。原来那人所携的新妻正是徐信失散的妻子呀！四人相对惊讶叹惜，拍胸号啕。

这日，各复故妻。自此，两家往来如姻。

大盗劫掠分忠奸

马文升（1426—1510），字负图，明代河南钧州（今河南省禹州市）人。生而相貌瑰奇，多膂力。7 岁读书，知大义。明英宗景泰二年（1451），进士及第。授为御史，历官南京大理卿、右副都御史。巡抚陕西，以功进左副都御史，巡抚如故。奉玺书抚慰辽人，军民闻其至，均欢欣鼓舞。召还京，进升兵部尚书。转吏部尚书，致仕。

马文升文武双全，长于应变。朝端大议，必待文升一言而决。功在边镇，声闻外国。性介特，寡言笑，举止端庄。立朝50余年，慎名节，厉廉隅。宠利不居，推功与人，抑然自下。至于值事变，临利害，屹然不可摇夺。去世，赠太傅，谥端肃。明世宗嘉靖初年（1522），特进左柱国太师。

他去世一年后，大盗赵鐩等剽掠河南，到钧州，以马文升家在城中，舍去不攻。后攻破泌阳，前大学士、吏部尚书焦芳闻讯逃匿，于是毁其家，打开他家的箱柜，取出他的衣冠，给所扎缚的芦苇人穿戴上，而进行刺杀道："遗憾的是不能为天下杀此贼人！"这是因为，焦芳为礼部尚书时，与宦官刘瑾勾结，卖官鬻爵，所以朝野怨恨。

百姓听说赵鐩等的作为，感叹道：强盗也论是非，盗也有道呀！

崔铣豪饮留是非

崔铣（1477—1540），字子钟（一字仲凫），明代彰德府安阳县（今河南省安阳县）人。10岁从父亲崔升学习"四书"、《诗经》。明孝宗弘治十一年（1498），举于乡，入太学。弘治十八年（1505），进士及第，任庶吉士。明武宗正德二年（1507），任翰林编修，参与校修《孝宗实录》。得罪刘瑾，出任为南京吏部主事，晋升为侍读。以病归乡里，建后渠书屋，读书讲学，删定《二程遗书》，撰写《彰德府志》。

明世宗即位，辅臣谏官均举荐崔铣，他出仕修《武庙实录》兼侍经筵，选拔为南京国子祭酒。诸生相顾说："我辈得到老师了。"崔铣开诚心，明条教，严祀事，正文体，奖隽彦，警轻惰，戒游戏；诸生朝夕问难，响答不倦；周贫抚老，问疾恤丧，士林大悦。明世宗嘉靖三年（1524），崔铣上疏，劝帝勤圣学，辨忠邪，自度下场不祥。不久，令他致仕。诸生得此消息，无不惊愕，如失父母。他行不用一仆役，囊中无江南一物，惟携古书数箱。公卿及诸生，送者千余人。随从而渡江的，又千余人。群拜，潸然泪下。崔铣乘醉登舟歌道："故园菽水知堪养，捷径南山保未曾。"归见父母，怡然自得。在家著有《松窗寤言》《中庸凡演》《大学全文》《士翼政议》《中说考》《文苑春秋》等。嘉靖十八年（1539）春，立皇太子，起任崔铣为詹事府少詹事，兼翰林院侍讲学士。不久晋升为南京礼部右侍郎。后疾作，杜门调摄，著《读易余言》。上书乞请致仕，不允。于嘉靖十九年（1540）病逝，享年 64 岁，赠礼部尚书，谥文敏。

崔铣性豪爽，喜饮酒，饮量洪无可比，每酣则歌"刘伶能饮几杯酒？也留名姓在人间"。陈束（1508—1540），字约之，明代宁波府鄞县（今浙江省宁波市鄞州区）人。陈束是崔铣的同年侍郎董玘的女婿，小于崔铣 31 岁。当陈束作为河南提学副使视学河南时，崔铣已 60 岁有余了。陈束素知酒量不敌他，但恃其少壮，也正值崔铣病疟疾初起，于是便前往安阳拜谒他。崔铣与陈束狂饮，至半夜时分，陈束大醉，跌宕不能站稳。又勉强站，又昏倒。崔铣对陈束的随从说："他趁我有病而给我斗酒呀！"又举 10 余杯才与他们道别。陈束因此病至咯血，后去世。

但崔铣也曾醉过，是他与董玘饮酒时，遇到一个方士，自称能吃饭。崔铣请与他较量，每当自己饮一瓯酒时，请方士吃一瓯饭。当崔铣已醉时，而方士吃饭不止，共吃 54 瓯。董玘后来才知道真相，至夜晚等他们都走时认真察看，那饭都在。原来是方士用的障眼术。

七、习俗方物

三月曲水祓不祥

关于“三月曲水”，南朝梁吴均《续齐谐记》载，晋武帝问尚书挚虞道：“三月三日曲水，其意义是什么?”挚虞答道：“汉章帝时，平原徐肇于三月初生三个女儿，到三日时都夭亡了。一村人都以为奇怪，便相与到水滨盥洗。又顺流以滥觞（漂浮酒杯），曲水之义就源自此了。”晋武帝说：“如你所谈，便不是好事呀!”尚书郎束皙进言道：“挚虞小生，不知道此事。请允许我说其起始。过去周公建成洛邑时，顺流水泛酒，所以逸诗有‘羽觞随波流’之句。又秦昭王三月上巳置酒黄河迂曲处，看见金人自黄河而出，奉水心剑道：‘令君控制西夏。’到秦称霸诸侯时，便于此处立为曲水。二汉相沿袭，都为盛集。”晋武帝说：“好!”于是赐给他黄金50斤，将挚虞贬为城阳令。

又据晋周处《风土记》载，东汉末年，郭虞三月三日上辰产二女，上巳日产一女，二日产三女，均夭亡。人们以为大忌，至此月巳日忌讳在家，都于东流水上为自己祈祷除灾和自我洗涤隔年尘垢，称作禊祠，又引流水行觞，便成为曲水。

究其实，三月曲水并不始于东汉，其事也不起于徐肇、郭虞二人。束皙除言始于周公旦之外，其余也是一时附会而已。

《周礼》有：“女巫掌岁时祓除衅浴。”汉郑玄注道：“岁时祓除，如今三月上巳，如水上之类。衅浴，谓以香薰草药沐浴。”郑玄是说，“岁时”不是指的一年四季，而是指一年的三月之时，即三月上巳日。对于“上巳”，当今人们多不解其意。“巳”即“十二地支”之一。一月有三巳日，每旬有一巳日。则以三月上旬的巳日而为祓除之事。

据《韩诗》可知，春秋时期，三月桃花水下之时，郑国的风俗，在三月上巳这一天，百姓到溱水和洧水上招魂续魄，手持兰草，祓除不祥。蔡邕说：“今三月上巳祓于水滨，即出于此。”祓，即祈福祉。东汉三月上巳日，官民都到东流水上洗涤，称为“洗濯祓除”。南朝梁沈约《宋书》说，三国魏以后，但用“三日”不再于“巳日”祓除不祥了。

而后，三月三曲水流觞，便成了士大夫和文人的雅事。东晋王羲之所召集的兰亭修禊便是典型的例子。

黄羊祭灶保平安

阴子方，西汉南阳郡新野县（今河南省新野县）人。他生活在汉宣帝时，至孝，有仁爱恩德。

一年的腊日早晨，阴子方做饭时，灶神现形，他于是再拜受庆。家有黄羊，他便杀掉以祭祀灶神。自是暴至巨富，田有700余顷，车马仆隶比于国君。阴子方常说：“我子孙必将强大！”后有阴典为汉卫尉。阴典的孙子名阴邻。阴邻的长子名阴识，次子名阴兴，女儿阴丽华，为光烈皇后。至此，其家族繁荣昌盛。

阴识（？—59），字次伯，光烈皇后阴丽华的兄长。新莽末年（23），阴识率子弟、宗族、宾客千余人从刘伯升军，被任为校尉。更始元年（23），升迁为偏将军。更始二年，封为阴德侯，行大将军事。光武帝建武元年（25），以为骑都尉，更封阴乡侯。建武二年，以为关都尉，镇守函谷关。又升迁为侍中。建武十五年（39），封为原鹿侯。刘庄（即汉明帝）立为皇太子，以阴识守执金吾，辅导东宫。光武帝每巡视郡国，使阴识常留镇守京师，掌管禁兵。汉明帝即位，拜为执金吾，位特进。汉明帝永平二年（59）去世，赠以本官印绶，谥贞侯。

阴兴（9—47），字君陵，阴识弟。光烈皇后阴丽华同母弟。光武帝建武初年，为黄门侍郎。常从征伐，掌管禁兵，深受信任。后升迁为侍中、卫尉。封为鲖阳侯。

而后，阴家官为牧守的达数十人之多。因而，阴家后世子孙常以黄羊于腊日祭灶。

至于灶神，《周礼》说，颛顼氏有子叫黎，为祝融，祀以为灶神。后世则传说，灶神姓郭，名禅，字子郭（一说姓张，名单，字子郭），俗称灶王爷。夫人字卿忌。

于是，世人也有了对灶神的祈祷，愿灶王爷“上天言好事，下界保平安”。为了让灶王爷“言好事”，于是先给他老人家点甜头，也就有了香、甜、脆的“祭灶糖”。

我们说，阴子方见“灶神现形”，应是幻想所致。但腊日祭灶，沿袭至今，如今看来，不无迷信。然而，人们对此活动，内尽其心，外尽其礼，“敬神如神在”，实以至诚办事，而不徒尚形式。这也可以说是一种精神寄托。

重阳登高避灾厄

东汉汝南费长房学道出名后，有个叫桓景的汝南青年拜在他的门下，向他学习多年。一天，费长房对桓景说：“九月九日这天，你家里应该有一场厄难，你应该赶紧离开。令家人各做一个绛囊，囊中盛上茱萸，系在臂上，然后登上高山喝菊花酒，这样就可以避免灾祸。”桓景按照费长房所说的行事，全家登上高山。晚上回到家里，看到家里的鸡、狗、牛、羊一时间暴死。费长房听说这种情况，说：“鸡、狗、牛、羊代替你们去死了！”

之后，人们于九月九日这天登高饮酒，妇女们都戴上茱萸囊。于是成为一种重要的民间习俗，延续至今。又因为九为阳数，日月并应，俗嘉其名，以为宜于长久，以享宴高会，美其名曰重阳节。

墨客骚人每逢重阳节，触景生情，多有吟咏。唐张说《九日进茱萸山诗五首》有：“家居洛阳下，举目见嵩山。刻作茱萸节，情生造化间。”王维的《九月九日忆山东兄弟》为：“独在异乡为异客，每逢佳节倍思亲。遥知兄弟登高处，遍插茱萸少一人。”唐杜牧《九日齐山登高》诗为：“江涵秋影雁初飞，与客携壶上翠微。尘世难逢开口笑，菊花须插满头归。但将酩酊酬佳节，不用登临恨落晖。古往今来只如此，牛山何必独沾衣。”宋欧阳修《九日词》为：“九日欢游何处好，黄花万萼雕栏绕。通体清香无俗调。天气好，烟滋露结功多少。日脚清寒高下照，宝钉密缀圆斜小。落叶西园风袅袅。催秋老，丛边莫厌金樽倒。”宋朱熹《九日登天湖以菊花须插满头归分韵赋诗得归字》诗为：“去岁潇湘重九时，满城寒雨客思归。故山此日还佳节，黄菊清樽更晚晖。短发无多休落帽，长风不断且吹衣。相看下视人寰小，只合从今老翠微。”

当然，九月九日，汉桓景家鸡、狗、牛、羊一时暴死，说明瘟疫盛行，也许是巧合。但人们出于“宁可信其有，不可信其无”的心理，于是于此日登高饮菊花酒，以避厄难。按药性，茱萸消秽气，菊花清肝明目。又登高能呼吸新鲜空气，心旷神怡，自然能延年益寿。现在，一些地方把九月初九定为老人节，倡导人们树立尊老、敬老、爱老、助老的风气，又赋予了新意。2006 年 5 月 20 日，重阳节经国务院批准列入第一批国家级非物质文化遗产名录，说明国家对此节日的重视。

阏伯台下拜火神

黄帝曾孙帝喾有二子，长子叫阏伯，小儿子叫实沈。二人处于旷林，不能兼容，每天发动战争相互征讨。帝喾以为二人行为不善，便迁阏伯于商丘，主祀辰星。“辰”，属于“东方苍龙”的心宿，即为大火，较为明亮，与其附近的两星合称心宿三星。阏伯的官职即为观测大火以预告季节的火正。后商人祖先契的孙子相土代阏伯，主祀辰星，所以辰称之为商星。帝喾又迁实沈于大夏（今山西省太原市一带），主祀参星，此地人由此因循，所以参为晋星。参星与商星在星空中此出彼没，帝喾如此迁二人，用意显然，使其隔绝，永远不能相见。后二人悔悟，各司其职。尤其阏伯到所迁之地，筑台观星而祭祀，恪尽职守，深得百姓爱戴。阏伯去世，葬在所筑的观星台旁，人们便称他为火祖、火神，以配祭大火星。而所谓“火神”，即负责祭祀大火星之神。又称所筑的观星台为商丘（清雍正年间，避孔子讳，改作商邱，今河南省商丘市），俗称阏伯台。其下原有水渊，不曾干涸，当地人称作商丘海。元朝大德年间，提举范廷璧在商丘之上建阏伯庙。明嘉靖三十四年（1555），知府王有为重修。后以每年的孟夏月祭祀，至今香火不绝。

“麻胡”为何吓小儿

中原民间，每当小儿哭啼不止时，大人往往以“麻胡来了”恐吓他，于是小儿哭啼停止。麻胡是什么呢？

麻胡，本名麻祜，是隋炀帝杨广的云屯将军，性情暴戾好杀。大业十二年（616），隋炀帝将下江都（今江苏省扬州市），命令他负责疏通汴河。他威势很盛，虐待民工，以铁脚木鹅试探水的深浅，如果木鹅到那里停止，便是疏通得不达要求，以民工“不忠”的罪名处死，以致死者数以百千计，当地百姓望风而畏。于是，小儿夜哭，便恐吓说：“麻祜来了！”由于“祜”“胡”声音相近，于是转“祜”为“胡”了。

也有人说，麻祜，多须髯，所以叫他麻胡。宋徽宗宣和年间，成郎中其貌不扬且多须髯。在结婚的晚上，他的岳母鄙视地说：“我女如菩萨，却嫁一麻胡！”还想试试他的才学，便命他作首诗。于是他操笔大书道：“一床两好世间无，好女如何得好夫。高卷朱帘明点烛，试教菩萨看麻胡。”一座传观，哄堂大笑。那女子也能安分随缘，和鸣偕老，儿女成行，各以寿终。

民间俗语“麻胡”，渊源还有他说，都是借以恐吓小儿。

当年宝鼎今何在

鼎，三足两耳，原本为调和五味的炊器，初不以为宝。但帝王特为铸造，以赋予特殊的象征意义。中原自古为帝王“逐鹿”之地，因而相传或有文字记载的古鼎也颇多。

太昊神鼎。

太昊伏羲氏得天下，铸造神鼎一具，取一统天地万物所系于此鼎之意。

黄帝三鼎。

黄帝得天下，采首山之铜，作宝鼎三具，以象征天、地、人。

太昊神鼎、黄帝三鼎，由于历时久远，其下落已不可考。

夏朝九鼎。

大禹收九州守牧的铜金，铸造九鼎，以象九州。曾用以祭祀上帝、鬼、神。鼎的三只空足叫作鬲，以象三德。所谓三德，即正直、刚克、柔克。夏朝的九鼎，后世宝之，将其视为具有象征王权的神圣之物。之后，九鼎随时而迁徙。国运随九鼎存而昌，随九鼎亡而亡。夏朝衰败，九鼎迁于殷商；殷商衰败，武王迁九鼎于郏鄏（今河南省洛阳市王城一带）；周朝衰败，楚、秦、齐等国均垂涎于九鼎，最终为秦朝所得；秦朝衰败，九鼎沦没而不见。

商朝之鼎。

商朝铸鼎很多，但于中原最为著名的当数司母戊鼎（又称后母戊鼎）。司母戊鼎，是商王祖庚或祖甲为祭祀其母戊所制。因鼎内壁上铸有“司（或后）母戊”三字得名，鼎身雷纹为地，四周浮雕刻出盘龙及饕餮纹样。于1939年3月在河南省安阳殷墟出土，为商周时期青铜文化的代表作，享有“镇国之宝”的美誉。

周朝之鼎。

周朝铸鼎也较多，但于中原发现实物的是周文王鼎。明神宗万历初年（1573），汜水县（治所在今河南省荥阳市锦阳川东畔）百姓于土中掘得，鼎高三尺许，上镌刻六字：“有周文王宫人。”外走银花，甚细巧。内画后天八卦。见者知为三代重器。当时为洛阳大家运走（后不知去向）。宋王黼《博古图》载：文王鼎三，二在陕，一在河南。人疑其是那“一”。

战国之鼎。

荀况在嵩溪作一鼎，大如五石瓮，表里都纪兵法，大篆书，四足。

李斯为丞相铸一鼎。其文为：“上丞相鼎。”埋于上蔡（今河南省上蔡县）东门。

汉朝之鼎。

黄霸为颍川守，神雀飞集于颍川，于是刻鼎以记之。

光武帝建武元年（25），铸一鼎。其文为："定天下，万物伏。"小篆书，三足，高九尺。

汉明帝永平十年（67），铸一鼎于洛水，高六尺。其文为："蛟龙伏。"大篆书，三足。又铸一鼎于谷水，高五尺。其文为："谷洛。"小篆书，四足。

张衡制《地动图》，记之于鼎，沉于西鄂县（治所在今南阳市卧龙区石桥镇鄂城寺）水中。

汉安帝延光四年（125），铸一鼎于少室山。其文为："承露鼎。"小篆书，四足。

杨震为太尉，作一鼎，其文为："太尉鼎。"古隶书。

汉顺帝永建六年（131），铸一鼎于伊水，名为："鱼鼎。"高四尺，三足。

陈寔铸一鼎，藏于陉山。

汉灵帝熹平元年（172），铸一大鼎埋于鸿都门，其文为："儒鼎。"古文书。三足。

《汉官仪》有：开阳门夜直楼上，帝因作一鼎，其文曰："柱鼎。"一足，如马蹄。

五斗米道创始人张陵在云台山修道，作一鼎，上写丹经，埋于云台山下。

蔡邕为侍中，封高阳侯，作一鼎，记汉家历数，蔡邕自书，藏于泰山。

三国魏鼎。

魏武帝铸一鼎于白鹿山（在今河南省辉县市西50里），高一丈，纪征伐战阵之能。古文篆书，四足。又作鼎给与太子，名为："孝鼎。"其上画刻古来孝子姓名。小篆书。

魏文帝黄初元年（220），铸受禅鼎。其文为"受祚鼎"，小篆书。

魏明帝太和六年（232），铸一鼎，三足，名为："万寿鼎。"小篆书。

唐朝之鼎。

唐武则天于东都洛阳造明堂，高300尺。铸九州鼎（又称则天鼎）置于明堂之下。当中豫州鼎，高 1 丈 8 尺，受 1800 石。其余各依方面，高 1 丈 4 尺，受 1200 石。共用铜 560712 斤。

鼎原本一物，而后世赋予了其多种象征意义。尤其是有了象征王权意义的内涵，所以有了“问鼎”“定鼎”的历史现象。

名碑载史遍中州

物莫寿于金石。中原为人文渊薮，历代碑刻繁多，承载了千秋书道和历史。而其为物散在中原天地间，日亡日少，所以择其名碑著录于后，以备后人查考。

汉朝碑铭。

《中岳太室神道石阙铭》，八分书，汉武帝元光二年（前 133）立，在河南省登封市。

《开母庙石阙铭》，篆书，汉安帝延光二年（123）立，在河南省登封市。

《汉司徒袁安碑》，篆书，东汉永元四年（92）立。原石出土地点不详，1929 年在偃师县（今河南省洛阳市偃师区）城南辛家村发现，现藏河南博物院。

《汉故国三老袁君碑》（又名《汉国三老袁良碑》），碑额篆书“汉故国三老袁君碑”八字。正文为八分书；汉顺帝永建六年（131）立。在河南省太康县清集镇袁庄（此地汉属扶乐国，都今清集镇扶乐城村）墓下。

《汉桐柏淮源庙碑》，释旷书，八分书，汉桓帝延熹六年（163）立，在河南省桐柏县。

《闻喜长韩仁铭》，八分书，汉灵帝熹平四年（175）立，在河南省荥阳市。

《堂谿典嵩高山石阙铭》，中郎将堂谿典于熹平四年（175）奉使请雨崇高庙，因上言复崇高山为嵩高山，又书丹勒石以记其事。在河南省登封市。

《豫州从事尹宙碑》，八分书，汉灵帝熹平六年（177）立，在河南省鄢陵县（《尹宙碑》万历年间始出土，字尚完好）。

《汉文范先生陈仲弓碑》，蔡邕撰文，并书丹；汉灵帝中平三年（186）立，在郾城县（今河南省漯河市郾城区）。陈寔墓在郾城县西30里。

《汉尚书令边韶碑》，汉蔡邕隶书。在开封府（今河南省开封市）东北三里。

《魏受禅碑》，传为王朗撰文，梁鹄书丹，锺繇刻石，八分书，汉献帝延康元年（220）立，在繁昌（治所在今河南省临颍县繁城镇）。

《百官劝进碑》，传为王朗撰文，梁鹄书丹，锺繇刻石，八分书，汉献帝延康元年（220）立，在繁昌（治所在今河南省临颍县繁城镇）。

北魏碑铭。

《北魏中岳庙碑》，八分书，北魏文成帝太安二年（456）立，在今河南省登封市。

《魏孙秋生等二百人造像记》，孟广逵撰文，萧显庆书丹，正书；北魏孝文帝太和七年（483）立，在河南省洛阳市。

《魏始平公造像记》，孟达撰文，朱义章书丹，正书；北魏孝文帝太和十一年（487）立，在河南省洛阳市。

《魏杨大眼为孝文皇帝造像记》，正书，在河南省洛阳市。

《魏灵藏薛法绍造石像记》，正书，在河南省洛阳市。

《魏宁朔将军司马元兴墓志》，正书，北魏宣武帝永平四年（511）立，在河南省洛阳市。

《魏龙门老君洞铭》，正书，北魏孝明帝熙平二年（517）立，在河南省洛阳市。

《魏浮图石盖铭》，正书，北魏孝明帝神龟三年（520）立，在河南省登封市。

《魏荥阳太守元宁造石像记》，正书，北魏孝明帝孝昌二年（526）立，在河南洛阳（按，《汉书·地理志》，荥阳“荥”字从水。《北史王邵传》则说：“焭”字三火，则六朝“焭”字，从三火，与此碑合）。

东魏碑铭。

《东魏嵩阳寺碑》，八分书，东魏孝静帝天平二年（535）四月立，在嵩山会善寺。

《魏中岳嵩阳寺碑》，八分书，东魏孝静帝天平二年（535）立，在河南省登封市。

《魏敬史君碑》，正书，东魏孝静帝兴和二年（540）立，在河南省长葛市。

《魏造太上老君像记》，正书，西魏大统十四年（548）立，在河南省洛阳市。

《魏修太公庙碑》，正书，东魏孝静帝武定八年（550）立，在汲县（今河南省卫辉市）。

北齐碑铭。

《北齐豫州刘刺史碑》，正书，北齐文宣帝天保八年（557）立，在河南省登封市。

《齐造丈八大像颂》，正书，北齐后主天统三年（567）立，在许州（今河南省许昌市）。

《齐造弥勒像记》，正书，北齐后主天统四年（568）立，在河南省洛阳市。

《北齐少林寺碑》，正书，北齐后主武平元年（570）立，在河南省登封市。

《般若波罗蜜经》，王子椿书丹，正书；北齐后主武平元年（570）立，在河南省登封市。

《齐泾州刺史齐郡王祐造像记》，正书，北齐后主武平二年（571）立，在河南省洛阳市。

《齐邑义主一百人等造塔记》，正书，北齐后主武平三年（572）立，在河南省洛阳市。

《齐造像记》，正书，北齐后主武平六年（575）立，在河南省洛阳市。

《齐会善寺造像记》，正书，北齐后主武平七年（576）立，在河南省登封市。

隋唐碑铭。

《白云寺石幢》，正书，隋文帝开皇年间（581—600）立，在巩县（今河南省巩义市）。

《唐龙门山石像记》，正书，在洛阳县（治所在今河南省洛阳市东北。按宋欧阳修《集古录》，有《三龛记》，贞观十五年，魏王泰为长孙皇后造。岑文本撰铭，褚遂良书）。

《支提龛铭》，蔡景撰文，正书（书非名人，而有初唐笔意）；唐玄宗开元十九年（731）立，在林县（今河南省林州市）祺峪。

《唐秦王告少林寺教碑》，正书，唐高祖武德四年（621）立，在河南省登封市。

《观音寺方碣》，陆德明撰文，正书；唐高祖武德五年（622）立，在汜水（今河南省荥阳市汜水镇）。

《纪功碑》，唐高宗撰文，并行书，飞白题额；唐高宗显庆四年（659）立，在河阴（治所在今河南省荥阳市东北）。

《会善寺造像记》，八分书，唐高宗麟德元年（664）立，在河南省登封市。

《金刚经》，王知敬书丹，正书；唐高宗咸亨三年（672）立，在河南省登封市。

《永泰寺石幢》，正书，唐高宗永淳元年（682）立，在河南省登封市。

《大唐天后御制诗书碑》，武则天撰文，王知敬书丹。唐高宗永淳二年（683）立，在河南省登封市。

《王征君口授铭》，王绍宗录并书丹，正书；武后垂拱二年（686）立，在河南省登封市。

《封祀坛碑》，武三思撰文，薛曜书丹，正书；武周天册万岁二年（696）立，在河南省登封市。

《浮图铭并序》，赵颢撰文，正书；武周万岁通天二年（697）立，在河南省长葛市（按，《浮图铭》与《敬史君碑》系一石）。

《武后游石淙诗并序》，薛曜书丹，正书；武周久视元年（700）立，在河南省登封市。

《中岳体元先生潘尊师碣》，王适撰文，司马承祯书丹，八分书；武周圣历四年（701）立，在河南省登封市。

《荥阳县令卢公清德文碑》，刘穆之撰文，王守质书丹，八分书；唐中宗神龙三年（707），在河南省荥阳市。

《赐荥阳令卢正道敕碑》，正书（按，一说“飞白书”，误），唐中宗景龙元年（707）立，在河南省荥阳市。

《唐大相国寺碑》，唐睿宗延和元年（712）七月，改故建国寺为大相国寺，睿宗御书碑额。

《少林寺戒坛铭》，李邕书丹，行书，唐玄宗开元三年（715）沙门如通立，在河南省登封市。

《幽栖寺正觉浮图铭》，八分书，唐玄宗开元六年（718）立，在汜水（今河南省荥阳市汜水镇）。

《大卢舍那像龛记》，正书，唐玄宗开元十年（722）立，在河南省洛阳市（按，《像龛记》与《奉先寺牒》同一石）。

《少林寺赐田牒碑》，正书，唐玄宗开元十一年（723）立，在河南省登封市。

《明皇行次成皋诗》，史叙书丹，行书；唐玄宗开元十三年（725）立，在河南省中牟县。

《嵩岳少林寺碑》，裴漼撰文并书丹，行书；唐玄宗开元十六年（728）立，在河南省登封市。

《净土寺石幢》，正书，唐玄宗开元十九年（731）立，在巩县（今河南省巩义市）。

《景贤大师身塔石记》，羊俞撰文，僧温古书丹，行书；唐玄宗开元二十五年（737）立，在河南省登封市。

《令长新诫》，唐玄宗撰文，韦坚书丹，正书；唐玄宗开元二十五年（737）立，在怀庆（治所在今河南省沁阳市）。

《大照禅师碑》，李邕撰文并书丹，行书；唐玄宗天宝元年（742）立，在嵩岳寺（今不存）。

《少林寺灵运禅师塔铭》，崔祺撰文，沙门勤某书丹，行书；唐玄宗天宝九载［（750），按，天宝三年始改“年”为“载”］，由门人坚顺立，在河南省登封市。

《比干墓碑》，李翰撰文，正书；唐玄宗天宝十载（751）立，在汲县（今河南省卫辉市）比干庙（按，唐太宗追赠比干为太师，贞观中既立碑刻诏及祭文。天宝中李翰官于卫，作此碑，述封表旨意。今碑是宋徽宗建中靖国元年即1101年汲县令朱子才重立）。

《中岳永泰寺碑》，沙门靖彰撰文，荀望书丹，正书；唐玄宗天宝十一载（752）立，在河南省登封市。

《少林寺还天王师子记》，正书；唐玄宗天宝十四载（755）立，在河南省登封市。

《义琬禅师墓志》，正书，唐代宗大历三年（768）立，在河南省洛阳市。

《左武卫郎将元君墓志》，郑滁撰文并书丹，正书；唐代宗大历四年（769）立，在河南省洛阳市。

《唐滑台新驿记》，李勉撰文，李阳冰书丹，篆书，大历九年（774）立，在河南省滑县。

《裴遵庆神道碑》，杨绾撰文，芦晓书丹，八分书；唐代宗大历十一年（776）立，在河南省洛阳市。

《唐故杭州钱塘县丞殷府君夫人颜氏碑铭》，颜真卿撰文并书丹，正书，在河南省洛阳市（按，此碑无立碑年月，疑为唐代宗大历十二年，即777年立）。

《梵纲经碑》，高坚书丹，正书；唐代宗大历十三年（778）立，在河南省登封市。

《会善寺戒坛记》，陆长源撰文，陆郢书丹，八分书；唐德宗贞元十一年（795）立，在河南省登封市。

《济渎庙碑》，张洗撰文，八分书；唐德宗贞元十三年（797）立，在河南省济源市。

《少林寺厨库记》，颜少连撰文，崔溉书丹，正书；唐德宗贞元十四年

（798）立，在河南省登封市。

《朝请大夫郑君碑》，韩准撰文，正书；唐宪宗元和二年（807），在河南省洛阳市。

《窦叔向碑》，羊士谔撰文，窦易书丹，正书；唐宪宗元和三年（808）立，在河南省洛阳市偃师区。

《尚书左丞孔公墓志铭》，韩愈撰文并书丹，正书；长庆四年（824）立，在汜水（今河南省荥阳市汜水镇）。

《状嵩高灵胜诗碑》，尉迟汾撰文，正书；唐文宗太和三年（829）立，在河南省登封市。

《东郡怀古诗》，李德裕撰文，八分书；唐文宗太和四年（830）立，在河南省滑县。

《龙泉记》，郑泽撰文，姚全书丹；唐文宗太和六年（832）立，在濮州（治所在今河南省范县濮城镇）。

《襄州别驾韩昶墓志》，韩昶自撰文，正书；唐宣宗大中九年（855）立，在孟县（今河南省孟州市）（按，韩昶为韩愈之子。自撰墓志，非韩昶所创。其同时杜牧等都曾自撰墓志。此碑末有卒日、葬地，当为后人补刊）。

《尊胜陀罗尼经》，正书，唐懿宗、唐僖宗咸通十五年（874），僧从贤立，在河南省登封市。

《谒升仙太子庙诗碑》，郑畋撰文，唐僖宗乾符四年（877）立，在河南省洛阳市偃师区。

《敬善寺石像铭》，李孝伦撰文，正书，立碑年月不详，在河南省洛阳市。

《尊胜陀罗尼经并记》，沙门元秀撰文，正书；唐昭宗光化二年（899）立，在河南省卫辉市。

五代碑铭。

《梁龙兴寺石幢》，正书，五代后梁末帝贞明三年（917）立，在许州（今河南省许昌市）。

《净土寺陀罗尼幢》，正书，五代后唐明宗长兴三年（932）立，在巩县（今河南省巩义市）。

《周文宣王庙记》，郭忠恕撰文并书丹，五代后周世宗显德元年（954）立。在河南汝州界。

宋朝碑铭。

《重修中岳庙碑》，骆文蔚撰并书丹，行书；宋太祖乾德二年（964）立，在河南省登封市。

《修嵩岳中天王庙碑》，卢多逊撰文，孙崇望书丹，行书；宋太祖开宝六年（973）立，在河南省登封市。

《修汉光武庙碑》，苏德祥撰文，孙崇望书丹，行书；宋太祖开宝六年（973）立，在河南省洛阳市孟津区。

《修商王庙碑》，李莹撰文，张仁愿书丹，正书；宋太祖开宝六年（973）立，在河南省荥阳市。

《修商王中宗庙碑》，梁周翰撰文，司徒俨喜书丹，行书。宋太祖开宝七年（974）立，在河南省安阳市内黄县。

《善才寺观音院记》，阳晙撰文，梁文素书丹，正书；宋太宗淳化元年（990）立，在河南省禹州市。

《大相国寺碑》，宋白撰文，吴郢书丹，正书，并篆额；宋太宗至道二年（996）立，在河南省开封大相国寺。

《金刚般若波罗蜜经》，赵安仁书丹，正书，在河南开封繁塔内。

《中岳崇圣帝碑》，王曾撰文，白宪书丹，行书；宋真宗大中祥符七年（1014）立，在河南省登封市。

《中岳醮告文碑》，宋真宗撰文，刘太初书丹，行书；宋真宗天禧三午（1019）立，在河南省登封市。

《中岳中天崇圣帝碑》，陈知微撰文，邢守元书丹，正书；宋真宗乾兴元年（1022）立，在河南省登封市。

《龙门铭》，宋真宗撰文并书丹，正书；宋真宗大中祥符四年（1011）立，在河南省洛阳市。

《淮渎长源公庙碑》，路振撰文，杨昭度书丹，行书；宋真宗大中祥符七年（1014）立，在河南省桐柏县。

《宋先天太后赞碑》，宋真宗篆额并书丹，正书；宋真宗大中祥符七年（1014）立，在河南省鹿邑县。

《净惠罗汉院碑》，张观撰文，李九思书丹，行书；宋仁宗天圣八年（1030）立，在巩县（今河南省巩义市）。

《重修升仙太子庙碑》，谢绛撰文，僧志晟书丹，正书；宋仁宗明道二年（1033）立，在河南省洛阳市偃师区。

《燕堂记》，富弼撰文，陆经书丹，正书；宋仁宗明道二年（1033）立，在河南省宜阳县。

《会圣宫碑》，石中立撰文，李孝章书丹，正书；宋仁宗景祐元年（1034）立，在河南省洛阳偃师区。

《宿少林寺诗碑》，文彦博撰文，董道绅、王崇祐模刻，正书；宋仁宗嘉祐五年（1060）立，在河南省登封市。

《翊圣真君秘诰》，正书，宋仁宗嘉祐五年（1060）立，在河南省登封市。

《郭忠武王碑》，王彰撰文，行书；宋仁宗嘉祐六年（1061）立，在怀庆（治所在今河南省沁阳市）。

《相州昼锦堂记》，欧阳修撰文，蔡襄书丹，正书；宋英宗治平二年（1065）立，在彰德（今河南省安阳市）。

《题观鱼轩诗》，曹琦撰并书丹，正书；宋英宗治平四年（1067）立，在彰德（今河南省安阳市）。

《一字王佛》，八分书，宋神宗熙宁二年（1069）立，在淮阳（治所在今河南省周口市淮阳区。按，“一字王佛”，原为“文宣王”三字，因风雨剥蚀，字体残缺，佛教徒附会，加一“佛”字署后而成）。

《重建晋太尉嵇公碑》，韩琦撰文并书丹，正书；宋神宗熙宁三年（1070）立，在河南省汤阴县。

《京兆尹杜公志铭》，李琚撰文，杜大忠书丹；宋哲宗元祐元年（1086）立，在辉县（今河南省辉县市）。

《林虑山圣灯记》，张商英撰文，正书；宋哲宗元祐五年（1090）立，在林县（今河南省林州市）。

《祈雨淮渎记》，顿起撰文并书丹，篆书；宋哲宗绍圣元年（1094）立，在河南省桐柏县。

《净土寺宝月碑》，李洵撰文并书丹，正书；宋哲宗绍圣三年（1096）立，在巩县（今河南省巩义市）。

《真武经碑》，宋传书丹，正书；宋哲宗元符二年（1099）立，在河南省登封市。

《涅槃经偈》，蔡卞书丹，行书；宋哲宗元符二年（1099）立，在河南省登封市。

《县署题名碑》，沫子才书丹，行书；宋哲宗元符二年（1099）立，在汲县（今河南省卫辉市）。

《郊行诗》，苏轼撰文并书丹；立碑年代不详，在河南省郏县。

《重书比干庙碑》，张琪书丹，正书；宋徽宗建中靖国元年（1101）立，在汲县（今河南省卫辉市）。

《三十六峰赋碑》，楼异撰文，僧云潜书丹，行书；宋徽宗建中靖国元年（1101）立，在河南省登封市。

《题期思庙诗碑》，张某撰文并书丹，正书；宋徽宗建中靖国元年（1101）立，在河南省固始县。

《中岳寺修罗汉洞记碑》，僧有挺撰文，王通书丹，正书；宋徽宗崇宁元年（1102）立，在河南省登封市。

《少林寺达摩颂碑》，黄庭坚撰文并书，行书，在河南省登封市。

《大乘山普岩寺碑》，范致明撰文并书丹，正书；崇宁五年（1106）立，在裕州（今河南省方城县）。

《学校八行八刑条碑》，宋徽宗撰文并书丹；宋徽宗大观元年（1107）立，在河南（今河南省洛阳市。按，大观御制碑，当时统行学宫。清代河南襄城也有）。

《神应王扁鹊庙记》，董作撰文，康修立书丹，正书；宋徽宗政和四年（1114）立，在河南省汤阴县。

《祭淮渎祠记》，蔡兴宗书丹，正书；宋徽宗宣和元年（1119）立，在河南省桐柏县。

《送紫岩北伐诗》，岳飞撰文并书丹，行书；宋高宗绍兴五年（1135）立，在河南省汤阴县。

《手牍三通》，岳飞书，草书，在河南汤阴。《“墨庄”二字》，岳飞书，正书，在河南省汤阴县。

《题许侯像后八字》，岳飞书，八分书，在河南省汤阴县。

《谒淮祠记》，何友直书丹，行书；宋宁宗嘉定九年（1216）立，在河南省桐柏县。

《石经周礼残碑》，篆书、正书二体，在陈留（今河南省开封市祥符区陈留镇。按，陈留石经碑，仅存其二。前后无年月及书人姓氏。据《玉海》称，宋仁宗命国子监取《易》《诗》《书》《周礼》《礼记》《春秋》《孝经》为篆隶二体，刻石两楹。今此碑有篆书、正书，即宋嘉祐石经）。

《太昊伏羲氏陵碑》，碑高丈五，上书“太昊伏羲氏之陵”七字，字大一尺半。传为宋代苏轼之妹用巾所书，或说苏辙书，或说朱熹书，在淮阳（治所在今河南省周口市淮阳区）太昊伏羲氏陵前。

金朝碑铭。

《重修微子庙记》，杨汉卿撰文，正书；金海陵王天德三年（1151）立，在河南省商丘市。

《修德观问道碑》，刘文饶撰文并书丹，正书；金海陵王贞元二年（1154）立，在密县（今河南省新密市）。

《创修大明禅院记》，白靖臣撰文，殷建中书丹，正书；金世宗大定十六年（1176）立，在怀庆（治所在今河南省沁阳市）。

《重修中岳庙记碑》，黄久约撰文，郝史书丹，正书；金世宗大定二十二年（1182）立，在河南省登封市。

《续修太清宫碑》，胡筠撰文，陈知常篆额并书丹，正书；金章宗明昌二年（1191）立，在河南省鹿邑县。

《修王弼庙碑》，鲜于渊书丹，金章宗明昌四年（1193）立，在河南省洛阳市偃师区。

《创建文庙记》，王世元撰文，正书；金章宗明昌五年（1194）立，在河南省嵩县。

《重修唐帝庙碑》，赵秉文撰文并书丹，正书；金章宗明昌六年（1195）立，在河南省登封市。

《过超化寺诗》，王庭筠撰文并书丹，行书；金章宗承安二年（1197）立，在密县（今河南省新密市）。

《题超化寺舍利塔诗》，王庭筠撰文并书丹，行书；承安二年（1197）立，在密县（今河南省新密市。按，《过超化寺诗》《题超化寺舍利塔诗》两种刻于一石）。

《叶令刘云卿碑》，赵秉文撰文并书丹，在河南省叶县。

《重修文宣王庙碑》，赵铢撰文，屈师古书丹。金卫绍王大安三年（1211）立，在河南省禹州市。

《杲禅师塔铭》，乐铣撰文，僧性英书丹，正书；金宣宗兴定二年（1218）立，在河南省洛阳市。

《香林十咏》，僧净熙撰文，行书；金宣宗兴定四年（1220）立，在巩县（今河南省巩义市）。

《竹阁寺碑》，雷渊撰文，陈仲谦书丹，八分书；金宣宗元光二年（1223）立，在河南省襄城县。

《郭汾阳庙碑》，赵琢撰文，正书；金宣宗元光二年（1223）立，在巩县（今河南省巩义市）。

《修孔庙碑》，李春岩撰文，赵翬书丹，正书；金哀宗正大三年（1226）立，在河南省襄城县。

《济渎灵应记》，韩时举撰文并书丹，正书；金哀宗正大五年（1228）立，在河南省济源市。

《重修济渎庙记》，楚邦瑞书丹，正书；金哀宗正大五年（1228）立，在河南省济源市。

《唐帝庙碑》，赵秉文撰文并书丹，在河南省安阳市。

元朝碑铭。

《祭济渎记》，李忠国撰文，史芝书丹，正书；元世祖中统元年（1260）立，在河南省济源市。

《请珪公住韶山云门寺疏》，沙门福某书丹，正书；元世祖至元二年（1265）立，在河南省渑池县。

《昭济侯献殿舞亭记》，雷豫撰文并书丹；元世祖至元二年（1265）立，在河南省渑池县。

《重修宣圣庙碑》，张琮撰文，朱融书丹，正书；元世祖至元二年（1265）立，在考城（治所在今河南省民权县王桥集附近）。

《纯孝伯庙碑》，王益撰文，正书；元世祖至元二年（1265）立，在河南省登封市。

《老君赞碑》，揭傒斯撰文，正书；元世祖至元三年（1266）立，在河南省鹿邑县。

《应缘扶教肇玄崇道真君道行碑》，揭傒斯撰文，周伯琦篆额并书丹，正书；元世祖至元四年（1267）立，在河南省鹿邑县。

《阌乡县临高寺碑》，邵节撰文，张绘书丹，正书；元世祖至元五年（1268）立，在阌乡（今河南省灵宝市阌乡镇）。

《清河郡侯张公神道碑》，欧阳元撰文，库库书丹；元世祖至元五年（1268）立，在巩县（今河南省巩义市）。

《杨公灵应记》，苏棣撰文，郭居仁书丹，行书；元世祖至元七年（1270）立，在河南省济源市。

《天坛修紫微庙记》，薛元撰文，苏珪书丹；元世祖至元七年（1270）立，在河南省渑池县。

《代祀济渎投龙简记》，袁志远撰文，史芝书丹，正书；元世祖至元十二年（1275）立，在河南省济源市。

《谒淮祠记》，冯岵书丹，正书；元世祖至元二十一年（1284）立，在河南省桐柏县。

《卫志隐道行碑》，李谦撰文，寇元德书丹，正书；元世祖至元二十二年（1285）立，在河南省济源市。

《修学记》，傅孟弼撰文，正书；元世祖至元二十三年（1286）立，在河南省孟州市。

《望嵩楼记》，尚野撰文并书丹，正书；元世祖至元二十四年（1287）立，在河南省汝州市。

《济渎灵异记》，王光祖撰文并书丹，正书；元世祖至元二十四年（1287）立，在河南省济源市。

《濮州学记》，吴衍撰文并书丹，正书；元世祖至元二十五年（1288）立，在濮州（治所在今河南省范县濮城镇）。

《敌楼山天宫禅院记》，僧显月书丹，正书；元世祖至元二十六年（1289）立，在汝宁（治所在今河南省汝南县）。

《重建风后八阵图碑》，刘道源书丹，正书；元世祖至元二十七年（1290）立，在密县（今河南省新密市）。

《修扁鹊庙记》，胡祇遹撰文并书丹，正书；元世祖至元二十八年（1291）立，在河南省汤阴县。

《少林寺开山裕公禅师碑》，程巨夫撰文，赵孟頫书丹，正书；元世宗延祐元年（1314）立，在河南省登封市。

《勅建天坛紫微大帝庙记》，刘伟撰文，赵守玉书丹，正书；元成宗大德元年（1297）立，在河南省渑池县。

《创立兴国观记》，傅光国撰文，王正一书丹，正书；元成宗大德五年（1301）立，在河南省渑池县。

《济渎北海庙图志碑》，薛贵祖撰文，严君宏书丹；元成宗大德六年（1302）立，在河南省济源市。

《重修关龙逄祠记》，熊正德撰文，王道亨书丹，正书；元成宗大德六年（1302）立，在河南省灵宝市。

《县学庑记》，刘必大撰文，富珠理翀书丹，正书；元武宗至大元年（1308）立，在河南省襄城县。

《万安寺茶榜》，僧溥光撰文并书，正书；元武宗至大二年（1309）立，在河南省登封市（共八张）。

《汉尹宙碑阴记》，李警撰文，王克让书丹，正书；元仁宗皇庆二年（1313）立，在河南省鄢陵县。

《勅赐南阳诸葛书院记》，程巨夫撰文，刘赓书丹，正书；元仁宗延祐二年（1315）立，在河南省南阳市。

《勅赐伊川书院碑》，薛友谅撰文，赵孟頫书丹，行书；元仁宗延祐三年（1316）立，在河南省嵩县。

《五老堂记》，宫珪撰文，侯浩书丹，行书；元仁宗延祐四年（1317）立，在郾城（今河南省漯河市郾城区）。

《长明灯记》，揭傒斯撰文，赵孟頫书丹；元仁宗延祐四年（1317）立，在郾城（今河南省漯河市郾城区）。

《梁国公何玮神道碑》，程巨夫撰文，赵孟頫书丹；元仁宗延祐四年（1317）立，怀庆（治所在今河南省沁阳市）。

《襄城学记》，富珠理翀撰文，温特赫绍基书丹，正书；元英宗至治元年（1321）立，在河南省襄城县。

《祀淮渎记》，李黼书丹，正书；元文宗天历三年（1330）立，在河南省桐柏县。

《飞骑尉杨世庆碑》，富珠理翀撰文，库库书丹，正书；元顺帝元统三年（1335）立，在河南省渑池县。

《息庵禅师道行之碑》，僧益吉祥篆额，日本僧人邵元撰文，僧法然书丹；元顺帝至正元年（1341）立，在河南省登封市。

《县尹赵侯德政碑》，张继祖撰文，萧起贤书丹；元顺帝至正四年（1344）立，在河南省长葛市。

《济渎庙题名记》，郝正撰文并书丹，正书；元顺帝至正九年（1349）立，在河南省济源市。

《库库特穆尔祀渎记》，田文举撰文，行书；元顺帝至正二十二年（1362）立，在河南省济源市。

明朝碑铭。

《修二苏祠墓碑》，胡谧撰文，张谨书丹，正书；明宪宗成化二年

（1466）立，在河南省郏县。

《谒淮祠诗》，柳琰撰文，行书；明宪宗成化十二年（1476）立，在河南省桐柏县。

《游大伾山赋》，王守仁撰文并书丹，正书；明孝宗弘治十二年（1499）立，在河南省浚县。

《修静修书院记》，刘恺书丹，正书；明孝宗弘治十七年（1504）立，在河南省新安县。

《厄台碑》，上书“大圣吾夫子厄台”七字，陈珂书丹，正书；明正德九年（1514）立，在淮阳（治所在今河南省周口市淮阳区）。

《修啸台记》，李梦阳撰文并书丹，正书；明武宗正德十年（1515）立，在辉县（今河南省辉县市）。

《修禹王庙碑》，左国玑书丹，正书；嘉靖元年（1522）立，在河南省开封市。

《修汝南太守宗资墓碑》，杨应奎撰文，行书；明世宗嘉靖七年（1528）立，在河南省南阳市。

《修治万金渠记》，郭朴撰文，正书；明神宗万历十六年（1588）立，在河南省安阳市。

《酌水赋碑》，叶秉敬撰文并书丹，正书；明神宗万历三十一年（1603）立，在河南省宜阳县。

《少林寺道公碑》，董其昌撰文并书丹，行书；明神宗万历三十七年（1609）立，在河南省登封市。

《嵩山三十六峰诗》，傅梅撰文。王正民书丹，行书；明神宗万历三十七年（1609）立，在河南省登封市。

清代碑铭。

《夏太康陵碑》，清毕沅撰文，清钱坫篆书，清洪亮吉题额，清乾隆五十一年（1786）八月立，在河南省太康县。

《夏少康陵碑》，清毕沅撰文，清钱坫篆书，清洪亮吉题额，清乾隆五十一年（1786）八月立，在河南省太康县。

《道德经碑》，周绍书丹，正书；清康熙二十年（1681）立，在河南省鹿邑县。

有清一代，碑刻杂多，不再一一罗列。

碑刻不独文词之典雅，字画之工妙为可赏玩，而先贤事迹、前代制度不详于史者，往往于此显见。因而说碑文可补史家之缺失，书迹可见书家之典则。从中也可窥见一个时代的盛衰和风尚。中原碑刻，林林总总，丰富了古代文化的内涵，为中原文化增添了亮丽的色彩。

汉柏森森昭春秋

中州不乏汉柏，至清初，其已屈指可数。

在河南登封嵩阳书院内，有三棵柏树，都高五六丈，合数十围。汉武帝于元封元年（110）登嵩山时，见其高大雄伟，气势非凡，都封为“将军”。汉武帝时所封，必为周秦以上所植。其中一柏于康熙六年（1667）焚掉。受火缘由，据当地人讲，时有蜂数斛巢于柏中，百姓有人以火焚蜂，须臾火焰大发，柏树随之化为灰烬。

桐柏山淮渎庙前有六棵柏树，应系汉时所植，有猴头、凤翅、鹳嘴、玉柱诸名，无不青翠参天，形状怪诡。后于清顺治十三年（1656），焚掉了其一。原因是遭受雷火。据清康熙《桐柏县志》载，“淮渎庙汉柏焚，香闻数里”。

嵩山三柏、淮渎六柏，人称“嵩淮岁寒九友”。而康熙六年之后，只存其七，时人扼腕唏嘘。清汪价作诗叹道：“千年古柏碧云参，淮有六株嵩有三。不道两回遭劫火，岁寒雕丧思何堪。”

另外，在灵宝县（今河南省灵宝市）城西 30 公里的西山上，有汉高祖庙，左右柏树数百株，首皆东向，世传也为汉时所植。

人寿百年，而柏寿竟达数千年。其铁干虬枝，历尽沧桑，可谓历史的见证者。

汉魏石经命多舛

经书镌刻于石上，始于东汉的雒阳（今河南省洛阳市），因其载体和内容，人们习惯称它为石经。但由于石经至晋代已不完整，因而后世关于其起始时间、其书丹者、其典籍名称和石碑块数，众说纷纭，莫衷一是，因而值得详辨。

汉灵帝熹平四年（175），议郎蔡邕以经籍离圣人久远，文字多谬，俗儒穿凿，贻误后学，于是与五官中郎将堂谿典，光禄大夫杨赐，谏议大夫马日磾、赵域，议郎张驯、韩说、刘弘，郎中张文、苏陵、傅桢，太史令单飏等，上奏恳请校订改正“六经”文字。汉灵帝应允了他们。蔡邕便以隶书体于碑两面书丹，使石工镌刻，至汉灵帝光和六年（183）竣工。石经碑高1丈许，宽4尺，共46块，而后立于太学门外，上有大屋顶遮蔽，四面栏障，开门于南。当时的太学在洛阳城南开阳门外御道东侧，讲堂长10丈，宽2丈。堂前石经四部，西边《尚书》《周易》《公羊传》28碑（西晋时期，16碑存，12碑毁）；南边《礼记》（指《仪礼》）15碑（西晋时期，15碑全部崩坏）；东边《论语》3碑（西晋时期，一碑存，二碑崩毁）。因蔡邕于光和元年（178）言事而被流放，没来得及书《诗》于石，所以原定“六经”而独缺《诗》。石经立后，轰动天下，观视和摹抄人的车乘每日千余辆，以致填塞洛阳的大街小巷。由于石经镌刻于汉灵帝熹平年间，所以人们习惯称它为“熹平石经”或“汉石经”。又因其为隶书一体所写就和立于太学门外，所以后世也称它为“一字石经”“太学石经”。

汉献帝初平元年（190）三月，董卓挟献帝迁都长安，放火焚烧洛阳宫庙及人家，石经也遭此厄难，以致崩坏残缺。

三国魏正始（240—248）年间，又立古文、篆、隶三体石经，石高8尺，宽4尺。其内容为《尚书》《春秋》和《左传》（部分），竖立于太学讲堂西，又镌刻魏文帝曹丕《典论》六碑（一体隶书），以及《太学赞》《太学弟子赞》二碑，一并附其后。共48块。至于书丹者，众说不一，或言邯郸淳，或言嵇康，或言卫觊，或言韦诞，且各有所据。由此可见，此三体石经并非一人书丹。据其镌刻年代和字体等，后世便称它为“三字石经”“正始石经”“魏石经”和“魏三体石经”等。

西晋惠帝时，当时天下暂宁，侍中裴頠上奏修国学刻石写经，后因天下大乱，其事未成。晋怀帝永嘉五年（311），王弥、刘曜攻入洛阳，石经焚毁过半。

至北魏时期，冯熙、常伯夫相继为洛州（治所在今河南省洛阳市）刺史，毁取石经以修建佛塔寺庙，以致碑文颓落，所存的散丢于荒草野丛，僧人、百姓随意取走。北魏孝明帝神龟元年（518），侍中领国子祭酒崔光，请求朝廷派遣官员守看，并命国子博士李郁等，补那残缺部分。但因元乂、刘腾叛乱，最终未能得到落实。

东魏孝静帝武定四年（546）八月，大将军高澄自洛阳迁汉魏石经于邺城（治所在今河北省临漳县西），行至河阳（今河南省孟州市），值黄河岸崩，部分石经沉没于水。石经运到邺城的仅剩52块。北周大象元年（579），静帝下诏将邺城的石经又运回洛阳。至隋开皇六年（586），又将洛阳的部分石经运入长安（今陕西省西安市），置于秘书内省，议将补缉，立于国学。不久隋乱，此事终止。营造部门，因用石经为柱子础石。唐贞观初年（627），秘书监魏征始收聚石经，已十不存一。至此，后世有得洛阳石经片石者，便视为珍宝。

繁昌受禅台与碑

汉献帝延康元年（220），魏王曹丕来到颍阴县（治所在今河南省许昌市魏都区）的繁阳亭，登上预先修筑而接受汉献帝所“禅让”的帝位。于是，改元黄初元年（220），改繁阳亭为繁昌县（治所在今河南省临颍县的繁城镇）。繁昌城内有三台，当时人称作繁昌台（即受禅台）。台上筑有受禅的灵坛。坛前有二碑：一是《百官劝进碑》，一是《受禅碑》。此两碑记录了曹丕受禅的前后情况。有意思的是，此二碑与汉代其他诸碑不同，一是没有立碑时间，二是没署撰文者、书丹者和刻石者的姓名。

没有立碑时间，可以理解，这是与其禅让的时间同步。碑载：黄初元年十月辛未，受禅于汉。按南朝宋裴松之注《魏志》，该月十三日，汉献帝使张音奉玺绶、诏册禅位于魏。魏王推辞者三，及汉册四至，才于二十九日辛未升坛受命。至于撰文者、书丹者和刻石者为何人，便给后人留下了诸多疑窦。

《百官劝进碑》《受禅碑》，就书法艺术上说，其笔法劲拔，如铸铁所成，实得蔡邕的书法笔意，后人多为摹仿。一说梁鹄书丹，一说锺繇书丹。又《受禅碑》，传为司徒王朗撰文，梁鹄书丹，锺繇刻石，当时人称作“三绝碑”。

汉献帝禅位于曹丕，是被逼无奈之举。这是当时人们都心知肚明的事情。历代立碑，署撰文、书丹人姓名，始于六朝，至唐人而盛行。繁昌二碑的撰文、书丹和刻碑人姓名出于特殊原因没有留下，但应该说它还是见证了曹魏代汉的历史。

洛阳牡丹甲天下

据宋陶谷《清异录》卷上载，河南洛阳大内临芳殿，是五代后唐庄宗所建，有牡丹千余本。其名品也有在人口的，一并记于下。

百叶仙人（浅红色）、月宫花（白色）、小黄娇（深黄色）、雪夫人（白色）、粉奴香（白色）、蓬莱相公（紫花黄绿色）、卵心黄、御衣红、紫龙杯、三云紫、盘紫酥（浅红色）、天王子、出样黄、火焰奴（正红色）、太平楼阁（千叶黄色）。

据宋欧阳修《洛阳牡丹记》载，洛阳牡丹著名的有：姚黄、魏花、细叶寿安、鞓红（也叫青州红）、牛家黄、潜溪绯（千叶，绯花。出潜溪寺）、左花（千叶，紫花，一名平头紫）、献来红、叶底紫、鹤翎红、添色红、倒晕檀心（多叶，红花）、朱砂红、九蕊真珠（千叶，红花）、延州红、多叶紫、粗叶寿安（千叶，肉红花。出寿安县锦屏山中）、丹州红、莲花萼（多叶，红花，三臺）、一百五（多叶，紫花。清明前后开最先）、鹿胎花（多叶，紫花，有白点，如鹿胎纹）、甘草黄（单叶，色如甘草）、一擫红、玉板白（白花，单叶，细长如拍板）。

牡丹的名称，或以氏，或以州，或以地，或以色，或表那所特异的而记它。姚黄、左花、魏花，以姓著名；青州、丹州、延州红，以州著名；细叶、粗叶寿安、潜溪绯，以地著名；一擫红、鹤翎红、朱砂红、玉板白、多叶紫、甘草黄，以色著名；献来红、添色红、九蕊真珠、鹿胎花、倒晕檀心、莲花萼、一百五、叶底紫，以其特异而记。

姚黄者，千叶黄花，出于百姓姚氏家，姚氏居白司马坡，其地属河阳（今河南省孟州市），但花不传于河阳，传于洛阳。洛阳也不甚多，一年不过数朵。人们所说牡丹花王，即指姚黄。姚黄易识，其叶嚼之不腥。

牛黄，亦千叶，出于百姓牛氏家，比姚黄差小。宋真宗祭祀汾阴，回来时路过洛阳，留宴淑景亭，牛氏献此花，其名于是著名。

魏家花者，千叶肉，红花，出于五代后周至北宋初年的宰相魏仁浦家，开始砍柴的人于寿安山（位于今河南省洛宁县境）中见到，砍以卖给魏氏。魏氏池馆甚大，传者说此花初出时，人有想看的，人交十数钱，才能登舟渡池到花所。魏氏日收3000钱，其后破亡，其园卖掉。后魏家花传于民家。人有数其叶的说，至700叶。但其次于姚黄花。

又，宋陆游《渭南文集》卷四十二载，洛阳牡丹著名于四川天彭的有：

状元红、祥云、绍兴春、胭脂楼、玉腰楼、金腰楼、双头红、富贵红、一尺红、鹿胎红、文公红、政和春、醉西施、迎日红、彩霞、叠罗、胜叠罗、瑞露蝉、乾花、大千叶、小千叶。

以上，都是红花的显著者。

紫绣球、乾道紫、泼墨紫、葛巾紫、福严紫。这五品为紫花。

禁苑黄、庆云黄、青心黄、黄气球，这四品为黄花。

玉楼子、刘师哥、玉覆盆，这三品为白花。

欧碧，这一品为碧花。

转枝红、朝霞红、洒金红、瑞云红、寿阳红、探春球、米囊红、福胜红、油红、青丝红、红鹅毛、粉鹅毛、鼊金球、间绿楼、银丝楼、六对蝉、洛阳春、海芙蓉、腻玉红、内人娇、朝天紫、陈州紫、袁家紫、御衣紫、靳黄、玉抱肚、胜琼、白玉盘、碧玉盘、界金楼、楼子红，这31品未详。

状元红，重叶，深红花。其色与鞓红、潜绯相类似，而天姿富贵，以其高出众花之上，所以名为状元红。或说旧制进士第一人，即赐茜袍，此花如其色，所以以此命名。

祥云，千叶，浅红花，妖艳多态，而花叶最多，花户王氏说此花如朵朵云状，所以称作祥云。

绍兴春，祥云的子花。色淡而花尤富，大者径尺。宋高宗绍兴年间（1131—1162）始传。大抵花户多种花子，以观其变，不独祥云。

胭脂楼，深浅相间，如胭脂染成，重趺累萼，状如楼观。色浅者，出于新繁（治所在今四川新都县西北新繁镇）勾氏；色深者出于花户。宋氏又有一种色稍下，独勾氏花为冠。

金腰楼、玉腰楼，都是粉红花而起楼子，黄白相间，如金玉色，与胭脂楼同类。

双头红，并蒂骈萼，色尤鲜明，出于花户宋氏，开始秘不传人。后花户也有了它。但养它如果得到适宜的土地，则年年都双。否则，则隔年。此花绝异。

富贵红，花叶圆正而厚，色若新染。他花都落，惟独此花抱枝而枯。也是花的异者。

一尺红，深红颇近紫色，花面大近尺，所以有此名。

鹿胎红，鹤翎红子，花色红微带黄，上有白点如鹿胎。与鹿胎花相异。

文公红，出于潞国公文彦博西京园中，也是花中艳丽者。其种传于蜀中，于是以文公命名它。

政和春，浅粉红，花有丝头。宋徽宗政和年间（1111—1118）始出。

醉西施，粉白花中间红晕，状如酡颜。迎日红与醉西施同类。浅红花中特出深红花，开得最早，而妖丽夺目，所以以迎日命名它。

彩霞，色光丽烂然如霞。叠罗，中间琐碎如叠罗纹。胜叠罗，大如叠罗。此三品，都以形状而命名。

瑞露蝉，粉红，花中抽碧心如合蝉状。

乾花，粉红，花而分蝉。旋转其花，也大千叶、小千叶，都是粉红花的杰出者。大千叶，无碎花；小千叶则花萼琐碎，所以以大小区别。

以上，都是红花的显著者。

紫绣球，一名新紫花，是魏花的别品。其花间正如绣球状。也有起楼的，为紫花之冠。

乾道紫，色稍淡而晕红，出现较晚。

泼墨紫，新紫花的子花，单叶深黑如墨。

葛巾紫，花圆正而富丽，如世人所戴葛巾状。

福严紫，也重叶紫花。其叶少于紫绣球，应出于福严院而得名。

禁苑黄，是姚黄的别品。其花闲淡高秀，可亚姚黄。

庆云黄，花叶重，馥郁盘曲，因此得名。

青心黄，花心正青，一本花往往有两品，或正圆如球，或层起成楼子，也为异者。

黄气球，淡黄檀心，花叶圆正，间背相承，敷腴可爱。

玉楼子，白花起楼，高标逸韵，自然是风尘外物。

刘师哥，白花带微红，多至数百叶，纤妍可爱。不知因何得名。

玉覆盆，一名玉炊饼，圆头白花。

碧花只一品，名叫欧碧（又名欧家碧）。其花浅碧而开最晚。洛阳花工在宋徽宗宣和年间（1119—1125）以药培壅白牡丹，如玉千叶、一百五、玉楼春等。根下，次年花作浅碧色。岁贡朝廷，价在姚黄之上。以其独出欧氏，所以称为欧碧。

大抵洛阳旧品，独以姚黄、魏紫为冠。天彭则红花以状元红为第一，紫花以紫绣球为第一，黄花以禁苑黄为第一，白花以玉楼子为第一。

洛阳牡丹，花色各异，不仅仅具有赏心悦目的功效，也是河洛文化的载体。

中州自古多名砚

砚为“文房四宝”之一，读书人大多宝而爱之。中州为文化渊薮，不乏名砚。

虢州（治所原在今河南省卢氏县，后迁移至今灵宝市）稠桑砚，因此地有古驿站稠桑而得名。唐李匡乂的叔祖为朱阳县（治所在今河南省灵宝市西南70里）令，其几个叔父一日游山水，见山涧侧有一块紫石，便休息于上，之后，自勒刻姓氏年月于其上。既刻成文，因琢成一砚，但惜重大，无法搬出。又行百步，又见很多紫石，至有如拳头大的，不可胜纪。于是与跟从仆僮携数拳石而出，到县府第制凿。当时有胥吏性巧，请他雕凿，形制甚妙。自此，胥吏和他的叔父经常到山中取紫石雕刻砚。胥吏的父亲和兄长，都是稠桑客舍的人。胥吏便辞职而归父兄之业。于是开起了一个雕刻砚的作坊，获利颇丰。稠桑砚随之闻名于世了。今已失传。

虢州澄泥砚，唐人品赏为第一。其砚理细如泥，色紫可爱，发墨不渗。时间长了，砚渐损凹。硬墨研磨，则有泥香。其造法，以夹布囊盛用黏土和的泥，水中摆涮，得细泥，澄去清水，令微干，掺入黄丹，团揉如面，入模中压，以物击打，使至坚硬时，以竹刀刻作砚状，微阴干，利刀削成，曝干，留空垛于地上。再以稻糠、黄牛粪和搅糊上，烧上一昼夜。然后，入墨腊，贮米醋蒸它57度。含津益墨，不亚于石砚。唐、宋时，都为贡品。

唐州方城（今河南省方城县）葛仙翁岩石砚，简称黄石砚，由方城县独树镇砚山铺村人雕。其砚石理向日视而如玉，莹如镜光，而着墨如澄泥不滑。稍研磨，墨已下而不热，不生泡。生泡的，是胶。古墨无泡，是胶力已尽。若石滑，磨久墨下，迟则两刚生热，所以胶生泡。此石既不热，良久墨发光如漆，如油，有艳不渗。岁久不乏，常如新成，色紫温润，声平而有韵。也有淡青白色的，如月，如星，而无晕。北宋徽宗时期始出，仅有10余枚，尤显宝贵。宋米芾《砚史》将其列在第二位，仅次于玉砚。

相州陶砚，宋代相州（治所在今河南省安阳市）土人自制陶砚。在铜雀台上，以熟绢二重淘泥澄洗，取极细的泥烧为砚。有色绿如春波者，或以黑白填为水纹。其理细滑，着墨不费笔，但微渗。

铜雀台瓦砚，宋代相州人多掘发铜雀台古瓦，雕琢为砚。用其贮水数日不燥。相传，铜雀台的瓦，瓦工澄泥时以绢滤过，再加胡桃油而造，所以与众瓦不同。大名府、相州等处，也有人假作古瓦之状砚，以卖于人。

西都会圣宫砚，为宋代西都（今河南省洛阳市）永安县（治所在今河南省洛阳市偃师区山化镇）会圣宫溪涧中的石头而制。其石俗称“暖石、紫石”，色紫，理如虢石，差硬，发墨不乏，叩之无声。

蔡州白砚。其石理滑腻可为器，为朱砚。其花蕊石也作可小朱砚。

砚作为读书人的心爱之物，名目繁多，或因其质而名，或因其色而名，或因其人而名，或因其铭而名。“笔砚精良，人生一乐！”历代文人对中州砚也多有吟咏。而今，其不仅为收藏之物，如用其研墨书写，所显书法之韵味，他墨不可比。

天下窑口看中州

陶器自舜时便有，是人类进入文明社会的产物。中州地处国之中，最早跨入人类的文明社会，因而制陶业较为繁盛。其具有代表性的窑器如下。

钧窑瓷器，简称钧瓷，最为海内所重。但其得名并非因钧州（金代所置）而得名。唐代在阳翟（今河南省禹州市）城北门里建禹王庙，庙前立山门台基，因阳翟为“九天”（中央叫钧天，东方叫苍天，东北叫变天，北方称玄天，西北叫幽天，西方叫昊天，西南叫朱天，南方叫炎天，东南叫阳天）之一的“钧天”分野，所以命名为“钧台”。至宋代，阳翟盛产瓷器，又因其窑八卦洞在城北门钧台之下，于是称其瓷为“钧瓷”。

汝州窑瓷器，简称汝瓷。元顺帝至正间（1341—1368），造青瓷极美，久废，民间或于地中偶然掘得到。当时，以定州（今河北省定州市）所出白瓷器有芒，不堪用，于是命汝州（今河南省汝州市）造青窑器。所以河北、唐州（治所在今河南省唐河县）、邓州（今河南省邓州市）、耀州（治所在今陕西省铜川市耀州区）都有，而汝窑为诸窑之冠。其色或卵白，或淡青，汁水莹厚如堆脂，但汁中棕眼隐若蟹爪底，有芝麻花细小挣钉。

官窑瓷器，简称官瓷。宋徽宗政和年间（1111—1118），京都置窑烧造，称官窑。其器土脉细润，色青带粉红，浓淡不一，有蟹爪纹，紫口铁足。色好者与汝窑相类。其色取粉青为上，淡白次之，油灰最下；纹取冰裂鳝血为上，梅花片墨纹次之，细碎纹最下。

郑州柴窑瓷器，简称柴瓷。为五代后周世宗时所烧，因周世宗姓柴，所以称柴窑。其瓷器天青色，滋润细腻，质地莹薄，有细文，粗黄土足。世传周世宗时，烧造司请其色，他批道："雨过天青云破处，这般颜色做将来。"可惜今人无缘相见。

诸窑器，以柴窑最贵，世不一见，有"青如天，明如镜，薄如纸，声如磬"之誉。

瓷器是烧造业技术达到一定高度的标志。其不仅具有一定的实用性，而且更具有较高的欣赏性。其凝聚着中原人的智慧，是中原优秀传统文化的载体之一。

汴京美酒醉八方

北宋时期，汴京（今河南省开封市）酒肆林立，诚醉八方宾朋。其酒名见于宋朱弁《曲洧旧闻》：

香泉，是高太皇后家的酒。天醇，是向太后家的酒。醽醁，是张皇后家的酒。琼酥，是朱太妃家的酒。瑶池，是刘皇后家的酒。坤仪，是郑皇后家的酒。瀛玉，是曹太后家的酒。庆会，是蔡太师家的酒。膏露，是王太傅家的酒。亲贤，是何太宰家的酒。琼腴，是恽王家的酒。兰芷，是肃王家的酒。重酝，是汉王家的酒。玉沥，是建安郡王家的酒。金波，是李驸马家的酒。碧香，是王驸马家的酒。成春，是曹驸马家的酒。香琼，是郭驸马家的酒。瑶琮，是大王驸马家的酒。清醇，是钱驸马家的酒。褒功（又有光忠），是宦官童贯家的酒。嘉义，是梁开府家的酒。美诚，是杨开府家的酒。瑶泉，是开封府的酒。

以上为达官贵人家的酒。而见于酒肆的则有：

眉寿（又有和旨），是丰乐楼的酒。仙醪，是忻乐楼的酒。琼浆，是和乐楼的酒。玉液，是遇仙楼的酒。玉酝，是玉楼的酒。瑶醽，是铁雪楼的酒。琼浆，是仁和楼的酒。流霞（又有清风玉髓），是高阳店的酒。玉醑，是会仙楼的酒。仙醪，是八仙楼的酒。碧光，是时楼的酒。琼波，是班楼的酒。琼液，是潘楼的酒。仙醇，是千春楼的酒。千日春，是中山园子店的酒。延寿，是银王店的酒。玉浆，是蛮王园子正店的酒。瑶光，是朱宅园子正店的酒。法清，是邵宅园子正店的酒。仙醁，是张宅园子正店的酒。琼酥，是方宅园子正店的酒。羊羔，是姜宅园子正店的酒。美禄，是梁宅园子正店的酒。琼液，是郭小斋园子正店的酒。

当时酿酒业发达，一方面可见北宋时的经济繁荣景象，另一方面可见社会尤其是达官贵人纸醉金迷的奢侈情景。

白堕春醪堪擒贼

洛阳城西张方桥，即汉代的西阳亭。市西有退酤、治觞二里。里中的人多以酿酒为业。其中一酒名白堕春醪，最为著名。此酒为河东人刘白堕所酿。季夏时，他以罂盛酒，暴晒于日中，经一旬，饮之美而醉，经月不醒。京师朝贵远相饷馈，称之为鹤觞，是说此酒可千里赠送人，如鹤一飞千里。也名骑驴酒，当是以驴载酒而行，也不能坏。

晋惠帝永熙元年（290），南青州刺史毛鸿宾带着白堕春醪行在蕃路，遇到盗贼，他们饮了此酒便醉，都被擒获，因又命为擒奸酒。因而，游侠传语道：“不畏张弓拔刀，惟畏白堕春醪。”

此酒以人命名，可惜酿酒法已经失传。

天下五谷固始奇

固始县位于河南省东南部，地处南北的过渡地带，按《禹贡》所分“九州”，其属扬州地域，因而其农作物种植与河南其他地方有着较大的差别。其农作物的名称具列如下。

稻有黑稻、红稻、黄瓜稻、驼犁回、毛红稻、老鸭翎、望水白、上马看、下马看、水葡萄、羊须糯、红壳糯、七里香、柳条糯、大粒籼、直头籼、四节籼、大红谷、小红谷、三百零、鲫鱼糯、秕六升、闪风齐、科场白、西瓜白、乌节糯、桐毛晚、箩下黄、童子晚、马芽糯、雁来乌、麻仙稻、竹根糯、起趁糯、鹊不知、马粽糯、杨三摺、青扁籼、蜜蜂糯。

黍有黑黍、黏秫、红秫、白秫、米秫、黑秫、白黍、勾儿秫、老鸭坐、春不雾、女儿红。

稷有寒粟、冻谷、红谷、黑谷、金苗谷、夺麦场、狼尾谷、龙爪谷、串鱼谷、耙齿谷。

麦有大麦、小麦、火麦、荞麦、和尚麦（无芒）、三月黄、米大麦、玉小麦、饶州麦、苦荞麦。

菽有蚕豆、刀豆、茶豆、跎菉豆、黄豆、黑豆、青豆、白稨豆、紫罗带、红豇豆、犁小豆、蛇皮豆、龙爪豆、白豌豆、红小豆、白小豆、羊眼豆、云南小豆。

芝麻有叶叶三、合包麻、白芝麻、黑芝麻、罄口黄。

固始农作物的名称，或以形状命名，或以特质命名，或以颜色命名，或以成熟的时间命名等，颇耐人寻味。个别物种的名称，对于当代人来讲，甚是稀奇。

甘谷菊花传美谈

东汉南阳郡郦县（治所在今河南省内乡县北郦城）山中，有甘谷。此谷之所以以“甘”为名，是因为山谷上左右都生有甘菊。菊花盛开，后堕落其中，因而谷水甘馨可口。临此谷中的居民都不凿井，全部饮此甘谷水，大多长寿。其中，上寿120岁，中寿100岁，而以70岁、80岁去世为夭折。

东汉司空王畅，太尉刘宽，太傅袁隗，都曾为南阳太守。他们每到任，便使郦县月送甘谷水 200 斗，以为饮食之用。这几位多患有肢体疼痛和目眩头晕症状，自饮用甘谷水后，都大见好转。随之，此地甘菊能治大病，传为美谈，于是声名远播，处处传植。

隋文帝开皇三年（583），改郦县为菊潭县，更是对甘谷菊花的一种赞誉。

后 记

习近平总书记在党的十九大报告中指出："深入挖掘中华优秀传统文化蕴含的思想观念、人文精神、道德规范，结合时代要求继承创新，让中华文化展现出永久魅力和时代风采。"优秀传统文化是一个国家、一个民族传承和发展的重要基础，如果丢掉了，就割断了精神命脉。中原大地是中华民族的起源地和中华文明的发祥地，千百年来积淀了丰厚的历史文化资源，这里也是国家认定的华夏历史文明传承创新区。为了挖掘、整理、研究河南丰厚的历史文化资源，讲好河南故事，推进中原学研究，弘扬中华优秀传统文化，激发广大人民爱国热情和奋斗精神，大力培育和践行社会主义核心价值观，汇聚夺取新时代中国特色社会主义伟大胜利的磅礴力量，河南省社会科学界联合会组织编写了本书，经一批专家学者历时两年半以上的编写工作，到目前终成卷稿。参加本书组织和撰稿的有：郑州工商学院王喜成、贾文丰、马纪岗、刘燕飞，河南开放大学贾宇辉，河南质量工程职业学院徐书奇，河南财政金融学院范富安，周口市社会科学界联合会程鹏，郑州工程技术学院王运涛，黄河科技学院杨艳，河南省社会科学界联合会李庚香、李新年、宋淑芳、齐善兵、吴鹏、王秀芳，中国电影艺术研究中心王笑楠，河南科技出版社张辉，郑州机械研究所余飞鹏，河南日报报业集团河南手机报李俊坡等。本书先后四易其稿，贾文丰同志组织编写并统编了本书初稿，李新年同志组织协调了本书编写工作，王喜成同志组织策划并编辑修改了全部书稿，李庚香同志最后审稿定稿。

本书虽经努力，但限于时间、资料、水平等因素，谬误与不当均在所难免，如蒙指正，不胜盼祷。

编者

2021 年 5 月